Main Idea로 푸는 신명기

HOLMAN Old Testament Commentary

Deuteronomy

General Editor Max Anders | Author Doug McIntosh

Main Idea로 푸는

신명기

맥스 앤더스(Max Anders) 책임 편집 | **덕 매킨토시** (Doug McIntosh) 지음 | **마영례** 옮김

디모데
Timothy Publishing House

코치, 멘토, 사촌, 친구로 내 마음속에 남아 있는
헤롤드 스톰(Harold Storm, 1923-2001)을 추억하며
이 책을 바칩니다.

추천의 글

요즘, 여러 사람들에게 읽히며 회자되는 목사님들의 설교나 글을 읽어보며 많은 생각을 하게 됩니다. 그 글들의 대부분은 성경보다는 성경 이후의 얘기나 성경보다 더 멋지게 말하려는 흔적들로 가득 차 있습니다. 그러한 글들이 처음에 쓰여질 때는 물론 성경에 근거를 두었겠지만 그 글에 영향을 입은 사람들은 성경은 없고 텍스트가 된, 성경과는 전혀 다른 모습의 인간상들을 만들어낼 가능성이 높아집니다.

변하지 않는 것이 있습니다. 사람은 변하지 않습니다. 그리고 하나님은 변하지 않습니다. 그러나 주위를 보면 변화되는 것들을 센스 있게 기록해놓은 것들로만 가득해서 변하지 않는 인간의 영혼, 그 깊숙한 곳의 문제들이 전혀 해결되지 않은 채 남아 있습니다.

영혼을 찔러 쪼개는 유일한 도구는 하나님의 말씀입니다. 그러므로 교회가 다시 성경의 근거를 마련하고 그 토대 위에 말씀을 세우는 작업을 놓쳐서는 안 됩니다. 이것은 이미 했다고 해서 무관심할 것이 아닌, 중단없이 계속되어져야 하는 것입니다. 제 이야기를 하자면, 제 속에 변하지 않는 모습을 봅니다. 하나님 말씀에 불순종하는 데 익숙한 제 모습입니다. 신앙 생활을 시작할 때 말씀 공부를 충분히 하면 어느 날엔가는 하나님의 말씀으로 풍성한 삶을 살 것이라 기대하며 오늘까지 달려왔습니다. 그러나 요즘 하나님 말씀에 불순종하는 변하지 않는 제 모습을 보며 경악합니다. 이런 제게 오직 주의 말씀이 은혜로 임할 때, 제가 그 말씀 앞에 순종하는 모습을 봅니다.

우리는 다시 성경을 보아야 합니다. 그 말씀이 무엇을 말하고 있는지 깊이 추적해야 합니다. 이 책, 「Main Idea 시리즈」는 하나님의 말씀에 순종하고자 하는 사람들에게 바른 길잡이이자, 말씀을 깊이 사랑하는 사람들에게 좋은 영향을 줄 책이라고 생각합니다. 또한 성경을 자신의 생각과 형편에 맞추어 해석하려는 것이 아니라 성경이 말하는 진정한 뜻을 찾는 사람들에게 큰 도움이 될 것입니다.

홍정길(남서울은혜교회)

우리 시대는 정보의 홍수 시대라고 할 만합니다.
문제는 이 홍수 속에서 우리가 향방 없이 떠밀려 내려가고 있다는 것입니다.
정보의 부재가 문제가 아니라 정보의 향방이 문제입니다.
우리 시대의 설교와 성경 공부가 동일한 위기에 직면해 있습니다.
이 책은 이런 위기를 돌파하는 예지를 제공합니다.
성경 텍스트의 메인 아이디어는 바로 메시지의 향방이어야 합니다.
저는 그래서 이 책이 모든 진지한 성경학도들과 설교자들을 위한
다윗의 물맷돌이기를 기도하며 추천하는 바입니다.

추천의 글

이 책은 명료한 요약, 명료한 주석, 명료한 적용, 명료한 결론이 명료하게 나타나 있습니다.
거기에 명료한 예문은 설교자의 구미를 돋구기에 가히 매력적입니다.
이 책의 매력에 중독되는 것이 오히려 한국교회 강단의 축복일 것을 예언하고 싶습니다.

감사와 기대를 담아
이동원*(지구촌교회)*

이동원

Contents
차 례

Main Idea 로 푸는 신명기

하나님의 말씀과 하나님의 백성들과의 관계는 물과 물고기의 관계만큼이나 절실하고 심각한 관계다. 하나님을 사랑하는 사람들은 성경을 통해 말씀하시는 하나님의 음성을 듣기를 갈망한다. 그 이름이 목사든, 전도사든, 선교사든, 교사든 하나님의 말씀을 가르치는 모든 일꾼들 또한 영적으로 굶주린 사람들에게 하나님의 말씀으로 풍성한 양식을 공급함으로 그들이 영적인 활력을 갖게 되기를 갈망한다. 그래서 하나님의 말씀을 보다 쉽게, 보다 재미있게, 보다 분명하게 가르칠 수 있도록 인도해줄 자료를 구하지만 쉽게 찾아볼 수 없는 것이 현실이다. 성경을 가르치는 사람에게는 책임이 있다. 누구를 가르치든, 어느 본문을 가르치든 성경

본문 구성

들어가는 글_ 대표적인 그리스도인 작가들이 쓴 주옥 같은 글을 인용함으로 각 개인과 그룹 모임을 하나님의 말씀으로 끌어들이는 토론으로 유도한다.

본문 이해_ 한 절 한 절을 쉽고 명쾌하게 해설한다.

Main Idea

메인 아이디어_ 각 장의 내용과 가르침을 요약하여 한눈에 파악하도록 돕는다.

결론_ 성경의 원리를 요약하고 그것이 삶과 연결되도록 다리를 놓는다.

에 대한 흥미를 자극하고, 성경에 대한 지식을 확대하며, 구체적으로 순종할 수 있는 성경의 원리를 발견하고, 발견한 진리를 삶에 적용함으로 그들의 삶에 변화가 일어나도록 해야 한다.

본서는 신약 성경을 공부해가는 동안 이러한 역동적인 결과를 얻어낼 목적을 가지고 특별한 틀로 구성하였다.

이 작은 도구가 성경을 보다 더 쉽게, 더 분명하게, 더 정확하게 배우고 가르치기를 원하는 모든 하나님의 종들의 손에 들려짐으로 성경에서 막 튀어나온 듯한 건강한 하나님의 백성들을 세우는 성령의 도구로 쓰여지길 기도한다.

발행인 양승헌

삶의 적용_ 현재의 삶과 성경의 진리를 연결하도록 돕는다.

기도_ 각 장에서 발견한 원리와 적용의 실행을 위해 기도할 수 있도록 돕는다.

티칭 가이드

티칭 가이드_ 성경 교사들을 돕기 위한 성경 교수 계획을 제시한다.

심층 연구_ 더 깊은 지식을 원하는 사람들을 위해 낱말과 어구와 주제에 대한 보다 깊은 연구로 인도한다.

신명기 서문

신명기 서문

하나님의 아들은 그의 조상 유다 지파에게 분배되었던 외딴 암석 지대에서 사탄과 치열한 영적 전쟁을 치렀다. 사탄, 곧 영혼의 원수는 하나님의 아들에게 고통을 덜기 원한다면 하나님으로부터 독립을 선언하라는 요구를 세 차례나 했다. 그러나 하나님의 아들, 곧 영혼의 구세주는 40일 동안 금식한 후 비록 육체적으로 약해져 있긴 했지만 포기하지 않으셨다. 예수님께서는 시험을 받을 때마다 신명기 구절을 인용하시며 사탄의 유혹을 물리치셨다. 예수님께서는 이 위대한 책에서 찾아낼 수 있는 하나님의 말씀을 피난처로 삼으셨고, 세 차례나 예수님을 공격하려 했던 원수는 세 번 다 패하고 말았다.

예수님을 따르는 많은 사람들이 신명기를 잘 알지 못한다고 고백한다. 그러나 예수님께서는 신명기를 잘 아셨고, 또 신명기를 자주 언급하셨다. 주님께서는 지상에서 사역하시는 동안 신명기를 인용하거나 언급하시며 개인적인 공격이나 신학적인 논쟁들을 다루셨다. 주님께 귀띔을 얻은 사도들 역시 그들의 편지에 자주 신명기를 인용하거나 언급했다. 신약 성경을 기록한 저자들은 신명기를 거의 200번 가량 인용하거나 언급함으로써 신명기를 히브리 성경 가운데서 가장 많이 참조된 책으로 만들었다.

저자

기원 후 18세기까지 신명기를 공부했던 사람들은 모두 신명기가 히브리 입법자인 모세의 말과 글에서 나온 것이라는 신명기 자체의 주장을 받아들였고 그 주장에 만족했다. 실제로 신명기 1장 1절은 신명기가 성령의 영감을 받은 모세의 글이라고 밝히고 있다. 구약 성경 가운데서 저자를 그렇게 특별하게 강조하고 있는 또 다른 책은 없다.

모세의 말과 글이라는 언급이 신명기 전체를 통해 자주 나타나는 것을 볼 수 있다(1:6, 9, 5:1, 27:1, 9, 29:2, 31:1, 9, 24, 30, 33:1). 이 구절들 가운데 하나는 신명기가 모세가 한 말을 보존한 것이라는 사실을 명백하게 보여주고 있다.

> 모세가 이 율법을 써서 여호와의 언약궤를 메는 레위 자손 제사장들과 이스라엘 모든 장로에게 주고…모세가 이 율법의 말씀을 다 책에 써서 마친 후에 여호와의 언약궤를 메는 레위 사람에게 명하여 가로되 이 율법책을 가져다가 너희 하나님 여호와의 언약궤 곁에 두어 너희에게 증거가 되게 하라(신 31:9, 24-26).

이 구절이 말하고 있는 '율법책'에는 신명기뿐 아니라 그 이상이 포함될 수도 있을 것이다. 그러나 신명기가 포함되지 않을 수는 없다.

또 신명기의 저자에 대한 증거가 신명기만으로 끝나는 것도 아니다. 구약 성경의 다른 책들도 신명기(그리고 모세 오경의 나머지 네 책)의 저자를 단언하고 있으며 또 재확인해주고 있다(수 1:7-8, 삿 1:20, 3:4, 왕상 2:3, 왕하 14:6, 대하 25:4, 스 3:2). 뿐만 아니라 신약 성경 역시 신명기의 저자가 모세임을 인정하고 있다(마 19:7, 막

12:19, 눅 20:28, 사 3:22, 롬 10:19, 고전 9:9, 히 9:19, 10:28).

무엇보다 예수님께서 신명기의 일부를 분명하게 모세의 작품으로 돌리셨다. 한번은 사람들이 예수님께 하나님의 백성들 사이에서 벌어진 이혼에 대한 논쟁을 좀 해결해달라는 요구를 했다. 예수님께서는 자신의 권위를 뒷받침해주는 신명기의 한 본문을 언급하시면서 이혼은 인간의 연약함을 용인하는 것으로 허락되었다고 말씀하셨다(마 19:3-9, 신 24:1-4). 그리고 부활하신 후 예수님께서는 "모세와 및 모든 선지자의 글로 시작하여 모든 성경에 쓴 바 자기에 관한 것을 자세히 설명"하셨다(눅 24:27, 44). '모세와 모든 선지자' 라는 말은 '율법과 선지자' 또는 구약 성경을 언급하는 또 다른 표현 방식이었다.

그러나 18세기 이후 모세가 신명기의 저자라는 주장에 대해 격렬한 반대가 제기되었다. 어떤 사람들은 신명기를 B.C. 7세기 작품으로 여겼다. 그런데 실제로 '율법책' 은 요시야 왕 당시에 발견되었다(왕하 22:8-13). 모세가 신명기를 쓴 저자라는 사실을 냉소적으로 의심하는 사람들은 요시야 왕의 영적 개혁을 지지하기 위한 의도를 가지고 만들어낸 가짜라고 생각하고 있다. 그들은 요시야 왕이 모든 영적 권위를 예루살렘에 집중시키고 싶어했기 때문에 모세를 흉내 내어 글을 쓴 사람에게 예루살렘 성전에 대한 언급을 포함시키도록 한 것이라고 주장하며 자신들의 입장을 고수하고 있다.

> 오직 너희 하나님 여호와께서 자기 이름을 두시려고 너희 모든 지파 중에서 택하신 곳인 그 거하실 곳으로 찾아 나아가서 너희 번제와 너희 희생과 너희의 십일조와 너희 손의 거제와 너희 서원제와 낙헌 예물과 너희 우양의 처음 낳은 것들을 너희는 그리로 가져다가 드리고 거기 곧 너희 하나님 여호와 앞에서 먹고 너희 하나님 여호와께서 너희 손으로 수고한 일에 복 주심을 인하여 너희와 너희 가족이 즐거워할지니라(신 12:5-7).

요시야의 개혁을 지원하기 위한 노력의 일환으로 신명기가 존재하게 되었다는 견해는 모세 오경의 저자에 대한 '문서 가설' 이라고 불리는 이론의 일부를 구성하는 요소가 되었다. 그 이론을 주장하는 사람들에 의하면, 모세 오경은 이스라엘의 고대 다신교 유물 문헌들을 모아 조각조각 붙여 만든 누비이불과도 같다. 왜냐하면 수집한 사람 또는 '편집자'가 그 최종 결과물을 영리하게 위장시킨 다음 모세를 원 저자라고 주장함으로써 신빙성을 얻어냈다는 주장을 하고 있기 때문이다. 그리고 그들은 가나안 신전들에 대한 저주를 모세의 입에서 나온 말로 만든 편집자가 모든 종교적 권위를 예루살렘 제사장들에게 부여함으로써 오랫동안 예루살렘 성전의 정당성을 주장할 수 있었다는 이론을 펴고 있다.

문서 가설을 기초로 한 논제들은 실제로 모두 그릇된 것임이 밝혀졌다. 그러나 비평가들은 신명기 자체의 명백한 진술을 쉽게 받아들이지 못하고 있는데, 그것은 그들에게 문서 가설에서 나온 초자연적인 것을 반대하는 편견이 매우 강하게 남아 있기 때문이다. 지금도 많은 신학교들이 그 가설을 계속 가르치고 있다.

독자

헬라어 어근에서 파생된 '신명기'라는 단어는 '두 번째(로 준) 율법'이라는 뜻으로 책과 독자 또는 듣는 사람들을 연결시키는 표현이다. 민수기 14장을 보면 애굽의 압제에서 벗어난 이스라엘 백성들이 하나님을 거역했다. 그 결과 그들은 죽을 때까지 광야에서 살게 되었다. 그리고 (그들이 거역했을 때 20살이 채 되지 않았던) 그들의 자녀들이 신명기의 수신자들이었다. 신명기는 원래 그들이 약속의 땅에 들어가기 바로 직전 상황에서 몇 차례에 걸쳐 그들에게 전해진 설교였다.

그 설교의 본문들은 구속력을 가지는 신명기 언약의 본질이 그 언약을 받은 세대에만 국한되는 것이 아니라는 사실을 분명하게 밝히고 있다. 약속의 땅에 들어가게 될 사람들은 실제로 그 다음 세대가 이스라엘의 하나님 여호와를 알고 그분을 가장 사랑하게 될 것을 보장해주는 행동을 취해야 했다.

이스라엘아 들으라 우리 하나님 여호와는 오직 하나인 여호와시니 너는 마음을 다하고 성품을 다하고 힘을 다하여 네 하나님 여호와를 사랑하라 오늘날 내가 네게 명하는 이 말씀을 너는 마음에 새기고 네 자녀에게 부지런히 가르치며 집에 앉았을 때에든지 길에 행할 때에든지 누웠을 때에든지 일어날 때에든지 이 말씀을 강론할 것이며 너는 또 그것을 네 손목에 매어 기호를 삼으며 네 미간에 붙여 표를 삼고(신 6:4-8).

이 구절을 확대 해석하면(신약 성경에서 찾을 수 있는 증거들을 근거로) 예수 그리스도를 믿는 모든 사람들도 하나님을 사랑하는 일을 무엇보다 중요하게 여기고 그 일에 우선권을 두어야 한다는 뜻이 된다. 하나님의 계명 가운데 가장 큰 것이 무엇인지를 묻는 질문에 예수님께서는 신명기 6장 5절을 인용하셨고, 그 말씀(레 19:18과 함께)이 히브리 성경 전체를 요약한 것이라고 설명하셨다.

기록 연대

열왕기상은 솔로몬이 왕이 된 지 4년째 되는 해에 성전을 건축하기 시작했다고 명기하고 있다. 그때는 B.C. 967/966년이 분명하기 때문에 그리고 열왕기상을 기록한 저자가 출애굽이 480년 전에 이루어졌다고 설명하고(왕상 6:1) 있기 때문에 이스라엘 백성들은 B.C. 1446년에 애굽을 떠난 것이 분명하다. 모세와 이스라엘 백성들이 애굽을 떠나 요단강 동편 언덕에 도착하기까지 40년이 걸렸다는 것을 감안하면, 모세는 B.C. 1406년경 우리가 신명기라고 부르는 책을 반포한 것이 분명하다.

그 시기는 입다가 암몬 사람들에게 "이스라엘이 헤스본 및 아로엘과 그 향촌들 그리고 아르논 연안에 있는 모든 성읍에 거한 지 삼백 년이어늘 그동안에 너희가 어찌하여 도로 찾지 아니하였느냐?" 고 물으며 제시한 증거와도 일치한다. 입다가 사사가 된 때가 B.C. 1106과 1100년 사이의 어느 시점이라고 볼 수 있기 때문에 신명기가 B.C. 1406년경에 기록되었다는 것을 성경 자체가 강력하게 입증해주고 있다.

신명기의 문학적 형태에 대한 최근 학자들의 고찰 역시 성경이 밝히고 있는 신명기의 기록 시기와 모세가 신명기의 저자라는 주장을 뒷받침해주고 있다. 그 학자들 가운데는 B.C. 1-1000년 사이에서는 보이지 않고 모세가 살았던 B.C. 1001-2000년 당시에 나타난 특징이었던 종주국과 속국 사이에 맺어진 조약 형식을 신명기가 어떻게 따르고 있는지를 관찰한 사람들도 있었다. 그런 연구들은 종합적으로 신명기의 기록 연대가 B.C. 15세기 말경이라는 사실을 강력하게 입증해주고 있다.

주제와 특징

신명기의 가장 두드러진 특징은 이스라엘의 하나님 여호와께 대한 전적인 헌신을 요구하고 있다는 점이다. 책을 펼치면 아브라함과 이삭과 야곱의 자손들이 오래 전 그들의 족장들에게 약속되었던 땅 언저리에 와 있는 것을 볼 수 있다. 그들이 거기까지 올 수 있도록 하나님께서 막강한 통치자들의 마음을 움직이셨고 홍해를 가르셨다. 신명기는 하나님께서 이스라엘 조상들과 맺은 언약을 남아 있는 신실한 사람들에게 다시 약속하셨고, 그 하나님께 전심으로 헌신하는 데 이스라엘의 행복이 달려 있다고 역설하고 있다.

신명기의 많은 부분이 나이 든 세대에게 오래 전에 이미 주어졌던 계명과 율례의 요점들을 되풀이하고 있기는 하지만, 그렇다고 해서 율법의 지침들을 단순히 회고하고 있는 것만은 아니다. 신명기는 아브라함의 자손들에게 그들이 인격적으로 알고 있는 하나님을 근거로 건전한 영적 선택을 해야 한다는 사실을 촉구하고 있다. 따라서 신명기는 매우 신학적이고 목회적이며 인격적인 책이라 할 수 있다. "내가 오늘날 너희에게 증거한 모든 말을 너희 마음에 두고 너희 자녀에게 명하여 이 율법의 모든 말씀을 지켜 행하게 하라 이는 너희에게 허사가 아니라 너희의 생명이니 이 일로 인하여 너희가 요단을 건너 얻을 땅에서 너희의 날이 장구하리라"(신 32:46-47).

신명기는 신학의 원천이 풍성하게 들어 있는 책이다. 모세는 놀라운 능력과 덕목을 지니신 하나님을 드러내고 묘사했다. 하나님께서는 전능하신 분이면서도 각 개인을 돌보시는 분이시며, 영원한 분이면서도 이 땅의 문제들에 무관심하지 않은 분이시고, 초월적인 분이면서도 인격적인 분이시다. 하나님께서 어떤 분이신지는 역사 속에서 행하시는 하나님의 일을 통해 알려질 수 있다. 그러나 그 일들은 그분의 말씀과 그 말씀에 대한 해석적인 진술들을 통해 올바로 이해될 수 있다.

그런 맥락에서 볼 때 하나님께서는 그분의 백성들에게 전적이고 무제한적인 헌신을 요구하고 기대하시는 분이시다. 하나님께서는 여러 세대를 통해 신실한 분으로 자신을 입증하셨다. 따라서 이스라엘 백성들에게 다른 신을 섬기지 않을 것을 기대하시고 또 섬기지 말 것을 명하셨다. 그들이 하나님을 세상 최고의 하나님으로 여기는 것만으로는 충분하지 않았다. 하나님께서는 그들의 유익을 위해, 그들이 자신의 삶 속에 다른 신들이 들어올 수 있는 자리를 내주는 것을 허락하지 않으셨다. 하나님께서 인정하실 수 있는 유일한 예배는 하나님만을 섬기는 배타적인 예배다.

신명기는 적대적인 문화 속에서 살아가는 신자들을 위한 책이다. 이스라엘 백성들이 우상을 섬기는 이방인들이 점령한 땅에서 살아가야 하는 어려움을 앞에 두고 있었던 것처럼, 서구 사회에서 살아가고 있는 현대 그리스도인들도 그들의 신앙에 적대적인 문화 속에서 그리스도인으로 살아가는 것을 배워야 한다. 그 과정은 모든 종교는 다 잘못된 것이라는 주장을 하는 사회 속에서나, 포스트모더니즘이 팽배한 사회 속에서나, 모든 종교는 다 옳다고 주장하는 사회 속에서나 다 똑같다. 신자는 아브라함과 이삭과 야곱의 하나님께 절대 충성함으로, 그들의 신념을 깨뜨리거나 바꾸려고 작정한 것처럼 보이는 문화 속에서 자신들의 독특한 정체성을 유지할 수 있다.

이스라엘 백성은 수많은 신들이 차고 넘치는 땅에 엄격한 일신교를 들여왔다. 그들의 견해는 그들과 동시대를 살았던 사람들에게 철저하게 거부되었다. 그리고 그 땅 사람들은 거부하는 것으로만 끝나지 않았다. 그들은 이스라엘 백성들을 변절시키고 자신들의 문화를 따르며 준수하게 만들었다.

그와 마찬가지로 포스트모더니즘은 배타적인 복음을 거부할 뿐 아니라 그런 엄격하고 제한된 견해를 전파하는 사람들을 가르치고 변화시키려 한다. 포스트모더니즘은 사람들에 관해서는 엘리트주의며 아이디어에 대해서는 평등주의다. 그러나 성경이 말하는 믿음은 그와 정 반대다. 여호와는 유일무이하신 분이며(신 6:4) 그 어떤 경쟁자도 용납지 않으시는 분이다. 예수님만이 길이요, 진리요, 생명이시다(요 14:6). 참 하나님께 전심으로 변함없이 신실하게 헌신하는 것만이 하나님의 백성들에게 생동감 넘치는 하나님과의 교제를 유지할 수 있게 해주고 하나님을 힘차게 증거할 수 있게 해줄 것이다.

신명기는 일종의 언약 문서의 형식을 취하고 있으며, 여섯 부분으로 나눌 수 있다. (1) 신명기를 이스라엘의 위대한 왕 여호와의 말씀으로 규정하고 언약의 중재자 모세를 통해 백성들에게 전달된 것으로 소개하고 있는 서문(1:1-5), (2) 앞서 간 세대의 불충 앞에서도 변함이 없으셨던 여호와의 신실하심을 돌아보고 있는 역사적 서언(1:6-4:49), (3) 이스라엘과 여호와의 관계를 보여주는 일반적인 원리들을 설명하고 있는 일반적인 규정들(5-11장), (4) 십계명에 포함된 언약의 개요들을 개략적으로 따르고 있는 구체적인 규정들(12-26장), (5) 언약을 준수할 때 따르는 유익과 언약을 어길 때 따르는 형벌들을 설명하고 있는 언약의 제재 규정 또는 복과 저주(27-28장), (6) 모든 약속에 대한 증인들(29-32장) 그리고 신명기의 마지막 두 장 가운데 33장에서는 이스라엘 지파들에 대한 모세의 마지막 축복을 서술하고 있으며, 34장에서는 모세의 죽음을 기록하고 있다.

신명기 1장

여호와의 신실하심을 찬미하라

"은혜와 구원의 사역에 동참하는 것이 우리가 해야 할 일이다. 그 일에는 많은 짐과 수고와 위험과 유혹이 따르는 반면 사람들로부터 받게 되는 보상과 감사는 거의 없다. 그러나 신실하게 수고한다면 그리스도께서 친히 우리의 보상이 되어주실 것이다."

- 마틴 루터(Martin Luther)

역사 속에서 하나님께서 이루시고자 하는 목적은 하나님께 속한 사람들, 즉 사랑의 줄로 서로 연결된 사람들을 하나님께 이끄시는 것이다. 이 목적을 이루기 위해 하나님께서는 자발적으로 하나님의 사랑을 먼저 표현하심으로써 주도권을 잡으셨다. 신명기 1장은 하나님의 사랑에 대한 반응으로 하나님을 사랑하도록 이스라엘 백성들을 자극하기 위한 의도로, 하나님께서 과거에 베푸신 은혜들을 기록하고 있다.

Deuteronomy

인물 소개: 갈렙

- 유다 지파 그니스 사람 여분네의 아들이다.
- 그의 이름은 '개' 라는 뜻으로 일면 '종' 을 의미하기도 한다.
- 약속의 땅을 정탐한 정탐꾼들 가운데 한 사람이었다.
- 땅을 정복할 수 있다고 주장한 두 사람의 정탐꾼들 가운데 한 사람이었다.
- 땅을 각 지파에게 분배하기 위해 여호수아가 지명한 사람들 가운데 한 사람이었다.

인물 소개: 여호수아

- 모세의 지명된 후계자였으며, 호세아라고 불리기도 했다.
- 그의 이름은 "여호와는 구원이시다" 와 비슷한 뜻을 가지고 있다.
- 눈의 아들이고 에브라임 지파의 일원이었다.
- 갈렙처럼 정탐꾼들 가운데 한 사람이었고 싸울 것을 주장했다.
- 출애굽 한 이후 광야 생활을 하던 당시 모세의 종이었다.
- 모세의 임명을 받고 아말렉과의 전투를 지휘했다.

들어가는 글

굴뚝 점검

습기가 많은 에반스빌(Evansville)의 이른 아침 시간에 차를 몰던 한 사람이 실수를 하면서 차가 리 로이 북(Lee Roy Book)이 살고 있는 집의 현관으로 돌진했다. 공익 요원들이 도착해서 가스 점검을 시작했다. 그들은 집의 굴뚝과 가스관이 이물질로 틀어막혀 있었다는 사실을 발견했다. 그래서 일산화탄소 연기가 밖으로 빠져나가지 못하고 한동안 집 안으로 흘러들었다.

무취의 독가스는 이미 어느 정도 북의 건강에 영향을 미치고 있었다. 약 2년 전부터 그에게는 이유를 알 수 없는 떨림과 두통과 한기와 멀미 그리고 독감에 걸린 듯한 증세들이 나타나기 시작했다. 또 가끔씩 의식을 잃기도 했고 건망증이 심해지기도 했다. 그는 "신선한 공기를 마시면 좀 나아지긴 했지만 매일 점점 더 심해졌어요. 정말 고약했어요"라고 말했다. 다용도 차가 갑작스럽게 밀고 들어오지 않았더라면, 그는 아마도 독가스에 질식해 죽었을지도 모를 일이었다.

그러나 정말 이상한 것은 리 로이 북이 한때 토건업자였다는 사실이 밝혀진 것이다. 그는 막힌 굴뚝의 위험을 잘 알고 있었다. 실제로 그는 고객들에게 가스가 새는 문제를 방지하기 위해 이삼 년에 한 번씩 꼭 가스 도관들을 점검해보라고 사람들에게 정기적으로 권고했다. 그러나 정작 자기 집 굴뚝은 방치해두고 있었다.

영적으로 그와 똑같은 실수를 범하고 있는 사람들이 많이 있다. 그들은 하나님께서 과거에 베풀어주셨던 은혜와 삶 속에서 그 은혜들이 어떤 의미를 가지고 있는지를 거의 생각하지 않고 살아간다.

신명기 첫 장은 아무도 굴뚝 점검을 하지 않은 나라를 묘사하고 있다. 이스라엘은 하나님께서 신실하게 베푸시는 은혜의 수혜자가 되어왔다. 그러나 그들은 그런 은혜의 의미를 깨닫지 못하고 있었다. 신명기 1장에서 모세는 이스라엘 백성들이 하나님의 신실하심을 영적인 삶에 박차를 가하게 해주는 동기로 삼고 늘 기억할 것을 그들에게 촉구하고 있다.

본문 이해

여호와의 신실하심을 찬미하라

Main Idea	불순종은 하나님의 백성들이 누려야 할 기쁨을 그들에게서 빼앗아갈 수 있다.

A. 모세의 연설(1:1-5)

Supporting Idea	신실하신 하나님께서 우리에게 하나님의 말씀을 맡기셨다.

1:1. 신명기의 말씀은 이스라엘 백성들과 여호와께서 맺은 언약을 갱신하기 위해 모세가 이스라엘 무리들에게 한 일련의 연설들이다. 애굽을 떠난 첫 세대(20세 이상)는 불순종 때문에 광야에서 숨을 거두었다. 그리고 그 자손들이 이제 약속의 땅을 정복할 준비를 마치고 요단 강 동편에 서 있었다. 좀더 정확하게 말해서 그들은 갈릴리 바다와 사해 사이에 펼쳐져 있는 넓고 깊고 메마른 계곡 아라바 광야에 진을 치고 있었다. 아라바는 일반적으로 사해 남쪽 끝과 아콰바 만 북쪽 끝 사이에 있는 큰 계곡의 일부를 묘사하는 말로 사용되었다. 그러나 때에 따라서는 사해 북쪽 지역을 뜻하기도 했는데 이 구절이 바로 그런 경우다. 여호와께서 '여리고 맞은편 요단 가 모압 평지에서' 모세에게 말씀하셨다고 설명하고 있는 민수기 35장 1절이 그 사실을 확실하게 뒷받침해주고 있다(민 36:13도 참고).

이 구절에 기록된 대부분의 장소들은 오늘날 우리들에게는 잘 알려지지 않은 곳들이다. 그들 가운데 세 곳(도벨, 라반, 디사합)은 성경의 이 구절에서만 볼 수 있다. 이 구절에서 언급하고 있는 장소들이 중요한 이유는 그곳들이 이스라엘 군대가 진을 친 곳이었으며, 신명기에서는 그들의 군대가 이동하지 않은 상태로 있었기 때문이다. 시기적으로는 뒤를 돌아보고 회상하며 전쟁에 임할 사람들을 준비시키는 때였다. 따라서 신명기는 영적인 전투를 준비하고 있는 사람들에게 필요한 도움을 제공해주고 있다.

1:2. 호렙(시내 산이 포함된 황폐한 지역)에서 팔레스타인 끝에 있는 가데스 바네아까지의 거리는 보통 걸어서 약 열하룻길(직선 거리로 약 240킬로미터 가량)이었지만 이스라엘 백성들이 아라바까지 도착하는 데는 40년이 걸렸다. 그들의 불신앙과 불순종은 한 세대 전체가 죽게 된 일을 포함해 엄청난 심판과 지연을 불러왔다. 신명기에는 그런 어리석은 일이 되풀이되지 않도록 막기 위한 경고와 부탁이 포함되어 있다. 삽입된 진술이라 할 수 있는 이 구절은 표면적으로는 단조로워 보인다. 그러나 실제로 그 속에는 이스라엘 백성들이 처음부터 여호와를 신실하게 따랐더라면 좋았을 것이라는 바람이 내포되어 있다.

1:3. 모세와 백성들이 애굽을 떠난 지 이미 사십 년이 되었다. 출애굽은 솔로몬이 성전을 건축하기 480년 전에 이루어진 것으로 명기되어 있다(왕상 6:1). 따라서 출애굽은 B.C. 1446년경에 이루어졌고, 가나안 정복은 그로부터 40년 후인 B.C. 1406년에 시작되었다고 볼 수 있을 것이다. 고고학적인 증거들을 기초로 출애굽은 B.C. 1290년경에 이루어졌을 것이라는 주장이 있긴 하지만, 성경 자체의 증거는 그보다 훨씬 더 이전이었음을 상당히 일관성 있게 보여주고 있다. 예를 들면 사사였던 입다는 이스라엘이 요단강 동편에서 300년 동안 거하였다고 설명했다(삿 11:26). 입다가 사사로 활동한 시기는 B.C. 1106-1100년이었다는 것에 아무도 이의를 제기하지 않기 때문에 사사기에 기록된 이 정보는 열왕기상 6장 1절의 기록과 완벽하게 일치하며, 가나안 정복이 B.C. 1406년경에 시작되었음을 확인해주고 있다.

남쪽에서 직선 길로 여행하는 대신 이스라엘 백성들은 수백 킬로미터를 돌고 돌아 가나안 동쪽 경계 지역에 이르렀다. 사십년 십일월 초일일(현대 달력으로는 1월이나 2월경)에 모세가 여호와께서 이스라엘 자손들을 위해 자기에게 주신 명령, 곧 그들의 새 고국이 될 땅을 정복하고 그 이후 준수해야 할 행동 지침들을 그들에게 다 고하였다.

그들은 애굽에서 종살이하던 삶에서 구출되었다. 그러나 자유롭게 된 백성으로서 어떻게 행동해야 하는지를 모르고 있었다. 그것은 노예 생활에서 구출된 것이 신자들을 향한 하나님의 목적을 이루어가는 첫 단계에 불과하다는 사실을 그리스도인들에게 상기시켜주는 것이다. 영적인 삶을 살아가기 위해서는 하나님의 명령과 하나님의 방법을 알아야 한다. 사려 깊은 사람은 새로운 모험을 시작하기 전에 자신의 영적인 삶의 상태를 먼저 점검하고 하나님께서 자신에게 기대하시는 것이 무엇인지를 깊이 생각할 것이다.

1:4. 모세의 연설(신명기서의 나머지 부분)은 요단 강 동편 지역을 지배하고 있던 아모리 왕 시혼과 옥을 물리쳤던 사건에 대한 언급으로 이어지고 있다. 그 지역이 원래 아브라함에게 약속한 땅의 일부는 아니었지만 하나님께서는 르우벤과 갓과 므낫세 반 지파에게 주셨다. 그 지역이 약속의 땅에 추가된 것은 가나안으로 가기 위해 그 지역을 통과하겠다는 이스라엘의 요청을 시혼과 옥이 거부했기 때문이다. 모세가 그 지역을 평화롭게 지나가겠다고 약속했지만 그 두 왕은 이스라엘의 군대를 공격했다(민 21:21-24, 32:33). 그 공격을 물리치고 승리한 것은 머지않아 더 큰 나라들과 전투를 벌일 이스라엘 군대의 사기를 크게 진작시키는 역할을 했을 것이다.

1:5. 새로 정복한 땅은 근친상간을 통해 낳은 아브라함의 조카 롯의 자녀들 가운데 하나였던 모압의 자손들(창 19:37)이 오랫동안 거주하던 땅으로, 요단 강 동편에 위치하고 있었다. 모압 사람들은 비록 그모스를 섬기며(렘 48:13) 이스라엘의 하나님을 섬기지는 않았지만 이스라엘과는 먼 친척지간이었다. 모세가 하나님의 율법을 설명하기 시작한 곳은 모압 사람들이 살고 있었던 바로 그 지역이었다. '설명' 이라는 단어는 '우물' 을 뜻하는 히브리 단어와 관계가 있다. 실제로 모세는 역사 속에서 하나님께서 행하신 일들과 그 뜻과 이스라엘 백성들에게 주신 하나님의 명령들을 '퍼올렸다.'

B. 백성들에게 선포한 선언(1:6-8)

Supporting Idea	하나님께서 그분의 백성들에게 주신 삶은 믿음으로 받아들여야 하는 삶이다.

1:6. 신명기가 고대 근동 지역에서 종주국과 속국 사이에 맺은 조약 형식의 개요를 따르고 있다는 사실을 특별히 강조하는 성경 학자들이 많이 있다. 그런 조약들의 서문(신 1:1-5)에 이어지는 기본 절차에는 조약 당사자들의 관계를 재확인하는 부분이 포함되어야 했다. 소위 역사적 서언이라 불리는 그 부분은 두 나라가 평화롭고 성공적인 관계를 유지하기 위한 조건들을 제시할 수 있는 근거를 제공해주었다. 신명기의 역사적 서언은 이 구절에서 시작해 4장 49절까지 계속되고 있다.

모세는 출애굽 사건 대신 그의 연설을 듣고 있는 청중들 가운데 많은 사람들이 실제로 경험했던 사건들을 돌아보는 것으로 시작했다. 그 역사는 호렙에서 시작되었다. 호렙은 하나님께서 새롭게 구속하신 나라와 처음으로 언약을 맺은 곳이었다. 여호와께서는 그곳에서 그의 백성들에게 그 산에 거한 지 오래니 이제 약속의 땅을 향해 나아가는 첫발을 내디디라고 명하셨다. 드디어 앞으로 나아갈 때가 되었던 것이다.

1:7. 하나님께서는 약속의 땅을 지정해주시기 위해 몇 개의 지명들을 사용하셨다. 약속의 땅에는 아모리 족속의 산지가 포함되었는데, 그것은 가나안의 대부분을 형성하고 있는 중앙 산맥을 말하는 것이다. 아라바는 산지 동쪽에 자리 잡고 있는 요단 계곡을 개략적으로 말하는 것이다. 산지와 평지는 종종 '세펠라' 라고 불리기도 했으며, 가나안 땅 중앙의 낮은 산간 지역과 해변까지의 땅을 말한다. 해변은 가자 지구에서 레바논까지 이르는 지역으로 오늘날 해안 평지라 불리기도 하는 지역이다. 네게브(남방)에는 해안가에 있는 가자로부터 사해를 지나 남쪽으로 아콰바 만까지 이르는 삼각형 지역이 포함된다. 브엘세바와 가데스 바네아는 둘 다 이 지역에 속해 있다. 약속의 땅의 북방 경계는 큰 강 유브라데까지였다.

1:8. 하나님께서는 백성들에게 하나님 자신이 준 것을 얻으라(취하라)고 그들에게 명하셨다. 그와 같이 하나님의 백성들 앞에 의미 있는 목표물을 놓아두시는 것이 하나님의 한 특성이다. 하나님께서 이 말씀을 하셨을 때는 이스라엘 백성들이 아직 그 땅을 실제로 지배하고 있지는 않았지만 하나님께서는 이미 그 땅을 그들에게 주셨다. 이스라엘의 조상 아브라함과 이삭과 야곱에게 하신 맹세로 이미 그 땅을 그들에게 양도하셨다.

C. 지도자들의 임명(1:9-18)

Supporting Idea	하나님께서 주시는 성공은 일반적으로 믿음의 삶 가운데 새로운 문제를 불러온다.

1:9-11. 모세는 이스라엘 백성들과 자신의 관계를 회상했다. 백성의 수가 크게 증가한 것은 그들이 신실하신 하나님과 맺은 언약을 회복하고 있다는 사실을 보여주는 산 증거였다. 그러나 모세 홀로 지기에는 그 짐이 너무 무거웠다. 모세는 이미 장인 이드로의 소언에 따라 다루기 쉬운 단위로 이스라엘 백성들을 나누었다(출 18:13-27). 여호와께서 백성들의 수를 크게 증가시키셨기 때문에 그들은 하늘의 별같이 많아지게 되었다.

10절에 기록된 모세의 직유법은 하나님께서 아브라함에게 하셨던 약속을 상기시켜주는 것이었다. "내가 네게 큰 복을 주고 네 씨로 크게 성하여 하늘의 별과 같고"(창 22:17, 참고-창 15:5, 26:4, 출 32:13).

한 세대가 다 죽긴 했지만 그들의 자녀들은 열악한 환경에도 불구하고 번창하였다. 아라바에 모인 20세 이상 군인의 수는 601,730명에 이르렀다. 여자들의 숫자도 비슷할 것으로 보아 전체 인구는 어린이를 포함하여 약 2백만 명에 달했을 것이다. 그 많은 백성들은 모세에게 상당한 고통을 안겨주기도 했지만 그들의 번영 외에 모세는 더 이상 바라는 것이 없었다. 그는 여호와께서 그들을 현재보다 천 배나 많게 하시고 그들에게 약속하신 대로 복 주시기를 원했다(11절).

1:12. 그러나 증가된 인구는 모세에게 거의 불가능한 지도력을 요구했다. 그는 그들의 괴로운 것과 무거운 짐과 다툼을 다 담당할 수 없었다. 그래서 그는 그들에게 도움을 청했다.

1:13-14. 모세는 각 지파에서 지도자로 섬길 수 있는 지혜와 지식이 있는 유명한 자를 통해 백성들이 그를 도울 수 있다고 설명했다. '유명한 자' 라는 말은 이스라엘의 지도자들의 경우 그들이 이끄는 사람들에게 잘 알려진 사람들이어야 한다는 것을 말해주는 히브리 용어다. 이스라엘의 지도자들은 지도자로서의 역할을 잘 수행하기 위해 공동체의 존경을 받으며 통찰력을 갖추고 있어야 했다. 온 백성들은 짐을 나누어 지는 것의 장점을 볼 수 있었다. 따라서 그들은 모세의 제안을 수용했다.

1:15-18. 모세는 각 지파의 두령들을 각 계급별 어른으로 삼았다. 백성들의 필요와 지도자의 능력에 따라 각 지파에서 가장 유능한 지도자들을 천부장으로 삼았고, 그 다음으로는 백부장과 오십부장과 십부장 등으로 삼았다. 모세가 이들을 재판장이라고 언급한 것을 볼 때 백성들의 분쟁을 해결하는 것이 그에게 가장 큰 부담이 되고 있었던 것이 분명하다. 모세는 그 지도자들을 지휘관과 재판장으로 부름으로써 그들에게 군사적/행정적 기능과 사법적 책무를 맡게 했다.

모세는 그 지도자들을 임명하면서 송사를 듣고 공정히 판결할 것을 지시했다. 이스라엘의 법정에서는 외국인들도 내국인들처럼 소송을 제기할 수 있었고, 재판장은 편견 없이 그들이 제기한 소송 사건을 심사 숙고해야 했다.

D. 정탐할 사람들(1:19-25)

Supporting Idea	과거에 하나님께서 보여주셨던 신실함을 기억하는 것은 미래를 위해 하나님을 신뢰하기로 마음을 정한 신자들의 결심을 굳혀주는 것이 되어야 한다.

1:19-20. 원래는 이스라엘 백성들이 남쪽에서 올라와 약속의 땅으로 들어가도록 되어 있었다. 따라서 하나님의 지시대로 그들은 호렙을 떠나 북쪽으로 가장 직선 거리에 있는 아모리 족속의 산지로 향하는 길을 택했다. 그 여행길은 보통 열하룻길이었지만 크고 두려운 광야를 지나야 하는 위험한 길이었다. 시내 반도는 모래보다 바위와 산과 골짜기가 많은 곳이었다. 광야를 뜻하는 히브리 단어는 메마른 곳이긴 하지만 적어도 특정한 계절에는 양떼와 가축을 먹일 수 있을 만큼의 식물을 충분히 구할 수 있는 곳을 뜻했다(창 16:7, 21:20, 삼상 17:28).

하나님의 도우심으로 이스라엘은 약속의 땅에 접근할 수 있는 서남쪽 입구에 위치한 가데스 바네아까지 갈 수 있었다. 그곳은 의기양양한 여행길에서 잠시 쉬었다 가는 곳이 되어야 했지만 결국은 성경에서 오명을 안아야 하는 지명이 되고 말았다. 그 곳은 아모리 족속의 산지 끝자락에 있었다. 아모리 족속이라는 이름은 종종 산지에 사는 이방인을 일컫는 말로 사용되기도 했다. "아말렉인은 남방 땅에 거하고 헷인과 여부스인과 아모리인은 산지에 거하고 가나안인은 해변과 요단 가에 거하더이다"(민 13:29).

1:21. 하나님께서 약속의 땅을 도전과 복으로 이스라엘 백성들 앞에 두셨다. 하나님께서는 이미 그 땅을 복으로 그들에게 주셨다. 그러나 여전히 그들이 올라가서 얻어야 하는 도전이 그들에게 남아 있었다. 그것은 두려움에 굴하지 않고 전투에 임해야 한다는 것을 뜻했다. 하나님께서 주시는 다른 많은 선물들처럼 마지막 결과뿐 아니라 그 결과를 향해 나아가는 과정도 중요했다. 이스라엘은 전투에서 살아남은 기록을 가지고 있었다. 그들은 가장 어려운 상황 속에서도 그들을 지켜주실 것이라고 믿을 수 있는 하나님께서 계신다는 사실을 알고 있었다. 모세는 신명기 전체에서 이스라엘 백성들에게 두려워하거나 낙담하지 말라는 경고를 강조하여 거듭 반복했다(1:29, 3:22, 20:1, 3, 31:6, 8).

1:22-23. 백성들은 정복하러 들어가기 전에 그 땅을 정탐할 사람들을 먼저 보내어 그곳에 대한 기본적인 지식을 가질 필요가 있다는 제의를 했다. 모세는 그 제의를 실제로 백성 모두가 했다는 사실을 그의 진술에서 강조했다(너희가 다 내 앞으로 나아와 말하기를). 정탐꾼들의 보고는 그 땅에 접근할 수 있는 가장 좋은 방법과 내륙으로 들어가면서 자리가 잡힌 마을들을 얼마나 빨리 마주 대하게 될지를 아는 데 도움이 될 것이다. 모세는 백성들의 제의를 받아들이고 정찰 기동 부대로 편성될 사람들을 각 지파에서 한 사람씩 선택했다.

민수기에서도 이 일을 기록하고 있는데, 그 기록에는 모세가 하나님의 지시에 따라 정탐꾼들을 보냈다고 언급하고 있다. "여호와께서 모세에게 일러 가라사대 사람을 보내어 내가 이스라엘 자손에게 주는 가나안 땅을 탐지하게 하되 그 종족의 각 지파 중에서 족장 된 자 한 사람씩 보내라"(민 13:1-2). 분명히 백성들이 먼저 제의했지만 그 말을 선히 여긴 모세는 그 일에 대해 여호와와 상의했다. 민수기는 모세가 여호와의 지시를 따르게 되기까지의 과정들에 대한 기록을 그저 생략한 것이다. 두려움을 느끼며 반신반의하는 백성들로부터 나온 생각이긴 했지만, 그 제안이 가지는 가치를 모세가 인정했고 여호와께서도 지지해주셨다. 군사적으로 신중을 기하기 위해 군대는 어느 길을 택할 것인지 그리고 앞으로 나아가는 길에 방해가 될 성읍은 어느 곳인지를 알고 있어야 했다.

1:24-25. 정찰 원정대는 산간 지역을 침공하기가 가장 어려울 것이라 생각하고 그 지역을 먼저 정탐했다. 그 과정에서 그들은 에스골 골짜기를 발견했다. 그곳은 헤브론 근처의 비옥한 땅이었고, 지금까지도 좋은 포도원으로 잘 알려져 있다.

약속의 땅을 정탐한 일에 관한 전반적인 내용은 민수기 13장 3-33절에서 볼 수 있다. 그 땅에서 생산되는 과실들은 매우 크고 좋았기 때문에 정보 요원들은 우리의 하나님 여호와께서 우리에게 주시는 땅이 좋더라는 결론을 매우 잘 내렸다. 적어도 여기까지 정탐꾼들은 하나님께서 말씀하신 것이 모든 면에서 믿을 만하다는 사실을 고백할 수 있어야 했다. 그리고 앞으로 치르게 될 전투에서 하나님께서 그들 군대와 함께하실 것이 분명하다는 결론을 내리기에도 별다른 문제가 없어 보여야 했다.

E. 백성들의 불신앙(1:26-40)

Supporting Idea	완고함과 불신앙은 하나님께서 참기 어려운 것이다. 특히 하나님을 잘 알아야 할 사람들이 완고하고 하나님을 신뢰하지 않을 경우에는 더욱 그렇다.

1:26-28. 안타깝게도 정탐꾼들의 보고는 땅에 대한 좋은 평가 그 이상을 넘어서서 계속되었다. 갈렙과 여호수아를 제외한 그들은 자신들을 기다리고 있는 저항 때문에 낙담했고, 그들의 그런 비관적인 자세가 백성들 모두에게 영향을 미쳤다. 너희가 올라가기를 즐겨 아니하고라고 말했을 때 모세는 그런 백성들의 상태를 언급한 것이다. 모압 평지에서 지금 그의 연설을 듣고 있는 사람들은 그들의 부모가 땅을 취하려 하지 않았을 때의 나이보다 스무 살 가량 어렸다. 그 결과 그들은 그들의 부모에게 내린 하나님의 심판을 피할 수 있었다. 그러나 그 당시 십대 후반이었던 사람들이 여전히 많이 있었고, 그들에게는 그들 부모의 부정적인 자세와 불순종하려는 성향이 깊이 박혀 있었다.

1:29-31. 모세는 백성들에게 두려워하지 말 것을 촉구했다. 왜냐하면 그들이 섬기는 하나님께서는 애굽에서 그들을 위해 싸우신 바로 그 하나님이시며, 그 일은 그들 목전에서 이루어진 부인할 수 없는 일이었기 때문이다.

그리고 그뿐만이 아니었다. 하나님께서는 또 그들을 위해 광야에서도 싸우셨다. 그 싸움은 시내 산에 진을 치기 전 르비딤에서 일어났던 사건을 언급하는 것으로 보인다. 그때 아말렉 족속이 정당한 이유 없이 이스라엘을 공격했다. 모세는 이스라엘의 수비를 여호수아에게 맡기고 기도하기 위해 가까운 산으로 올라갔다. 하나님께서 그의 기도를 들으시고 이스라엘이 승리할 수 있게 해주셨다. 그래서 모세는 그곳에 단을 세우고 '여호와 닛시'(여호와는 나의 깃발)라 불렀고 영원히 기억할 장소로 삼았다. 이스라엘 백성들이 전투를 위해 훈련을 받은 것은 아니었지만 하나님께서 그들을 위해 싸우셨고, 그들은 하나님께서 그곳에서 하신 일에 대해 영적으로 민감해야 할 필요가 있었기 때문이다.

하나님 아버지의 신실하심은 부인할 수 없는 것이었다. 이곳(가데스 바네아)까지 오는 모든 길에서 그 신실하심을 증명해 보여주셨기 때문이다. 하나님의 백성들에게 유익한 두려움들도 있을 수 있다(잠 1:7 참고). 그러나 사람들의 악의적인 의도에 대한 두려움이 유익한 두려움이 되는 경우는 거의 없다. 실제로 가데스 바네아에 있는 이스라엘 백성들에게는 하나님을 두려워하는 마음이 없었다. 신자들은 적들이 그들의 신체에 가할 수 있는 타격보다는 하나님께서 그들을 어떻게 보고 계시는지에 더 많은 관심을 기울여야 한다. "몸은 죽여도 영혼은 능히 죽이지 못하는 자들을 두려워하지 말고 오직 몸과 영혼을 능히 지옥에 멸하시는 자를 두려워하라"(마 10:28).

1:32-33. 불신앙을 버려야 할 모든 증거가 있음에도 불구하고 이스라엘 백성들은 여호와를 믿지 않았다. 따라서 앞으로 나아가려고도 하지 않았다. 모세는 여호와께서 신실하게 그들의 길을 밝혀주셨고, 밤에는 불로 낮에는 구름으로 행할 길을 지시하시며 그들과 함께하셨다는 사실을 백성들에게 상기시켜주며 두려워하지 말 것을 촉구했다. 구름은 보통 이스라엘 백성들이 광야를 지나는 동안 그들 존재의 중심이 되었던 성막 위에 머물렀다. 그리고 그 구름은 그들이 진영을 접고 떠나야 할 때와 그들이 가야 할 방향을 정확하게 알려주었다(민 10:33-34).

사려 깊은 신자들은 위기 속에서 하나님께서 보여주셨던 하나님의 신실하심을 기억한다. 자신의 과거를 깊이 성찰하는 것이 영적 성숙의 한 부분을 이루게 된다. 위기 속에서 하나님께서 하신 일을 잊고 사는 신자들이 있다. 그리스도인들의 예배의 중심은 하나님께서 하신 일들을 기억하는 것이다. "이것은 너희를 위하는 내 몸이니 이것을 행하여 나를 기념하라…이 잔은 내 피로 세운 새 언약이니 이것을 행하여 마실 때마다 나를 기념하라"(고전 11:24-25).

1:34-36. 이스라엘 백성들의 불신앙은 이스라엘 백성들의 장막에서 새어나오는 불평과 불순종에 대한 하나님의 반응을 통해 그 심각성이 입증되었다. 하나님께서 노하여 맹세하시며 하나님을 믿지 않는 세대 가운데는 하나님께서 약속하신 좋은 땅을 볼 수 있는 사람이 아무도 없을 것이라고 말씀하셨다. 여호와를 온전히 순종한 갈렙과 여호수아는 예외였다(여호수아는 모세가 사망한 후 백성들을 이끌 새로운 지도자로 이미 선정되어 있었기 때문에 예외가 될 것은 자명한 일이었다).

1:37-40. 모세는 가데스 바네아에서 힘든 시험을 이겨냈지만 그 이후 신 광야에서 자제력을 잃었다(민 20:1-12). 백성들이 또다시 그를 자극하자 하나님의 명령을 제대로 수행하지 못하고 말았다. 그 결과 그는 백성들을 약속의 땅으로 인도해 들어가는 기쁨을 박탈당했고, 여호수아가 그의 후계자로 임명되었다.

백성들은 아이들이 사로잡히게 될 것을 염려하듯 말하며 자신들의 불신앙을 정당화하려 했지만 하나님께서는 그들의 자녀들이 그 땅으로 들어가게 되고, 그 땅을 그 자녀들에게 주어 산업이 되게 하실 것이라고 말씀하셨다. 그리고 그 아이들의 부모들에게는 약속의 땅을 뒤로 하고 돌아서서 홍해 길을 따라 광야로 들어가라는 판결을 언도하셨다. 여기서 홍해는 오늘날 엘랏 만 또는 아콰바 만으로 알려진 동쪽 지류를 말하는 것이다. 홍해로 번역된 히브리 표현(yam suf, '갈대 바다')에는 오늘날 수에즈 만이라 알려진 서쪽 만뿐 아니라 동쪽 만도 포함되었다.

F. 패전(1:41-46)

Supporting Idea	교만하고 무례한 사람들이라면 그들의 목표가 정당한 것이라 할지라도 하나님께서 그들을 막고 저지하신다.

1:41-42. 이스라엘 백성들의 불순종 때문에 약속의 땅에 들어갈 수 없게 되었다는 모세의 엄중한 선언 이후 이스라엘의 연장자들의 죄와 거역이 그 절정에 달했다. 그들은 갑자기 군사적 열정을 회복했다. 그들은 자신들의 잘못을 손쉽게 회개하고 올라가서 싸우겠다는 결의를 경솔하게 선포하였다. 모세는 하나님께서 그들과 함께하시지 않으므로 올라가서는 안 된다고 경고했다. 하나님께서 함께하시지 않는 그들에게 패배는 확실한 것이었다.

1:43-44. 모세의 경고에도 불구하고 교만한 백성들은 싸우기로 결정했고, 그 결과는 하나님께서 예언하신 그대로였다. 벌 떼들이 경솔하게 벌꿀을 따려는 사람을 몰아내듯 아모리 족속들이 그들을 쫓아냈다. 그들은 서쪽의 세일 산에서 동쪽의 호르마까지 약 80킬로미터 가량 되는 지역에서 완전히 패배했다.

1:45-46. 그 치욕스러운 사건을 치른 백성들이 가데스 바네아로 돌아와 여호와 앞에서 통곡했지만 하나님께서는 그 세대를 광야에서 죽게 하실 결정을 되돌리지 않으셨고, 그들은 여러 날 동안 가데스 진영 주변에서 이렇다 할 목적 없이 배회하게 되었다.

Main Idea 복 습	불순종은 하나님의 백성들이 누려야 할 기쁨을 그들에게서 빼앗아갈 수 있다.

결론

불필요한 기둥들

1666년에 발생한 대화재 이후 런던 시는 크리스토퍼 렌(Christopher Wren) 경의 능숙한 감독 하에서 대부분이 다시 건설되었다. 그 가운데서도 세인트 폴 대성당(St. Paul Cathedral)을 설계하고 재건축한 것이 가장 중요한 일이었다. 수도 재건을 마친 그는 윈저(Winder)에 새로운 시청을 설계해달라는 부탁을 받았다. 그런데 시의회의 한 저명한 인사가 렌 경이 제출한 계획안의 결점을 발견하고 건물의 지붕을 지지해줄 기둥들이 몇 개 더 추가되어야 한다고 강력하게 주장했다. 그는 그 지역 사람들에게 새로 지을 시청 건물 안에 들어가면 목숨을 잃을 수도 있다는 주장을 하면서 자신의 뜻을 관철시켰다. 지역 주민들의 불만을 사게 된 시의회도 결국 기둥들이 추가되어야 한다고 주장했다.

렌 경은 그런 압력에 굴복하고 - 아니면 굴복한 것으로 생각되어졌다 - 몇 개의 기둥들을 추가했다. 그 후 오래 세월이 흐른 후, 즉 렌 경과 그의 설계에 반대하던 사람들이 모두 세상을 떠난 후 이야기의 전모가 밝혀졌다. 지붕을 청소하고 수리하기 위해 지붕으로 올라간 일꾼들은 렌 경이 나중에 추가한 기둥들이 천정에서 약 2인치 가량 떨어져 있다는 사실을 발견하게 되었다(바닥에서는 그 기둥들과 천정 사이의 공간이 보이지 않았다). 렌 경은 자신이 설계한 건물이 안전하다고 분명하게 확신하고 있었기 때문에 기둥들을 추가하긴 했지만 그저 장식품의 역할만 하도록 추가했던 것이다.

하나님의 말씀은 추가적인 도움을 받을 필요가 없다. 하나님의 말씀이라는 사실만으로 충분하다. 역사는 반복해서 하나님의 말씀을 뒷받침해왔지만 그것들은 그저 장식에 불과하다. 모든 그리스도인들은 살아가면서 맞이하게 되는 어려운 일들 속에서 하나님 말씀의 진리를 적용해야 한다. 하나님께서는 우리가 하나님을 믿고 있는지 아닌지를 보기 위해 기다리고 계신다. 한 찬송가 작사가는 다음과 같이 말했다.

> 피난처를 찾는 우리에게
> 예수님께 피하라고

이미 말씀하신 것 외에
무슨 말씀을 더 하실 수 있겠는가?

■ 진리 알기

- 하나님의 약속에는 경건한 행실을 강력하게 권고하는 격려가 포함되어 있다.
- 내적인 자질을 갖추고 있을 뿐 아니라 사람들의 존경받는 사람을 지도자로 세워야 한다.
- 두려움은 영적 진보를 방해하는 적이다.
- 그리스도를 따르는 사람은 언제나 자신이 할 수 있다고 생각하는 것보다 더 많은 것을 할 수 있다.

■ 적용하기

- 삶 속에서 보여주신 하나님의 신실하심을 종종 되돌아보라.
- 하나님께서 허락하시는 영적 전투를 피하지 않고 싸우기로 다짐하라.
- 다른 사람들에게 도움 청하기를 망설이지 말라.
- 다른 사람들에게 존경받을 수 있는 지혜롭고 현명한 성품을 개발하라.

삶의 적용

배낭의 한계

엔진에 문제가 생긴 비행기에 네 사람이 타고 있었다. 그들은 조종사와 목사와 보이스카우트 단원과 MIT 공대 교수였다. 비행기의 고도가 떨어지기 시작했고, 조종사는 승객들에게 무슨 일이 벌어지고 있는지를 알리기 위해 조종실에서 나왔다. 그는 "정말 죄송합니다. 비행기가 곧 추락하게 될 것입니다. 그런데 문제는 낙하산이 세 개밖에 없다는 것입니다. 그래서 우리 가운데 한 사람은 이 비행기 밖으로 나갈 수가 없습니다.

제 가족들에게는 제가 없으면 안 됩니다. 그래서 저는 남아 있을 수가 없습니다"라고 설명했다. 그리고는 낙하산을 메고 비행기에서 뛰어내렸다.

교수는 "두 사람도 알다시피 나는 세상에서 가장 머리가 좋은 사람입니다. 내가 죽는다면 사회 전체가 큰 손실을 입게 될 것입니다. 그러니까 여기서 나가야겠습니다"라고 말한 다음 낙하산을 메고 비행기에서 뛰어내렸다.

목사가 보이스카우트 단원을 돌아보며 "여보게, 나는 하나님을 알고 하나님과 함께 있을 준비가 되었네. 자네는 아직 젊고 살아야 할 날이 창창하니 어서 낙하산을 가지고 이곳을 빠져나가게"라고 말했다.

보이스카우트 단원은 "아닙니다, 목사님. 세상에서 가장 머리가 좋은 사람이 제 배낭을 가지고 뛰어내렸어요. 여기 이 낙하산을 받으세요"라고 말했다.

세상에는 배낭으로 자신을 보호하려다가 결국 참담한 결과를 맞이하기 위해 허공으로 떨어져 내려가는 똑똑한 사람들이 많이 있다. 하나님께서는 우리가 피할 수 있는 방법이 있다는 사실을 사람들에게 알려주는 하나님의 대사가 되기를 원하신다. 그것을 해야 할 만한 가치가 있는 소중한 일이라고 생각하지 않는 한 우리는 그 일을 할 수 없다. 그리고 이스라엘 백성들이 가데스 바네아에서 생각했던 것처럼 우리도 생각한다면 우리는 그 일을 하지 않을 것이다. 하나님께서는 우리에게 세상의 고통을 보게 하시고, 예수 그리스도를 절실하게 필요로 하는 세대에게 전해주어야 할 예수 그리스도의 복음을 우리에게 주셨다.

기도

하나님, 하나님을 우리에게 닥치는 문제를 해결해주시는 분으로만 생각하는 어리석음에 빠지지 않게 해주십시오. 하나님께서 보여주신 신실하심을 기뻐하고 더 많은 사람들이 함께 하나님을 영화롭게 하는 삶을 살아갈 수 있도록 다른 사람들에게 하나님의 신실하심을 알릴 수 있도록 도와주십시오. 아멘.

심층 연구

A. 이스라엘 무리(1:1)

요단 강가에서 모세가 청중으로 삼고 연설한 사람들은 '이스라엘 무리' 였다고 신명기 1장 1절은 구체적으로 명기하고 있다. 그렇다고 해서 이스라엘 백성들이 모두 모세가 말하는 것을 들을 수 있는 거리 안에 있었다는 것은 아니다. 그보다는 백성 전체가 결국 그의 연설을 듣게(또는 읽게) 되었다는 뜻이다. 출애굽한 세대가 죽은 후 약속의 땅 언저리에 이르러 서게 된 모세는 군인이 될 수 있는 사람들(20세 이상의 남자들)을 대상으로 인구 조사를 실시하도록 명했다(민 26:4). 그 결과 이스라엘에는 군인으로 전투에 참가할 수 있는 남자의 수가 601,730명이라는 것을 알게 되었다. 그들 대부분은 결혼해서 자녀들을 두고 있었기 때문에 이스라엘 전체 인구는 약 2백만 명에 이르렀을 것으로 보인다. 모세의 연설은 신명기로 곧 기록되었기 때문에 그의 연설은 모든 지파에게 신속하게 퍼져나갔을 것이다.

B. 땅의 크기(1:7-8)

하나님께서 '아모리 족속의 산지…아라바와 산지와 평지와 남방과 해변과 가나안 족속의 땅과 레바논과 큰 강 유브라데까지' 를 이스라엘 소유로 약속하셨다(1:7). 이스라엘이 솔로몬 당시의 짧은 기간을 제외하고(왕상 4:21) 이렇게 넓은 지역을 자신들의 땅으로 주장한 적이 있었는지는 확실치 않다. 유브라데 강 인접 지역은 오늘날 이스라엘에게 가장 적대적인 두 나라, 시리아와 이라크가 지배하고 있다. 그럼에도 불구하고 때가 되면 그 지역 전체를 소유하게 될 것이라고 약속하셨다. 에스겔은 그 땅의 최종적인 범위를 예언했다(겔 47:15-20).

C. 아낙 자손(1:28)

정찰대는 땅을 정탐하면서 아낙 자손을 보고는 기겁을 했다. 아낙 자손들이 매우 장대했던 것은 분명하다. "거기서 또 네피림 후손 아낙 자손 대장부들을 보았나니 우리는 스스로 보기에도 메뚜기 같으니 그들의 보기에도 그와 같았을 것이니라"(민 13:33). 그들은 헤브론 성읍을 건설했다. "아낙의 아비 아르바의 성읍 유다 산지 기럇 아르바 곧 헤브론과 그 사면 들을 그들에게 주었고"(수 21:11, 참고-14:15). 이스라엘이 땅을 정복하는 과정 속에서 갈렙과 여호수아가 아낙 자손들과 싸워 결국 그들을 산지에서 가사와 가드과 아스돗 주변의 해안 지역으로 몰아냈다. 골리앗과 체구가 큰 가나안 사람들은 아낙과 그의 자녀들의 뒤를 이은 후손들로 보인다.

D. 선악을 분별하는 지혜(1:39)

이스라엘은 하나님께서 가데스 바네아에서 자기 자녀들을 죽이기로 작정하셨다고 비난했다. "또 너희가 사로잡히리라 하던 너희의 아이들과 당일에 선악을 분변치 못하던 너희 자녀들 그들은 그리로 들어갈 것이라"(신 1:39). 하나님께서 이십 세 이상 된 사람들은 그들의 불순종 때문에 죽게 될 것이라고 말씀하신 것을 볼 때, 이스라엘 백성들은 스무 번째 생일을 맞이하면서 성인으로서의 책임을 지게 되는 것으로 보인다. 그 사실은 이십 세 이상 된 사람만이 제물을 드릴 수 있고(출 30:14) 군인으로 복무할 수 있다(민 1:3, 18)는 규정에 의해서도 뒷받침되고 있다. 또 이십 세가 된 레위인만이 성전에서 섬길 수 있었다(대상 23:24, 27). 이십 세 이하인 사람들 가운데서도 자신들의 행동이 하나님을 거역하는 것이라는 사실을 알고 있는 사람들이 물론 많이 있었다. 그러나 그 어린 세대는 자신들의 불순종을 회개하게 될 것이라는 기대를 가지고 하나님께서 은혜로 사망선을 이십 세 이상으로 높게 잡으셨다.

E. 아모리 족속(1:44)

아모리 족속이라는 말은 구약 성경에서 다양하게 나타나고 있다. 때로는 이스라엘이 가나안을 정복하기 전에 그곳에 살았던 소수의 거주자들을 가리키는 말로 사용되었다(창 15:16). 또 다른 경우에는 이스라엘이 요단 강 동쪽으로 접근하면서 정복했던 두 왕 시혼과 옥을 포함해 요단 강 동편에 살고 있는 사람들을 언급하는 말로 사용되었다

(민 21:21, 신 31:4). 여호수아는 이스라엘을 속여 조약을 맺었던 기브온 사람들도 아모리 족속이라 불렀다(삼하 21:2). 일반적으로는 이스라엘이 내쫓은 거민들을 뜻하는 말로 사용되었다. 물론 그 안에 포함된 각기 다른 족속들은 각기 다른 구체적인 이름으로 종종 거론되었다. 가나안의 신들이 '아모리 사람의 신' 으로 묘사되어 있다(수 24:15).

고안

A. 들어가는 글

1. '굴뚝 점검' 이야기로 시작하라.

2. 배경 설명: 모세는 여호와와 밀접한 관계를 맺고 있는 역사를 백성들과 함께 되돌아보고 있다. 신명기 1장은 일관성이 없는 이스라엘 백성들의 모습과 변함없는 신실하신 하나님의 일을 대조적으로 보여주고 있다. 모세는 신실하신 하나님과 신실하지 못한 이스라엘의 전통, 이 두 가지를 새로운 세대가 물려받은 한 쌍의 유산으로 그들에게 확인시켜주고 있다.

3. 적용: 이스라엘 역사는 하나님의 백성들의 역사를 간추려 요약한 것이다. 우리는 하나님의 말씀을 따르는 일에 일관성을 보이지 못하지만, 하나님께서는 우리를 위해 그리고 우리의 행복을 위해 언제나 신실하게 일하신다. 하나님의 사랑에는 변함이 없지만 일관성이 없고 신실하지 못한 우리의 행실 때문에 우리는 큰 기쁨들을 많이 상실하게 된다.

B. 본문 이해

1. 모세의 연설(1:1-5)
2. 백성들에게 선포한 선언(1:6-8)

3. 지도자들의 임명(1:9-18)
4. 정탐할 사람들(1:19-25)
5. 백성들의 불신앙(1:26-40)
6. 패전(1:41-46)

C. 결론: '배낭의 한계' 를 읽어주라.

토의 질문

1. 하나님께 무관심하고, 심지어는 적대적이기까지 했던 자신에게 하나님께서 하나님 자신의 신실하심을 입증해주셨던 일들을 기억할 수 있겠는가?

2. 신명기 1장을 통해 어떤 영적 통찰력을 얻을 수 있는가? 그 통찰력은 하나님께 대한 신실함을 향상시키는 데 도움이 되는 것인가?

3. 두려움이 하나님께 순종하는 것을 어떻게 방해하는가?

4. 자신의 영적 경험들을 세심하게 돌아보는 것이 똑같은 실수를 반복하지 않는 데 어떤 도움이 될 수 있다고 생각하는가?

신명기 2장

적을 앞에 두고

"나는 곧 학위를 받고 목사로 세상에 나갈 것이다. 내가 어떻게 될지 나는 모른다. 다만 내가 말할 수 있는 것은 이 세상에서 살아가는 동안 나는 그 어느 곳도 아닌 십자가에서만 생명과 소망을 찾기 위해 끊임없이 싸우고 투쟁하고 있다는 것이다."

- 조지 휫필드(George Whitefield)

하나님께서는 하나님의 백성들이 하나님의 신실하심을 깊이 생각할 때 얻을 수 있는 힘을 가지고 불확실한 미래에 용감하게 대처하기를 바라신다.

Deuteronomy

소수 부족 소개: 아낙 자손들

- 이스라엘이 가나안을 정복할 당시 요단 강 주변에 살고 있던 부족이었다.
- 히브리 단어의 복수형 '아나킴' 은 그들의 원 조상의 남성 이름으로 '아낙 사람들' 이라는 뜻이다.
- 가나안 정복 이전에는 기럇 아르바(아르바 성읍)라 불리기도 한 헤브론 지역에 살던 사람들이었다.
- 히브리 성경에서 장대한 사람들을 언급하는 용어로 흔히 사용되었다.

들어가는 글

미지의 세계 그 이면

1947년 10월 14일 척 예거(Chuck Yeager)는 벨 연구소에서 실험용으로 만든 로켓 비행기 더 벨 X-1기의 음속 장벽(비행기의 속력이 음속에 가까울 때 받게 되는 공기 저항)을 넘어섰다. 밝은 주황색 칠을 한 로켓 비행기는 기본적으로 뭉뚝한 날개들이 달린 커다란 엔진이었으며, 다루기가 매우 힘들었다. 연료를 보존하기 위해 특별하게 설계된 B-29 폭격기의 힘을 빌어 이륙한 다음 엔진이 발화되기 전에 그 폭격기에서 분리되어야 했다.

음속 장벽의 통과가 10월 그날에 일어나리라고는 생각하지 않았다. 매우 서서히 음속에 접근하도록 프로그램이 짜여 있었고, 예거의 목표는 음속의 97퍼센트 속도인 0.97마하로 비행하는 것이었다. 실험을 하고 있는 다른 조종사들처럼 예거도 음속 장벽에 점점 다가갈수록 예상치 못한 일들이 일어날 수 있다는 것을 잘 알고 있었다. 일반적으로 비행기는 진동을 일으키기 시작한다. X-1기는 비행을 시작하기에 그리 안정된 비행기는 아니었다. 그리고 예거는 다친 팔로 비행을 시작했다. X-1기가 모체에서 분리된 후 몇 가지 기계를 작동하는 데에만 몇 초가 걸렸다.

X-1기의 연료가 30퍼센트 정도밖에 남지 않았을 때 예거는 비행기를 급강하시키며 속도를 내기 시작했다. 목표로 삼은 속도에 이르자 실험하는 사람들이 '오렌지 비스트'라 부르게 된 계기들을 읽기조차 힘들 정도로 진동이 심해졌다. 그 이상한 진동 때문에 음속 장벽을 넘어서기가 어렵다는 결론을 내린 전문가들도 있었다. 그들은 음속을 돌파할 수 있을 만큼의 속도를 내는 비행기를 해체시켜 버릴 것 같은 어떤 알 수 없는 힘들을 느꼈다.

비행기가 진동을 더 이상 감당할 수 없을 것 같은 순간에 진동이 멈추었다. 예거는 풍속 계기반을 들여다보았다. 그리고 1마하를 막 넘어섰다는 것을 알게 되었다. 그는 약 20초 동안 초음속으로 비행했다. 그것은 인류 역사상 처음 있는 일이었다. 예거는 그 순간을 마치 유리 위에서 미끄러지는 것 같았다고 묘사했다. 모든 두려움과 불안은 사라지고 음속을 초과하는 승리를 거둘 수 있었다.

가치 있는 목표를 실현하는 데는 두려움이 따른다. 이스라엘 백성들도 약속의 땅을 정복하기 위해 나섰을 때 두려움을 느꼈던 것이 분명하다. 요단 강을 넘어 내륙으로 들어갈 때 무슨 일이 일어날지 그들은 잘 모르고 있었다. 그러나 하나님께서 그들에게 주시기로 약속한 곳에 호전적인 사람들이 살고 있으며, 그 사람들이 맞서 싸우려 할 것이라는 사실을 알고 있었다. 그런 땅을 정복하고 그곳에서 살려면 그들은 두려움을 극복해야 했다.

그와 마찬가지로 그리스도인들은 영적인 성숙에 방해가 되는 도전들을 다루며 느끼게 되는 두려움을 극복하고 넘어서야 한다. 유혹과 좋지 않은 습관들을 다루지 않고 뒷걸음치려 해서는 안 된다. 왜냐하면 그런 것들을 가지고 전쟁터에 나가면 삶의 일부가 될 난기류를 두려워할 것이기 때문이다.

본문 이해

적을 앞에 두고

Main Idea	영적인 전투에 임하는 신자들은 하나님의 신실하심을 숙고하면서 용기를 가지고 미래를 맞이해야 한다.

A. 에돔 족속에 관한 지시(2:1-8)

Supporting Idea	영적인 전투를 준비하는 일에는 과거에 베풀어주신 하나님의 은혜를 깊이 숙고하는 것이 요구된다.

2:1. 신명기 2장은 여호와와 그분의 언약 백성들과의 역사적 관계를 되돌아보는 것과 조화를 이루고 있다. 가데스 바네아에서의 커다란 실패를 언급한 후 모세는 요단 강

동편 그들이 서 있는 지역까지 오는 길에서 만났던 여러 족속들을 그들이 어떻게 상대해왔는지를 상기시켜주었다.

동쪽에서 약속의 땅으로 들어가려 했던 이스라엘은 가데스 바네아에서 동남쪽으로 방향을 돌려 광야로 다시 되돌아가게 되었다. 그것은 앞장에서 보았듯이 가데스 바네아와 호르마에서 완패를 당한 후 하나님께서 직접 모세에게 그렇게 지시하셨기 때문이다. 모세는 민수기 20장 22절에 기록된 사건, 즉 에돔 족속들 때문에 북쪽 도로를 사용할 수 없었던 일을 이 이야기에서는 생략하고 있다. 그 사건이 있은 후 이스라엘 백성들은 남쪽으로 방향을 돌려 오늘날 아콰바 만 또는 엘랏 만으로 알려진 홍해 바다의 동쪽 지류 쪽으로 향하는 길로 나아갔다.

세일 산은 아라바와 평행선을 이루고 있는 산맥이다. 세일 산은 사해 남쪽 끝에서 아콰바 만까지 이어지고 에돔 땅의 서쪽 경계를 이루고 있었다. 히브리 성경에서 '세일'은 종종 '에돔'과 동의어로 사용되었다. 이스라엘 백성들은 에돔 땅을 침범하지 않기 위해 세심하게 주의를 기울였다. 왜냐하면 에돔 족속은 야곱의 형 에서의 자손들이었기 때문이다. 에돔 족속이 여호와를 섬기지는 않았지만 그들의 땅은 하나님께서 족장들에게 약속하신 지역의 일부였다. 이스라엘은 그들을 자극하지 않고 동족으로 친절하게 대해야 했다.

2:2-3. 하나님께서 어느 한 시점에 모세에게 이스라엘 백성들이 에돔 땅을 침범하지 않도록 남쪽에서 충분히 멀리 떨어져 있어야 할 것을 명하셨다. 그리고 이스라엘 백성들이 세일 산을 두루 행한 지 오래되었다고 모세에게 말씀하셨다. 그러므로 이제 이스라엘 백성들은 에돔의 영토 보존에 위협을 가하는 것으로 보이지 않으면서 북으로 나아갈 수 있었고, 약속의 땅으로 공격해 들어가기 직전 그들이 서 있는 요단 강 동쪽 지역까지 이르게 되었다.

2:4. 여호와께서 모세에게 에돔 족속과의 갈등을 피하기 위해 백성에게 명하여 이르라고 말씀하시며 하나님의 의도를 분명히 드러내셨다. 그들은 에돔 땅을 그냥 지나가기만 해야 했다. 그 지역은 그들의 사촌인 에서의 자손들이 살고 있는 곳이었다. 비록 그 사촌들이 나중에 이스라엘을 고통스럽게 하는 원수로 밝혀졌지만 그래도 혈연은 존중되어야 했다.

민수기를 보면 이스라엘 백성들이 약속의 땅에 다다랐을 때 그들은 에서의 자손들에게 불안을 야기하며 에돔의 국경 지대에서 멀지 않은 곳에 모여 있었다. 속사정을 모르는 에돔 족속들은 이스라엘의 의도를 추측할 수밖에 없었다. 여호와께서는 에돔이 이스라엘을 향해 두려움을 느끼게 만드는 것은 위험한 것이라고 이스라엘에게 경고하셨다. 그러므로 이스라엘 군대는 에돔의 공격을 자극하는 행동을 하지 않도록 깊이 스스로 삼가야 했다.

2:5-6. 이스라엘에게는 에돔과 다투어 얻을 수 있는 것이 아무것도 없었다. 하나님께서 에돔의 땅은 한 발자국도 이스라엘에게 주지 않기로 이미 결정하셨다. 세일 산에 대한 에돔의 소유권은 에서와 그의 자손들을 축복하면서 이삭이 결정한 것이었다(창 27:39-40). 하나님께서는 이스라엘에게 약속의 땅을 주기로 결정하셨다. 그러나 에서 역시 잊지 않으셨다. 에서는 근시안적이고 충동적인 사람이었다(히 12:16-17). 그러나 그는 이삭의 자녀이며 아브라함의 손자였다. 하나님께서 이스라엘 백성들을 위해 그에게 복을 주시기로 결정하셨다.

그곳은 하나님께서 에돔에게 주신 땅이었기 때문에 이스라엘은 자신들을 침입자가 아니라 이웃 나라를 지나는 객으로 여겨야 했다. 에돔 땅에서 먹고 마실 것이 필요하면 돈으로 그들에게서 양식과 물을 사서 먹고 마셔야 한다는 사실을 기억하고 있어야 했다.

2:7. 그렇게 해야 할 또 다른 이유가 필요하다면 그들이 광야를 지나는 동안 하나님 여호와가 그들의 하는 모든 일에 복을 주셨음을 기억하기만 하면 되었다. 에돔 땅에서 보게 되는 것을 탐낸다는 것은 무의미한 일이었다. 왜냐하면 하나님께서 그들이 광야를 지나는 사십 년 동안 그들과 함께하시며 그들에게 부족함이 없게 하셨기 때문이다. 하나님께서 그 큰 광야를 지나는 동안 내내 그들을 돌보셨다면 남은 여행을 마치고 약속의 땅을 정복하게 될 그리 길지 않은 기간 동안에도 분명히 그들의 필요를 채워주실 것이기 때문이다.

2:8. 에돔 땅을 둘러 아라바를 지나는 대신 이스라엘은 동쪽으로 가는 더 먼 광야 길로 나아갔다. 엘랏과 에시온 게벨을 지나 북쪽의 모압 광야 길로 진행했다. 엘랏과 에시온 게벨은 홍해 동쪽 지류의 최북단에 위치해 있었다. 엘랏(현대의 일랏)은 에시온 게벨에서 동쪽으로 약 1.6킬로미터 가량 떨어진 곳에 위치한 항구 도시였다. 에시온 게벨은 솔로몬 당시 국제 무역의 중심지였다(왕상 9:26).

B. 모압과 암몬 족속에 관한 지시(2:9-23)

Supporting Idea	하나님을 위해 사역을 맡은 사람들은 다른 사람들과 자신들의 잘못을 해결해주시기 위해 하나님께서 하신 일들을 기억함으로 겸손한 자세를 유지할 수 있다.

2:9. 하나님께서는 이스라엘에게 모압을 괴롭게 말고 그들을 자극해 싸우게 만들 수 있는 구실을 주지 않도록 조심하라고 엄중히 경고하셨다. 그들이 모압 군대를 물리친다 할지라도 하나님께서 그들의 땅은 조금도 이스라엘에게 주지 않기로 이미 결정하셨다. 하나님께서는 이스라엘 백성들에게, 모압은 아브라함의 조카 롯의 자손이기 때문에 그들과는 사촌이라는 사실을 상기시켜주셨다. 혈연이 모압 족속과 암몬 족속 모두에게 적용되었다. 모압과 암몬은 소돔과 고모라가 멸망한 후 롯의 딸들이 근친상간을 통해 임신한 롯의 아들들이었다(창 19:36-38).

2:10-12. 이 구절은 모압 사람들이 어떻게 그들이 살고 있는 땅을 얻게 되었는지를 상기시켜주는 긴 삽입 어구를 이루고 있다. 한때 그 지역은 엠 사람들이 차지하고 있었다. 엠 사람은 이 구절 외에 창세기 14장 5절에서만 찾아볼 수 있다.

원래 모압 땅에 살았던 소수 거주민은 강하고 많고 신체적으로 키가 크며 힘이 센 아낙 족속들과 비슷했다. 아낙 사람은 원래 예루살렘 남쪽에 있는 헤브론 또는 기랏 아르바 지역에 정착했고, 르바임이라고 알려진 커다란 부족의 일부가 되었다. 르바임은 모압과 바산뿐 아니라 암몬 지역(20절, 기본적으로 요단 강 동편 전 지역)에서도 살고 있었다.

신명기는 세계 역사 속에서 후리안이라고 알려진 호리 사람들이 세일(에돔 땅의 일부)의 높은 고원 지대에서 살던 원주민이었다고 설명하고 있다. 에서의 자손인 에돔 족속이 호리 사람들을 그 지역에서 몰아내고 그 땅을 차지하였다. 그것은 이스라엘이 하나님께서 그들에게 기업으로 주신 땅에서 행한 것과 같은 것이었다.

2:13-15. 이스라엘은 하나님의 지시를 마음에 담고 일어나서 모압의 남쪽 경계를 이루고 있는 세렛 시내를 건너가라는 명령을 받았다. 그들은 그들이 들은 것들을 기억해야 했다. 이스라엘이 그들의 땅을 차지할 자격이 있듯이 모압 족속도 그들의 땅을 차지할 자격이 있었다. 두 경우 모두 하나님께서 기업이 될 땅을 그들에게 주셨다. 이스라엘은

요단 강 동편에 살고 있는 사람들보다 자신들이 더 우월하다고 생각할 수 있는 입장이 아니라는 사실을 기억하고 있어야 했다. 그 첫 번째 이유는 그들은 모두 같은 조상의 자손들이기 때문이었고, 두 번째 이유는 암몬 땅으로 가는 길에서 이스라엘이 보인 행동은 본보기가 될 만한 행동과는 거리가 멀기 때문이었다.

실제로 이스라엘이 가데스 바네아를 떠나 세렛 시내를 건너기까지 삼십팔 년이 걸렸다. 그렇게 오랜 세월이 걸린 것은 그 시대의 모든 군인들이 땅을 정복하라는 하나님의 명령을 거역했기 때문이다. 그 결과 여호와께서 그들 가운데는 한 사람도 약속의 땅에 들어가지 못하게 될 것이라고 맹세하셨다. 그리고 삼십팔 년이 지나는 동안 여호와께서 그들을 진중에서 다 멸절하셨다. 그러므로 겸손과 신뢰가 요구되었다.

2:16-19. 하나님께서 말씀하신 대로 하나님의 명을 거역한 모든 군인이 사망할 때까지 기다리신 다음 이스라엘 백성들에게 모압 변경 아르를 지나가라고 명하셨다. 하나님의 심판을 받은 이스라엘은 믿을 수 없을 만큼 느린 속도로 약속의 땅을 향해 나아갔다. 어떤 면에서 그들은 삼십팔 년 동안 다른 사람들이 죽게 되기를 그저 기다리고 있었던 것이라고도 할 수 있었다. 거역한 사람들이 모두 죽자 그 이후 속도가 빨라졌다. 그들은 모압을 지나 암몬 족속 가까이에 이르게 되었다.

하나님께서는 암몬 족속을 대할 때에도 모압 족속을 대할 때처럼 그들의 땅을 존중해 줄 것을 이스라엘 백성들에게 지시하셨다. 모압 사람들은 우상을 섬기며 참 하나님을 경배하지 않았지만 하나님께서는 그들에게 그들의 땅을 기업으로 주셨다.

따라서 이스라엘 백성들은 그들의 땅을 점령하고 싶은 마음으로 그들을 괴롭게 하거나 그들과 다투어서는 안 되었다. 하나님께서는 그들의 땅을 족장들에게 약속하신 경계 밖에 두기로 이미 결정하셨다. 모압 족속처럼 롯의 자손인 암몬 족속들도 하나님께서 주신 복을 받은 사람들로 그리고 이스라엘의 사촌으로 존중해야 했다.

2:20-23. 모압 족속과 이스라엘 백성들처럼 암몬 족속들도 한때 외지인이었다. 이스라엘이 약속의 땅을 향해 가고 있을 때 모압이 차지하고 있던 지역은 한때 르바임이 거주했던 곳이다. 암몬 족속은 그곳에 거하였던 사람들을 그 지방적 특색을 반영하는 삼숨밈(아마도 창 14:5에 나오는 수스 족속이었을 것이다)이라는 이름으로 부르며 자신들이 명명한 그 호칭을 선호해서 사용하였다.

모압 족속처럼 암몬 족속도 그 수가 적고 키도 그리 크지 않았지만, 삼숨밈 사람들은 강하고 그 수도 많고 아낙 족속과 같이 키가 컸다. 그러나 여호와께서 암몬 족속 앞에서 그들을 멸하셨기 때문에 암몬 족속이 그 땅을 점령하는 데 성공할 수 있었고, 결국 암몬 족속들이 그들을 쫓아내고 그 땅을 차지하게 되었다. 그것이 이스라엘 백성들에게 주는 의미는 분명해보였다. 하나님께서 모압과 암몬 족속을 위해 이미 하신 일을 이스라엘을 위해서도 하실 수 있으며 또 하실 것이다.

그 외에 다른 격려가 이스라엘 백성들에게 더 필요할 경우를 대비하여 역사가는 하나님께서 이미 에서의 자손들인 에돔 족속들을 위해서도 똑같은 일을 하셨다는 사실을 상기시켜주었다. 에돔 족속들에게도 하나님께서 그들에게 주시기로 한 땅을 점유하고 있던 호리 사람들과 싸워야 하는 어려움이 있었다. 그뿐 아니라 산이 많은 세일의 지형도 그들이 극복해야 할 난관이었다. 그러나 에돔은 승리를 거두었고 호리 사람들을 쫓아내었다.

모세는 하나님께서 다른 족속들을 위해 하신 일을 거론하면서 이스라엘 백성들을 격려하였고, 아위 사람들에게 일어났던 비슷한 예도 연상시켜주었다. 아위 사람들은 그들이 주로 거했던 가사로부터 멀리 떨어진 각 촌에 흩어져 살았으며, 아낙 자손의 하위 족속들로 여겨졌던 것이 분명하다. 그들은 상당히 수가 많았지만 갑돌 사람들이 그들을 몰아내고 그들을 대신하여 거기 거하였다. 갑돌은 지중해의 크레테 섬과 같은 곳으로 보인다. 갑돌 사람들은 창세기 10장 14절에 언급되었고, 이 곳에 언급된 사람들은 블레셋이라 알려진 사람들의 두 번째 이주민들이었을 것이다.

모세는 여호와의 개입으로 그런 족속들이 전쟁에서 이미 패배했다는 사실을 지적하면서 이스라엘이 약속의 땅을 정복하게 될 것을 다시 강조하고자 했던 것으로 보인다.

C. 시혼과의 교전(2:24-37)

Supporting Idea	하나님께서는 신자들을 시험하시며 그들이 그 시험을 이기고 하나님께 영광을 돌릴 수 있도록 필요한 자원들을 제공해주신다.

2:24-25. 요단 강가에 서서 이스라엘 군대에게 연설하는 모세는 하나님께서 여행길에서 그들의 필요를 어떻게 채워주셨는지 그리고 그들을 성공으로 이끌 수 있는 하나님 자신을 어떻게 보여주셨는지를 그들에게 상기시켜주었다. 이스라엘 백성들은 가나

안 땅에 들어가기 위해 요단 강을 건너기 전 이미 두 아모리 왕 시혼과 옥을 물리치고 승리를 거두었는데, 이 구절에서는 그 둘 가운데 시혼 왕과의 전쟁에 대해 묘사하고 있다.

하나님께서는 모압의 북쪽 경계인 아르논 골짜기를 건너 헤스본 왕 아모리 사람 시혼이 다스리는 땅으로 들어가라고 지시하셨다. 세대가 바뀐 이스라엘 백성들은 처음으로 혈연적으로 그들과 아무 관계도 없는 적을 맞이하게 될 것이다. 이스라엘 백성들이 아모리 족속의 땅을 얻기 위해서는 그들을 제거해야 했다. '아모리' 라는 말은 정치적 실체가 아니라 영토를 뜻하는 말이었다. 시혼은 도시 국가를 다스리며 주변 지역들로부터 조공을 받았다. 헤스본은 사해의 북쪽 끝에서 동북쪽으로 약 16킬로미터 가량 떨어진 곳에 위치해 있었다.

이스라엘이 시혼을 비롯한 다른 족속들과 싸워 이길 수 있도록 하나님께서는 이스라엘과 맞서 싸우게 될 나라들로 하여금 이스라엘을 무서워하고 두려워하게 하실 것이다. 그들은 홍해에서 애굽을 물리치고 대 승리를 거둔 이스라엘의 명성을 듣고 떨며 이스라엘로 인하여 근심하게 될 것이다.

2:26-27. 그런 다음 모세는 헤스본의 왕 시혼을 물리치기 위해 사용된 전략을 백성들에게 상기시켜주었다. 아모리 족속의 땅을 침략하는 대신 모세는 시혼 왕에게 평화를 제안하는 사자들을 보냈다. 모세는 이스라엘 백성들이 요단 강 건너편에 있는 여리고를 향해 가는 길에 아모리 족속의 땅을 통과하게 해주기를 원할 뿐이라고 설명했다. 이스라엘 백성들은 대로로만 행하고 그 어떤 침략 행위도 하지 않을 것이라고 맹세했다. 그렇게 함으로 정착된 국제적 경계를 존중하고 시혼 왕조의 행복에 위협을 가하지 않으려는 노력을 했던 것이다.

그러나 그것은 역사적 정황 속에서 다루어야 할 예민한 문제였다. 아르논 강 바로 북쪽에 위치한 그 지역은 오랫동안 모압 족속들이 자신들의 소유로 주장해온 곳이었다. 최근에서야 시혼이 그 지역을 침략해 헤스본을 멸망시키고 그곳을 자신의 수도로 삼기 위해 다시 건설하였다. 시혼이 이스라엘의 통과를 선뜻 허락해주지 못한 것은 자신의 국경이 안정된 상태가 아니라는 사실을 염려하는 데서 생긴 불안 때문이었을 것이다.

2:28-29. 모세는 에서의 자손들(에돔 족속)과 모압 사람으로부터 정중한 대우를 받았다는 사실을 기초로 - 적어도 모세가 이야기한 바에 의하면 - 시혼 왕에게 그런 부탁을

했다. 모세는 시혼에게 보내는 메시지에서 주변의 다른 족속들이 이스라엘을 정중하게 대해주었기 때문에 시혼 역시 이스라엘에게 그와 비슷한 호의를 베풀어줄 것이라 기대하고 있음을 밝혔다.

2:30-31. 그러나 모세의 방법은 효과가 없었다. 시혼은 이스라엘이 그의 땅을 통과하는 것을 허락하지 않았다. 그의 완고한 태도는 그 스스로 선택한 일이기도 하였지만 하나님께서 개입하신 결과이기도 했다. 하나님께서 친히 영광을 받으시기 위해 시혼의 성품을 완강케 하시고 그의 마음을 강퍅케 하셨기 때문이다. 하나님께서는 바로를 다루셨던 것과 같은 방법으로 시혼을 다루셨다. 그가 군주의 자만심과 고집으로 위험을 자초하는 것을 묵인하셨고, 그 결과 그는 자신을 이스라엘의 손에 붙이게 되었다. 시혼의 완고함은 그의 실상을 드러내는 역할을 했다. 실제로 하나님께서 시혼과 그의 땅을 이스라엘에게 붙이기 시작하셨다고 모세에게 말씀하셨다. 그 결과 이스라엘은 그의 땅을 얻어 기업으로 삼게 되었다. 성경의 관점에서 보면 하나님의 일과 인간의 일 사이에는 아무런 대립도 없다. 그러나 이스라엘은 여전히 정복에 나서야 했다.

2:32-33. 이스라엘이 아모리 족속의 땅에서 남쪽으로 물러갈 그 어떤 기미도 보이지 않자 시혼은 그 백성을 거느리고 나와서 이스라엘을 대적해 싸웠다. 그 결과는 아모리 군대의 전패였다. 시혼은 그의 아들들과 그 모든 백성들과 함께 멸망하였다.

2:34-36. 이스라엘은 시혼의 백성들을 하나도 남기지 않고 진멸하였다. 그러나 땅에 속한 것들, 즉 밭과 포도원과 건물들과 육축들은 그대로 남겨두었다. 그리고 요단 강으로 접근해가면서 그들이 가지고 갈 수 있는 것들은 모두 취했다. 그와 때를 같이해 요단강 동편 땅은 르우벤과 갓과 므낫세 반 지파가 점유했다. 그러나 당분간 이스라엘 백성들은 계속 북쪽으로 나아가며 다른 적들을 맞았다.

36절에서 모세는 시혼 땅이 아로엘로부터 북쪽으로 길르앗까지 뻗어 있었던 것으로 설명하고 있다. 길르앗의 남쪽 경계는 얍복 강이었기 때문에 시혼 땅은 아르논에서 얍복 강 사이를 모두 포함하는 지역이었다. 아르논 골짜기 가에 있는 아로엘과 골짜기 가운데 있는 성읍으로부터라고 묘사하고 있는 36절은 남쪽 경계가 두 개의 도시로 이루어져 있었음을 보여준다. 그러나 두 번째 구는 첫 번째 구를 단순히 설명하는 것으로 '아르논 골짜기 가에 있는 아로엘, 즉 골짜기 가운데 있는 성읍으로부터' 라고 번역하는 것이 적절한 것으로 보인다. 지리적 설명을 자세히 한 목적은 하나님의 신실하심을 증거하기 위해서였다. 아르논과 얍복 강 사이에 있는 성읍들 가운데 이스라엘이 취하지 못한 것이 하나도 없었는데 그것은 하나님 여호와께서 그 모든 땅을 이스라엘에게 붙이셨기 때문이다. 아모리 족속과 싸운 경험은 많은 적들을 맞이해 싸워야 하는 이스라엘에게 큰 용기를 주는 것이 되었다.

2:37. 그러나 이스라엘은 시혼과 옥이 다스리던 아모리 족속의 땅 동편에 위치해 있던 암몬 족속들의 땅을 침범하지 않도록 조심해야 했다. 암몬 족속의 땅은 하나님께서 족장들에게 약속하신 땅의 일부가 아닐 뿐 아니라 암몬 족속은 이스라엘의 혈족이었다. 무엇보다 중요한 것은 여호와께서 암몬을 지키시고 이스라엘로 하여금 그 땅에 가까이하지 못하게 하셨다는 사실이다.

Main Idea 복 습	영적인 전투에 임하는 신자들은 하나님의 신실하심을 숙고하면서 용기를 가지고 미래를 맞이해야 한다.

결론

무디의 하프

오늘날 드와이트 무디(Dwight Moody)는 시카고에 있는 무디 성경 학교, 무디 출판사, 무디 방송국 등 그가 남긴 유업들 때문에 잘 알려져 있으며 존경을 받고 있다. 그러나 경건했던 다른 모든 사람들처럼 그도 어려운 일들을 경험했다.

어느 주일, 무디는 열정적으로 설교했지만 눈에 보이는 결과는 별로 나타나지 않았다. 다음 날 아침 눈을 떴을 때 그는 풀이 죽어 있었고 기가 꺾여 있었다. 서재에 앉아 슬픔을 느끼고 있을 때 매주일 성경공부 반에서 가르치는 한 젊은 친구가 그를 찾아왔다. 무디는 그 젊은이가 지난 주일에 자신과는 전혀 다른 경험을 했다는 사실을 곧바로 알 수 있었다. 그 젊은이는 매우 의기양양해 있었다.

그 방문객은 "어제 어떠셨어요?" 라고 무디에게 물었다.

위대한 전도자는 설교는 했지만 별 효과가 없었던 것 같다고 솔직하게 이야기했다. 그리고 "자네는 어땠는가?" 라고 물었다.

"아주 좋았어요. 그렇게 좋았던 날은 없었어요."

"어떤 주제를 다루었는가?"

"노아의 성품과 생활에 대해 가르쳤어요. 노아에 대한 설교를 하신 적이 있으세요? 그의 삶에 대해 공부해보셨어요? 지금 해보세요. 큰 도움이 되실 거예요."

그 젊은 교사의 조언을 괘씸하게 생각하는 대신 무디는 그 조언을 마음에 담고 성경을 펼쳤다. 그리고 고대 세계를 하나님의 진노로부터 구하기 위해 하나님의 지시를 받았던 사람의 경험과 노력을 탐구하기 시작했다. 읽고 생각하는 동안 노아가 120년 동안 그 당시 사람들에게 설교했지만 자기 가족 외에는 아무도 회심하는 것을 보지 못한 사람이었다는 사실을 알게 되었다. 그러나 그 혹독한 세월 동안에도 노아는 실망하지 않았던 것처럼 보였다.

무디는 "성경을 덮었다. 구름은 모두 사라졌다. 그 날 이후 내 하프를 다시는 버드나무에 걸어두지 않았다" 라고 말했다.

낙심은 사탄이 넘어뜨린 그리스도인들보다 더 많은 그리스도인들을 변절하게 만들었다. 실망하거나 두려움을 느낄 때 우리보다 더 큰 실망과 두려움을 경험했던 그리스도인들을 기억해보는 것이 좋다. 그들을 떠받쳐주신 하나님께서 우리를 격려해주시고 하나님 자신이 우리에게 어떤 분인지를 상기시켜주시기 위해 우리를 기다리고 계신다.

▣ 진리 알기

- 내면의 적인 죄를 두려워하며 피하면 비겁해진다.
- 하나님의 약속은 때때로 우리가 기대하는 것보다 느리게 그 열매를 맺는다. 그러나 하나님의 때에 그 약속은 이루어진다.
- 신자들이 마주 대하게 되는 유혹과 나쁜 습관들은 때때로 거인처럼 보일 수도 있다. 그러나 그런 것들을 마주 대하고 하나님의 능력으로 극복해야 한다.

■ 적용하기

- 극복해야 할 영역들을 잘 생각해보라.
- 하나님께서 지금까지 어떻게 일해 오셨는지 되돌아보는 시간을 가지라.
- 그런 기억들을 다른 신자들에게 이야기하며 하나님께 영광을 돌리라.

삶의 적용

퇴역

조지 워싱턴(George Washington)이 대륙군의 대장이라는 직책을 그만두고 퇴역한 1787년, 미국 역사상 가장 뼈아픈 일들이 일어났다. 고통스럽고 힘들었던 8년 동안 워싱턴과 그를 따르던 장교들은 위험을 무릅쓰고 영국에 맞서 싸웠고, 그들이 이끄는 부하들과 함께 고통을 당했다. 포지 계곡에서 혹독한 겨울을 보냈다. 추위 속에서 잠을 자고 눈 위에 핏자국을 내며 맨발로 걸어야 하는 부하들을 눈앞에서 지켜보아야 했다. 그들은 워싱턴이 군대를 유지하기 위한 자금과 탄약과 군인들을 위한 의복을 요청하는 편지를 대륙 회의에 거듭거듭 보냈지만 매번 거절당하거나 무시되는 것을 보아왔다. 몇 개월 동안 그들은 거듭되는 패배를 맛보아야 했다. 탈영병이 급격히 늘어났고 애국 지사에게 동정적이던 사람들까지도 대륙군의 패배를 예상했다.

그러나 서서히 상황이 호전되기 시작했다. 워싱턴은 트렌턴(Trenton) 전투와 프린스턴(Princeton) 전투에서 보잘것없는 그의 군대를 이끌고 승리를 거두었다. 사람들은 생각을 바꾸기 시작했고 사기도 올라가게 되었다.

마침내 그들은 성공을 거두었다. 장교들과 워싱턴 장군은 저녁 식사를 함께 즐기던 한 작은 호텔에서 마지막 모임을 가지고 8년 동안 계속된 전쟁 속에서 그들이 겪어야 했던 고통들을 회상했다. 마지막으로 워싱턴은 자신과 신생국에 대한 감사를 그들에게 돌렸다. 그리고 자리에서 일어나 한 사람씩 차례로 찾아가 전쟁을 성실하게 수행해준 그들의 노고에 개인적인 감사를 표했다. 그동안 함께했던 세월이 끝나게 되었음을 실감하게 된 사람들의 눈에서는 곧 눈물이 흘러내렸다. 워싱턴은 의회로 가서 사표를 제출했다. 자신과 부하들이 추구하던 목표를 달성했기 때문이다.

영적인 전투에서 물러나는 그리스도인들이 많이 있다. 그러나 워싱턴과 달리 그들의 전투는 끝나지 않았다. 그리스도께서 모든 원수가 그리스도의 발 앞에 굴복했다고 선포하실 때까지 신자들은 자신을 다스리고 견디며 섬겨야 한다고 말씀하셨다.

기도

주님, 우리의 결정과 선택이 비록 사소한 것이라 할지라도 그 결정과 선택의 중요성을 깨닫게 해주십시오. 다른 사람들이 우리를 보고 있으며, 우리 자신은 의식하지 못할 때에도 그들이 우리의 행동을 지켜보면서 우리가 가진 확신의 타당성에 대한 결론을 내리게 된다는 사실을 의식할 수 있게 도와주십시오. 언제나 영생이라는 가치를 염두에 두고 살아갈 수 있게 도와주십시오. 아멘.

심층 연구

A. 보편적 주권(2:10-12)

삽입구로 된 이 부분은 모세가 하는 이야기의 흐름을 다소간 방해하고 있다. 그러나 중요한 신학을 담고 있다. 이 구절은 이스라엘 백성들에게 하나님께서는 이스라엘뿐 아니라 다른 소수 그룹의 사람들에게도 주권을 행사하신다는 사실을 일깨워주고 있다. 하나님께서 에돔 족속에게는 호리 사람들을 멸할 수 있도록 해주셨다. 그에 대해 모세는 "이스라엘이 여호와의 주신 기업의 땅에서 행한 것과 일반이었느니라"(신 2:12)고 설명했다. 모든 땅은 하나님께 속한 것이며(시 50:12) 하나님께서 보시기에 합당한 대로 처분하신다.

이 구절에는 도덕적인 목적이 포함되어 있다. 신명기에서 하나님께서는 이스라엘 백성들이 하나님의 은혜를 입게 된 것은 그들이 수적으로 우세하거나 그들의 뛰어난 도덕성 때문이 아니라는 사실을 강조하셨다(신 7:7-8). 족장들에 대한 하나님의 신실하신 헌신 때문에 이스라엘 백성들은 곧 약속의 땅을 소유하게 될 것이다.

이스라엘 백성들은 약속의 땅에서든 아니면 그 땅 밖에서든 간에 언제나 인간의 모든 경험 속에 개입하시는 하나님을 의식하며 살아가야 했다. 그 어떤 인간의 자만심도, 그 어떤 절망의 탄식도 하나님을 피해갈 수 없다.

B. 르바임의 땅(2:20)

르바임 사람들과 그들과 관계가 있는 사람들은 체격이 크고 장대했던 것이 분명하다. 그들 자손들 가운데 한 사람이었던 가드 사람 골리앗은 성경에 나오는 가장 잘 알려진 거인이다. 성경은 그에 대해 "블레셋 사람의 진에서 싸움을 돋우는 자가 왔는데 그 이름은 골리앗이요 가드 사람이라 그 신장은 여섯 규빗 한 뼘이요"라고 묘사하고 있다

(삼상 17:4). 한 규빗은 약 45.6센티미터고, 한 뼘은 한 규빗의 반 정도이므로 골리앗의 키는 약 3미터에 달했다.

바산의 아모리 왕 옥 역시 같은 조상에게서 나왔다. 신명기 3장 11절은 그의 침대에 대해 "그의 침상은 철 침상이라 지금 오히려 암몬 족속의 랍바에 있지 아니하냐 그것을 사람의 보통 규빗으로 재면 그 장이 아홉 규빗이요 광이 네 규빗이니라"라고 묘사하고 있다. 이렇게 강한 인상을 주는 체격을 가지고 있으며 용사로 잘 알려져 있던 사람들의 패배는 교만과 영적인 소심함을 경계하는 성경 속에서 볼 수 있는 하나의 경고다.

교안

A. 들어가는 글

1. '미지의 세계 그 이면' 이야기로 시작하라.

2. 배경 설명: 이스라엘 백성들이 하나님께서 족장들에게 약속하신 땅으로 들어가기 전에 하나님께서는 그들에게 필요를 채워주시고 수많은 어려움 속에서 그들을 보호해주신 하나님을 기억하라고 말씀하셨다. 그들은 스스로를 강하게 하고 하나님께서 그들에게 맡기신 전투에 참여할 준비를 해야 했다.

3. 적용: 신명기 2장은 자녀들의 발걸음을 인도하시는 하나님의 탁월한 방법을 보여주고, 하나님께 속한 사람들에게 하나님을 두려움 없이 온전하게 따를 것을 격려해주고 있다.

B. 본문 이해

1. 에돔 족속에 관한 지시(2:1-8)
2. 모압과 암몬 족속에 관한 지시(2:9-23)

3. 시혼과의 교전(2:24-37)

C. 결론: '퇴역' 을 읽어주라.

토의 질문

1. 바울 사도는 "할 수 있거든 너희로서는 모든 사람으로 더불어 평화하라" 고 선언했다. 신명기 2장이 어떻게 바울이 선언한 이 원리를 보여주는 한 예가 될 수 있는지를 설명해보라.

2. 하나님께서 시혼의 마음을 완고하게 하신 것은 시혼의 의향과 상반되는 것이었다고 생각하는가?

3. 하나님의 백성들이 두려움을 극복하기 위해 권고와 훈계가 필요한 이유는 무엇이라 생각하는가?

신명기 3장

용기를 발휘해야 하는 일

"위로하고 격려하는 것을 별로 중요하지 않은 일로 여기거나 하찮은 일로 여겨서는 안 된다. … 잘 살펴보면 외롭고 고통받으며 실의에 빠져 있는 사람들을 우리 주위에서 매일 볼 수 있다."

- 오스왈드 샌더스(J. Oswald Sanders)

신명기 3장에서 하나님께서는 자신이 하신 약속을 보여주신다. 그리고 약속하신 것 이상으로 주기도 하면서 일을 수행하실 수 있음을 보여주신다. 하나님께서 아낌없이 풍성하게 주시는 것은 하나님의 자비와 능력과 사랑에서 나오는 것이며, 하나님의 백성들이 하나님의 신실하심과 선하심을 더욱더 확신할 수 있도록 그들을 격려하기 위한 것이다.

Deuteronomy

지역 소개: 바산

- 갈릴리 바다 동쪽에 인접한 비옥한 지역이다.
- 므낫세 반 지파에게 할당되었다.
- 소와 양과 염소를 기르기에 좋은 곳이었다(시 22:12, 신 32:14).
- 히브리 성경에서는 언제나 정관사와 함께 사용되었다.
- 바산이라는 말은 '비옥한, 수확이 많은' 이라는 뜻이다.
- 현재의 골란 고원이다.

들어가는 글

하루에 두 개를 만드는 맥카비

찰스 카드웰 맥카비(Charles Cardwell McCabe)는 많은 재주를 가진 사람이었다. 그가 오하이오 122 보병 연대의 군목으로 섬기던 남북 전쟁 당시 사람들은 그를 알아보기 시작했다. 그가 가진 여러 가지 재능 가운데 그의 노래는 특히 뛰어났다. 그 당시 사람들은 '승전가' 가 널리 인기를 얻게 된 데는 누구보다 그의 공이 컸다고 말했다. 전쟁 중 그의 연대와 함께 포로가 된 그는 리치먼드(Richmond)에 있는 리비(Libby) 감옥에 갇혀 전쟁이 끝나기를 기다리고 있었다.

전쟁 후 그는 감리교 감독 교단에 속한 교회를 세우는 개척자가 되었다. 그는 기차를 타고 쉴 새 없이 전국을 다니며 교회들을 개척했고, 다른 사람들도 함께 일할 수 있도록 모금 활동을 펼쳤다.

1881년 봄, 태평양 서북부 지역을 여행하면서 신문을 읽고 있던 그는 미국의 자유사상가들이 모인 대규모 집회에서 다룬 토의 내용을 담은 기사에 주목했다. 그 기사에는 미국에서 가장 잘 알려진 무신론자 로버트 잉거솔(Robert Ingersoll)이 전한 메시지의 내용도 포함되어 있었다. 그가 한 말 가운데 "미국의 교회들은 죽어가고 있다. 그들은 계속해서 죽어가고 있다. 21세기가 시작되면 교회들은 과거의 화석으로 남게 될 것이다"라는 문구가 인용되어 있었다.

맥카비는 미국 전역을 폭넓게 다니며 교회 개척을 성공적으로 이끌어왔다. 그러나 그 기사는 그에게 새로운 열정을 품게 해주었다. 그는 다음 역에서 내려 자유사상가들의 집회에 참석하고 있는 로버트 잉거솔에게 다음 내용의 전보를 보냈다. "로버트, 우리는 일 년 동안 매일 적어도 하나의 감리교 교회를 개척하고 있어요. 그리고 앞으로는 하루에 두 개를 개척하기로 했어요! 찰스 카드웰 맥카비. 추신: 예수님의 권세를 찬양하며!"

이 이야기가 공개되었고 잘 알려진 몇몇 일간지에 보도되었다. 그리고 맥카비와 잉거솔은 기독교 신앙의 미래에 대한 논쟁을 계속하기 시작했다. 두 사람의 논쟁 소식이 알려질 때마다 청중석에는 빈자리가 없을 정도였다. 그런 일이 벌어지고 있을 때 익명의 한 신자가 맥카비가 보낸 전보 내용을 기초로 다음과 같은 노래를 만들었다. "믿지 않는 잡다한 무리들이 모여 '교회가 죽어가고 있다. 곧 모두 죽게 될 것' 이라고 말했다. 그런데 그들을 실망시키는 메시지가 갑자기 나타났다. (합창) 예수님의 권세를 찬양하라. 우리는 하루에 두 개의 교회를 개척하고 있다. 하루에 두 개다. 친애하는 로버트, 우리는 하루에 두 개의 교회를 개척하고 있다. 예수님의 권세를 찬양하라. 우리는 하루에 두 개의 교회를 개척하고 있다."

그 후 맥카비는 '하루에 두 개를 만드는 맥카비' 로 알려지게 되었다. 오랫동안 그와 그의 동역자들은 그가 세운 목표를 잘 이루어갔다. 그리고 로버트 잉거솔의 말은 그저 역사적 호기심에 불과했던 것처럼 보이게 되었다. 하나님께서 믿지 않는 사람의 허풍에 기죽지 않는 용감한 믿음의 사람들을 기꺼이 높여주시기를 기뻐하신다. 맥카비는 자신이 승리하는 쪽에 있다는 사실을 알고 있었고, 두려움에 굴복하기를 거부했다. 그것이 그리스도인의 삶을 살면서 부딪히게 되는 영적 전투에 임하는 신자들에게 하나님께서 요구하시는 모습이다.

본문 이해

용기를 발휘해야 하는 일

Main Idea	하나님의 백성들이 하나님을 신뢰할 때 하나님께서는 그들에게 승리를 주시며 그분의 능력과 영광을 드러내신다.

A. 바산의 패배(3:1-11)

Supporting Idea	하나님의 능력 앞에서는 아무리 거대한 상대라 할지라도 무너지게 된다.

3:1-2. 헤스본 왕 시혼을 물리친 후 이스라엘 백성들은 갈릴리 바다 동편 지역으로 지금의 골란 고원이라 불리는 지역과 대충 일치하는 바산으로 올라갔다. 이스라엘은 이제 여리고 동쪽 지역을 지배하고 가나안을 침공할 수 있게 되었다. 그러나 배후에서 잠복하고 있는 옥과 그 군대를 적으로 삼고 있는 한 가나안 침공 전략은 상당히 비현실적인 것이 될 수 있었다. 그래서 그들은 요단 강을 건너 옥이 지배하고 있는 지역을 향해 가기로 했다.

바산 왕 옥은 이스라엘이 자신의 안전을 위협하고 있다는 사실을 알고 그 모든 백성을 거느리고 에드레이로 나와서 이스라엘을 대적해 싸웠다. 에드레이는 갈릴리 바다(히브리 성경에서는 긴네렛 바다라 부름, 민 34:11)에서 동남쪽으로 약 48킬로미터 가량 떨어진 곳에 위치해 있었다. 아모리 군대의 접근은 이스라엘 백성들을 쉽게 와해시킬 수도 있었다. 그러나 하나님께서 그런 가능성을 예측하시고 모세에게 그를 두려워 말라는 격려의 말씀을 반포하셨다. 성경에서 가장 자주 나타나는 명령형이라 할 수 있는 그 격려의 말씀은 위협 앞에서 공포를 느끼며 살아 계시는 하나님의 실체를 잊기 쉬운 인간의 성향을 인정하는 것이었다. 옥은 시혼처럼 아모리 왕이었기 때문에(신 3:8) 이스라엘은 그를 완전히 멸망시켜야 했고 그의 도시들도 완전히 점령해야 했다.

모세에게 주신 하나님의 격려는 내가 그를 네 손에 붙였으니라는 익숙한 표현으로 이어졌다. 아직 싸움이 벌어지지 않았음에도 불구하고 하나님께서는 옥과 그 모든 백성을 진압하기로 하신 하나님의 결정이 이미 이루어진 일처럼 묘사하셨다. 그리고 최근에 있었던 전례를 (아모리 족속의 왕 시혼에게 행한 것과 같이) 하나님의 격려를 뒷받침해주는 근거로 삼으셨다.

3:3-5. 시혼의 패망을 묘사하기 위해 사용되었던 용어들이 바산 왕 옥의 패배를 묘사하는 데 거의 그대로 사용되었다. 다만 좀 간단하게 설명하고 있다. 모세는 여호와께서 옥과 그의 모든 백성을 이스라엘 손에 붙이시고 한 사람도 남기지 않게 하신 일을 설명했다. 시혼이 패배했던 것처럼 바산의 멸망 역시 이스라엘 백성들에게 새로운 재물과 거주할 공간을 제공해주었는데, 그것은 이스라엘이 그들에게서 성읍을 하나도 없이 다 빼앗았기 때문이다.

육십 개의 성읍들이 있었는데 이스라엘이 그 성읍들을 모두 다 빼앗았다. 그 성읍들은 바산이라 알려진 좀더 넓은 지역 안에 있었고, 옥의 나라의 심장부인 아르곱으로 알려진 구역을 형성하고 있었다. 성읍이라는 단어는 땅이 상당히 넓거나 인구가 상당히 많은 지역을 뜻하는 것임을 염두에 두어야 할 것이다. 고고학자들은 그 당시 성벽이 있었던 정착지의 크기가 보통 5-15에이커 정도였으며, 몇 천 명 가량 살았던 곳이었음을 밝혀냈다.

그러나 그 성읍들은 외부의 영향을 잘 받지 않았다. 실제로 모든 성읍에 높은 성벽이 둘려 있고 문과 빗장이 있어 견고했다. 이스라엘은 그런 성읍 60개를 정복했을 뿐 아니라 그 외에 성벽이 없는 심히 많은 고을들도 정복했다.

3:6-7. 옥과 그 군대를 정복하면서 이스라엘 백성들은 그 땅에 살고 있는 거민들을 모두 진멸하였다. 시혼 땅에서 한 것처럼 아모리 족속의 땅에 속한 재물은 모두 이스라엘의 소유로 삼았다. '진멸하다' 라는 말로 번역된 히브리 동사는 하나의 종교적인 활동으로 '파괴하는 일에 전념하다' 라는 뜻을 가진 용어다. 그것은 이스라엘 백성들이 바산의 거민들에게 칼을 들이대면서 하나님의 지시대로 행동했음을 암시하는 것이다. 그러나 하나님께서 나중에 지적하시게 될 일이고(20:16) 수치스러운 일이라는 것을 이미 알고 있었음에도 불구하고 이스라엘 백성들은 우상을 섬기던 족속들의 감언을 물리치지 않을 것이다. 이스라엘 백성들이 아모리 족속을 조금이라도 남겨두고 그들과 함께 살았더라면 이스라엘의 영적인 역사는 훨씬 더 악화되었을 것이다. 사람들을 진멸한 후 남은 모든 육축과 그 성읍들에서 탈취한 것은 모두 이스라엘의 소유로 삼았다.

3:8-10. 이 구절은 요단 강 지역에서 거둔 이스라엘의 승리를 요약하고 있다. 모세는 정복한 지역을 요단 강 이편(동편) 땅으로 묘사했고, 그 경계는 남쪽의 아르논 골짜기에서부터 북쪽의 헤르몬 산까지라고 설명했다. 그 거리는 약 225킬로미터 가량 되었다. '헤르몬' 은 최북단을 일컫는 데 일반적으로 사용된 용어가 아니었음이 분명한데, 그 이유는 본문이 헤르몬 산을 시돈 사람은 시룐이라 칭하고 아모리 족속은 스닐이라 칭하였다고 말하고 있기 때문이다.

모세가 설명한 지역은 서쪽에서 요단 계곡으로 이어지는 긴 평지다. 이스라엘 백성들은 그들이 정복한 길르앗(바산 남쪽)과 바산을 포함한 평원을 중심으로 모였다.

3:11. 옥의 패배는 특히 중요한 의미를 가지는데 그 이유는 그가 요단 강 동편에 남아 있던 르바임 족속의 마지막 왕이었기 때문이다. 모세의 말을 듣고 있는 사람들의 부모들을 움츠러들게 했던 거인 같은 종족은 이제 요단 강 유역을 그들의 거처로 삼은 사람들에게 더 이상 위협이 되지 않았다. 장이 아홉 규빗 광이 네 규빗이나 되는 그의 큰 침상

이 입증해주듯 그는 만만치 않은 적수였다(여기서 침상으로 번역된 히브리 단어는 '석관'을 뜻하는 것이라고 생각하는 학자들도 있다. 침상이든 석관이든 간에 그것은 위협을 느끼게 할 만한 아모리 왕의 거대한 체격을 잘 말해주는 박물관 소장품이 되었다). 암몬 족속의 랍바는 지금 요르단의 암만 시가 있는 곳이다.

B. 땅의 분배(3:12-22)

Supporting Idea	하나님께서는 종종 약속하신 것 그 이상을 주신다.

3:12. 하나님께서는 아브라함에게 그의 자손들이 가나안 땅을 소유하게 될 것이라고 구체적으로 약속하셨다. 가나안 땅이란 일반적으로 요단 강 서쪽 땅을 가리킨다. 그러나 암몬 족속이 이스라엘의 전진을 방해했기 때문에 하나님께서 족장들에게 약속하신 땅에 암몬 족속들의 땅을 추가하기로 결정하셨다. 모세는 요단 강 동편에서 이스라엘 백성들이 정복한 땅 가운데서 남쪽은 르우벤 자손과 갓 자손에게 분배해주었다. 그 남쪽 지역은 모압의 북쪽 경계인 아르논으로부터 시작되어 길르앗 산지 절반까지 이어졌다. 땅 분배에 대한 원래의 기록은 르우벤 지파와 갓 지파가 그 지역을 요구했던 것으로 보고하고 있다(민 32:1-5).

3:13-15. 모세는 요단 동편 이스라엘 땅의 북쪽 반을 므낫세 반 지파에게 주었다. 그곳은 길르앗의 북쪽 일부와 바산의 세력 기반인 아르곱 온 지방을 포함한 옥 왕조의 땅 전체였다. 아르곱은 한때 르바임의 땅 또는 몇몇 번역본에서 부르듯이 '거인들의 땅'으로 알려져 있었다.

모세가 바산의 좋은 땅을 므낫세 반 지파에게 준 이유를 14절에서 분명히 볼 수 있다. 므낫세의 아들 야일이 옥의 군대와 맞서 싸우는 전투를 이끌며 그술 족속과 마아갓 족속의 경계까지의 아르곱 온 지방을 취하였기 때문이다. 야일은 자신의 승전을 축하하며 그 지역의 이름을 '야일의 고을'이라는 뜻을 가진 하봇야일로 바꾸었다. 모세는 마길이라는 이름을 가진 므낫세 지파의 한 지도자에게 길르앗을 주었다.

3:16-17. 르우벤 자손과 갓 자손은 길르앗(얍복 강이 그 남쪽 경계를 이루고 있음)과 아르논 골짜기를 받았는데, 그 가운데 갓 자손이 북쪽 반을 차지하게 되었고 르우벤 자

손이 남쪽 반을 차지하게 되었다. 이들 지역의 서쪽 경계는 얍복 강이었고 동쪽 경계는 암몬 땅에 접해 있었다(긴네렛은 구약 성경에서 갈릴리 바다를 부르는 이름이었고, 아라바는 오늘날 사해로 알려진 곳이다).

3:18-20. 요단 강 유역을 신속하게 정복하는 데는 특별한 위험이 따랐다. 두 지파 반은 이제 그들을 기다리고 있는 고향이 있었다. 적은 진멸되었고 땅은 비옥했으며 그들은 그런 상황이 이루어지기까지 한 세대 전체를 기다려왔다. 그러나 모세는 때 이른 축하와 그에 따라 나타날 수 있는 시샘을 제거하기 위해 신속하게 대처했다. 그는 요단 강 동편을 얻은 지파들에게 그들의 처자와 육축을 그들이 정복한 성읍에 머무르게 하라고 명령했다. 그러나 군인들은 요단 강 서편에서 벌어지는 전투에 참여해야 했다. 아직 정복에 따르는 대부분의 일이 남아 있었고, 사회 정의는 동족들의 필요를 자신들의 필요처럼 보아야 할 것을 그들에게 요구하고 있었기 때문이다. 예외는 있을 수 없었다.

군인들은 모두 무장하고 그들의 형제 이스라엘 자손의 선봉이 되어 요단을 건너가야 했다. 모세는 그들에게 그 어떤 망설임도 있어서는 안 된다고 강력하게 주장했다. 그들은 형제들의 유익을 자신들의 유익처럼 생각하고 열심히 싸워야 했다.

서쪽의 아홉 지파 반 역시 승리를 거두고 여호와께서 주신 땅을 취하고 약속된 안식을 얻고 난 후에야 르우벤과 갓과 므낫세 반 지파는 모세가 그들에게 준 기업이 있는 요단 동편으로 돌아갈 수 있었다. 그들은 끝까지 헌신하여 책임을 지켰고, 후에 여호수아는 그들의 신실함을 칭찬했다(수 22:1-6).

3:21-22. 요단 동편에서 거둔 승리들은 그곳에서 살 지파들뿐 아니라 남은 정복을 이끌어야 하는 지휘관에게도 특별히 중요한 것이었다. 그래서 모세는 여호수아에게 가나안 사람들을 두려워하지 말라고 명했다. 하나님께서 아모리의 강력한 두 왕을 패배시키심으로써 하나님의 능력과 권세를 이미 보여주셨다. 그리고 여호수아와 이스라엘 백성들이 만나게 될 모든 나라에도 그와 같이 행하실 것이다.

C. 모세의 실망(3:23-29)

Supporting Idea	하나님께서 지도자들에게 그들의 책임을 엄중하게 물으신다.

3:23-24. 하나님께서 모세는 요단을 건너 약속의 땅에 들어갈 수 없을 것이라고 이미 그에게 말씀하셨다. 광야를 지나는 동안 불평하는 이스라엘 백성들 앞에서 하나님께서 지시하신 내용을 그가 온전히 따르지 않았기 때문이었다. 그 당시 모세는 하나님께서 백성들을 위해 반석에서 물을 내시도록 광야에 있는 반석에게 명하라는 지시를 받았다. 그러나 모세는 좌절감을 폭발시키고 말았다. "모세와 아론이 총회를 그 반석 앞에 모으고 모세가 그들에게 이르되 패역한 너희여 들으라 우리가 너희를 위하여 이 반석에서 물을 내랴 하고"(민 20:10).

영적으로 둔감한 백성들을 오랫동안 대해온 모세의 인내력이 그 한계를 드러내었다. 하나님의 백성들을 이끄는 지도자로서 그리고 이 세상에서 하나님을 대신하는 대리인으로서의 역할을 맡고 있었던 모세에게는 특별한 책임이 있었기 때문에 그의 그런 실수는 엄청난 것이었다. 하나님의 심판은 엄중했다. "여호와께서 모세와 아론에게 이르시되 너희가 나를 믿지 아니하고 이스라엘 자손의 목전에 나의 거룩함을 나타내지 아니한 고로 너희는 이 총회를 내가 그들에게 준 땅으로 인도하여 들이지 못하리라 하시니라"(민 20:12).

모세는 그 심판이 매우 가혹하다고 생각했다. 그래서 그 심판을 거두어주시기를 여호와께 간구했다. 그 일을 통해 배우기 힘든 교훈을 얻게 된 모세는 하나님의 거룩하심과 특별하심을 진지하게 인식하기 시작했다. 천지간에 무슨 신이 능히 주의 행하신 일 곧 주의 큰 능력으로 행하신 일같이 행할 수 있으리이까?

3:25-26. 이 놀라운 고백에 이어 모세가 간청한 내용의 골자가 나타난다. 나로 건너가게 하사 요단 저편에 있는 아름다운 땅, 아름다운 산과 레바논을 보게 하옵소서. 여호와의 대답을 통해 볼 때 모세가 이 간청을 여러 차례 했던 것이 분명하다. 여호와께서 그만 해도 족하니 이 일로 다시 내게 말하지 말라고 말씀하셨기 때문이다. 이 구절은 하나님께서 한 신자에게 기도를 멈추라고 지시하신 보기 드문 경우다. 모세는 다른 상황에서도 같은 일을 경험했다(출 14:15, 참고-수 7:10).

모세는 특권을 잃어버린 고통을 여전히 느끼며 여호와께서 너희의 연고로 내게 진노하사라고 말하며 그런 자신의 상황을 잘못을 범한 백성들의 탓으로 돌렸다. 그것이 틀린 말은 아니었다. 이스라엘 백성들이 그렇게 반항적이고 다루기 힘든 사람들이 아니었다면 민수기 20장에 기록된 사건들은 일어나지 않았을 것이다. 그러나 경건한 지도자는 자신이 이끄는 사람들의 필요에 따라 그 역할을 수행해야 한다. 다른 사람들보다 더 강하고 경건한 사람은 더 많은 영적인 책임을 져야 한다. 그리고 더 엄격한 기준에 따라 심판받게 될 것을 알고 있어야 한다(약 3:1 참고).

3:27-29. 모세의 간청을 물리치신 후 하나님께서는 모세가 하나님을 위해 수행해야 할 마지막 임무를 그에게 지시하셨다. 비스가 산 꼭대기에 올라가서 요단 평지로부터 이어지는 땅을 보라고 말씀하셨다. 모세는 요단 강을 건너가 그 땅을 밟는 특권을 누릴 수는 없었지만 하나님께서 이스라엘에게 주신 땅을 볼 수는 있었다. 그리고 그는 여호수아에게 그가 해야 할 일을 명하고 동시에 여호수아가 해야 할 일을 수행할 수 있도록 격려해주며 용기를 갖게 해주어야 했다. 모세가 비스가 산 꼭대기에서 본 땅을 이스라엘 백성들로 하여금 그들의 기업으로 얻게 하는 일을 이제 여호수아가 모세를 대신해서 수행하게 될 것이다(비스가 산은 느보 산의 일부였거나 아니면 적어도 느보 산과 관계가 있는 산이었던 것이 분명하다, 신 34:1 참고).

Main Idea 복습	하나님의 백성들이 하나님을 신뢰할 때 하나님께서는 그들에게 승리를 주시며 그분의 능력과 영광을 드러내신다.

결론

없어서는 안 될 미덕

용기는 다른 모든 미덕들을 가능케 하는 미덕이다. 두려움은 모험을 피하고 변화를 거부하는 소심함을 야기한다. 영적 진리가 인간의 삶에 영향을 미치기 위해서는 성장해야 할 필요가 있다는 확신을 가지고 흔들리지 않는 것이 매우 중요하다.

냉전 시대에 정치적 영역에서 이 원리를 보여주는 한 예를 우리는 보았다. 미국 사람들은 민주주의가 더 나은 정부 형태이며 공산주의는 결국 하나의 재앙이 될 것이라고 주장했다. 그 주장은 타당한 것이었고 그런 주장을 한 것이 잘못은 아니었다.

그러나 그런 주장을 한 후 서구 민주주의 국가들은 민주주의를 보강하기 위해 부당한 일들을 하지 않으면 민주주의가 마치 그 운을 다하기라도 할 것처럼 행동했다. 그래서 민주주의 정부들은 첩보 기관과 무기를 확보하기 위해 엄청난 액수의 예산을 할애했고, 그 과정 속에서 통치자나 대통령을 암살하기까지 했다. 그들은 전체주의 국가들은 자신들이 보는 것을 결코 볼 수 없을 것이라고 확신하고 있는 것처럼 행동했다. 그들에게 자신들의 확신을 실천할 수 있는 용기가 있었다면 그런 수많은 염려와 비용으로부터 자신들을 구할 수도 있었을 것이다.

우리도 영적인 영역에서 그와 비슷한 실수를 범할 수 있다. 우리는 예수 그리스도께서 우리를 하나님 앞에서 의롭게 해주시기에 충분한 분이라고 고백한다. 그러면서도 마치 강박 관념에 사로잡힌 것처럼 분주하게 살아가며, 예수 그리스도가 하나님 아버지 앞에서 우리를 의롭게 해주시기에 충분한 분이라는 사실을 실제로는 확신하지 못하고 있는 모습을 사람들 앞에 드러내며 살아가고 있다.

▣ 진리 알기

- 오늘의 승리는 내일의 전투를 잘 감당하도록 주어지는 것이다.
- 하나님께서는 때때로 우리에게 큰 적을 맞아 싸우게 하시고, 그 승리를 통해 영광을 받으신다.
- 자신을 다스리지 못하는 지도자는 그가 이끄는 사람들에게 영향을 미칠 수 있을 것이라고 기대할 수 없다.

▣ 적용하기

- 자신의 삶 속에서 신실함과 용기가 부족할 수 있는 영역들을 생각해보라.
- 과거에 용기가 부족했던 영역들에 대해 단호한 태도를 취할 수 있도록 하나님께 도와주시기를 기도하라.
- 다른 사람들도 용기를 가질 수 있도록 자신이 경험한 성공담을 그들에게 이야기하라.

삶의 적용

권력과 일

시련을 피하는 방편으로 하나님께서 우리에게 그리스도인의 삶을 살게 하시는 것은 아니다. 우리 신자들은 잘못된, 즉 죄로 인해 겪게 되는 것 같은 시련을 피할 수는 있다. 그러나 다른 사람들과 마찬가지로 시련에 처할 수 있다. 그리고 그런 시련 속에서 우리 주위에 있는 사람들에게 영향을 미칠 수 있는 가장 좋은 기회를 갖게 된다. 하나님께서는 우리가 하나님을 신뢰하길 원하신다. 그리고 잠깐 동안의 시련은 지나갈 것이며, 깊은 물 속에서 함께하시는 하나님을 경험할 수 있다는 확신을 갖게 해주고 싶어하신다.

일상 생활이 힘들고 고통스럽기 때문에 그런 일상 생활을 두려워하는 그리스도인들이 많이 있다. 그들은 그런 부담을 덜 수 있도록 하나님께서 우리에게 공급해주신 가장 중요한 열쇠라 할 수 있는 기도를 활용하지 못하고 있다. 그들은 종종 그리스도인이 아닌 것처럼 행동하면서 가장 빨리 빠져나갈 수 있는 길만을 모색하려 한다. 또 때로는 하나님께서 문제들을 제거해주시고 어려움으로부터 벗어날 수 있게 해주시기를 기도한다. 그들은 어떻게든 곤경에서 빠져나갈 수 있게 되길 희망하면서 염려하거나 불평하거나 투덜거리며 시간을 보낸다. 필립 브룩스(Phillips Brooks)는 "권력으로 할 수 있는 일을 위해 기도하지 말라. 대신 해야 할 일에 맞는 권력을 얻기 위해 기도하라"고 조언했다. 오늘 우리가 경험하는 고통들은 오늘 하루에만 영향을 미치는 것이 아니다. 그 고통들은 우리의 내일을 위한 하나님의 훈련장이기 때문이다.

기도

하나님 아버지, 우리에게 닥치는 폭풍우를 하나님과 함께 헤쳐나갈 수 있는 용기를 갖게 하시고, 다른 사람들이 우리의 용기를 칭찬할 때 그 칭찬과 명예를 하나님께 돌릴 수 있는 솔직함을 갖게 해주십시오. 아멘.

심층 연구

A. 길르앗(3:10)

길르앗이라는 용어는 요단 강 동편 지역과 아모리 족속이 거하던 땅의 서쪽을 가리킬 때 사용되었다. 므낫세의 아들 마길에게 준 작은 땅을 뜻할 때도 있긴 하지만, 일반적으로는 갈릴리 바다와 사해 사이에 있는 더 큰 지역을 일컫는 용어로 사용되었다. 길르앗은 엘리야의 고향이었고(왕상 17:1), 신약 성경에서는 베뢰아라고 불렸다. 길르앗은 물이 풍부하고 작은 산이 많고 나무가 빽빽하게 우거진 곳이었으며, 올리브와 포도와 감귤 생산지로 잘 알려져 있다.

길르앗에는 므낫세와 갓 지파 사람들이 주로 정착했다. 사사 시대가 지난 후 길르앗 정착민들은 영토를 넓히려는 아모리 족속들 때문에 종종 애를 먹곤 했다.

B. 규빗(3:11)

신명기 3장 11절은 옥의 침상의 "장이 아홉 규빗이요 광이 네 규빗이니라" 고 말하고 있다. 히브리 원문에는 "사람의 규빗에 따르면 그 길이가 아홉 규빗이었고 넓이는 네 규빗이었다" 라고 좀더 기술적으로 묘사되어 있다. '사람의 규빗에 따르면' 이란 '표준 규빗에 따르면' 이라는 뜻이다. 성경에서 직선 길이를 잴 때 가장 일반적인 단위로 사용된 규빗은 모든 사람이 사용할 수 있는 단위였고, 팔꿈치에서 가운뎃손가락 끝까지의 거리를 말하는 것으로 약 45.6센티미터 정도였다. 규빗은 또 두 뼘, 즉 엄지손가락과 새끼손가락 사이 거리의 두 배다.

'사람의 보통 규빗' 의 길이는 얼마 전 예루살렘에서 실로암 비문이 발견되었을 때 확인되었다. 그 비문에는 히스기야가 만든 갱도의 길이가 1,200규빗이었다고 기록되어 있다. 그런데 갱도의 길이는 약 533미터다. 그리고 그 길이를 44센티미터의 표준 규빗으로 환산하면 1,200규빗이 된다.

C. 안식(3:20)

모세는 적들을 일단 물리치고 나면 이스라엘이 '안식' 을 얻게 될 것이라고 말하고 있다. "여호와께서 너희에게 주신 것같이 너희 형제에게도 안식을 주시리니 그들도 요단 저편에서 너희 하나님 여호와의 주시는 땅을 얻어 기업을 삼기에 이르거든 너희는 각기 내가 준 기업으로 돌아갈 것이니라" (신 3:20). 히브리서에서만 사용된 '안식' 이라는 개념의 뿌리를 신명기의 이 구절에서 찾을 수 있다. 안식을 얻는 것은 땅을 정복하는 것이다. 신명기에서는 실제적인 땅을 기대하고 있는 반면, 히브리서에서는 영적인 승리와 보상에 초점이 맞추어져 있다.

잘 알려진 기독교 찬송가에서 가나안을 천국으로 언급하고 있긴 하지만 신명기에서는 가나안을 신자들이 극복해야 하는 영적 도전으로 묘사하고 있다. 가나안에 들어선 이스라엘 백성들은 목가적인 생활을 하는 대신 수없이 많은 적들(낙원과는 전혀 상반되는)과 맞서 싸우는 전투를 벌이기 시작했다.

교안

A. 들어가는 글

1. '하루에 두 개를 만드는 맥카비' 이야기로 시작하라.

2. 배경 설명: 모세는 르우벤과 갓과 므낫세 반 지파가 어떻게 그들의 땅을 취하게 되었는지 그리고 그들의 형제 지파들이 남은 땅을 정복할 수 있도록 돕는 그들의 헌신을 어떻게 보장받게 되었는지를 설명하면서 요단 강 동편에서 이스라엘이 거둔 승리를 계속 묘사하고 있다.

3. 적용: 살아가면서 누구나 건너야 하는 첫 번째 강은 두려움이라는 강이다. 목표가 고국의 안전을 지키는 것이든 인품을 쌓는 것이든, 용기는 그 목표를 이루기 위한 정복을 가능하게 하는 없어서는 안 될 필수적인 요소다.

B. 본문 이해

1. 바산의 패배(3:1-11)
2. 땅의 분배(3:12-22)
3. 모세의 실망(3:23-29)

C. 결론: '권력과 일' 을 읽어주라.

토의 질문

1. 불안이나 염려에 맞서 싸워 이겼던 때를 기억해보고 나누어보라.

2. 신명기 3장이 주목해야 할 것으로 제안하고 있는 중요한 가치관이나 교훈은 어떤 것들인가?

3. 영적으로 성숙해가는 과정에서 당신을 방해하는 가장 큰 두려움은 무엇인가?

신명기 4장

신실해야 할 사명

"겸손한 마음은 자비로운 하나님께서 거하시는 하나님의 보좌이며 하늘은 영광스러운 하나님께서 거하시는 하나님의 보좌다. 그러나 그 두 보좌 모두 하나님을 가두어둘 수는 없다. 왜냐하면 하늘의 하늘이라도 하나님을 그 안에 다 담을 수 없기 때문이다."

- 토마스 왓슨(Thomas Watson)

하나님께서 이스라엘 백성들에게 하나님의 유일무이하심을 깨닫고 그 유일무이하심을 근거로 한 충실한 사랑에 반응하면서 오직 하나님만을 신실하게 섬길 것을 촉구하셨다. 하나님께만 충성을 다하고 다른 모든 우상들에게 애정을 쏟지 않아야 하는 것은 하나님을 잘 아는 사람들의 유익을 위해서다.

Deuteronomy

들어가는 글

천국의 식민지

구약 성경이 완성된 후 신약 성경이 기록되기 전 시대 사이에 로마 제국이 생겼다. 옛 공화국과 계속된 내란에 대한 실망 위에 세워진 로마 제국은 광범위한 지역을 방어하고 확장하기 위한 군대를 모집하는 데 애를 먹었다. 마침내 로마 제국은 아우구스투스 시저(Augustus Caesar) 때부터 군 입대를 장려하기 위한 보상책을 마련했다. 그리고 복무 기간을 다 마친 사람들에게는 로마의 시민권과 함께 로마 시민으로서 누릴 수 있는 모든 권리와 특권을 부여해주었다.

그러나 그런 특권을 얻기 위해 퇴역 군인들은 식민지라 불리는 특정한 지역으로 이주해야만 했다. 그 퇴역한 민간 군인들은 제국의 변경에서 하나의 '작은 로마'가 되었고, 멀리 떨어진 본토 로마인들 앞에서 그 도시와 문화를 대표하였다. 그런 식민 통치방식은 국경 지방의 질서를 유지하고 본국의 가치를 높이려는 두 가지 목적을 이루기 위해서였다.

빌립보 시는 신약 성경 당시에 로마의 식민지가 되었다. 바울 사도는 2차 선교여행 기간 동안 그곳에 교회를 세웠다. 그리고 그곳에 있는 소수의 그리스도인들에게 편지를 썼고, 빌립보 교인들이 감사할 수 있도록 빌립보 시에 있는 그들의 역할을 다음과 같이 설명해주었다. "오직 우리의 시민권은 하늘에 있는지라 거기로서 구원하는 자 곧 주 예수 그리스도를 기다리노니"(빌 3:20).

퇴역 군인들은 그 말에 고개를 끄덕였을 것이다. 왜냐하면 그들은 비슷한 목적을 위해 빌립보에 와 있었기 때문이다. 바울은 참된 본향인 천국을 대표하는 더 높은 목표를 그들에게 제시했다. 빌립보서 3장 20절을 "우리는 천국의 식민지다"라고 번역한 사람도 있다.

이스라엘 백성들이 약속의 땅에 다가가자 모세는 그들의 진정한 목표는 하나님을 대표하는 사람들로서 섬기는 것이라는 사실을 그들에게 상기시켜주었다. 그들은 헌신과 행동으로 이웃 사람들의 호감을 살 수도 있었고, 아니면 영적 태만과 불순종으로 자신들의 고귀한 목적을 저버리고 헛되며 해로운 목적들에 끌려갈 수도 있었다.

우리 기독교 신자들은 우리가 살고 있는 곳을 천국의 작은 식민지로 만들어야 한다. 경건한 행실을 통해 비판적인 사람들을 무장해제시키고 본향을 위해 새로운 친구들과 새로운 시민들을 얻어야 한다. 그 과정은 회심할 때 우리에게 주어진 엄청난 특권과 신분을 깨닫는 것으로부터 시작된다.

본문 이해

신실해야 할 사명

Main Idea	하나님께서는 자기 백성들이 성품과 행실을 통해 온전히 하나님께 속한 사람들이 되기를 기대하시며, 그들에게 자신을 계시하시고 풍성한 은혜를 베풀어주신다.

A. 이스라엘 백성들의 특권(4:1-14)

Supporting Idea	많은 특권에는 많은 책임이 따른다. 하나님께서 행하시는 놀라운 일들을 목격한 이스라엘은 신실한 사랑으로 하나님께 충실해야 했다.

4:1-2. 이스라엘 백성들은 여리고 성 맞은편 요단 강가에 진을 치고 기다리고 있었다. 그리고 진실이 밝혀질 순간이 다가오고 있었다. 당분간 계속될 전투를 앞에 두고 있었기 때문에 하나님께서 군사적 전술과 전략을 간략하게 설명해주실 것이라 생각할 수도 있을 것이다. 그러나 뜻밖에도 하나님께서는 그들의 영적인 상태에 대해 말씀하셨다. 이스라엘 백성들이 살고 하나님께서 주시는 땅에 들어가서 그것을 얻으려면 하나님께서 말씀하시는 것을 들어야 했다. 그들은 곧 하나님의 규례와 법도를 배울 것이다. 그리고 그 율례와 법도를 준행하라는 조언을 듣게 될 것이다. 그들의 성공 여부는 하나님

의 은혜에 달려 있었기 때문에 그들은 세심하게 주의를 기울여야 했다.

모세는 이스라엘 백성들에게 하나님의 지시를 어기는 실수를 범해서는 안 된다고 엄중히 경고했다. 그들은 모세가 명하는 말에 추가해서는 안 되었다. 율법주의는 먼저 하나님의 율법에 다른 것을 추가하고 나중에는 하나님의 율법을 무효화시켰다(막 7:13).

또 이스라엘 백성들은 하나님의 명령 가운데서 어떤 것들을 감하는 잘못을 범해서도 안 되었다. 그것은 추가하는 것 못지않은 심각한 잘못이었다. 정당한 것을 따르지 않기로 결정하는 것은 실제로 성경의 가르침으로부터 하나님의 권위를 제거하려는 것이다. 신자들의 권위는 하나님의 말씀 안에 있다. 하나님의 말씀 밖에서는 그 어느 곳에서도 그 권위를 찾을 수 없다(계 22:18-19).

4:3-4. 하나님의 말씀을 심각하게 받아들여야 할 사람들이 있었다면 그들은 이스라엘 백성들이었다. 그들은 여호와께서 바알브올의 일을 인하여 행하신 바를 목도했다. 그 사건은 민수기 25장에 기록되어 있다. 그 당시 이스라엘은 이교도와 음란에 빠져 있었다. "그(모압의) 여자들이 그 신들에게 제사할 때에 (이스라엘) 백성을 청하매 백성이 먹고 그들의 신들에게 절하므로"(민 25:2). 그 결과 이스라엘 백성들은 역병에 걸렸고, 반역한 지도자들이 처형되고 난 후에야 그 일에 대한 하나님의 심판이 멈추었다. 그 일에 대한 하나님의 징계로 이만 사천 명이 목숨을 잃었다. 모세의 말을 듣고 있는 사람들도 그 사실을 알고 있었다. 모세의 말을 듣고 있는 사람들 대부분이 그 사건으로 가까운 친척들을 잃었던 것으로 보인다.

이방 신 바알브올에게 절하지 않고 여호와께 붙어 떠나지 않은 사람들은 다 생존해 모세의 말을 듣고 고국의 밝은 장래를 경험하게 될 것이다(바알에 대해서는 '심층 연구'를 참고하라). 하나님께서 은혜를 베푸시고 불순종 때문에 관계를 끊을 만큼 엄중하게 심판하시는 일은 그리 흔치 않았다. 그러나 브올에서는 그렇게 하셨다. 그리고 하나님의 말씀을 들었던 모든 사람들은 하나님께서 모세가 설명한 대로 행하셨다는 것을 인정하지 않을 수 없었다. 실제로 모세가 말했듯이 이스라엘 백성들은 하나님께서 그 일을 행하신 바로 그 자리에 서 있었다(신 3:29).

4:5-6. 모세가 이스라엘 백성들에게 가르친 것들(5장에 이어지는 형식적으로 반복하는 언약뿐 아니라)은 사람이 만들어낸 것이 아니라 여호와께서 그에게 명하신 규례와 법도였다. 그 규례와 법도는 따라도 되고 따르지 않아도 되는 것이 아니라 반드시 준수해

야 하는 명령이었다. 이스라엘 백성들은 그것들을 사색해야 하는 것이 아니라, 곧 그들의 고국이 될 땅에 들어간 이후 그것들을 그대로 행해야 했다.

하나님의 법도는 이스라엘을 질서 정연한 사회로 만드는 데 폭넓게 적용되었다. 하나님의 백성들이 그 법도를 잘 지켜 행하면 주변 국가들에게 이스라엘의 지혜와 지식이 드러날 것이다. 하나님의 원리는 매우 특이하기 때문에 주변 이방 국가들에게 알려지고 그들로 하여금 이스라엘의 특별한 위상에 대해 숙고하게 만들 것이다.

이런 외적인 영향은 아브라함에게 "너를 축복하는 자에게는 내가 복을 내리고 너를 저주하는 자에게는 내가 저주하리니 땅의 모든 족속이 너를 인하여 복을 얻을 것이니라"(창 12:3)고 약속하신 하나님의 언약 속에 내포되어 있었다. 이스라엘은 열방의 빛이 되어야 했고(49:6), 그 빛의 일부는 하나님의 법도에 신실한 것을 통해 더 분명해질 것이다.

4:7-8. 하나님께 신실하게 순종하는 것은 이스라엘을 다른 나라들과 구별되게 하고 그 국경 밖에 있는 나라들에게 하나님의 율법을 알릴 수 있는 기반을 마련해주는 것이었다. 왜냐하면 하나님의 규례와 법도는 하나님과의 인격적인 관계를 중심으로 한 것이기 때문이었다. 다른 나라들은 하나님과의 인격적인 관계에 대해 알지 못했다. 이방인들은 냉담하고 성난 신들을 달래고 진정시키는 일로 분주했다. 그러나 여호와는 그의 백성들이 그에게 기도할 때마다 그들을 가까이하셨다.

4:9. 망각은 이스라엘이 주의해야 할 큰 위험이었다. 그들은 스스로 삼가며 마음을 힘써 지켜야 했다. 그리고 그들을 본향으로 돌아오게 한 일들을 잊어버리지 않도록 주의를 기울여야 했다.

모세가 말한 망각은 도덕적인 방심의 문제가 아니라 영적인 부주의의 문제였다. 나중에 이스라엘이 가나안의 우상들을 광범위하게 좇기 시작했을 때 그것은 그들이 여호와의 이름을 잊었기 때문이 아니었다. 또 여호와를 그들 자신의 헌신을 받으시기에 합당한 분이 아니라고 생각했기 때문도 아니었다. 다만 그들이 태만해지는 순간, 그들의 의식 속에서 여호와가 희미해졌을 뿐이다. 일단 그렇게 되면 그들은 죄의 순간적인 쾌락에 빠지고 여호와를 잊게 된다. 경건한 삶은 매일 새롭게 되어야 하는 하나의 과정이다.

4:10. 그러나 잊어버리는 경향을 싫어하는 것만으로는 충분하지 않다. 영적 실체가

한 세대에서 다음 세대로 전해지기 위해서는 그 영적 실체가 실제적으로 기억되어야 한다. 이 사실을 강조하기 위해 모세는 백성들에게 시내 산에서 여호와 앞에 섰던 날을 기억하라고 당부했다. 그들은 하나님의 요청으로 하나님의 말씀을 듣기 위해, 그리고 그 결과 세상에 사는 날 동안 여호와를 경외하도록 그곳에 서 있었다. 기록된 하나님의 말씀을 가지고 있지 않았던 이스라엘 백성들은 하나님께서 특별히 가까이 다가오셔서 그들이 섬기는 하나님의 특별하심을 그들 마음속에 새기게 한 그 중요한 사건을 기억해야 했다. 하나님을 경외하며 하나님을 믿는 것은 하나님의 말씀을 정기적으로 접하면서 시작된다. "그러므로 믿음은 들음에서 나며 들음은 그리스도의 말씀으로 말미암았느니라" (롬 10:17).

4:11-12. 호렙 산에서의 그 특별한 날은 사람들이 가까이 나아와서 산 아래 섰을 때 시작되었다. 그들은 불이 붙어 화염이 충천한 모습과 구름과 흑암이 덮인 모습의 뚜렷하고 섬뜩한 차이를 보았다. 그 엄숙한 분위기 속에서 그들은 아무 형상도 보지 못했다. 다만 말소리(하나님의 음성)만 들었을 뿐이다. 하나님께서는 이스라엘 백성들에게 강한 인상을 남기도록 이 극적인 광경을 의도하셨던 것이 분명하다. 그리고 의도하셨던 대로 그런 강한 인상을 남겼다. "땅이 진동하며 하늘이 하나님 앞에서 떨어지며 저 시내 산도 하나님 곧 이스라엘의 하나님 앞에서 진동하였나이다" (시 68:8, 신 33:2, 삿 5:5, 합 3:3).

하나님의 모습을 사람의 눈으로 볼 수 없게 하셨던 것은 하나님을 우상의 형상으로 표현할 수 없다는 사실을 하나님의 백성들에게 가르치시기 위한 것이었다. 눈에 보이는 그 어떤 상징도 하나님의 성품과 위엄을 있는 그대로 드러낼 수 없으며, 이스라엘 백성들은 처음부터 그런 악습에서 벗어나 있어야 했다.

4:13-14. 하나님께서 이스라엘 백성들에게 하나님의 언약을 선포하시고 십계명으로 요약하시기 위해 호렙 산에서 극적인 광경을 연출하셨다. 모세는 5장에서 그 언약을 다시 진술하고 있다. 이 구절에서는 하나님께서 이스라엘 백성들에게 언약을 지키라고 명하시고 두 돌판에 십계명을 친히 쓰셨다는 사실을 상기시켜주고 있다.

그러나 하나님의 계명을 새기기에 가장 좋고 효과적인 곳은 하나님의 백성들의 마음이었다. 그래서 여호와께서 백성들에게 필요한 규례와 법도를 교훈하도록 모세에게 명하셨다.

B. 이스라엘의 하나님(4:15-43)

Supporting Idea	이스라엘의 하나님 여호와께서는 사람이 만든 다른 신들과는 다른 분이시며, 이스라엘에게 충성을 기대하는 동시에 죄인들에게 자비를 베푸신다.

4:15-18. 모세는 호렙 산에서 얻게 된 중요한 교훈을 계속해서 백성들에게 직접 적용했다. 그들은 여호와께서 말씀하시던 날에 아무 형상도 보지 못하였기 때문에 깊이 삼가고 우상을 멀리해야 했다. 남자의 형상이든 여자의 형상이든 어떤 짐승의 형상이든 우상을 만드는 것은 그들에게서 인간성을 빼앗아가는 영향을 미칠 것이다. 스스로 부패하게 될 것이다. 사람이 그를 지으신 창조주 외에 다른 대상을 섬기는 것은 그에게 존엄과 의미를 부여해주는 주체와의 접촉을 끊는 것이다. 하나님께서 인간을 하나님과 교제하도록 창조하셨기 때문에 피조물과의 관계를 통해서 만족하려는 것은 하나님과 인간이 가지고 있어야 할 존엄을 그들에게서 앗아가는 것이다. 이스라엘은 다른 나라들처럼 되어서는 안 되었다. 그들의 하나님께서 다른 열방들이 섬기는 신들보다 뛰어난 위대한 분이시기 때문이다.

4:19-20. 이스라엘은 하늘을 향하여 눈을 들어 일월 성신을 보고 미혹하여 그것을 경배해서도 안 되었다. 사람들에게는 멀리 떨어져 있어서 얻기 어려운 것은 숭배할 만한 가치가 있는 것이라는 결론을 내리려는 성향이 있다. 모세는 이스라엘 백성들에게 그런 성향을 거부하고 일월 성신을 경배하고 섬기려는 유혹에 빠지지 않도록 조심하라고 경고했다. 아름다운 밤하늘은 하나님의 보편적인 자비를 보여주는 것이며 별들은 천하 만민을 위하여 분정하신 것들이다. 하늘이 하나님의 질서와 선하심을 증거하고 있다(시 19:1-6).

반면에 이스라엘 백성들은 모든 사람들이 일반적으로 경험하는 보편적인 것들 그 이상을 알고 있었다. 실제로 여호와께서 그들에게 개인적인 관심을 보이셨는데, 그것은 고통과 멸망과 정화의 쇠풀무(애굽을 뜻하는 은유적 표현)에서 그들을 구해내셨기 때문이다. 타락한 사람들이 스스로 야기한 모욕과 부패로부터 그들을 구원해내시고 자기 기업의 백성을 삼으셨다. 그것은 하나님께서 이스라엘을 기뻐하셨다는 것을 강조하는 것인데, 그 이유는 기업이란 자녀들과 후손들에게 넘겨주는 것이기 때문이다. 하나님께서 이스라엘 백성들을 자기 백성으로 만들기 위해 그들에게 투자하셨다. 그것은 그들이 당연한 것으로 감히 받아들일 수 없는 특권이었다.

4:21-22. 모세는 사람들이 전능하신 분을 경시할 때 일어날 수 있는 일들을 보여주는 한 예로 자기 자신을 들었다. 민수기 20장에 기록된 사건을 언급하면서 그는 여호와께서 이스라엘 백성들의 불신앙 때문에 그에게 진노하셨다는 사실을 그들에게 상기시켜주었다. 모세의 불손한 행동 때문에 하나님께서는 그에게 요단을 건너 그들이 곧 얻게 될 그 아름다운 땅에 들어가는 것을 허락하지 않으셨다. 이스라엘 백성들은 그 아름다운 땅을 얻게 된 반면, 그는 요단을 건너지 못하고 죽게 될 것이다.

따라서 모세는 특권을 잃어버린 사람을 보여주는 한 예가 되었다. 하나님과 그의 관계는 전적으로 기능적인 것이었다. 그의 죄는 용서되었다. 그리고 그는 중요한 사역을 위해 하나님께서 사용하신 사람이었다. 그러나 그의 경험을 통해 선택에는 경건한 슬픔과 회개를 통해서도 해결할 수 없는 영구적인 결과가 따르게 된다는 사실을 우리는 볼 수 있다.

4:23-24. 하나님의 백성들을 이끄는 지도자는 청중들이 수행해야 할 중요한 일들을 신속하게 제시했다. 이스라엘 백성들은 하나님께서 그들의 조상들과 맺으시고 그들에게 새롭게 하실 언약을 잊지 말아야 했다. 우상을 만드는 것은 그 언약을 어기는 중요한 한 방법이 될 수 있었다. 유일무이하신 하나님께서는 복제되거나 눈으로 보이는 형태로 비슷하게 만들어질 수 없는 분이셨다. 모든 것은 하나님의 위대하심을 입증하기 위해 만들어졌지만 그 만들어진 것들 가운데 창조주를 묘사할 수 있는 것은 아무것도 없었다. 따라서 하나님께서는 예배하는 사람들이 인공 조형물 속에서 참 하나님을 찾을 수 없다는 사실을 어느 정도 스스로 깨달을 수 있게 된다 할지라도 하나님을 상징하는 그 어떤 형체도 만들지 못하도록 금하셨다. 여호와께서 유일무이하신 분이라는 사실을 깨닫지 못하는 것은 하나님의 진노를 불러일으키고 형벌을 불러오게 만드는 것이었다. 왜냐하면 참 하나님께서는 소멸하는 불이며 질투하는 하나님이시기 때문이다.

4:25-26. 우상을 만들지 말라는 하나님의 경고는 후손들을 위해 반복되어야 했다. 애굽을 떠난 세대는 하나님께서 행하시는 놀라운 일들을 보았고, 자신들이 본 것을 아들들에게 알려야 했다. 그리고 손자들에게도 전달될 수 있도록 해야 했다. 그들이 여호와께서 주신 땅에서 오래 살면서 그 노력을 하지 않는다면 그들은 스스로 부패하여 망하

게 될 것이다. 우상을 만들어 여호와 앞에 악을 행할 때 그들의 부패를 보여주는 증거가 나타날 것이다. 그들은 바알브올에서 우상을 섬기며 옥신각신하다가(민 25장) 하나님의 진노를 샀던 것과 같은 실수를 반복할 것이다.

고대 종주국과 속국이 맺은 조약에는 조약 당사국의 한쪽이 그 조약을 파기할 수 있는 위반 규정이 포함되어 있었는데 하나님의 언약에도 마찬가지였다. 이스라엘이 그들의 마음을 거짓 신들에게 돌림으로 하나님과 맺은 언약을 파기한다면 하나님께서는 천지를 불러 증거를 삼으실 것이라고 말씀하셨다. 후에 하나님께서는 이 방식을 사용해 이스라엘을 바벨론의 포로로 보내지 않을 수 없는 이유를 설명하셨다(사 1:2-4).

4:27-28. 하나님과 하나님의 언약을 저버리면 이스라엘은 그들이 곧 소유하게 될 바로 그 땅을 잃어버릴 것이다. 여호와께서 그들을 열국 중에 흩으시고 열방 중에서 이용당하고 버림을 당하게 하실 것이다. 그리고 쫓겨간 열국 중에서 살아가는 동안 남은 사람의 수가 많지 않게 될 것이다. 이방 신에 대한 그들의 열망이 이루어져 그 열국 중에 흩어져 살면서 사람의 손으로 만든 목석으로 된 신들을 섬기게 될 것이다. 하나님의 백성들이 그들의 독특성을 잃어버리면 그들은 그들이 열방 중에서 살아야 하는 이유를 뒷받침해주는 근거를 박탈당하게 된다. 이 구절은 B.C. 606년부터 유다가 포로로 잡혀 바벨론으로 끌려갈 일을 예언하고 있다.

4:29. 이스라엘의 변절은 고통스러운 결과를 불러올 것이다. 그러나 그것으로 모든 것이 끝나거나 달라질 수 없는 것은 아니었다. 그들이 받게 될 슬픈 징계 속에서 그들이 마음을 다하고 성품을 다하여 여호와를 구하면 그 불행 속에서도 하나님을 만나게 될 것이다. 그들은 하나님께 충실하지 못할지라도 그들을 향한 하나님의 충실하심에는 변함이 없을 것이다. 가장 암울할 때에도 하나님께서는 그들을 용서하고 영접하시기 위해(비록 그들에게 하나님의 회초리가 여전히 계속 필요할지라도) 그들과 함께하실 것이다. 다니엘 9장과 느헤미야 9장에 기록된 참회 기도는 용서와 회복에 대한 하나님의 이 약속을 중심으로 하고 있다.

4:30-31. 이스라엘의 포로 생활은 결국 끝이 나게 될 것이다. 그들은 그 모든 일로 인하여 환난을 당하게 된 자신들을 볼 것이다. 그리고 끝날에 여호와께 돌아오게 될 것이다. 하나님께서 은혜를 베푸시고 백성들이 돌아와 그 말씀을 청종하게 될 때 화해를 허락하실 것이다. 하나님의 백성들은 하나님의 언약을 어기면서 불순종하고 하나님께 신

실하지 않을 수도 있을 것이다. 그러나 하나님께서는 변함없이 신실하실 것이다. 자비하신 하나님께서 하나님께 속한 사람들을 버리거나 멸하지 않기로 맹세하셨다. 하나님께서 이스라엘을 버리지 않으시는 것은 그들의 우월성 때문이 아니라 그들의 열조와 오래전에 맺으신 하나님의 언약 때문이었다. 그 언약은 하나님께서 아브라함과 이삭과 야곱에게 맹세로 확증하신 것이다.

4:32-34. 애굽에서 종살이하던 이스라엘을 구원하시고 그들에게 계시하신 하나님을 볼 수 있는 특권을 주심으로 하나님께서는 전례가 없는 일을 하셨다. 인간 역사 속에서 구원을 위해 하나님께서 행하신 그렇게 큰 일을 본 사람은 하늘 이 끝에서 저 끝까지 아무도 없었다. 하나님께서 하나님을 위하여 한 민족(이스라엘)을 다른 민족(애굽)에게서 인도해내셨다. 이적과 기사와 전쟁에서의 승리와 여러 가지 크고 두려운 일 등의 놀라운 방법을 사용하시며 그 일을 행하셨다. 그리고 하나님께서 이스라엘을 위해 하신 그 모든 일들은 무시될 수 없었다. 왜냐하면 그 일들이 그들의 목전에서 이루어졌기 때문이다.

4:35-36. 모세는 하나님께서 그렇게 하신 이유를 설명하고 있다. 하나님께서 이스라엘에게 그런 일들을 나타내 보여주신 것은 유일무이하신 하나님을 그들에게 알려주기 위한 것이었다. 여호와만이 하나님이시고 여호와 외에는 다른 신이 없음을 알려주시기 위해서였다. 하나님께서는 이스라엘에게 자신을 계시하시기 위해 특별한 일들을 하셨고, 그들을 교훈하시려는 특별한 이유 때문에 그렇게 하셨다. 그것은 징벌하기 위한 것이 아니라 가르치기 위한 것이었다. 비판하려는 것이 아니라 가르치려는 것이 하나님께서 의도하신 것이었다. 하나님께서는 그 어떤 적수도 용납지 않으신다는 사실을 그들이 이해할 수 있도록 그들로 하여금 불 가운데서 나오는 그 말씀을 듣게 하셨다.

4:37-38. 여호와와 이스라엘을 결합시켜주는 줄은 하나님께로부터 나온 것이었다. 그들의 열조가 비록 언제나 칭찬 받을 만한 행동을 한 것은 아니었지만 여호와께서 그들을 사랑하셨다. 그들을 사랑하셨기 때문에 그 후손을 택하시고 애굽에서 그들을 구원해내셨다. 그리고 그런 기적적인 구출로 끝난 것이 아니었다. 추가적으로 이스라엘보다 강대한 열국을 약속의 땅에서 쫓아내기로 하셨다.

이 구절에서 열국은 정치적인 국가들이 아니라 소수 부족들을 말하는 것이다. 이스라엘이 가나안을 정복하던 당시 그 소수 부족들은 보통 지리적으로 가까운 부족들과 서로 연합을 이루었고, 언제나 그랬던 것은 아니지만 핵심 도시 국가를 중심으로 종종 연합을 이루기도 했다. 하나님께서 아브라함에게 때가 되면 쫓아내실 나라들을 말씀하시며 "겐 족속과 그니스 족속과 갓몬 족속과 헷 족속과 브리스 족속과 르바 족속과 아모리 족속과 가나안 족속과 기르가스 족속과 여부스 족속"(창 15:19-21)이라고 구체적으로 언급하셨다. 여부스 족속은 나중에 예루살렘으로 알려지게 된 성읍 여부스에 거하였던 사람들로 성경 역사 속에서 아주 잘 알려진 부족이다. 나중에 예루살렘은 여부스의 경계 너머로 훨씬 더 크게 확장되었지만, 여부스의 면적은 약 8에이커 정도에 불과했고 3천 명 가량의 적은 인구를 가지고 있었다. 주변 언덕들에도 여부스 족속들이 흩어져 살고 있긴 했지만 성읍 안에 거주하는 사람들의 숫자는 모두 다 합해도 이스라엘 백성들의 수를 능가할 수 없었다.

그러므로 이스라엘보다 강대한 열국(38절)이란 가나안 경계 안에 있는 모든 나라들이 결합된 수를 포함해 말하는 것이다. 그들의 땅은 이스라엘의 기업이 될 것이다.

37절은 그 기록된 내용의 순서가 중요하다. 하나님께서 사랑을 보이신 다음 반응을 기대하셨다. 하나님께서 이스라엘을 선택하고 복 주시기로 한 일방적인 결정이 그들이 하는 그 어떤 일보다 앞서 이루어졌다. 이 순서는 요한일서 4장 10절을 연상케 한다. "사랑은 여기 있으니 우리가 하나님을 사랑한 것이 아니요 오직 하나님이 우리를 사랑하사 우리 죄를 위하여 화목제로 그 아들을 보내셨음이니라."

4:39-40. 이스라엘의 지혜는 그들이 요구할 수 있는 것보다 더 많은 것을 받았다는 사실을 솔직하게 인정하고 하나님의 능력을 지속적으로 인식하는 데 달려 있었다. 그들은 유일무이하신 하나님을 알아 명심하고 그대로 행해야 했다. 그들은 상천 하지에 오직 여호와는 하나님이시며 다른 신이 없다는 것을 인정해야 했다. 그리고 그들은 여호와의 규례와 명령을 지켜 행하는 것을 통해 그 모든 것을 할 수 있었다. 그들이 그렇게 한다면 그들과 그들의 후손들이 복을 받게 될 것이다. 그들은 모든 것을 만드신 하나님의 권위 아래서 평화로운 삶을 살아가는 유익을 알게 될 것이다. 그리고 오래 사는 유익도 누리게 될 것이다.

4:41-42. 모세는 끝내지 못한 일을 마치지 않고는 언약의 규례와 명령을 계속 열거할 수 없었다. 그는 앞서 땅을 정복한 후 여섯 개의 도피성을 지정할 것을 대략적으로 지시하였다(민 35:9-34). 요단 동편(해 돋는 편)을 정복한 지금 모세는 정복된 지역에 세 개의 도피성을 지정하도록 구체적으로 지시했다. 그들의 도피성은 실제로 감옥(이스라

엘에게 없었던)과 같은 역할을 할 것이다. 도피성은 원혐이 없이 부지중에 오살한 자의 생명을 보전하기 위한 것이었다. 이 구절은 계획적으로 행한 일반적인 의미의 살인과 사고나 급하고 경솔한 반응으로 사람이 죽게 된 과실 치사에는 분명한 차이가 있음을 조심스럽게 선언하고 있다.

도피성을 지정한 것은 세밀한 조사와 동기와 증거를 밝혀내는 총명함이 필요하다는 사실을 인정하는 것이었다. 하나님께서는 우발적인 죽임을 당한 피해자뿐 아니라 부지불식간에 다른 사람의 생명을 잃게 한 사람까지 고려해서 사건을 적절하게 해결하는 공정함을 중시하신다. 도피성은 법정으로 하여금 사건을 조사할 수 있는 시간과 기회를 가질 수 있게 해주었다. 그리고 사람을 죽게 한 사람에게는 그곳으로 도피해 생명을 보존할 수 있게 해주었다.

4:43. 요단 강 동편에 지정한 도피성은 남쪽에 있는 베셀과 중앙에 있는 라못과 북쪽에 있는 골란이었다. 이 세 성의 위치는 도피해야 할 필요가 있는 사람이 도피성으로부터 너무 멀리 떨어져 있지 않도록 각 곳에 배치되었으며 의도적으로 계획된 것이었다.

C. 이스라엘 언약의 서문(4:44-49)

Supporting Idea	이스라엘은 열국들 가운데 있는 자신들의 독특한 위치를 고려하면서 하나님의 율법에 유념해야 했다.

4:44. 지금까지 기록된 모든 내용은 신명기의 서두다. 모세는 자신이 듣는 사람들에게 앞으로 선포하게 될 율법을 그들이 왜 심각하게 받아들여야 하는지를 깊이 생각할 수 있도록 그들의 마음을 준비시키며 4장을 할애해왔다. 그 율법의 내용이 신명기 5-26장을 이루고 있다.

4:45-46. 하나님의 율법은 후에 증거하신 것과 규례와 법도의 형태로 되어 있었다. 이 용어들의 차이는 그리 중요하지 않다. 증거는 이어지는 내용이 언약, 즉 구속력을 가지는 합의의 일부라는 사실을 강조하는 것이다. 규례는 은혜의 원천이 되시는 하나님께 주의를 환기시키는 것이며, 법도는 언약의 조건들을 어길 때 따르는 형벌이 있음을 강조하는 것이다.

언약의 상세한 내용들이 열거된 환경은 언약을 심각하게 받아들여야 할 중요한 배경을 제공해준다. 언약의 법도는 하나님께서 이스라엘에게 베푸신 은혜의 실체에 그 어떤 이의도 제기할 수 없게 된 때에 구체화되었다. 그들은 하나님의 약속에 따라 애굽에서 나왔고, 또 하나님의 약속에 따라 가나안을 정복하기 위해 요단 동편 … 골짜기에 서 있었다. 그들이 서 있는 곳은 아모리 왕 시혼의 땅이었다. 그 땅은 하나님께서 족장들에게 원래 약속하셨던 것 이상으로 그들에게 주신 곳이었다. 하나님께서 모든 길에서 그들을 인도하셨고, 그들을 향한 하나님의 선하심에 대해서는 의심할 여지가 없었다.

4:47-49. 이스라엘은 또 바산 왕 옥의 땅도 얻게 되었다. 그 땅은 아르논 골짜기에서 헤르몬 산까지 이어졌고, 또 요단 동편 아라바에서 아라바의 바다(사해)까지 이어졌다. 하나님께서는 아무것도 남기기 않고 다 입증하셨다. 다만 이스라엘 백성들이 하나님의 언약을 마음으로 받아들이고 순종할 것인지 아닌지가 아직 분명하게 드러나지 않은 상태였다.

Main Idea 복습	하나님께서는 자기 백성들이 성품과 행실을 통해 온전히 하나님께 속한 사람들이 되기를 기대하시며, 그들에게 자신을 계시하시고 풍성한 은혜를 베풀어주신다.

결론

잘못된 사람에게는 닫혀 있는 문

어느 일반 진료 의사가 조언을 구하기 위해 약 80킬로미터 정도 떨어진 한 마을에 사는 전문의에게 전화를 걸었다. 그는 몸 속에서 출혈을 일으키는 감염으로 서서히 죽어가고 있는 한 소년의 상태를 설명했다.

"전 이 감염증을 어떻게 치료해야 할지 모르겠지만 선생님은 알고 계실 거예요. 이 분야에서 전문가시잖아요. 오셔서 좀 봐주세요"라고 말했다.

전문의는 "지금 바로 가죠"라고 대답했다.

그리고 차에 올라 탄 후 그 소년이 누워 있는 멀리 떨어진 병원을 향해 출발했다. 그가 살고 있는 도시의 외곽 지대에 이르렀을 때 빨간 신호등 앞에서 차를 세웠다. 그 때 갑자기 그의 차 문이 확 열리면서 회색 모자를 쓰고 갈색 가죽 점퍼를 입은 사람이 연발 권총을 휘두르며 "차에서 내려!"라고 소리를 질렀다.

의사는 "그럴 수 없어요. 지금 빨리…."

권총을 든 사람은 그의 말을 막고 "댁이 무슨 일을 하려는지 난 관심 없어. 어서 차에서 내려. 안 내리면 쏴버릴 거야!"라고 말했다.

의사는 할 수 없이 차에서 내린 다음 그 사람이 차를 몰고 가는 것을 바라보았다. 차를 빼앗긴 의사는 전화를 걸 수 있는 곳을 찾아보려 애를 썼다. 네다섯 집을 찾아가 보았지만 사람이 있는 집은 한 군데도 없었다. 마침내 그는 그에게 택시를 불러주겠다는 사람을 만났다. 택시는 그를 버스 정류장까지 데려다주었다. 그는 버스를 타고 마침내 그가 가려던 곳에 도착했다. 그러나 차를 빼앗긴 그는 생각했던 것보다 2시간이나 늦게 도착했다.

일반 진료 의사는 현관으로 나와 그를 맞이하며 "이렇게 와주셔서 감사합니다. 그런데 너무 늦었어요. 한 20분쯤 전에 환자가 숨을 거두었어요. 이렇게 늦지 않으셨다면 그 아이를 구하실 수도 있었을 텐데 안타깝습니다. 저랑 같이 아이의 부모를 만나러 가주셨으면 하는데 괜찮으시겠어요? 그 아이의 아버지가 슬픔 때문에 거의 이성을 잃었어요. 선생님께서 위로가 될 수 있는 조언을 해주실 수 있지 않을까 싶습니다"라고 말했다.

두 사람은 가족들이 기다리고 있는 방으로 들어갔다. 그리고 전문의는 아이의 아버지를 바라보았다. 그는 회색 모자를 쓰고 갈색 가죽 잠퍼를 입고 있었다. 그 아버지는 급히 병원으로 가기 위해 자기 아들을 살릴 수도 있었던 한 사람의 길을 막아버렸던 것이다.

비극적인 사건이라고 모두 생각할 것이다. 그런데 우리 역시 하나님의 은혜 없이는 살 수 없으면서도 우리 삶 속에서 하나님을 배제해버리는 비극적인 일이 벌어지고 있음을 잘 보지 못할 때가 많다. 하나님의 능력과 호의 없이는 살 수 없었던 이스라엘 백성들이 하나님을 저버렸다. 그리고 그리스도인들도 종종 그와 비슷한 행동을 하고 있다.

내 아내는 상당한 지혜를 내포하고 있는 액자를 부엌 창문 위에 걸어두고 있다. 그 액자에는 "친절하라. 만나게 될 사람이 무거운 짐을 지고 있기 때문이다"라고 쓰여 있다.

그것은 매우 좋은 조언이다. 그리고 짐을 지고 있는 그 사람은 가장 무거운 짐을 지실 수 있는 어깨를 가진 하나님께 그의 짐을 넘기도록 초대를 받고 있다는 것 역시 사실이다. "너희 염려를 다 주께 맡겨버리라 이는 저가 너희를 권고하심이니라"(벧전 5:7). 절박한 순간에 하나님의 돌보심을 드러내주는 힘을 가진 사람을 배제시키는 실수를 하지 말라.

■ 진리 알기

- 사람들을 감탄시킬 수 있는 지름길은 하나님의 계시를 이해하고 순종하는 것이다.
- 예수 그리스도의 교회는 결코 사라지지 않는다.
- 용서받는다고 해서 잘못된 선택으로 인한 결과까지 지워지는 것은 아니다.
- 하나님의 말씀을 잊을 때 우리는 자신의 행복에 소홀해지고, 또 우리의 가장 큰 꿈을 이루게 해줄 수 있는 분을 무시하게 된다.

■ 적용하기

- 하나님의 진리를 부분적으로 무시해온 것은 아닌지 잘 생각해보라.
- 죄를 회개하고 새로운 방향으로 나아갈 수 있도록 도와주시기를 하나님께 기도하라.
- 하나님께서 과거에 어떻게 영적인 승리를 거둘 수 있게 해주셨는지를 다른 사람에게 이야기하라.
- 믿을 만한 사람에게 개인적인 문제들에 대해 함께 기도해줄 것을 요청하라.

삶의 적용

정복을 위한 병참술

요단 계곡에 이르렀을 때 이스라엘 백성들은 하나님의 풍족하심을 경험한 소중한 역사를 가지고 있었다. 민수기는 애굽을 떠날 당시 전투에 나갈 수 있는 20세 이상 남자의 수가 603,550명이었다고 설명하고 있다. 그와 비슷한 숫자의 여성들과 어린잡은 아이들의 숫자를 모두 합할 경우 광야에서 생활하던 이스라엘 백성들의 숫자는 약 2백만 명 정도였을 것이다. 그 많은 사람들이 모두 먹고 마실 수 있는 음식과 물을 공급하는 것은 가장 숙련된 군사령관과 장교들에게도 결코 쉬운 일은 아니었을 것이다.

한 사람이 매끼 모자 하나 분량의 만나만을 먹는다 해도 매일 수천 톤의 만나가 필요했다. 그것은 약 2.4킬로미터짜리 컨테이너 화물 열차에 실을 만한 분량이었으며, 40년 동안 매일 그만큼의 음식이 필요했다. 한 사람이 하루에 2갤런의 물을 (마시고 씻는 데) 사용할 경우, 하나님께서는 매일 수백 킬로미터에 달하는 유조차를 채울 수 있을 만큼의 물을 공급해주셔야 했다. 밤이 되어 여행을 멈출 때마다 이스라엘 백성들에게는 장막을 칠 수십 평방킬로미터에 달하는 공터가 필요했다.

하나님께서는 애굽에서 그들을 불러내어 시내 산으로 이끄시며 그들의 필요를 채워주실 것이라고 약속하셨다. 그리고 그들은 그 약속을 (적어도 처음에는) 믿고 따랐다. 그들의 믿음이 강할 때나 약할 때나 하나님께서는 하나님의 신실하심을 보여주시며 그들에게 필요한 모든 것을 채워주셨다. 그리고 그들이 너무 일찍 적과 싸워야 하는 일이 벌어지지 않도록 주요 도로로부터 멀리 떨어진 곳으로 그들을 인도하셨다. 하나님께서는 모든 면에서 그들에게 하나님의 능력과 일관성을 보여주셨고, 그들이 어제 하셨던 일을 요청한다면 오늘 다시 하실 수 있다는 결론을 그들이 내릴 것을 기대하셨다.

우리는 이스라엘처럼 그렇게 직접적인 대상으로 부르심을 받은 것은 아니지만 우리 역시 우리의 필요를 채워주시는 하나님의 신실하심을 알 수 있도록 부름받았다. 이스라엘 백성들에게 매일 아침 기적적으로 먹을 것을 공급해주셨던 하나님께서는 우리의 필요도 채워주실 수 있는 분이다. 조급해하고 염려하면서 하나님의 선하심을 부인하는 것은 하나님의 명성을 흠잡고 수치스럽게 하는 것이다. 하나님께서는 이스라엘 백성들이 광야를 방황하던 그때나 지금이나 똑같은 하나님이시다.

기도

하나님 아버지, 뛰어난 지식과 총명으로 우리의 목표를 달성할 수 있다고 생각하지 않게 도와주십시오. 참된 그리스도인의 삶은 겸손하게 하나님을 의존하는 것이며 그렇게 하는 것이 우리의 제한적인 힘을 의존하는 것보다 훨씬 더 낫다는 사실을 분명히 볼 수 있게 도와주십시오. 아멘.

teaching guide

티칭 가이드

심층 연구

A. 바알(4:3)

바알은 이스라엘 백성들이 약속의 땅을 정복하던 당시 그곳에 살고 있던 가나안 족속들의 최고신을 일컫는 이름이었다. 바알이라는 히브리 단어는 단순히 '주' 또는 '소유주'를 뜻하는 중립적인 용어다. 그리고 고대에는 원래 이스라엘의 하나님을 지칭하는 칭호로 사용되기도 하였다. 요나단은 자기 아들에게 '주는 나의 변호사'라는 뜻의 므립바알이라는 이름을 지어주었다. 또 다윗은 자기 아들의 이름을 '주께서 아신다'라는 뜻의 브엘(바알)랴다라고 지었다.

그러나 지금 레바논이라 불리는 베니게/시돈 지역에는 이스라엘의 하나님과는 매우 다른 바알 숭배를 주장하는 공격적인 이방 의식이 퍼져 있었다. 시돈 사람들의 바알은 숭배하는 사람들이 살고 있는 지역에 따라 다양한 형태로 섬겼던 태양신이었다. 브올의 바알은 이스라엘 백성들의 어리석은 행동이 기록된 민수기 25장과 "바알브올을 좇은 모든 사람을 너의 하나님 여호와께서 너의 중에서 진멸하셨으되"(4:3)라고 기록하고 있는 신명기에서처럼 구약 성경 이야기 속에서 두드러지게 나타나고 있다. 바알갓, 바알헐몬, 바알하몬 등에 관한 언급도 성경에 나타나고 있다. 때때로 바알은 신들의 속성을 말하는 용어로 사용되기도 했다. 그 한 예로 나중에 마귀와 동일시된 블레셋의 신 바알세붑(또는 바알세불)을 들 수 있다(마 10:25).

바알은 경우에 따라 산 제물을, 구체적으로는 제물을 바치는 사람의 장자를 요구했다. 히브리 성경은 그런 소름끼치는 과정을 '불 속을 지나게 하는' 것으로 묘사하면서 호되게 책망하고 있다. 예를 들어 유다의 왕 아하스는 성경 기자로부터 다음과 같은 부정적인 평가를 받았다. "이스라엘 열왕의 길로 행하며 또 여호와께서 이스라엘 자손 앞에서 쫓아내신 이방 사람의 가증한 일을 본받아 자기 아들을 불 가운데로 지나가게 하며" (왕하 16:3).

시돈의 왕이며 바알 종교의 제사장이었던 에드바알의 딸 이세벨과 결혼한 아합 왕 당시의 이스라엘은 바알 숭배로 인한 가장 심각한 위험에 처하게 되었다. 아합이 바알만을 섬기기로 헌신한 여자를 왕비로 맞이함으로 슬픈 결과를 불러왔다는 것은 잘 알려진 이야기다.

바알 종교에서 바알 신에게는 다산을 약속하는 여신인 아세라 또는 아스다롯이라는 배우자가 있었다. 바알 숭배자들은 매해 봄에 볼 수 있는 자연의 소생을 바알과 아스다롯의 동거로 인한 열매의 상징으로 보았다. 아스다롯은 목상이나 토템의 형태로 숭배되었는데, 성경에서는 "또 그(아사) 모친 마아가가 아세라의 가증한 우상을 만들었으므로 태후의 위를 폐하고 그 우상을 찍어서 기드론 시냇가에서 불살랐으나" (왕상 15:13)라고 언급한 것을 볼 수 있다.

B. 언약(4:13)

신명기는 언약의 갱신에 대해 설명하고 있다. "여호와께서 그 언약을 너희에게 반포하시고 너희로 지키라 명하셨으니 곧 십계명이며 두 돌판에 친히 쓰신 것이라" (신 4:13). 십계명은 신명기 5-26장에 설명된 언약의 내용을 증류해서 얻은 진수다.

'언약' (히, Berith)이라는 말은 구약 성경에서 265번 사용되었는데, 그 가운데 약 10퍼센트를 신명기에서 볼 수 있다. 언약은 쌍방 또는 여러 명 사이에서 이루어지는 재산의 법적 처분을 언급할 때 사용하는 용어다. 언약에는 언약 당사자에게 특정한 행동을 기대하는 전제 조건이 포함되어 있다. 따라서 언약은 일반적으로 언약의 수혜자가 그의 의무를 수행하지 못할 경우 그로 인해 받아야 할 형벌을 포함하고 있다.

하나님의 언약의 경우 그 누구도 언약을 지킬 하나님의 신실함에 대한 책임을 물을 수 없기 때문에 하나님께서는 주도하신 언약에 대한 자신의 신실함을 확신시켜주기 위해 특별한 조처를 취하셨다. 그에 대해 히브리서는 "하나님이 아브라함에게 약속하실 때에 가리켜 맹세할 자가 자기보다 더 큰 이가 없으므로 자기를 가리켜 맹세하여 가라사대 내가 반드시 너를 복 주고 복 주며 너를 번성케 하고 번성케 하리라 하셨더니" (히 6:13-14)라고 설명하고 있다.

C. 기업(4:21)

신명기에서 이스라엘의 기업은 약속의 땅이다. 모세는 '기업' 이라는 용어를 전형적인 방식으로 사용했다. "여호와께서 … 나로 요단을 건너지 못하며 네 하나님 여호와께서 네게 기업으로 주신 그 아름다운 땅에 들어가지 못하게 하리라고 맹세하셨은즉"(4:21). 기업은 홍해에서 일어난 사건들 가운데 종종 묘사되고 있는 새로운 탄생을 훨씬 능가하는 것이다. 기업은 수많은 전투를 마친 신실한 사람들에게 주기로 약속한 보상이었다. 신약 성경 기자들은 기업이라는 개념을 취해서 그리스도를 섬긴 그리스도인 신자들이 받게 될 보상과 같은 동의어로 사용하였다. "이는 유업의 상(기업)을 주께 받을 줄 앎이니 너희는 주 그리스도를 섬기느니라"(골 3:24, 행 20:32, 히 6:12, 계 21:7). 기업이라는 말에는 보상뿐 아니라 관대한 부모로부터 받게 될 유산이라는 의미가 포함되어 있다.

D. 이적과 기사(4:34)

신명기에 기록된 모세의 말은 인간 역사 속에서 이적과 기사가 결코 흔한 것이 아니었음을 분명히 말해주고 있다. "어떤 신이 와서 … 이적과 기사와 … 크게 두려운 일로 한 민족을 다른 민족에게서 인도하여 낸 일이 있느냐"(4:34). 출애굽/이적/정복이 이루어진 시기는 하나님께서 자기 백성들에게 일어난 사건들 가운데 놀랍게 개입하셨던 시기였다. 엘리야와 엘리사가 사역했던 짧은 기간을 제외하고 이적과 기사가 다시 나타난 것은 14세기 후인 신약 시대였다.

이적과 기사의 목적은 사람들로 하여금 믿음을 가지고 경건한 삶을 살아가게 하기 위한 것이다(요 2:11, 6:2). 출애굽기와 가나안 정복 당시 일어난 이적과 기사들은 신약 성경 당시에 그랬던 것처럼 성경의 역사 속에서 일어난 중요한 사건들과 그 사건들에 대한 하나님의 승인을 입증해주는 것이었다(히 2:1-4).

교안

A. 들어가는 글

1. '천국의 식민지' 이야기로 시작하라.

2. 배경 설명: 모세는 하나님의 은혜를 입은 수혜자로서의 특별한 역할을 인식하도록 자기 동족들을 일깨우고 있다. 그들은 하나님의 선하심을 인정하고 하나님께 신실한 삶을 살아가야 했다.

3. 적용: 사람들을 하나님께 부르시는 일은 언제나 하나님께서 주도하신다. 하나님의 사랑은 조건 없이 주어지며, 하나님께는 그 어떤 의무도 지우지 않는 것이다. 의무는 하나님의 사랑을 받은 사람들에게 속한 것이다.

B. 본문 이해

1. 이스라엘 백성들의 특권(4:1-14)
2. 이스라엘의 하나님(4:15-43)
3. 이스라엘 언약의 서문(4:44-49)

C. 결론: '정복을 위한 병참술' 을 읽어주라.

토의 질문

1. 살아오면서 하나님께서 하신 일을 명백하게 보여주는 증거들이 나타났던 때를 생각해볼 수 있겠는가? 그런 일을 통해 하나님과 자신의 관계에 대해 어떤 결론을 이

끌어낼 수 있었는가?

2. 이스라엘 백성들이 출애굽과 가나안 정복 기간 동안 보았던 이적과 기사를 당신이 본다면 당신은 그들과 달리 행동할 것이라 생각하는가? 그렇게 생각하는 이유는 무엇인가?

3. 이 장에서 강조하고 있는 대로 약속을 지키는 사람이 되는 것이 얼마나 중요한 일이라고 생각하는가?

4. 현재 당신의 생활 속에서 유일무이하신 하나님을 어떤 방법으로 증거할 수 있겠는가?

신명기 5장

말씀의 권위

"하나님을 경외하면 다른 것은 아무것도 두려워하지 않게 되는 반면 하나님을 경외하지 않으면 모든 것을 두려워하게 된다는 것이 하나님을 경외할 때 일어나는 놀라운 일이다."

- 오스왈드 챔버스(Oswald Chambers)

시내 산과 요단 계곡 두 곳 모두에서 하나님께서는 자기의 언약의 신성함과 이적과 기사를 통해 드러내신 그분의 계시에 주의를 환기시키셨다. 그렇게 하심으로 하나님께서는 자기의 백성들이 말씀을 듣고 순종하며 그들이 말하고 행하는 모든 일에서 하나님께 최고의 영광을 돌리게 될 것을 기대하신다는 사실을 보여주셨다.

Deuteronomy

들어가는 글

거의 다 잊혀진 시작

1891년 12월 어느 날 매사추세츠 주 스프링필드(Springfield)에서 제임스 네이스미스(James Nai-smith) 박사는 농구 경기를 창안했다. 오늘날 그의 이름은 대학 최고 농구 선수에게 해마다 주어지는 네이스미스 상으로 그 명예를 이어가고 있다. 그러나 농구 경기를 창안했을 때 그가 의도했던 목적은 거의 다 잊혀졌다. 또 한 사람의 제임스 네이스미스(창안자의 이름을 이어받은 그의 손자)에 의하면, 농구는 그 창안자의 영적 관심 때문에 생겨나게 되었다고 한다. 그는 '젊은이들을 그리스도께 인도하기 위해' 농구를 창안하였다.

네이스미스 박사는 의사일 뿐 아니라 안수를 받은 목사였다. 그는 겨울 동안에 스프링필드에 있는 YMCA 훈련 학교에 온 젊은이들이 매사추세츠의 겨울 추위 때문에 야구나 축구처럼 실외에서 하는 경기를 하지 못하고 지루해하는 것을 보게 되었다. 그래서 젊은이들이 겨울에 할 수 있는 건전하고 유익한 새로운 어떤 것을 개발하기로 했다.

원래 그가 생각했던 아이디어는 판지로 만든 상자를 벽에 걸어놓고 축구공을 던져 그 상자 안에 넣게 하는 게임이었다. 체육관 관리인은 그 목적에 맞는 적절한 상자를 찾을 수 없었다. 그러나 대안을 찾아냈다. 복숭아 광주리였다. 네이스미스 박사는 신속하게 13개의 규칙을 정했다. 그렇게 해서 농구라는 경기가 처음 시작되었다.

60년 후 네이스미스 박사가 찬성했을 만한 발전이 이루어졌다. 딕 힐리스(Dick Hillis) 선교사가 사역을 위해 그 게임을 어떻게 사용해야 하는지를 보게 되었다. 그때 그는 중국이 공산화되면서 중국 본토에서 쫓겨나 타이완에 살고 있는 중국 민족 자결주의 군인들을 위해 일하고 있었다. 그는 할 일이 없는 군인들이 기지개를 펴며 시간을 보내고 있는 것을 보았다. 그리고 여가 시간에 농구를 하게 한다면 좋아할 것이라는 생각을 했다. 그래서 미국에서 타이완을 방문할 농구팀들을 모집해 타이완 군대 팀과 시합을 갖게 하면서 개인적인 간증을 하게 하고(통역을 통해) 그리스도의 복음을 전하게 해야겠다는 아이디어를 생각해냈다.

그 후 힐리스의 그 꿈이 놀랍게 이루어졌다. 수많은 팀들이 예수 그리스도를 위한 스포츠 대사로 아시아와 다른 대륙들을 방문했다. 그 팀들은 종종 어린 선수들을 위해 농구 교실을 열었고, 현지 팀들과 경기를 벌이면서 쉬는 시간에는 복음을 간단하게 설명해주었다. 많은 경우 관람객들에게 모국어로 진행하는 무료 성경 통신 과정에 등록할 수 있도록 신청서를 나누어주었다. 수만 명의 사람들이 그 과정을 수료했고, 그들 가운데 많은 사람들이 예수 그리스도를 믿게 되었다.

그 간단한 사역 방법이 야구와 축구와 배구, 심지어는 드라마 팀들에게로 확장되었다. 교회를 가본 적이 없는 수많은 사람들이 운동 경기에 참석해 그곳에서 복음을 접하게 될 것이다. 복음을 전하며 가장 먼저 해야 할 일은 말씀을 듣게 하는 것이다. 그리고 농구 경기가 그 일에 효과적이라는 사실이 입증되었다. 네이스미스 박사도 그렇게 된 것을 자랑스럽게 생각할 것이다.

본문 이해

말씀의 권위

Main Idea	하나님께서는 그분의 말씀에 신빙성을 주셔서, 그 말씀에 우리가 충성스럽게 반응할 수 있도록 격려하는 방식으로 그분의 말씀을 제시하신다.

A. 언약 개요에 대한 소개(5:1-5)

Supporting Idea	하나님께서는 사람들이 하나님의 말씀을 배우고 순종하기를 기대하시고 그렇게 될 수 있도록 믿을 만한 중재자를 보내주신다.

5:1. 하나님께서 이스라엘 백성들과 언약을 맺으시며 가장 원하셨던 것은 그들이 하

나님을 기뻐하고 즐거운 마음으로 하나님의 계명을 지켜 행하는 것이었다. 그렇게 하려면 그들은 먼저 하나님의 계명을 들어야 했다. 따라서 언약을 갱신하는 문맥에서 '듣다' 라는 말은 '들으라, 마음에 새기라, 순종하라' 라는 뜻을 가지는 비중 있는 말이 되었다. 이스라엘 백성들은 모세가 선포하는 말을 들어야 할 뿐 아니라 그것을 배우고 지켜 행해야 했다. 경건한 삶에는 눈에 보이는 부분과 보이지 않는 부분이 모두 포함된다. 마음은 덕목들을 담는 곳이 되고 그 덕목들은 순종을 통해 실행된다.

5:2-3. 모세는 새로운 언약이 아니라 하나님께서 호렙 산에서 세우신 언약을 백성들에게 상기시켜주었다. 그러므로 이 언약은 오래전 이스라엘 조상들과 맺었던 아브라함 언약과는 다른 것이다. 따라서 이 구절에서 말하는 열조는 불신앙 때문에 광야에서 죽은 세대가 아니라 아브라함과 이삭과 야곱 등의 족장을 말하는 것이다. 그들과 맺은 하나님의 언약은 무조건적인 것이었다. 그리고 그 언약에는 하나님께서 그들의 자손들에게 약속의 땅을 주시겠다는 약속이 포함되어 있었다. 그 약속의 성취가 곧 이루어질 것이기 때문에 호렙 산에서 세우시고 요단 계곡에서 갱신하신 언약은 이스라엘 백성들에게 약속의 땅에서 어떻게 행동해야 하고 그들이 받은 복을 안전하게 지키기 위해서는 무엇을 해야 하는지를 말해주기 위한 것이었다.

하나님께서 호렙 산에서 세우신 그 언약(때때로 모세 언약이라고 불리기도 함)은 이스라엘과 맺은 영구적인 규정이었다. 그 언약은 이전 세대에 적용되었던 것처럼 다음 세대에도 적용될 것이다. 이스라엘은 모두 그 언약에 구속되어 있었다.

5:4-5. 모세는 하나님께서 언약을 세우셨던 상황을 기억하며 하나님께서 그들과 대면하여 말씀하셨다고 설명했다. 산 위에서 처음 십계명을 주셨을 때 이스라엘 백성들이 그 계명을 진지하게 받아들일 수 있도록 불과 우레와 인상적인 다양한 환경들이 동원되었다. 하나님의 목적은 하나님께서 원하시는 결과를 불러오는 것이었다. 이스라엘 백성들은 불을 두려워하여 산에 오르지 못하고 모세에게 하나님과 자기들 사이에서 중개자 역할을 해줄 것을 요구했다. 모세는 그 역할을 맡았고, 이스라엘 백성들이 두려워하지 않을 수 있는 형태로 하나님의 계명을 받을 수 있도록 이스라엘과 여호와 중간에 서서 여호와의 말씀을 전하였다.

B. 언약의 개요: 십계명(5:6-21)

Supporting Idea	하나님의 말씀은 하나님의 백성들에게 하나님만을 온전하게 섬길 것과 다른 사람들을 자기 자신처럼 사랑할 것을 명하신다.

5:6-7. 여호와의 첫 번째 계명은 이스라엘 백성들에게 여호와 외에 다른 신들을 두지 말 것을 명하였다. 주변 국가의 사람들이 섬기는 새로운 신을 '채택' 하는 것이 고대 근동 지역 사람들에게는 흔히 있는 일이었다. 그러나 하나님의 계명은 여호와만을 전심으로 섬겨야 할 것을 무엇보다 가장 먼저 강조했다. 하늘의 참 하나님께서는 하나님의 백성들의 마음을 얻는 일에 있어서 그 어떤 경쟁자도 허락하지 않으셨다.

그러나 이스라엘 백성들에게 독단적으로 헌신을 요구하신 것은 아니었다. 여호와께서는 애굽과 애굽에서의 종살이에서 그들을 구출해내신 그들의 하나님이셨다. 하나님께서는 그들을 향한 자신의 헌신을 이미 강력하고 확실한 방법으로 보여주셨다. 하나님께 대한 그들의 헌신과 충성은 그들을 종살이에서 구해내 자유를 누리게 하시기 위해 하나님께서 이미 행하신 일들에 대한 인정과 감사로부터 나와야 했다. 성경에서 말하는 자유는 현대적 개념의 자유와 다르다는 사실을 유념해야 한다. 자유를 누리는 삶이란 아무런 제지를 받지 않는 삶이 아니라, 건전한 한계를 인정하고 그 한계를 지키는 사람들에게 질서와 번영을 보장해주는 삶이다.

5:8-10. 하나님의 두 번째 계명은 우상 만드는 일을 금하고 있다. 하나님께서는 이스라엘 백성들에게 특정한 신을 나타내는 특정한 우상을 구체적으로 언급하지 않으시고 아무 형상이든지 만들지 말라고 명하셨다. 심지어는 참 하나님을 나타내는 것이라고 주장하는 우상조차도 만들지 못하게 하셨다. 이스라엘 백성들은 이미 그런 시도를 한 적이 있으며 그 결과는 비참한 것이었다(출 32:4-5). 그때 하나님께서는 하나님을 표현하기 위해 사람들이 만든 그런 형상들에 대한 멸시를 표현하셨고, 그런 일을 한 사람들은 고통스런 결과를 감수하게 될 것이라고 강조하셨다(출 32:7-10, 27).

사람들이 만드는 하나님의 형상은 언제나 위로 하늘에 있는 것이나 아래로 땅에 있는 것이나 땅 밑 물 속에 있는 것들을 본뜬 모양이었는데, 그런 것들은 여호와의 덕목과는 거리가 먼 것들이었다. 따라서 하나님의 백성들은 그런 형상들에게 절하거나 그것들을 섬겨서는 안 되었다. 하나님께서 그런 행동은 하나님의 진노를 사는 것이라고 앞서 경고하셨다. 하나님께서는 질투하시는 하나님으로 전적인 충성과 하나님께서 원하시는 충성을 요구하는 분이시다(하나님의 진노에 대해서는 '심층 연구'를 참고하라).

자기의 백성들의 마음을 원하시는 하나님의 요구와 주장은 하나님을 미워하는 자의 삼사 대 후손들에게까지 그 영향을 미칠 정도로 이스라엘 백성들에게 고통스러운 결과를 가져다주었다. 우리가 원하든지 원치 않든지 우리의 영적인 선택은 우리 자녀들의 경험에 영향을 미치게 될 것이다. 하나님께서는 이스라엘 백성들에게 이 사실을 분명히 알려주시는 특권을 베푸셔서, 그들이 하나님의 마음을 상하게 하는 행동이나 성향을 미워할 수 있게 하셨다.

동시에 그들이 섬기는 여호와는 심판보다는 은혜를 훨씬 더 후대에까지 미치게 하시는 하나님이셨다. 하나님께서는 하나님을 사랑하는 사람들에게 천 대까지 은혜를 베푸신다. 하나님을 사랑하는 것은 하나님의 계명을 지키는 것을 통해 드러났다(요 14:15).

5:11. 하나님의 언약의 세 번째 조항에는 하나님의 이름을 망령되이 일컫는 것과 관련이 있다. 하나님께서는 이스라엘 백성들에게 그분의 언약 이름인 여호와를 알게 하셨다. 고대 전통은 이 명령에 순종해야 한다는 지나친 열심으로 하나님의 이름을 부르지 못하게 했고 좋든지 나쁘든지 여호와께서는 '주'가 되셨다. '주'는 직함이고, '여호와'는 이름이다. 하나님의 계명은 하나님의 이름을 사용하지 못하게 한 것이 아니라 망령되게 사용하지 못하게 했다. 신명기에서는 하나님의 이름으로 맹세하라고 말씀하셨다. "네 하나님 여호와를 경외하여 그를 섬기며 그에게 친근히 하고 그 이름으로 맹세하라"(신 10:20).

이 세 번째 계명이 신성 모독이나 불경을 금지하고 있기는 하지만 단순히 그런 것들을 금하는 것이 세 번째 계명의 요점은 아니었다. 신들의 이름은 그 신들을 교묘하게 조종하고 그 능력을 사적으로 유용하기 위해 주문처럼 사용될 경우가 많았다. 신약 성경의 사도행전에서 그 예를 볼 수 있다. "이에 돌아다니며 마술하는 어떤 유대인들이 시험적으로 악귀 들린 자들에게 대하여 주 예수의 이름을 불러 말하되 내가 바울의 전파하는 예수를 빙자하여 너희를 명하노라 하더라"(행 19:13). 그들은 예수의 이름을 언급하기만 하면 악귀를 쫓아낼 수 있다고 생각했다.

그러나 여호와께서는 충절을 공언하는 사람들이나 여호와와 무관한 사람들이 교묘하게 조종할 수 없는 분이셨다. 그분의 이름은 소중하게 여김 받고 존중되어야 했다. 그리고 그렇게 할 수 있는 한 가지 방법은 유일무이하신 하늘의 하나님의 이름으로 그 이름을 존중하는 것이었다. 그렇게 하지 않을 때 하나님 앞에서 죄를 범하는 결과를 낳았다. 여호와께서는 여호와의 이름을 망령되이 일컫는 자를 죄 없는 줄로 인정하지 않으실 것이다.

5:12-15. 언약 개요의 네 번째 계명은 일 주일 가운데 하루를 특별한 날로 준수하도록 명기했다. 안식일을 지켜 거룩하게 하라는 것은 이스라엘 백성들이 이미 그렇게 하고 있었음을 암시하는 것이다. 그러나 히브리 원문에서는 그런 암시를 볼 수 없다. 이 구절의 문법 구조는 동사형 형용사로 보아야 하며, 따라서 "안식일을 따로 떼어 지켜라"라고 번역해야 한다. 이스라엘 백성들은 토요일을 평범한 날로 여겨서는 안 되었다. 일곱 번째 날을 한 주의 특별한 날로 삼아야 했다.

출애굽기 20장 8절의 십계명에는 '기억하다' 라는 뜻의 동사 '자카르(zakar)' 가 사용되었다. 신명기 5장 12절에서 그 단어는 '지키다, 준수하다' 라는 뜻의 '샤마르(shamar)' 라는 단어로 바뀌었다. 너의 하나님이 네게 명한 대로라는 말은 호렙 산에서 있었던 일을 생각나게 해준다.

안식일 계명은 십계명 가운데서 긍정적으로 진술된 첫 번째 계명으로서 실제로 "안식일을 지켜라, 육 일 동안 일하라"는 두 개의 명령이 포함되어 있다. 그리고 이 계명은 세 가지 목적을 위해 이스라엘에게 주어진 것이 분명하다. 첫째, 하나님께서 일 주일 동안의 창조 사역을 수행하시면서 육 일은 일하시고 일곱째 날에 안식하셨다는 사실을 상기시켜주기 위해서였다(창 2:2-3). 둘째, 정기적으로 휴식하는 날을 필요로 하는 인간의 필요를 채워주기 위해서였다. 셋째, 안식일을 지키는 것을 통해 이스라엘을 하나님께 속한 특별한 나라로 구별하기 위해서였다(출 31:13 참고).

안식일을 지키는 것은 그 당시 고대 국가들 가운데 어느 곳에서도 찾아볼 수 없는 전통이었다. 이스라엘 백성들은 매주 안식일마다 그들이 애굽에서 종살이하며 끊임없이 일해야 했던 때를 기억해야 할 필요가 있었다. 하나님께서 강한 손과 편 팔로 그들을 거기서 인도하여 내시고 하나님의 백성으로 삼으셨다. 그 놀라운 일은 하나님의 창조 사역을 상기시켜주고, 모든 면에서 하나님을 의존해야 할 것을 역설하는 것이었다.

안식일은 식솔 전체에게 휴식의 날이 되어야 했다. 가장과 아들들과 딸들과 종들과 심지어는 외국인까지도 안식을 취하기 위해 하루를 따로 구별해놓은 혜택을 누릴 수 있다는 사실을 알고 있어야 했다. 한 가정의 아내는 언급되지 않았는데, 아마도 이 안식일 규정이 일상적인 가사 활동에도 적용된다는 암시를 피하기 위해 의도적으로 포함시키지 않았을 것이다.

5:16. 언약 개요의 다섯 번째 계명에서는 문맥상 중요한 단락 구분이 이루어진다. 앞의 네 계명은 하나님과의 관계를 다루고 있는 반면, 나머지 여섯 계명은 이웃과의 관계를 다루고 있다. 그래서 십계명이 "네 마음을 다하고 목숨을 다하고 뜻을 다하여 주 너의 하나님을 사랑하라 하셨으니 이것이 크고 첫째 되는 계명이요, 둘째는 그와 같으니 네 이웃을 네 몸과 같이 사랑하라 하셨으니 이 두 계명이 온 율법과 선지자의 강령이니라"(마 22:37-39)고 예수님께서 말씀하신 두 개의 가장 큰 계명 속에 어떻게 요약되어 있는지를 설명하는 사람들이 많이 있다.

사람들의 관계를 다루고 있는 십계명의 후반부는 네 부모를 공경하라는 명령으로 시작된다. 부모는 자녀들에게 생명을 주고 언약을 이어가게 하는 역할을 하는 특별한 위치에 있는 사람이다. 경건한 사회는 하나님을 다음 세대에 알리는 청지기의 사명을 수행하는 사람들에게 존경과 경의를 표할 것을 요구한다. 공경하라는 말로 번역된 히브리 단어를 하나님께 사용할 때는 '영광을 돌리다' 라는 말로 사용되었다. 부모에게 순종하는 것은 부모를 공경하는 과정의 한 부분에 불과한 것이다.

다섯 번째 계명을 지키는 사람들에게 주어지는 두 가지 유익이 있다. 첫째, 그들의 생명이 길 것이다. 둘째, 오래 살면서 복을 누릴 것이다. 십계명 가운데 이렇게 구체적인 복을 언급하고 있는 계명은 이 다섯 번째 계명뿐이다.

5:17. 이어지는 살인하지 말지니라고 한 여섯 번째 계명은 금지를 선언하는 말로 표현되어 있다. 히브리 명령형은 구약 성경에서 일반적으로 사용된 '살인하다' 라는 포괄적인 용어보다 훨씬 더 구체적인 동사다. 이 금지에 인간의 생명을 취하는 모든 형태가 다 포함되는 것은 아니다. 예를 들면 경찰이 무고한 사람을 구하려다가 살인을 하게 된 경우는 이 계명에 포함되지 않는다. 또 성경에서 분명하게 인정하고 특정한 보호 조항을 가지고 있는 사형도 이 계명에 포함되지 않는다. "무릇 사람의 피를 흘리면 사람이 그 피를 흘릴 것이니 이는 하나님이 자기 형상대로 사람을 지었음이니라"(창 9:6, 비교-레 24:17).

불의의 죽음이나 심지어는 실제적인 것이든 감지된 것이든 부당한 일에 대한 분노 때문에 가해진 충동적인 보복 같은 행위도 살인에 포함되지 않는다. 여섯 번째 계명의 내용은 신명기 19장 11-13절에 자세하게 설명되어 있다. "만일 사람이 그 이웃을 미워하여 엎드려 그를 기다리다가 일어나 쳐서 그 생명을 상하여 죽게 하고 이 한 성읍으로 도피하거든 그 본 성읍 장로들이 사람을 보내어 그를 거기서 잡아다가 보수자의 손에 넘겨 죽이게 할 것이라 네 눈이 그를 긍휼히 보지 말고 무죄한 피 흘린 죄를 이스라엘에서 제하라 그리하면 네게 복이 있으리라." 다른 것들과 함께 살인은 하나님께만 속한 특권을 침해하는 것이다. 하나님께서 생명을 주시고 또 생명을 취하신다. 다른 사람을 살인한 사람은 하나님과 맞서는 자리에 자신을 올려놓는 것과 다름없다.

5:18. 일곱 번째 계명은 통간을 금하고 있다. 통간은 혼인 서약을 깨는 것이다(말 2:14). 통간은 결혼한 사람이 자신의 배우자가 아닌 다른 사람과 성적인 관계를 맺는 것이다. 그것은 헌신해야 할 관계에 충실하지 못한 것이다. 그런 기본적인 헌신에 충실하지 못한 사람들은 하나님께 대한 헌신처럼 지켜지기 쉽지 않은 다른 영역들에서도 신실하지 못할 가능성이 크다.

'통간' 은 '간음' 과 구분되는데, 간음의 범위가 좀더 넓다. 간음에는 통간뿐 아니라 결혼을 하지 않은 사람들의 성행위까지 포함된다. 또 간음에는 매춘과 동성애와 같은 다른 모든 성적 음란들도 포함된다(유 1:7).

5:19. 도적질하지 말라는 여덟 번째 계명은 다른 사람의 재산을 억지로 또는 은밀한 방법으로 빼앗지 못하도록 금하고 있다. 살인을 금한 것은 다른 사람의 생명을 빼앗지 못하게 한 것이다. 간음을 금한 명령은 혼인 서약의 신성함을 빼앗지 못하게 한 것이다. 여덟 번째 명령은 그런 폭력을 개인 재산으로 확대한 것이다.

도적질은 전반적으로 언약에 모순되는 태도다. 하나님께서 이스라엘 백성들이 하나님께 신실하게 행한다면 그들을 지키시고 그들에게 복 주실 것을 약속하셨다. 다른 사람의 물건을 훔치기로 한 결정은 하나님의 신실하심을 근본적으로 신뢰하지 못하고 있거나 언약 공동체의 한 구성원의 필요를 채워주시는 하나님의 공급 수준에 만족하지 못하고 있음을 암시하는 것이다.

5:20. 아홉 번째 계명은 위증, 즉 이웃에 대하여 거짓 증거하는 일을 금하고 있다. 여기서 이웃이란 이스라엘 백성으로만 한정되는 것이 아니라 동포(레 19:18)나 타국인(레

19:34)이나 심지어는 이방인(출 11:2)까지도 될 수 있다. 다른 사람의 인격을 말살하는 일이나 거짓 증언은 하나님의 백성들에게서 완전히 제거되어야 했다.

5:21. 마지막 열 번째 계명은 탐심을 금하고 있다. 신명기를 공부해온 사람들은 이 마지막 명령이 탐하는 것을 얻기 위한 구체적이고 외적인 행동인 아니라 내적인 상태를 다루고 있다는 점에서 다른 아홉 개의 계명과 다르다는 것을 오랫동안 지적해왔다.

그 차이점은 이 마지막 계명이 공동체 안에서 다른 사람 모르게 범할 수 있는 유일한 계명이라는 사실을 분명히 암시해준다. 그러므로 탐내지 말라는 명령은 벌을 받지 않고 범할 수 있는 일을 금지하고 있는 조항으로 보인다.

그러나 하나님의 지혜가 열 번째 계명 안에 내재되어 있다. 여호와께서 참된 의는 외적인 행동이 아니라 개인의 내면에서 나오는 것이라는 사실을 강조하셨다. 나중에 예수님께서도 산상수훈에서 실제로 살인하는 행위뿐 아니라 마음속으로 미워하는 것도 살인이라고 말씀하셨다(마 5:21-22). 따라서 하나님께서는 외적으로 악을 거부하는 것으로 만족해서는 안 되고 내면적으로 악과 싸워야 한다고 말씀하신 것이다.

열 번째 계명 그리고 다른 아홉 개의 계명에 순종하면서 이스라엘 백성들 각자는 율법의 목적을 직시하게 될 것이다. 율법의 목적은 자신과 하나님 사이에 도덕적 간격이 있다는 사실을 깨닫게 하는 것이다. 바울 사도가 나중에 설명했듯이(롬 3:19-20) 하나님께서 주신 율법의 주된 목적은 죄의 보편성을 보여주고 인간에게 그 죄를 깨닫게 하는 데 있다. 죄를 깨닫게 하는 것은 죄를 범한 사람이 유일하게 의를 전가하실 수 있는 하나님께 대한 믿음을 지닐 수 있도록 격려하기 위한 것이다.

C. 언약 개요의 증거가 되는 상황(5:22-33)

Supporting Idea	하나님의 백성들이 하나님을 진지하게 받아들이고 사랑스럽게 순종하면서 그분에게 마음을 기울일 때 하나님께서는 기뻐하신다.

5:22-23. 이 모든 말씀이란 바로 앞부분(6-21절)을 말하는 것이며 시내 산에서 처음 주신 십계명을 다시 언급한 것이다. 그 당시 여호와께서 산 위에서 이스라엘 총회에 말씀하셨다. 그리고 그 말씀에 적절한 주의를 기울이도록 하기 위해 하나님께서 그 말씀의 초자연적인 특성을 뒷받침해주는 증거들을 보여주셨다. 하나님이 말씀하실 때 불과

구름과 흑암이 나타났다. 하나님께서는 자신이 말씀하신 것에 대한 실제적인 증거가 될 수 있도록 두 돌판에 써서 그것을 모세에게 주셨다. 캄캄한 가운데서 나오는 그 소리를 들은 사람들 가운데에는 모세가 이 연설을 하고 있을 때까지 살아 있었던 사람들이 있었다. 그 경험은 지파의 두령과 장로들이 하나님의 음성을 더 이상 직접 듣는 일이 없게 되길 바랄 만큼 두려운 것이었다.

5:24-25. 이스라엘 백성들은 그 놀라운 광경을 통해 하나님 말씀의 엄청난 권위와 그 말씀을 하신 분의 능력을 알게 되었다. 백성들의 대표들은 모세에게 그 일 속에서 생존하게 된 것은 하나님의 선하심 때문이라는 사실을 알게 되었다고 설명했다. 그들이 불 가운데서 나오는 음성을 들었을 때 하나님께서 하나님의 영광과 위엄을 그들에게 보이셨다. 그들은 하나님이 사람과 말씀하시되 하나님의 거룩하심과 사람의 죄에도 불구하고 그 사람이 생존하는 것을 보았다.

동시에 그들은 하나님의 음성을 다시 듣게 될 경우 죽게 될 수 있다는 사실을 깨닫고 그런 일이 다시 일어나게 될 것을 심히 걱정했다. 그들이 본 불은 하나님의 도덕적 결백을 입증하는 것이었고, 자신들이 죄인이라는 사실에 대한 깨달음은 그들이 여호와의 음성을 다시 들으면 그 불이 자신들은 삼킬 수도 있다는 결론을 내릴 수 있게 해주었다.

5:26-27. 이스라엘 백성들에게는 두 가지 길밖에 없었다. 하나님의 권위 있는 말씀에 순종해야 하는 책임에서 벗어나기 위해 쓸데없이 도망을 치거나 아니면 하나님께서 말씀하신 것을 듣고 그들에게 알려줄 수 있는 중재자를 찾는 것이었다. 메시지의 내용 그 자체가 강력했을 뿐 아니라 하나님께서 그 메시지를 전달하시는 방식 역시 백성들을 두렵게 했다. 중재자는 그 전달 방식을 참아내고 하나님의 말씀을 그들에게 전해줄 수 있어야 했다.

그래서 지도자들은 모세에게 하나님께 가까이 나아가서 하나님 여호와의 하시는 말씀을 다 듣고 여호와께서 이르시는 것을 전해달라고 요청했다. 이스라엘 백성들은 적어도 그 당시에는 하나님 말씀의 가치를 인정하고 있었다. 그들은 하나님의 말씀을 듣고 싶어했다. 그러나 육신을 가진 자가 하나님의 음성이 불 가운데서 발함을 듣고 생존한 적이 없다는 사실을 알고 두렵지 않는 방식으로 그 말씀을 듣고 싶어했다. 그들은 일단 메시지가 전달되면 하나님께서 말씀하신 것을 듣고 약속했다.

5:28-29. 이스라엘은 때때로 중재자를 요청한 것 때문에 비난을 받았다. 출애굽기

20장 18-21절에 기록된 사건을 피상적으로 읽으면, 다른 사람을 통해 하나님의 계시를 받아들이고 싫어하는 것은 과실이라는 잘못된 결론을 내리게 된다. 그래서 그런 비난을 하는 사람들은 '그들이 하나님의 진리를 간접적인 방법을 통해 받아들이는 대신 하나님의 음성을 직접 들으려는 용기를 가졌더라면 좋았을 것' 이라고 설명한다.

그러나 하나님의 견해는 다르다. 하나님께서는 이스라엘 백성들이 직접적인 계시를 통해 하나님의 말씀을 받아들일 수 있을 만큼 잘 준비되지 못한 사실을 깨닫고 있었던 것을 칭찬하셨다. 수준 이하의 영성을 드러내는 대신 중재자를 구한 그들의 요청은 옳은 것이었다. 이 백성이 네게 말하는 그 말소리를 내가 들은즉 그 말이 다 옳도다. 하나님께서 자신을 계시하시며 땅을 흔드실 때는 중재자를 요청하는 것이 사리에 맞는 현명한 일로 보인다.

중재자를 요청하는 것은 현명한 일일 뿐 아니라 칭찬할 만한 겸손을 보이는 것이기도 하다. 하나님께서 이스라엘 백성들이(적어도 그 당시에는) 하나님을 경외하는 마음을 품고 하나님의 모든 명령을 지키기로 한 것을 보셨다. 그리고 그들이 늘 그런 마음가짐을 가질 수 있게 되길 바라셨다.

5:30-31. 하나님께서 모세에게 백성들을 산 아래 서 있게 하지 말고 각기 장막으로 돌려보내라고 지시하셨다. 그러나 모세는 하나님 곁에 서서 하나님의 명령과 규례와 법도를 들어야 했다. 그런 다음 그는 이스라엘 백성들이 곧 기업으로 얻게 될 땅에서 그 율법들을 행하도록 가르쳤다.

5:32-33. 시내 산 아래서 일어난 극적인 사건들을 기억하면서 모세는 그 교훈을 새로운 세대에게 적용시켰다. 하나님의 말씀에 권위가 있었기 때문에 그들은 여호와께서 그들에게 명하신 대로 삼가 행해야 했다. 그렇게 한다면 그들은 그들이 얻은 땅에서 복을 얻고 그 땅에서 그들의 날이 장구할 것이다.

Main Idea 복습	하나님께서는 그분의 말씀에 신빙성을 주셔서, 그 말씀에 우리가 충성스럽게 반응할 수 있도록 격려하는 방식으로 그분의 말씀을 제시하신다.

결론

재난과 알렉산더 더프의 힘

스물세 살의 알렉산더 더프(Alexander Duff)는 1829년 스코틀랜드 교회의 첫 번째 선교사가 되었다. 그는 인도로 가고 싶어했지만 레이디 홀랜드(the Lady Holland)라는 그의 배가 아대륙 연안에서 암초에 걸리게 되었다. 배는 그곳을 빠져 나올 수 없을 것처럼 보였다. 선원들은 배를 이동시킬 수 없었고, 배가 파도에 파선되기 시작했다. 배의 상당히 많은 부분이 파도에 휩쓸려 나갔고 더프와 그의 새 신부를 포함한 승객들은 암초에 걸려 남아 있는 배 일부에 필사적으로 매달려 있었다. 파도가 거세게 몰아칠 때마다 곧 바다 속으로 휩싸여 들어가게 될지도 모르는 그런 상황 속에서 밤새 그렇게 매달려 있었다.

다음 날 구조대원들이 살아남은 사람들을 안전하게 구출해 물가로 데려갔다. 그러나 더프가 사역을 기대하며 가지고 갔던 물건들은 모두 바다 속에 휩쓸려 사라졌다. 그 물건들 가운데는 팔백 권 가량 되는 알렉산던 더프의 책들도 포함되어 있었다.

목숨을 구하게 된 것을 다행으로 여겼지만, 기본적인 중요한 물건들을 모두 다 잃고 사역을 시작해야 한다는 것에 대한 애석한 마음을 안은 채, 더프는 거의 목숨을 잃을 뻔했던 암초를 바라보며 해안가에 서 있었다. 그때 바다 표면에 떠 있는 무언가가 서서히 해안 쪽으로 떠밀려 오는 것을 보게 되었다. 그래서 그것이 무엇인지 알아보기 위해 밀려드는 파도 속으로 걸어 들어갔다. 그리고 그것이 성경이라는 것을 알게 되었다. 인도로 가져가려 했던 꽤 많은 책들 가운데서 결국 그 성경 한 권만을 가지고 가게 된 것이다.

그가 사랑하는 낡은 성경책을 다시 보게 된 더프는 힘을 얻었다. 소금물을 짜내고 책장을 조심스럽게 넘기며 구겨진 주름을 폈다. 그리고 함께 살아남은 사람들을 불러 그들에게 위로가 되는 구절들을 읽어주었다. 다음 주 그는 그 성경을 가지고 그 지역 소년들과 함께 성경 공부반을 시작했다. 그 사역은 결국 인도 교회를 위해 인도 그리스도인들을 기독교 지도자로 준비시키는 학교로 발전하게 되었다. 바닷물도 배의 파선도 성경 말씀에 들어 있는 영적 능력을 감소시킬 수는 없었다.

■ 진리 알기

- 하나님을 두려워하는 것은 하나님을 노하게 하는 행동들을 하지 않기로 다짐한 헌신에서 나오는 경건한 두려움이다.
- 하나님께서 어떤 분이신지가 그분이 인간에게 원하시는 것에 관련된 모든 성경 계명의 근간을 이루고 있다.
- 하나님의 은혜가 하나님의 심판보다 언제나 훨씬 더 많이 나타난다.
- 하나님께서 거룩하신 하나님을 드러내실 때 사람들에게는 하나님과 사람 사이에 설 수 있는 중재자이신 예수 그리스도가 필요하다.

■ 적용하기

- 하나님의 말씀을 듣고 순종하려는 마음을 품을 수 있도록 기도하라.
- 하나님을 향한 당신의 마음 상태를 평가해보라. 하나님을 향한 뜨거운 마음을 가지고 있는가, 아니면 경건의 시간이 점점 귀찮은 일과처럼 되어가고 있는가?
- 하나님의 이름을 경박하게 사용하는 일을 결코 하지 않기로 다짐하라.
- 하나님께서 계시하신 하나님을 가르치는 목적은 하나님을 사랑하고 하나님께 순종하는 사람들을 배출하기 위해서다.

삶의 적용

닭고기 접대를 맡은 사람

크리스천 허터(Christian Herter)는 1956년 매사추세츠 주지사였고 두 번째 임기를 위해 출마중이었다. 곧 있게 될 선거에서 표를 얻기 위해 유세하던 그는 어느 교회의 야유회 모임에 참석하게 되었다. 주지사는 그날 아침 일찍 집에서 나왔고 점심을 먹지 못한 상태였기 때문에 배가 고파 죽을 지경이었다. 그는 그의 접시에 맛있어 보이는 음식들을 잔뜩 담았다. 그리고 닭고기를 접대하는 사람 앞에 서게 되었다. 그녀는 그의 접시에 닭고기 한 덩어리를 올려주고 다음 사람에게 접대를 했다.

배에서 나는 꼬르륵 소리를 들으며 주지사는 그녀에게 "닭고기를 한 덩어리 더 주시면 안 되겠습니까?"라고 물었다.

그녀는 "미안합니다. 한 사람에게 한 덩어리씩만 주도록 되어 있어서요"라고 대답했다.

"그런데 지금 배가 너무 고파서요"라고 애원했다.

그녀는 다시 "미안합니다. 한 사람 당 한 덩어리밖에 드릴 수가 없습니다"라고 대답했다.

그 순간 주지사는 자신이 누구인지를 그 고집스러운 여자에게 알려주는 것이 좋겠다고 생각했다. 그리고는 "제가 누군지 모르세요? 제가 이곳 주지사입니다"라고 말했다.

그러자 그녀는 "제가 누군지 모르세요? 전 지금 닭고기 접대를 맡고 있는 사람입니다. 다음 분을 위해 앞으로 가주시겠습니까?"라고 말했다.

우리가 살아가면서 따라야 할 계명과 책임을 우리에게 맡기신 분의 권위에 우리의 시선을 고정시킬 때 그 계명에 순종하기가 좀더 쉬워진다. 하나님의 영광과 위엄을 깨달을 때 우리는 우리 삶 속에서 하나님을 신뢰하고 하나님께 순종하는 것보다 더 중요한 것은 아무것도 없다는 사실을 알게 된다. 옳은 일을 하려는 우리의 용기는 하나님을 바라보는 우리의 밝은 시각에서 나오는 것이다.

기도

하나님 아버지, 하나님의 진리를 당연한 것으로 생각하지 않게 도와주십시오. 우리 주 예수 그리스도를 통해 우리가 하나님을 닮아갈 수 있도록 돕기 위해 우리에게 주신 하나님의 말씀이라는 선물을 통해 하나님의 진리를 볼 수 있게 도와주십시오. 아멘.

심층 연구

A. 질투하는 하나님(5:9)

하나님께서는 이스라엘 백성들에게 자신은 '질투하는 하나님' 이므로 다른 신들을 섬겨서는 안 된다고 선언하셨다. 그런데 질투와 질투의 사촌쯤 되는 시기는 일반적으로 육에 속한 일이라고 생각하기 때문에(갈 5:19-21) 하나님께서 질투하시는 분이라는 사실에 당황하며 걸려 넘어지는 사람들이 있다.

그러나 그 일반적인 규정에서 제외되는 예외들이 있다. 언약으로 연합되어 있는 사람들에게 해를 가하는 방해자가 있을 때 해를 당하는 사람과 연합된 사람들이 그런 잘못된 방해자를 질투하는 것은 당연한 일이다. 아내의 행복을 보호하고 남편의 신성한 의무를 다하기로 맹세한 남편이 다른 남자에게 관심을 보이는 자기 아내에게 무관심하다면 그 남편은 비난받지 않을 수 없을 것이다. 그가 아내에게 마음을 쓰고 있다면 그는 혼인 서약을 어기고 결국은 자신에게 해가 될 일을 하는 아내를 보며 좋아할 수 없을 것이다.

인간에게 있어서 질투는 종종 자존심이나 개인적인 안전에 해가 가해질 때 나타난다. 물론 하나님께는 그런 동기가 존재하지 않는다. 하나님께서는 자신이 사랑하는 사람들이 가장 소중한 것(하나님 자신)으로부터 멀어져 그보다 못한 것을 향하게 될 것을 염려하신다. "내 백성이 두 가지 악을 행하였나니 곧 생수의 근원 되는 나를 버린 것과 스스로 웅덩이를 판 것인데 그것은 물을 저축지 못할 터진 웅덩이니라" (렘 2:13).

B. 은혜를 베푸심(5:10)

하나님께서는 이스라엘 백성들에게 자신을 '천 대까지 은혜를 베푸시는' (5:10) 분으로 묘사하시며 깊고 풍성한 사랑을 뜻하는 히브리 용어 '헤세드(hesed)' 를 사용하셨다. '헤세드' 는 받을 만한 자격이 없는 사람들에게 일방적으로 베푸는 호의를 말하는 것이며 신약 성경(칠십인 역)에서는 '사랑' 과 '자비' 가 다양하게 결합된 형태로 표현되었다. '헤세드' 는 하나님께서 이스라엘을 선택하시고 하나님과 언약을 맺은 나라로 삼으시게 된 동기가 되었다. 실제로 '헤세드' (구약 성경에서는 '자애' 로 번역된)와 언약은 종종 동의어처럼 사용되기도 했다(신 7:9).

C. 마음(5:29)

중재자를 구하는 이스라엘 백성들의 요청은 하나님 말씀의 능력에 깊은 영향을 받은 마음에서 나온 것이라는 사실을 하나님께서는 알고 계셨다. 그리고 그들이 언제나 그 마음을 지킬 것인지를 숙고하셨다. "다만 그들이 항상 이 같은 마음을 품어 나를 경외하며 나의 모든 명령을 지켜서 그들과 그 자손이 영원히 복 받기를 원하노라" (신 5:29). 그 마음은 답을 찾기 위해 특정한 곳을 찾는 성향이며 성경 속에서도 종종 나타나는 것을 볼 수 있다. 하나님께서는 우상에게로 향하는 이스라엘 백성들의 성향을 아시고 하나님의 진리를 상기시켜주시는 처방을 내리셨다. "이 술은 너희로 보고 여호와의 모든 계명을 기억하여 준행하고 너희로 방종케 하는 자기의 마음과 눈의 욕심을 좇지 않게 하기 위함이라" (민 15:39).

성경은 하나님께로 향하는 마음을 품는 것을 인간의 책임이라고 말하고 있다(요 24:23). 다윗은 자신의 마음을 하나님께로 향하게 하기 위해 도움이 필요하다는 사실을 인정했다(시 119:36). 하나님께서는 하나님을 노하게 하는 사람들의 마음을 하나님으로부터 멀어지게 하는 힘을 가지고 계신다(시 141:4).

고안

A. 들어가는 글

1. '거의 다 잊혀진 시작' 이야기로 시작하라.

2. 배경 설명: 모세는 하나님께서 이스라엘 백성들과 맺으신 언약을 요약해서 전달하고 있다. 십계명은 하나님께서 인간에게 기대하시는 것의 핵심을 보여준다. 그 핵심은 하나님을 사랑하고 다른 사람들을 사랑하는 것이다.

3. 적용: 하나님께서는 우리에게 제 마음대로 하고 싶어하는 성향이 있다는 것을 알고 계신다. 그런 약점을 보완해주시기 위해 모세를 중재자로 삼으시고 이스라엘 백성들이 두려워하지 않을 형태로 하나님의 말씀을 전해주셨다. 그와 비슷하게 예수 그리스도께서 하나님과 인간 사이에 중재자가 되셨다.

B. 본문 이해

1. 언약 개요에 대한 소개(5:1-5)
2. 언약의 개요: 십계명(5:6-21)
3. 언약 개요의 증거가 되는 상황(5:22-33)

C. 결론: '닭고기 접대를 맡은 사람' 을 읽어주라.

토의 질문

1. 하나님의 말씀에 당연히 보여야 할 관심을 늘 보이고 있는가?

2. 일 주일에 하루는 일상적인 노동에서 벗어나 쉬는 생활을 하고 있는가?

3. 일상 생활 속에서 탐심을 물리침으로 그보다 더 위험한 유혹에서 벗어나는 경험을

한 적이 있는가?

4. 하나님의 말씀을 일상 생활의 중요한 한 부분으로 만들 수 있는 효과적인 방법들을 생각해보라.

5. 성경 암송에 따르는 유익은 무엇인가?

신명기 6장

가장 크고 첫째 되는 계명

"이기심을 만족시키려는 것은 정말로 감당하기 어려운 짐이다. 당신이 느끼는 고통의 대부분은 당신을 경멸하듯 말하는 사람 때문에 생기게 된 것이 아닌지를 잘 생각해보라. 자신을 충성을 받아야 하는 작은 신의 자리에 올려놓고 있는 상태에서 어떻게 내적인 평안을 찾을 수 있으리라는 희망을 가질 수 있겠는가?"

- A. W. 토저(A. W. Tozer)

신명기 6장에서 모세는 인간의 의무와 특권, 즉 하나님을 전심으로 사랑하는 것을 요약한 다음 그 두 가지 일에 방해가 되는 장벽들을 설명하고 있다. 그리고 그 중요한 진리를 어떻게 다음 세대에 전해줄 수 있는지를 조언하면서 6장을 마무리하고 있다.

Deuteronomy

들어가는 글

궁지를 벗어나

잭 에커드(Jack Eckerd)가 척 콜슨(Chuck Colson)의 교도소 전도 협회의 사역을 처음 접하게 된 것은 콜슨이 윌리엄 버클리(William F. Buckley)가 진행하는 TV 프로그램에 출연했을 때였다. 콜슨은 피해자에 대한 손해 배상을 국가사법제도의 실상을 보여주는 특징이라고 열정적으로 주장해왔고 또 지금도 이렇게 주장하고 있었다. 며칠 후 콜슨은 플로리다를 방문했는데, 에커드로부터 그 주의 형사 재판의 위기에 대해 강연해줄 것을 요청하는 전화를 받게 되었다. 두 사람은 플로리다 법무장관과 상원의장과 함께 에커드의 업무용 제트기를 타고 플로리다 도시들을 방문해 형사 재판 법규 개정을 주장하기 시작했다.

이곳저곳을 다니며 에커드는 사람들에게 "제 친구 척 콜슨 씨입니다. 윌리엄 버클리의 TV 프로그램을 통해 만나게 되었습니다. 이분은 거듭난 분이고 저는 아닙니다. 저도 이분처럼 될 수 있다면 좋겠습니다"라고 말하며 척 콜슨을 소개했다. 콜슨은 형사 재판 제도에 관한 자신의 생각을 이야기했고, 그런 다음 다른 곳으로 옮겨갔다. 다른 도시로 가기 위해 비행기를 타고 여행하는 동안에는 척 콜슨이 잭 에커드에게 주 예수님에 관한 이야기를 해주었고, 착륙한 다음에는 에커드가 콜슨을 사람들에게 소개하고 콜슨이 강연을 하는 과정이 반복되었다.

콜슨은 떠나면서 대화의 도구로 사용했던 C. S. 루이스(C. S. Lewis)의 「순전한 기독교(Mere Christianity)」를 포함해 기독교 저자들이 쓴 몇 권의 책을 에커드에게 남겨주었다. 그리고 집에 도착한 후 자신이 쓴 몇 권의 책을 에커드에게 보내주었다.

두 사람은 약 일 년 동안 서로 소식을 주고받았고 에커드는 콜슨이 준 책들을 계속 읽었다. 결국 「러빙 갓(Loving God)」이라는 책에서 콜슨이 이야기한 몇 가지 내용이 에커드의 마음속으로 파고들었고, 에커드는 예수님께서 죽음에서 부활하신 것이 사실이라는 결론을 내리게 되었다. 그리고 그리스도를 자신의 구세주로 영접하였다.

회심한 직후 에커드는 그의 가게들 가운데 하나를 지나치다가 '플레이보이'와 '팬트

하우스' 같은 잡지가 판매대에 꽂혀 있는 것을 보게 되었다. 전에도 보았던 잡지들이었다. 그러나 그 때는 아무렇지도 않았다. 그러나 이제 마음이 불편해졌다. 사무실로 돌아온 그는 그의 가게들을 운영하는 최고위 간부에게 전화를 걸어 "내 가게에서 그 잡지들을 모두 없애버리세요"라고 지시했다.

최고 경영 관리인은 "정말이세요? 그 잡지들을 팔아서 일 년에 약 30억 원을 벌어들이고 있는데도 그렇게 하시겠어요?"라고 물었다.

에커드는 그 결정대로 밀고 나갔다. "판매대에서 그 잡지들을 모두 없애버리세요."

그 잡지들을 제거하자 얼마 후 척 콜슨이 에커드에게 전화를 걸어 "그리스도께 대한 헌신 때문에 그렇게 했습니까?"라고 물었다.

에커드는 "그렇지 않다면 왜 30억 원을 포기하겠어요? 주님께서 절 깨우셨어요"라고 대답했다.

에커드는 거기서 멈추지 않았다. 그는 다른 체인점의 사장들에게도 전화를 걸어 자신이 한 것처럼 하라고 도전했다. 처음에 그들은 그를 무시했다. 그러나 에커드와 같은 입장을 취하는 사람들을 통해 에커드의 판매 수입이 크게 늘어나는 것을 보면서 그들도 그의 선례를 따르기 시작했다. 결국 미국 전역에 걸쳐 있는 만 천 개의 소매 가게들이 그들의 판매대에서 그 못마땅한 잡지들을 모두 거두어들였다. 그 일은 하나님을 사랑한다고 말하면서 윤리를 무시하는 것에 불편을 느낀 한 그리스도인으로부터 시작되었다. 그의 말대로 하나님을 향한 그의 사랑이 그를 깨운 것이다.

본문 이해

가장 크고 첫째 되는 계명

Main Idea	모세는 하나님을 가장 사랑하라는 하나의 명령으로 도덕률을 구체화시킴으로 이스라엘 백성들과 온 인류가 지켜야 할 전체적인 의무를 단순하게 요약했다.

A. 큰 계명을 소개하는 서문(6:1-3)

Supporting Idea	이스라엘과 인류의 행복은 언제나 큰 계명에 대한 충성에 달려 있었다.

6:1. 독자들은 성경 속에 들어 있는 방대하고 복잡한 진리에 종종 당황하지만, 때때로 하나님의 말씀은 방대한 개념을 간단하고 간결한 내용으로 구체화한다. 예수님께서 '크고 첫째 되는 계명'(마 22:38)이라고 말씀하신 것이 그런 것들 가운데 하나다. 그러므로 그런 진술은 사람들이 주목해야 할 충분한 가치를 지니고 있다. 모세는 신명기 6장의 첫 세 절에서 그 기회를 제공해주고 있다.

1절의 이는과 명령을 복수형으로 번역한 성경도 있긴 하지만 히브리 본문에는 단수형으로 되어 있다. 우리는 '명령'이라는 단어를 법률을 뜻하는 일반적인 의미로 이해하고, 이어지는 용어들은 '그 명하신 바'를 더 구체적으로 설명해주는 내용으로 보아 본문을 "이는 너희 하나님 여호와께서 명하신 법률과 규례와 법도라"고 이해해야 한다.

6:2-3. 모세를 통해 이스라엘에게 주신 명령은 네 가지 결과를 낳기 위해 고안된 것이었다. 첫째, 하나님께서 율법을 주신 것은 이스라엘로 하나님 여호와를 경외하게 하려는 것이었다. 여호와를 경외하는 것은 여호와께서 명하신 모든 규례와 명령을 지키는 것을 통해 표현되어야 했다. 그런 행동의 결과는 이스라엘의 날이 장구케 되는 것으로 나타나게 될 것이다. 그리고 그것이 율법의 두 번째 목적이다. 이스라엘 백성들은 호흡이 이어지는 것은 창조주께서 허락하시기 때문에 가능한 일이라는 사실을 이해하고 장수하는 것을 결코 당연한 것으로 받아들여서는 안 된다는 사실을 알고 있어야 했다.

하나님께서 주신 율법의 세 번째 목적은 이스라엘 백성들로 복을 얻게 하는 것이다. 나라의 번영과 악전 고투는 모두 하나님을 향한 그들의 헌신에 달려 있었다. 율법의 네 번째 마지막 목적은 이스라엘 백성들이 받은 땅에서 그 수효를 심히 번성케 하는 것이었다. 그 땅은 젖과 꿀이 흐르는 비옥한 땅이기 때문에 크게 증가된 백성들을 부양할 수 있었다. 구약 성경에서 20번 이상 나오는 '젖과 꿀이 흐르는 땅'이라는 표현은 땅의 풍성한 잠재력을 시적으로 표현한 것이다.

B. 큰 계명에 대한 정의(6:4-9)

Supporting Idea	하나님을 가장 사랑하고 하나님만을 전심으로 사랑해야 한다.

6:4-5. 이 구절은 성경이 말하고 있는 진리를 핵심적으로 진술하고 있다. 전통적인 유대교에서 이 구절은 '쉐마' 로 알려져 있는데, 그것은 4절에 나오는 들으라는 히브리 단어를 음역한 것이다. 본문의 문맥상 '들으라' 는 명령에는 "주의하라, 순종하기 위해 귀를 기울이라"는 뜻이 내포되어 있다. 성경이 말하는 종교의 본질은 하나님께서 말씀하신 것을 알고 그 말씀대로 믿고 행동하기로 다짐하는 결단이다. 예수님께서는 "나의 계명을 가지고 지키는 자라야 나를 사랑하는 자니"(요 14:21)라고 말씀하셨다. 예수님의 제자들은 그 말씀의 핵심을 잘 알고 있었는데, 그것은 예수님께서 이스라엘 백성들이 여호와께 드리도록 명령받은 것과 똑같은 헌신을 주장하셨기 때문이다.

이스라엘 백성들은 무엇보다 먼저 하나님 여호와는 오직 하나인 여호와시라는 말에 귀를 기울일 필요가 있었다. 이 표현은 "주 우리 하나님은 한 분(주님)이시다" 또는 "주는 우리 하나님, 오직 한 분 주님이시다" 등의 몇 가지 가능한 번역들 가운데 하나다. 이런 번역들은 문법적으로 가능한 것이며, 결국 모두 이스라엘의 하나님 여호와의 유일무이하심과 뛰어나심을 강조하는 것이다. 히브리 원문에 가장 일반적으로 접근한 NIV 번역은 여호와의 (자기 모순이 없는 특성을 내포하고 있는) 유일성을 강조하고 있다. 두 번째와 세 번째 번역은 다른 나라들의 고안된 신들과의 차이점을 강조하고 이스라엘의 능력은 여호와를 섬기는 데 달려 있을 뿐 아니라, 여호와 그분만을 섬기는 데 달려 있다는 사실을 암시해주고 있다(신 6:4과 삼위 일체설과의 관계에 대해서는 '심층 연구' 를 참고하라).

하나님께서 유일무이하신 분이라는 사실에 대한 이스라엘 백성들의 인식은 마음을 다하고 성품을 다하고 힘을 다하여 하나님을 사랑하게 해주는 것이 되어야 했다. 나중에 예수님께서는 인간의 모든 의무와 성경의 진수를 요약해서 설명하시기 위해 이 구절을 사용하셨다(마 22:37, 비교-막 12:29-30, 눅 10:27). 히브리 성경에서 마음은 감정의 근원이라기보다는 지성과 의지의 중심이었다. 히브리 성경에서 사람은 마음으로 '생각' 했다. "심중에 서로 해하기를 도모하지 말며 … 여호와의 말이니라"(슥 8:17, 비교-신 9:4,

삼하 13:33, 에 4:13, 사 10:7). 아마도 그 때문에 예수님께서도 신명기 6장 5절을 인용하셨을 것이다. "네 '마음을 다하고' 목숨을 다하고 뜻을 다하고 힘을 다하여 주 너의 하나님을 사랑하라" (막 12:30).

여기서 '힘' 은 한 사람의 육체적인 힘보다는 그 사람의 열심을 말하는 것이다. 하나님께서는 우리가 종교적으로 진지하기를 원하신다. 믿음을 가질 뿐 아니라 우리의 믿음이 우리를 지배하게 되길 바라신다. 그 좋은 한 예로 요시야 왕을 들 수 있다. 그는 성전에서 율법책을 발견한 후 열정적으로 하나님을 섬겼다. 열왕기하 23장 25절은 "요시야와 같이 마음을 다하며 성품을 다하며 힘을 다하여 여호와를 향하여 모세의 모든 율법을 온전히 준행한 임금은 요시야 전에도 없었고 후에도 그와 같은 자가 없었더라" 고 평가하고 있다(성품에 대해서는 '심층 연구' 를 참고하라).

6:6. 영적인 열심은 무엇보다 인격적인 것이 되어야 한다. 하나님의 계명을 우리가 해야 할 행동들을 열거한 것으로 보아서는 안 된다. 대신 우리가 어떤 사람인지를 설명하는 것으로 보아야 한다. 하나님의 진리는 하나님께 속한 백성들의 마음에 새겨져야 한다. 구약 성경을 규정들을 모아놓은 것 정도로 생각하는 사람들은 핵심을 놓치고 있는 것이다. 하나님께서 이스라엘과 맺으신 언약은 계명을 어긴 사람들에게 형벌을 가함으로 억지로 강요하는 그런 것이 아니다. 하나님께서는 이스라엘의 믿음이 근본적으로 마음의 문제라는 사실을 강조하셨다.

6:7. 이스라엘 사회에서 하나님의 명령은 왕실이나 엘리트 집단의 전유물이 아니었다. 언약을 맺은 사람들의 자녀들까지 포함하는 모든 사람을 위한 것이며 모든 사람에게 해당되는 것이었다. 경건한 부모는 하나님의 계명을 다음 세대에게 부지런히 가르치도록 되어 있었다. 칼을 숫돌에 갈아 날카롭게 하는 것을 묘사할 때 종종 사용되는 용어가 이 구절에서 사용되었다. 자녀들은 자라면서 기꺼이 하나님을 위한 도구가 될 수 있도록 연마되어야 한다.

종교는 중립적인 입장을 취해야 하며, 자녀들에게 스스로 영적인 삶의 방향을 선택할 수 있는 결정권을 주어야 한다고 주장하는 현대 사회의 어리석은 생각을 신명기에서는 전혀 찾아볼 수 없다. 자녀들의 영적 훈련에 대한 성경의 관점은 자녀들은 태어날 때 이미 방향성을 가지고 있다고 강조하고 있다. 그런데 애석하게도 그 방향을 점검하지 않고 그냥 두면 그 방향이 자녀들을 멸망으로 몰아갈 것이다. 지혜로운 부모는 마음대로 하려는 자녀들의 성향이 어릴 때부터 제어될 수 있도록 처음부터 자녀들에게 진리를 듣고 배우는 유익을 누릴 수 있게 해준다.

자녀들을 영적으로 훈련시킬 수 있는 기회를 놓쳐서는 안 된다. 공식적인 것이든(부지런히 가르치며) 비공식적인 것이든(길에 행할 때에든지) 아침이든(일어날 때에든지) 밤이든(누웠을 때에든지) 그 기회를 살려야 한다. 두 극단 사이에 있는 모든 것을 대표하기 위해 극단적인 두 개의 개념(높고 낮은, 차고 뜨거운, 위와 아래)을 사용하는 문학적 장치는 구약 성경에서 흔히 볼 수 있는 표현 방식이다(시 139:2-5).

6:8-9. 이스라엘은 하나님의 율법을 가지고 생활의 모든 영역에서 그 율법을 사용해야 했다. 율법을 손목에 매어 기호를 삼으며 미간에 붙여 표를 삼게 하라는 명령을 유대교에서는 문자 그대로 받아들이는 경우도 있긴 하지만 실제로는 비유적으로 이해해야 한다. 집 문설주와 바깥문에 기록하라는 모세의 지시가 성경의 일부를 작은 상자(mezuzah) 안에 넣어 현관 문설주에 매다는 유대 풍습의 근거가 되었다.

그러나 그것은 단순한 장식으로 사용하기 위한 것이 아니었다. 계명은 이스라엘 백성 각각을 다스리고 그들의 행동과 생각을 감독하고 제어하는 역할을 하는 것이 되어야 했다. 그런 표와 기호를 사용한 것은 하나님의 율법을 일상 생활과 연결시키기 위한 것이었다. 하나님의 권위 밖에 있는 것이라고 여겨질 수 있는 것은 아무것도 없었다.

C. 즉각적인 순종을 방해하는 위험한 요소들(6:10-19)

Supporting Idea	망각, 타협, 불완전한 순종 등은 큰 계명을 순종하지 못하게 방해하는 요소들이다.

6:10-12. 요단 강 동쪽 언덕에 서 있는 이스라엘 백성들은 놀라운 방법으로 일하시는 하나님을 본 사람들이었다. 가데스 바네아에서 벌어졌던 일을 열아홉 살경에 경험했던 사람들은 이제 육십 세가량 되어 있었다. 그들은 시내 산에서 있었던 일과 홍해를 건너던 일 그리고 애굽 군대가 몰살당하는 일 등을 충분히 기억할 수 있는 나이였다. 그들은 하나님을 거역한 한 세대 전체가 광야에서 죽는 것을 목격했다. 기적을 접하고 경건한 사람들이 될 수 있다면 그들이 바로 그 적격자가 될 수 있을 것이다.

더구나 그들은 곧 하나님께서 하시는 일을 더 볼 것이다. 그들은 하나님께서 그들의 열조, 아브라함과 이삭과 야곱에게 맹세하신 땅에 들어가게 될 것이다. 황폐화된 폐허를 물려받는 대신 그들은 그들이 건축하지 아니한 크고 아름다운 성읍과 채우지 아니한 아름다운 물건이 가득한 집과 파지 아니한 우물을 얻을 것이다. 또 그들은 자신들이 심지 아니한 포도원과 감람나무도 얻을 것이다.

모세는 그들에게 그 땅에 들어간 후 여호와를 잊게 되는 심각한 영적 위험이 닥칠 수 있음을 경고했다. 그 위험은 역경이 닥칠 때가 아니라 행복과 만족을 느낄 때 찾아올 수 있는 것이었다. 그들은 영적인 무기력에 빠지지 않도록 조심해야 했다.

영적인 삶은 개발되는 것이다. 경건한 삶을 위협하는 가장 치명적인 위험은 우리가 성공했다고 생각할 때 찾아온다는 사실을 인간의 경험이 확증해주고 있다. 모세는 이스라엘 백성들이 조심하여 그런 은혜를 주신 여호와를 잊지 말아야 한다고 말했다. 위험이 없다는 것은 그들이 나태해질 수 있다는 것을 암시해주는 것이었다. 그들은 내적인 삶을 개발하고 하나님께 대한 헌신이라는 정원에 물을 주어야 했다.

6:13-15. 하나님과의 관계를 개발하는 과정에서 여호와를 경배하는 것만으로는 충분하지 않았다. 이스라엘은 하나님만을 섬겨야 했다. 그들은 여호와를 경외하며 섬기고 그 이름으로 맹세해야 했다. 그들은 주위 사면에 있는 백성의 신들을 좇지 말아야 했다.

여호와만을 섬기지 않는 것은 그들 중에 계신 하나님의 노를 발하게 만드는 것이었다. 다른 신을 좇는 어리석고 배은망덕한 삶을 산다면 하나님께서 그들을 향해 진노하실 것이다. 그런 실수는 죽음이나 하나님께서 그들에게 주신 땅의 지면에서 멸절되는 치명적인 결과를 불러올 것이다.

6:16-19. 여호와를 망각하는 것은 그들의 기억 속에서 참 하나님을 제거하는 것만을 뜻하는 것이 아니었다. 여호와께 헌신하지 않는 태만 속에서 그 망각이 드러날 것이다. 그것은 맛사에서 하나님을 시험한 그들 조상들의 실수(출 17:1-7)를 반복하는 실패의 형태로 드러날 것이다. 하나님을 시험하는 것에는 하나님께서 보여주신 그분의 신실하심을 간과함으로써 하나님께서 자신의 거룩하심을 지키기 위해 행동하실 수밖에 없도록 만드는 것이 포함된다. 맛사에서 이스라엘 백성들은 하나님께서 그들을 위험한 여행길에서 어떻게 인도하시고 필요를 채워주셨는지를 잊고 있었다. 하나님께서 그들에게 어떻게 아름다운 집을 주셨는지를 잊고 거짓 종교의 미수에 걸려들게 된다면 맛사에서 범한 것과 똑같은 중대한 실수를 범하게 되는 것이다.

이스라엘 백성들은 여호와께서 명하신 명령을 지키고 여호와의 보시기에 정직하고 선량한 일을 행해야 했다. 그런 일들은 여호와께서 그들 열조에게 약속하신 아름다운 땅에 들어가는 일을 가능하게 하고, 그 기간을 단축시킬 것이다. 그리고 그들의 대적을 그들 앞에서 쫓아내는 일에 하나님의 도우심을 받게 될 것이다.

D. 장기적인 순종을 위한 준비(6:20-25)

Supporting Idea	이스라엘의 장래 영광과 번영은 후대에 큰 계명을 가르치는 데 달려 있었다.

6:20. 모든 세대는 약 이십 년 정도만 지나면 미개한 상태를 벗어나게 된다. 그 이십 년은 인간이 자기 중심적인 유아기에서 자신의 삶 속에 하나님과 다른 사람들을 위한 자리를 만들 수 있는 책임 있는 사람으로 바뀌는 데 필요한 시간이다. 하나님께서는 이스라엘 백성들에게 그 자손들이 쉽게 믿음을 잃게 될 수 있다는 사실을 일깨워주시고, 자녀들을 훈련하는 일에 그 어떤 노력이나 비용도 아끼지 말라고 가르치셨다.

자녀가 여호와께서 명하신 진리의 뜻이 무엇인지를 물을 때 그순간을 잘 살리는 것이 모든 부모가 해야 할 중요한 일이다. 부모들은 그런 좋은 기회를 놓치지 말고 적절하게 대답해줄 수 있는 준비를 하고 있어야 한다.

6:21-22. 이스라엘 부모들은 그들의 어린 자녀들에게 그들이 애굽에서 바로의 종으로 어떻게 살았으며, 또 여호와께서 권능의 손으로 그들을 어떻게 애굽에서 인도하여 내셨는지를 상기시켜주어야 했다. 부모들은 그들의 목전에서 일어난 일을 자녀들에게 이야기해주면서 자신이 알고 있는 하나님의 구원을 기억해야 했다. 그들은 하나님의 이적과 기사를 기억하고 있어야 했다. 그리고 그들이 신실하신 사랑과 능력의 하나님을 섬기고 있음을 알 수 있도록 새로운 세대를 격려하는 데 그 이적과 기사를 활용해야 했다.

6:23-25. 하나님께서 구원하시는 목적이 강조되어야 한다. 하나님께서는 이스라엘을 애굽에서 그저 인도하여내신 것이 아니었다. 그들에게 맹세하신 땅을 그들에게 주어 들어가게 하시려고 그렇게 하셨던 것이다. 회심은 필수적인 것이다. 그러나 그것은 시작일 뿐이지 끝은 아니었다. 예수 그리스도를 믿는 사람은 죄의 형벌에서 구원받았을

뿐 아니라 하나님과 이웃을 사랑하고, 그래서 다른 사람들도 하나님을 알 수 있도록 하기 위해 구원받은 것이다.

자녀를 가르치는 효과적인 교사로서의 부모에 대한 평가는 자녀의 행동 속에서만 나타나는 것은 아니다. 경건한 부모는 자신을 다음 세대에만 투자하지 않는다. 그들의 가르침은 하나님의 백성들이 항상 복을 누리도록 구상되어야 한다. 교인들이 자녀들을 하나님과 교제할 수 있게 해주지 못한다면 다른 사람들에게도 거의 영향을 미칠 수 없을 것이다. 그러므로 신자들은 하나님께서 기대하시는 것이 무엇인지 알고 자신에게 명하신 그 모든 규례를 지키고 여호와를 경외해야 한다.

Main Idea 복 습	모세는 하나님을 가장 사랑하라는 하나의 명령으로 도덕률을 구체화시킴으로 이스라엘 백성들과 온 인류가 지켜야 할 전체적인 의무를 단순하게 요약했다.

결론

한계를 초월해서

소비에트 연방의 신자들이 엄청난 핍박에 시달렸던 냉전 시대에 복합 경화증으로 고통을 받았던 한 노파의 놀라운 이야기가 출판되었다. 그녀는 수년 동안 그 질병을 앓아왔고, 그녀의 몸은 뒤틀리고 거의 쓸모없는 상태가 되었다. 그녀는 말을 할 수도 없었고 고개조차 돌릴 수 없었다. 신체의 일부만이 부분적으로 그 기능을 수행하고 있었는데, 그 부분은 그녀의 오른손이었다.

그런 그녀가 그리스도를 위해 할 수 있는 일은 거의 없을 것처럼 보였다. 그러나 그녀는 자신에게 있는 능력을 사용하기로 했다. 매일 아침 그녀의 남편이 그녀를 오래된 소파에 앉혀주었고, 앞에 길이 잘 든 수동식 타자기를 놓아주었다. 그러면 그녀는 집게손가락으로 한 번에 한 글자씩 타자를 치며 기독교 서적을 러시아말로 번역했다. 어떤 날은 하루에 한두 쪽 정도 마칠 수 있었고, 또 어떤 날은 네다섯 쪽을 마칠 수 있었다.

그녀는 복음을 전하고 하나님을 향한 자신의 사랑을 보여주기 위해 러시아 성경의 일부와 빌리 그래함(Billy Graham)과 다른 교사들이 쓴 책들을 타이핑했다. 역설적으로 말하자면 그녀의 병이 그 힘든 일을 할 수 있게 해주는 중요한 역할을 했다. 그녀는 자신의 병 때문에 비밀 경찰이 자신을 쓸모없는 사람으로 간주하고 있다는 사실을 잘 알고 있었다. 그래서 체포될 두려움 없이 작업을 계속할 수 있었다. 그녀는 타이핑하면서 자신이 타이핑하는 책들이 열매를 거둘 수 있도록 기도함으로써 더 효율적으로 일할 수 있었다. 하나님을 향한 순수한 사랑은 언제나 그 사랑을 표현할 수 있는 방법을 찾아낸다.

▣ 진리 알기

- 공식적인 방법과 비공식적인 방법이 병행될 때 가장 효과적인 교육이 이루어질 수 있다.
- 신자들은 종종 실망할 때보다 성공할 때 더 조심해야 한다.
- 과거에 보여주신 하나님의 신실하심을 생각하지 않기 때문에 종종 하나님을 망각하는 일이 벌어진다.
- 다른 대상에게 하나님을 대신할 자리를 내어주는 것은 언제나 중대한 실수다.

▣ 적용하기

- 하나님께서 당신의 삶 속에서 가장 소중한 자리를 차지하실 수 있도록 도와주시기를 기도하라.
- 당신의 영적인 열정을 자녀들과 청소년들에게 전해줄 수 있는 기회를 만들라.
- 친구나 친지에게 편지를 하면서 최근에 예수 그리스도께서 당신의 삶 속에서 하신 일들을 이야기하라.
- 하나님께서 주신 선물들의 목록을 만들어보라. 하나님의 선하심에 감사하라.

삶의 적용

흠 없는 선물

사막을 지나다가 깨끗하고 시원한 물이 흘러넘치는 멋진 샘을 발견한 사람에 대한 오래된 이야기가 있다. 그 물이 매우 상쾌하다는 것을 알게 된 그는 왕에게 존경을 표하기 위해 그 물을 한 통 선물하기로 했다. 그래서 가죽 병에 샘물을 담고 메마른 사막을 건너 며칠 후 드디어 왕궁에 도착하게 되었다.

왕에게 자신의 소박한 선물을 할 수 있게 해달라고 사정한 그는 결국 왕을 대면하게 되었고, 사막에서 샘을 발견한 그의 기쁨을 왕에게 이야기했다. 오래된 가죽 병 때문에 물이 상했다는 사실을 알지 못한 채 그는 샘물을 왕에게 선사했다. 그의 이야기에 감동한 왕은 그 물을 마셨고 그에게 감사와 칭찬을 표한 뒤 물러가게 했다.

남은 물을 시음해본 왕의 신하들은 왕이 그 물을 즐겁게 마신 것에 놀랐다. 그러자 신하 가운데 한 사람이 "왕이 즐겁게 마신 것은 이 물이 아니라 이 물을 가져온 사랑이었습니다"라고 설명했다.

신자들은 많은 결함으로 못쓰게 된 선물을 하나님께 드릴 수도 있다. 그러나 마음을 아시는 분은 선물뿐 아니라 그 선물을 하게 된 마음의 동기까지도 평가하신다. 어떤 선물이든 사랑이 가미되면 기분 좋은 선물이 된다.

기도

하나님 아버지, 우리의 사랑과 헌신은 종종 매우 부족합니다. 우리의 행동뿐 아니라 우리의 마음속에서 하나님이 가장 소중한 분이 될 때까지 하나님의 능력으로 하나님을 향한 우리의 열망이 강해질 수 있게 해주십시오. 아멘.

심층 연구

A. 오직 한 분이신 여호와(6:4)

교회 초기부터 그리스도인들은 삼위일체 하나님을 주장해왔다. 이 삼위일체 하나님은 동등하고 독특한 세 개의 위를 가지고 존재하면서 본질적으로는 한 분이신 하나님을 인정하는 방식으로 종종 표현되었다. 이 교리는 신약 성경에서 이끌어낸 것이지만 히브리 성경에서도 인정되고 있다.

신명기 6장 4절은 히브리 단어 에차드(echad)를 번역하면서 하나님께서는 '오직 하나' 이신 분이라는 사실을 강조하고 있다. 이 본문에서는 '독특한, 같은 유형 가운데서는 하나뿐인' 이라는 뜻을 가진 야히드(yahidh)라는 단어가 사용되지 않았다. 에차드는 "이러므로 남자가 부모를 떠나 그 아내와 연합하여 둘이 한 몸을 이룰지로다" 라고 기록된 창세기 2장 24절과 같은 구절에서 볼 수 있다. 창세기 구절에서처럼 에차드는 연합된 단일체를 표현하는 데 사용될 수 있었다.

기독교 신학에서 하나님의 단일성은 본질에 있어서의 단일성을 말하는 것이다. 삼위일체의 세 위는 언제나 공동의 목적을 가지고 조화를 이루어 행동한다.

B. 성품(6:5)

모세는 이스라엘 백성들에게 "마음을 다하고 성품을 다하고 힘을 다하여 네 하나님 여호와를 사랑하라" (신 6:5)고 설명했다. 성품은 성경 속에서 복잡한 주제를 형성하고 있다. 성품에 해당하는 히브리어 네페쉬(nephesh)는 원래 '호흡' 을 뜻하는 용어와 관계가 있었다. 그러나 구약 성경에서는 거의 십여 가지 이상의 영어 단어들로 번역되었다. 히브리 성경에서 네페쉬는 750번 이상 사용되었다.

이런 관련성은 창세기에서 가장 먼저 나타나는 것을 볼 수 있다. "여호와 하나님이

흙으로 사람을 지으시고 생기를 그 코에 불어넣으시니 사람이 생령이 된지라”(창 2:7). 그러므로 사람은 그의 무형적인 존재의 일부를 형성하는 영으로 이루어진 존재일 뿐 아니라 하나의 영이기도 하다. “평강의 하나님이 친히 너희로 온전히 거룩하게 하시고 또 너희 온 영과 혼과 몸이 우리 주 예수 그리스도 강림하실 때에 흠 없게 보전되기를 원하노라”(살전 5:23).

영은 생명 또는 성품과도 동의어가 될 수 있다. “너희도 … 나의 부모와 남녀 형제와 무릇 그들에게 있는 모든 자를 살려주어 우리 ‘생명’을 죽는 데서 건져내기로 … 맹세하고”(수 2:13). 이 단어는 종종 욕구와 감정과 지성의 원천을 뜻하기도 하는데, 신명기 6장 5절에서는 바로 그런 의미로 사용되었다. 성품을 다하여 하나님을 사랑하는 것은 우리에게 중요한 모든 것을 가지고 하나님을 사랑하는 것이다. 한 사람의 욕구가 매우 개인적인 것이듯이 하나님을 가장 사랑하기로 선택한 우리의 결정도 매우 개인적인 결정이 되어야 한다.

하나님을 사랑하는 이유들은 우리를 향해 드러내주신 하나님의 사랑에 기초를 두고 있는 객관적인 것이다. 그러나 하나님의 말씀에 순종하고 하나님을 깊이 사랑하기로 선택하는 결정은 각 개인에게 달려 있다. 히브리 성경에 나오는 네페쉬 가운데 약 스무 번 가량은 ‘열망하다, 갈망하다’라는 뜻의 히브리 동사 아와(awa)의 주어로 나타나는 것을 볼 수 있다. 신자들은 하나님을 더 온전히 사랑할 수 있기 위해 하나님을 갈망하며 알고 싶어해야 한다.

고안

A. 들어가는 글

1. ‘궁지를 벗어나’ 이야기로 시작하라.

2. 배경 설명: 십계명과 언약의 핵심적인 내용을 새롭게 상기시킨 후 모세는 이스라

엘 백성과 하나님의 관계에 있어서 가장 중요한 핵심을 그들에게 제시했다. 그들은 무엇보다 하나님을 사랑하고 그 사랑이 다음 세대로 전달되도록 해야 했다.

3. 적용: 인간은 창조주를 전심으로 사랑할 때 삶의 최고 목적을 발견하게 된다. 신자들은 큰 계명의 중요성과 그 계명을 순종하면서 맞이하게 될 장애물들을 이해해야 한다.

B. 본문 이해

1. 큰 계명을 소개하는 서문(6:1-3)
2. 큰 계명에 대한 정의(6:4-9)
3. 즉각적인 순종을 방해하는 위험한 요소들(6:10-19)
4. 장기적인 순종을 위한 준비(6:20-25)

C. 결론: '흠 없는 선물' 을 읽어주라.

토의 질문

1. 하나님을 가장 사랑하는 일을 방해하는 일반적인 장애물은 어떤 것들인가?

2. 당신이 어렸을 때 하나님을 향한 자세가 어느 정도 형성될 수 있었는가?

3. 부모의 양육을 잘 받지 못해서 영적으로 잘 성숙하지 못한 사람들을 알고 있는가?

4. 부모의 건전한 양육을 통해 영적으로 풍성한 삶을 누리고 있는 사람들을 알고 있는가?

5. 당신은 어떤 경우에 '하나님을 잊게' 되는가?

신명기 7장

거룩한 싸움

"우리 안이나 우리 주위에 있는 하나님의 적들을 가까이하면 우리는 상처만 입게 된다. 그러므로 그들과 맞서 끊임없이 싸우는 것만이 지혜로운 일이다."

- 매튜 핸리(Matthew Henry)

모세는 약속의 땅에 살고 있는 가나안 거민들에 맞서 거룩한 싸움을 싸우라고 명하신 하나님의 지시를 이스라엘 백성들에게 전하였다. 이스라엘 백성들이 그들의 지경 내에서 이교도를 전파하는 사람들을 용납할 수 없었던 것처럼 예수님을 믿는 신자들도 자신들의 악한 성향들과 타협해서는 안 된다. 대신 그런 것들을 거부하고 제거해야 한다.

Deuteronomy

들어가는 글

거대한 괴물

용감한 기사가 말을 타고 어느 시골 마을을 지나가고 있었다. 좀 쉬기 위해 마을 주막에 들렀을 때 그 마을 사람 하나가 근처 동굴에 사는 무시무시한 괴물 때문에 그 마을이 얼마나 두려움에 떨어야 하는지를 이야기했다. 약하고 억압받은 사람들을 도와야 한다는 기사도 정신에 따라 그 기사는 마을 사람들을 구하는 일을 하기로 했다.

그가 자신의 결단을 알리자 마을 사람들은 그에게 다른 사람들도 그들을 구하려 한 적이 있었다는 사실을 알려주었다. 괴물을 잡기 위해 동굴에 용감하게 들어간 기사들은 모두 살아 나오지 못했다고 했다. 그러나 대망을 품고 있는 그 영웅은 자신도 시도해 볼 것이라고 주장했다. 그래서 마을 주민들은 그를 마을 어귀로 데리고 가서 괴물이 살고 있는 동굴이 있는 곳을 알려주었다.

그는 무장을 하고 들어가기에는 동굴의 입구가 너무 좁고 어두운 구덩이라는 것을 곧 알게 되었다. 그래서 셔츠와 바지와 구두만 빼고 철모와 방탄복과 사슬 갑옷을 모두 벗었다. 그리고 단검만 목에 걸고 그 도깨비 동굴에 들어가기로 했다.

근처에 있는 나무에 굵은 밧줄을 묶은 다음 밧줄의 다른 쪽 끝을 괴물이 살고 있는 어두운 구멍 속으로 떨어뜨렸다. 그리고 드디어 도깨비 동굴의 매끄러운 바닥에 내려서서 어둠에 익숙해질 때까지 기다렸다. 곧 커다란 무더기가 보였다. 그것은 그보다 앞서 그곳에 들어왔다가 다시 돌아가지 못한 용감한 기사들의 뼈와 무기들이 쌓여 만들어진 무더기라는 것이 밝혀졌다.

그는 또 몇 미터 떨어진 곳에 부스러기 더미가 또 하나 있다는 것을 알게 되었다. 어두웠기 때문에 그는 그 더미가 무엇인지 잘 알 수 없었다. 좀더 자세히 보기 위해 그 더미 쪽으로 다가갔다.

가까이 다가가는 순간 마침내 괴물이 나타났다. 그러나 놀랍게도 그 도깨비는 힘이 세고 거대한 몸집을 가진 그런 존재가 아니었다. 그 작은 괴물은 연필 크기만한 검을 흔들며 자기보다 훨씬 더 큰 적을 위협하기 위해 작은 목소리를 높이고 있었다. 몇 차례 그렇게 소리를 질렀지만 허사였다.

기사는 그가 처음 발견한 무더기에서 검을 하나 뽑아 들었다. 그리고 두 번째 무더기 근처에 있는 구멍 속으로 도망을 친 그 작은 괴물을 제거할 태세를 취했다. 가까이 다가간 기사는 그 두 번째 무더기가 야구공보다 더 큰 금 덩어리와 레몬 크기의 다이아몬드 등의 커다란 보석들이 쌓여 만들어진 무더기라는 것을 알게 되었다.

그는 잠시 멈추었다. 상상도 하지 못했던 놀라운 재물이 그 앞에 놓여 있었다. 그 새로운 기회 앞에서 순간 작은 괴물에 대한 생각은 깜빡 잊고 말았다. 한 가지 생각밖에 없었다. 그 보석들을 가지고 어떻게 이 어두운 구멍 속을 빠져나갈 것인가? 바지에는 주머니가 없었다. 그러나 새로 발견한 매장물 가운데 하나라도 가지고 나가지 않는다면 아무도 그를 믿어주지 않을 것이라는 사실을 그는 잘 알고 있었다.

그래서 다이아몬드 하나를 자기 입에 넣고 동굴 입구까지 가기로 했다. 입 속에 편안하게 넣을 수 있을 만한 크기의 다이아몬드를 고른 다음 지상으로 올라가기 위해 밧줄을 타고 올라가기 시작했다. 그러나 그 일은 상당한 노력을 요하는 것이었다. 그는 곧 호흡을 제대로 할 수 없게 되었다. 입으로 숨을 쉬지 않으면 질식할 처지가 되었다. 그가 심호흡을 하며 숨을 들이마시자 다이아몬드가 그의 기도 속으로 미끄러져 들어갔고, 결국 그는 뼈 무더기 위에 떨어져 죽게 되었다. 목숨이 끊어지는 그 짧은 순간 그는 진짜 괴물은 동굴 안에 있는 그 작은 도깨비가 아니라 자기 마음속에 있는 탐심이라는 거대한 괴물이라는 사실을 깨닫게 되었다.

인간의 갈망이 이 세상에서 볼 수 있는 가장 지독한 폭군이다. 경건한 삶은 우리 자신이 가장 지독한 적이라는 사실을 깨닫고 우리 안에 있는 그 적과 싸우기로 결단할 때 시작된다.

본문 이해

거룩한 싸움

Main Idea	하나님께서는 신자들이 내면의 적들과 용감하게 맞서고 그것들을 하나씩 제거해나가기를 바라신다.

A. 적의 정체 규명(7:1-5)

Supporting Idea	하나님께서는 도덕적인 삶을 망칠 수 있는 내면의 적들에게 하나님의 백성들이 그 어떤 자비도 베풀지 않기를 바라신다.

7:1. 이스라엘 백성들이 약속의 땅에 들어가서 해야 할 중요한 일들 가운데 하나는 그곳에 살고 있는 족속들을 쫓아내는 것이었다. 그 족속들이 그곳에 살고 있는 한 그들은 그 땅을 얻을 수 없었다. 본문에는 일곱 족속이 열거되어 있다. 그들은 모두 이스라엘보다 인구가 많고 힘이 있는 족속들이었다. 헷 족속은 소아시아에서 온 족속 가운데 떨어져 나온 사람들이었다. 그들은 적어도 아브라함 때부터 가나안 땅에 거주해왔다(창 23장 비교). 가나안 족속과 아모리 족속(1장의 '심층 연구'를 참고하라)은 가나안의 중앙 산간 지대를 차지하고 있었다. 기르가스 족속은 성경의 다른 곳에서 볼 수 있기는 하지만 거의 알려진 바가 없다(창 10:16, 대상 1:14, 수 3:10, 24:11 비교). 여부스 족속(원래는 헷 족속의 소부족이었던 것으로 보임)은 작은 산지 마을인 여부스를 차지하고 있었는데, 여부스는 나중에 예루살렘으로 알려지게 되었다.

7:2. 모세는 하나님께서 이스라엘 군대가 적을 물리치고 승리하도록 하실 것이라 믿고 있었다. 실제적인 위험이 분명해진 것은 하나님의 백성들이 적들을 치고 난 뒤였다. 각 족속에서 살아남은 사람들은 그 땅에서 쫓아내거나(1절) 아니면 진멸시켜야 했다. 하나님께서는 승리자들이 관례적으로 취하는 방법을 사용하지 못하도록 분명히 금하셨다. 이스라엘은 그들과 아무 언약도 맺지 말아야 했다. 실제로 이스라엘은 그들을 불쌍히 여기지도 말아야 했다(이 정책을 윤리적으로 그리고 신학적으로 어떻게 적용해야

하는지를 알아보기 위해서는 '심층 연구'를 참고하라).

7:3-4. 또 하나의 선택권이 배제되어야 했다. 이스라엘 백성들은 정복 세대나 그 이후 세대나 살아남은 이방 족속들과 혼인해서는 안 되었다. 신앙적으로 타락하게 될 위험이 너무 컸기 때문이다. 하나님께서는 이방 족속들이 이스라엘 백성들의 마음을 이방 종교에 빼앗기게 할 것이라고 강조하셨다. 이 금지 사항을 무시하면 여호와께서 이스라엘 백성들에게 진노하시고 그들을 갑자기 멸하실 것이다.

하나님의 정책은 예외를 인정하는 보편적인 원칙이었다. 가장 확실한 예로 구스 여인과 결혼한 모세를 들 수 있다(민 12장). 또 다른 한 예로는 여리고에서 여호와를 섬긴 라합을 들 수 있다(히 11:31). 그녀는 살몬이라는 이스라엘 사람과 결혼해서 보아스의 어머니가 되었고, 다윗 왕(그리고 예수님)의 조상이 되었다. 여호와를 섬기는 사람들이 이방 족속과 결혼하는 것은 분명히 문제가 아니었다. 그러나 그런 일이 일어나지 않도록 하는 것이 일반적으로 이스라엘 백성들에게 안전했다. 우상 숭배자들과 결혼하는 것은 우상 숭배를 이스라엘의 가정으로 초대하는 것이고, 그런 일은 위험을 불러들이는 것이었다.

7:5. 이스라엘 백성들은 땅을 차지하고 있는 일곱 개의 족속들을 모두 진멸하고 그 다음 과정을 수행해야 했다. 그들은 남아 있는 우상의 단을 헐고 남성의 번식력을 상징하던 주상을 깨뜨려야 했다.

아세라 목상도 찍어버려야 했다. 그 나무 기둥은 바알의 배우자인 아세다롯을 숭배하는 데 사용되었다. 이런 물건들은 선지서에서 두드러지게 많이 나타나는 것을 볼 수 있다. 이스라엘의 아합 왕은 그의 아내 이세벨의 영향을 받아 사마리아에 아세라 목상을 세웠다(왕상 16:29-33).

B. 동기에 대한 평가(7:6-16)

Supporting Idea	이스라엘의 독특한 위치는 하나님께 대한 충성에 달려 있었다. 그러므로 거룩한 싸움이라는 힘들고 달갑지 않은 일을 계속 수행해야 했다.

7:6. 신명기 7장은 성경의 다른 어느 구절보다 정치적 정확성을 추구하는 현대인들의 열정과 상반된다. 이 장에서 이스라엘은 그곳에 살고 있던 족속들의 희생을 대가로

그 땅을 얻게 되었고, 그 땅에서 그들을 제거하라는 명을 받았다. 그러나 그것은 이스라엘 백성들의 영적인 우월성 때문이 아니었다. 이스라엘 백성들은 단지 그들이 하나님과 맺고 있는 관계 덕분에 하나님의 성민으로 여겨지게 되었고, 다른 족속들과 구별된 것뿐이었다. 하나님께서 그들을 특별한 자기 기업의 백성으로 삼으신 것은 그들의 뛰어난 행동 때문이 아니었다. 하나님께서 그렇게 하기로 선택하셨기 때문이다.

7:7. 이스라엘 백성들이 교만이라는 박테리아에 감염되지 않도록 하나님께서는 모세를 통해 그들이 다른 민족보다 수효가 많기 때문에 그들을 기뻐하시고 택하신 것이 아니라고 설명하셨다. 오히려 그들은 모든 민족 중에 가장 적었다. 그런 평가는 요단 강 동편에 서 있던 이스라엘 백성들에게 적용될 수 없었다. 왜냐하면 모세가 신명기 1장 10절에서 "너희 하나님 여호와께서 너희를 번성케 하셨으므로 너희가 오늘날 하늘의 별같이 많거니와"라고 말했기 때문이다. 그러나 이스라엘을 선택하셨을 때 실제로 하나님께서는 아브라함 한 사람을 선택하셨고, 그와 아직 태어나지 않은 그의 자손을 구별하셨다(창 12:1-3).

7:8. 이스라엘의 수효가 많기 때문에 하나님께서 그들을 선택하신 것이 아니었기 때문에 모세는 하나님께서 이스라엘을 사랑하시는 다른 이유를 설명해주어야 했다. 여호와께서 그들을 사랑하시는 것은 하나님께서 그렇게 하기로 선택하셨기 때문이다. 그 선택에 다른 특별한 이유가 있다면 그것은 하나님께서 이스라엘의 열조에게 하신 맹세를 지키기 위한 것이었다. 단순히 그들을 사랑하셨기 때문에 그들을 사랑하신 것이다. 그렇게 하는 것이 하나님의 속성이었다. 그리고 그들을 사랑하셨기 때문에 권능의 손으로 애굽에서 그들을 인도하여 내시고 종 되었던 생활에서 그들을 속량하셨다. 하나님께서 이스라엘을 선택하신 것은 이스라엘의 성품이 아니라 하나님의 성품을 기리기 위한 것이었다. 이 사실을 아는 것은 하나님께서 이스라엘 백성들의 종교적 열정이나 도덕적 우월성 때문에 이스라엘을 선택하셨다고 주장하는 현대인들의 견해를 고려해 볼 때 특히 더 중요하다.

7:9-11. 하나님의 독자적인 선택은 하나님만이 하나님이라는 사실을 암시해주는 것이다. 하나님을 사랑하는 자에게는 천 대까지 인애를 베푸심으로 그 신실하심을 증명하시는 신실하신 하나님이시다. 하나님께서는 그렇게 영광스러운 동맹자와 친구가 되신다. 그러나 하나님을 미워하는 자에게는 지체하지 아니하시고 당장에 보응하신다. 여기

서 '미워한다' 는 것은 하나님께서 이스라엘과 맺으신 언약 관계를 부인하는 것을 말한다. 그런즉 하나님의 백성들에게는 하나님의 규례와 법도를 지켜 행해야 했던 많은 이유들이 있었다.

7:12. 이스라엘 백성들이 그 법도를 지켜 행하면 하나님께서 이스라엘과 맺은 언약을 지키실 것이라고 약속하셨다. 12절은 이어지는 세 구절을 통해 추가적인 보충 설명이 이루어지게 될 일반적인 진술이다.

7:13-15. 이스라엘이 하나님의 언약을 지킬 때 그들의 소생이 번성케 되고 소와 양과 토지 소산과 포도주가 풍성하게 되고 애굽에서 경험했던 악질로부터 자유롭게 될 것이다. 이런 축복들은 하나님께서 이스라엘을 사랑하시고, 그들이 그 땅에서 사는 날 동안 풍성하게 은혜를 베푸실 것이기 때문에 임할 것이다. 이스라엘 백성들은 사람들의 수효와 가축이 감소하는 일을 피할 것이다. 그들은 애굽의 악질로부터 자유로워질 뿐 아니라 하나님께서 그 질병들을 그들의 적들에게 임하게 하시는 것을 볼 것이다.

7:16. 그러나 그들이 순종해야 할 첫 번째 일은 그 땅에 살고 있는 모든 민족을 쫓아내야 하는 달갑지 않은 일이었다. 2절에서 하셨던 것처럼 하나님께서는 그들을 긍휼히 보지 말고 진멸해야 한다고 강조하셨다. 왜냐하면 그들은 하나님께서 이스라엘을 위해 하시고 싶어하는 모든 일에 상상할 수 없을 만큼 큰 위협을 가하게 될 것이기 때문이었다. 하나님의 백성들은 다른 민족들의 신을 섬기며 그것이 그들에게 올무가 되게 해서는 안 되었다.

C. 승리하기 위해(7:17-26)

Supporting Idea	하나님의 백성들이 적들 앞에서 두려워하지 않는다면 하나님께서 그들에게 승리를 거두게 하실 것이다.

7:17. 승리할 것이라고 여러 차례 격려해주셨음에도 불구하고 강하고 잘 무장된 적들과 싸워야 하는 전투에서 승리할 수 있을 것이라고 확신하지 못하는 이스라엘 군사들이 많이 있다는 사실을 하나님께서는 알고 계셨다. 모세가 말하는 동안에도 자신들보다 더 많은 적들을 어떻게 정복하고 몰아낼 수 있을 것인지 의아하게 생각하는 사람들이 있었다.

7:18-19. 그런 의구심을 가진 그들에게 하나님께서는 가나안에 있는 그 어떤 족속보

다 훨씬 더 강한 나라였던 바로와 온 애굽에게 행하셨던 일들을 잘 기억해야 할 것이라고 말씀하셨다. 이스라엘 백성들은 그 일을 쉽게 기억해낼 수 있어야 했다. 왜냐하면 그들은 애굽 사람들이 하나님을 대적하는 것과 그에 대한 반응으로 하나님께서 행하신 큰 이적과 기사를 실제로 목도했기 때문이다. 하나님을 신뢰하고 애굽 사람들을 두려워하지 말 것을 촉구하셨던 하나님께서 이제 그들에게 가나안 사람들과 싸울 것을 명하셨다. 출애굽 당시 나타났던 하나님의 큰 능력은 사라지지 않았다. 그리고 하나님께서는 약속의 땅에서 이스라엘 백성들을 기다리고 있는 민족에게도 그 능력을 보이실 준비가 되어 있으셨다.

7:20-21. 이스라엘 백성들은 적 앞에서 도망치는 대신 곧 적들이 물러나는 것을 바라보는 기쁨을 알게 될 것이다. 그들의 승리를 보장하기 위해 하나님께서는 그들의 적들에게 왕벌을 보내기로 약속하셨다. 그 일이 어떻게 이루어졌는지는 자세히 기록되어 있지 않다. 하나님께서 수많은 곤충 떼로 공격하실 일을 묘사하신 것일 수 있다. 그리고 왕벌이란 밝혀지지 않은 두려움으로 아마도 여호와 자신을 뜻하기 위해 비유적으로 사용된 수사적 표현이었을 것이다.

다른 민족들을 두려워하는 대신 이스라엘은 큰 용사와 수호자로 그들을 보호하시는 하나님께서 크고 두려운 하나님으로 그들 가운데 함께 계심을 인식하고 있어야 했다.

7:22-23. 그러나 애굽 사람들에게 하셨던 것과는 달리 이스라엘의 모든 적을 급히 멸하지는 않으실 것이다. 대신 그들을 점점 쫓아내실 것이다. 이스라엘은 이길 수 있는 싸움을 싸우게 될 것이다. 그러나 그 싸움이 신속하게 혹은 간단하게 끝나지는 않을 것이다. 그것은 이스라엘의 유익을 위한 것이었다. 그렇게 하지 않는다면 들짐승이 번성하여 그들을 해할 것이다.

그리스도인들이 싸워야 하는 전투도 거룩한 땅을 점령하기 위해 하나님께서 계획하신 전투와 여러 가지 면에서 비슷한 점들이 많이 있다. 그리스도인들이 육체의 일을 버리고 승리하는 삶을 살기 위해서는 매일 전투에 임해야 한다(롬 6:13, 8:13, 골 3:5, 벧전 2:11). 비록 이미 큰 승리를 거두었지만(롬 6:6, 갈 5:24) 우리 각자 개척해야 할 삶이 여전히 우리를 기다리고 있다. 그리고 진전은 조금씩 이루어진다. 싸우는 사람에게는 진전이 이루어질 것이다. 하나님의 백성들이 신실하게 싸운다면 하나님께서 그들이 적을 그들에게 붙이실 것이라고 약속하셨다.

7:24. 가나안의 가장 강한 왕들도 이스라엘 군대의 손에 무너질 것이다. 그때 이스라엘은 그들의 이름을 천하에서 제하여 버려야 했다. 이스라엘 적들은 그저 강하게 보일 뿐이었다. 그들에게 약간의 힘이 있다 할지라도 결국 그들은 여호와의 군대를 당할 수 없을 것이다.

7:25. 그러나 전쟁이 끝나고 난 다음에서야 정작 일은 시작될 것이다. 이스라엘은 가나안 신상들을 불사르도록 되어 있었다. 그 우상들 가운데는 은이나 금으로 장식되거나 도금된 것들도 있었다. 당연히 이스라엘 백성들은 그런 보물을 (아마도 신상들을 녹인 후에) 탐내고 개인적인 재물로 만들고 싶은 유혹을 받을 것이다. 하나님께서는 하나님의 백성들에게 그런 욕구를 물리치라고 경고하셨다. 그런 것들이 매력적으로 보일 수도 있을 것이다. 그러나 그것들은 하나님께서 가증히 여기시는 것들이었다. 그런 것들은 이스라엘 백성에게 엄하게 금지되어 있었다(이 원칙을 어긴 결과 나타난 재앙의 예를 보고 싶다면 수 7장을 참고하라).

7:26. 이스라엘 백성들이 25절의 금지 사항을 어긴다면 그들은 위태로워질 것이다. 스스로 멸망을 불러올 것이다. 하나님께서는 이스라엘 백성들이 하나님과 그들 사이에 끼어들 수 있는 것들을 극히 꺼리고 심히 미워하는 것을 배우게 되길 바라셨다. 신자들의 적은 외부에 있다기보다는 일반적으로 내면에 존재한다. 그리고 그 내면의 적들은 영적인 건강과 진보를 방해하는 위험이 될 수 있다.

Main Idea 복습	하나님께서는 신자들이 내면의 적들과 용감하게 맞서고 그것들을 하나씩 제거해나가기를 바라신다.

결론

견고한 기초

'견고한 기초' 라는 찬송가를 누가 지었는지는 알 수 없지만 신명기 7장을 잘 표현하고 있다. 그 찬송가의 메시지는 오랫동안 하나님의 사람들의 사랑을 받아왔다. 테디 루즈벨트(Teddy Roosevelt)도 그 메시지를 사랑했고, 앤드류 잭슨(Andrew Jackson)도 그랬다. 임종을 앞둔 앤드류 잭슨은 그 찬송가를 들을 수 있게 해줄 것을 요청했다. 로버트 리(Robert E. Lee)는 교인들에게 자신의 장례식에서 그 찬송가를 불러달라고 요청했다. 그 찬송가의 가사는 사방에서 위험이 몰려올 때 하나님을 신뢰하도록 격려해주고 있다.

> 깊은 물 속으로 들어가도록 내가 너를 불렀다.
> 재앙의 물결이 너를 삼키지 못할 것이다.
> 왜냐하면 환난을 통해 네게 복을 주고
> 깊은 고통 속에서 너를 거룩하게 하려고
> 내가 그 물결 속에서 너와 함께하기 때문이다.
> 내가 네게 베푸는 풍성한 자비에는 부족함이 없을 것이다.
> 불길이 너를 해치지 못할 것이다.
> 그 불길은 쓸모없는 것들을 태워버리고
> 너를 순전하게 만들기 위해 내가 허락한 것이다.

이 사랑받는 찬송가의 가사는 먼저 1787년 존 립슨(John Rippson) 박사의 '찬송가 모음집' 에 처음 등장했다. 이 찬송가는 하나님께서 허락하시는 영적인 고난을 감수하려는 사람과 함께하시겠다고 말씀하신 하나님의 약속을 알고, 위험과 고난을 감수하고 싶어하지 않는 인간의 성향을 이해하는 것으로부터 나오는 위로와 관련이 있기 때문에 사람들의 좋은 반응을 얻었다.

우리 그리스도인들은 제거되어야 할 필요가 있는 성품에 맞서 싸우라는 명령을 받고 있다. 그렇게 할 때 우리는 주 예수님께서 우리와 함께하신다는 것을 알고 힘을 얻을 수 있다.

> 예수님을 의지하고 안식을 누리는 내 영혼
> 나는 패하지 않을 것이다.
> 지옥이 내 영혼을 뒤흔들려 한다 해도

나는 결코 흔들리지 않을 것이다.

■ 진리 알기

- 지혜는 우리 안에 있는 위험 요소들을 알고 그것들과 매일 싸우는 것이다.
- 배우자의 선택은 매우 중요하다. 왜냐하면 영적인 생활에 배우자보다 더 큰 영향을 미칠 수 있는 사람은 없기 때문이다.
- 하나님과의 관계를 단절시키는 친절을 받아들이는 것은 자멸하는 것과도 같다.
- 사람들이 하나님을 위해 무언가를 할 수 있기 때문이 아니라, 그들이 서로를 위해 선한 일을 할 수 있기 때문에 하나님께서 사람들을 선택하신다.

■ 적용하기

- 과거에 보여주신 하나님의 선하심을 기억해보는 시간을 가지라.
- 하나님과 가족과 교회와 사회를 향한 자신의 신실함을 솔직하게 평가하고 칭찬하라.
- 만족스러운 결과를 얻지 못했다면 앞으로 달라져야 할 부분들을 적어보라.
- 당신이 두려워하는 부분들을 평가해보라. 그리고 그 부분들이 약속의 땅으로 들어가기를 기다리며 이스라엘 백성들이 경험했던 것과 어떻게 비슷한지를 생각해보라.

삶의 적용

전쟁은 소풍이 아니다

1861년 남북 전쟁이 일어났을 때 북부 지역의 언론은 남부 동맹 지지자들을 성급하게 비난하며 신속하게 전쟁을 끝내야 한다고 주장했다. 시카고에서 보스턴에 이르는 지역의 편집자들은 신속한 행동을 촉구하며 워싱턴 D.C.의 남서쪽에 진을 치고 있는 남부 동맹군에 맞서 싸울 것을 독려했다.

연합군 장군 어빈 맥도웰(Irvin McDowell)은 7월 21일 일요일 오후 머내서스(Manassas) 주변의 동맹군 전선을 공격하기로 했다. 그런데 공교롭게도 워싱턴 주변 지역에서는 군대 이동 시기에 관한 작전은 비밀이 아니었다. 호기심을 가진 수많은 사람들은 곧 벌어질 교전을 지켜보는 것이 여름 오후를 보내는 흥미로운 방법이 될 수 있을 것이라 생각했다. 그래서 그들은 점심 바구니를 챙겨 들고 가장 좋은 옷으로 챙겨 입은 후 버지니아주 시골 마을로 마차를 몰고 가 점심을 먹으며 전투가 벌어지는 것을 구경하기로 했다.

그러나 그들은 무장한 군인들의 전쟁은 신나게 관람할 수 있는 스포츠 경기가 아니라는 것을 곧 알게 되었다. 남색 군복을 입은 그들의 영웅들이 남부 동맹군에게 격퇴당하면서 콜롬비아 지방으로 허둥지둥 물러나기 시작했다. 동쪽으로 향하는 유일한 길은 곧 퇴각하는 군인들과 남부 동맹군이 발포하는 대포 포탄을 피하려는 시민들로 가득 메워지게 되었다.

그 시민들의 모습은 오늘날 많은 그리스도인들이 가지고 있는 관점과 비슷하다. 그리스도인의 삶 속에서 격렬하게 벌어지고 있는 영적 전투를 사람들이 언제나 심각하게 받아들이는 것은 아니다. 그리스도인으로 살아간다는 것은 깊은 곳에서 우러나오는 기쁨을 누릴 뿐 아니라 엄청난 도전이 기다리고 있는 삶을 살아야 한다는 것을 의미한다. 그런 도전을 인식하기 위해서는 먼저 기쁨을 온전히 경험할 필요가 있다.

기도

하나님 아버지, 우리가 어려움 속에서 하나님을 의지해야 하는 존재라는 사실을 깨달을 수 있게 도와주십시오. 모든 면에서 우리는 전투에 필요한 힘과 자원을 얻기 위해 하나님을 찾고 의지해야 합니다. 예수 그리스도와 우리 자신을 위해 우리를 좋은 군사로 만들어주십시오. 아멘.

심층 연구

A. 불쌍히 여기지 말 것(7:2)

모세는 이스라엘 백성들에게 "네 하나님 여호와께서 그들을 네게 붙여 너로 치게 하시리니 그 때에 너는 그들을 진멸할 것이라 그들과 무슨 언약도 말 것이요 그들을 불쌍히 여기지도 말 것이며"(신 7:2)라고 지시했다. 성경에서 이 구절보다 더 가혹한 비난을 받은 구절도 없을 것이다. 다른 사람들에게 자비를 베풀라고 반복해서 말하고 있는 성경의 메시지와 상반되어 보이기 때문이다(슥 7:9, 미 6:8, 마 23:23). 하나님께서 선포하신 진멸이라는 이 정책을 우리는 어떻게 이해해야 할 것인가?

부분적으로 이 정책은 이스라엘의 전쟁을 통해 드러나는 하나님의 의를 보여주는 것이다. 하나님께서는 가나안 사람들이 타락할 대로 타락할 때까지 기다리셨다(창 15:16). 가나안 족속들은 더 이상 심판을 피할 수 없었다. 그리고 이스라엘은 그 심판을 수행하시는 하나님의 도구가 되었다.

그러나 진멸이 하나님께서 이스라엘 백성들에게 명하신 정책을 대표하는 것이 아니라는 사실에 주목해야 한다. 이스라엘 백성들이 가나안 족속들을 어떻게 대해야 하는지를 지시하면서 '진멸하라' 는 용어가 아니라 '몰아내라' 는 용어가 사용되었다. "너희가 요단을 건너 가나안 땅에 들어가거든 그 땅 거민을 너희 앞에서 다 몰아내고 그 새긴 석상과 부어 만든 우상을 다 파멸하며 산당을 다 훼파하고"(민 33:51-52). 가나안 사람들을 '몰아내라' 또는 '쫓아내라' 고 한 명령이 그들을 '죽이라' 고 한 명령보다 훨씬 더 많이 사용되었다.

하나님의 관점에서 볼 때 그 두 명령에는 사실상 아무 모순이 없다. 하나님께서는 두 가지 중요한 목적을 가지고 이스라엘 백성들을 가나안 땅으로 인도하셨다. 그 첫째는 이스라엘 백성들에게 땅을 주시고 족장들에게 하신 약속을 이행하는 것이었다. 둘째는 도덕적으로 타락한 가나안 종교의 유혹으로부터 자유로운 나라를 이스라엘 백성들에게 주시는 것이었다. 따라서 가나안의 문화가 완전히 제거되어야 했다. 그리고 그 일은 가나안 사람들을 진멸하거나 몰아내는 것을 통해 쉽게 이루어질 수 있었다.

가나안 족속들은 사십 년간에 걸쳐 서서히 다가오는 이스라엘의 행보를 조심스럽게 관찰해오고 있었다(수 2:9-11). 그리고 그들 가운데 많은 사람들은 이스라엘이 가까이 다가오는 것을 보고 알아서 떠나야 했다. 특히 이스라엘이 여리고에서 거둔 극적인 첫 승리가 그 일에 큰 역할을 했다. 가나안 성읍들의 성벽 뒤에서 버티며 남아 있던 사람들이 그곳을 떠나면서 가장 큰 손실을 보게 될 사람들이었다. 그들은 타락하고 불경스러운 가나안 사교에 헌신한 종교 지도자들과 시민들이었다. 하나님께서는 그들이 살아남는다면 왜곡된 사교를 열정적으로 전파하는 사람들이 될 것이라는 사실을 잘 알고 계셨다. 그리고 그들은 실제로 그렇게 했다.

이스라엘을 가장 위태롭게 하는 위험은 전쟁이 끝난 후 그들이 맞서 싸웠던 군대의 생존자들을 보게 되었을 때 찾아왔다. 이스라엘 백성들은 자연스럽게 이교도에 헌신한 그 생존자들을 집으로 맞아들였고, 그들의 부도덕하고 파괴적인 종교 행위들을 받아들였다. 이스라엘이 자신들을 치명적인 위험에 빠지게 할 사람들을 불쌍히 여길 때 실제로 가장 큰 위험이 그들에게 닥칠 것이다.

유감스럽게도 그 위험이 현실로 나타났다. 살아남은 적들의 핵심 인물들을 제거하지 않았기 때문에 이스라엘은 그 땅에서 쫓겨나지 않을 수 없을 만큼 우상 숭배에 깊이 빠져들게 되었다. 그들은 하나님의 명령과 자신들의 영적인 삶을 너무나 소홀히 여겼기 때문에 나라를 감염시키는 악의 잔재를 허용하게 되었다.

신자들도 비슷한 실수를 범할 수 있다. 우리는 우리 안에 있는 죄들을 불쌍히 여겨서는 안 된다. 그 죄들을 망설임 없이 그리고 끈덕지게 우리 삶 속에서 몰아내야 한다. 그렇지 않으면 그 죄들이 우리를 영적으로 넘어지게 만드는 원인이 될 것이다.

B. 진멸당할 것(7:26)

하나님께서 이스라엘에게 "너는 가증한 것을 네 집에 들이지 말라 너도 그와 같이 진멸당할 것이 될까 하노라 너는 그것을 극히 꺼리며 심히 미워하라 그것은 진멸당할 것임이니라"(신 7:26)고 경고하셨다. '진멸당할 것' 이라고 번역된 히브리 단어는 '하나님께 대한 헌신을 보여주는 행동으로 하나님께서 없애버리라고 요구하신 대상' 이라는 뜻을 가진 '헤렘(herem)' 이다. 이 단어는 전쟁이나 폭력적인 충돌이 벌어지는 상황에서 일반적으로 사용된 것을 볼 수 있다.

하나님께서는 이스라엘에게 그들이 접하게 될 우상의 아름다움을 무시하고 그것들을 복구할 수 없도록 완전히 파괴할 것을 명하셨다. 이 명령을 어긴 사람들은 엄중한 형벌을 받을 것이다. 불순종한 이스라엘 백성들은 헤렘이 될 것이다. 즉 그들은 삶이 파멸당하는 위험에 처할 것이다.

교안

A. 들어가는 글

1. '거대한 괴물' 이야기로 시작하라.

2. 배경 설명: 하나님께서는 이스라엘 백성들에게 여호와 하나님만을 사랑하고 섬겨야 한다고 강조하신 후(신 6장) 그들의 헌신을 점검할 첫 번째 시험 무대를 마련하셨다. 이스라엘은 이방인들을 몰아내거나 진멸하고 땅을 차지하는 난처한 일을 해야만 했다. 이스라엘의 장래와 영적인 건강은 그 명령에 대한 그들의 순종 여부에 달려 있었다.

3. 적용: 마찬가지로 하나님께서는 성령님의 도우심으로 옛사람의 행실을 벗어버리도록 그리스도인들을 부르셨다(롬 8:13). 우리 그리스도인들은 적을 확인하고, 우리 마음의 동기를 평가하며 완전한 승리를 추구해야 한다.

B. 본문 이해

1. 적의 정체 규명(7:1-5)

2. 동기에 대한 평가(7:6-16)
3. 승리하기 위해(7:17-26)

C. 결론: '전쟁은 소풍이 아니다' 를 읽어주라.

토의 질문

1. 자신에게 있는 가장 끈질긴 '내면의 적' 은 어떤 것들인가?

2. 창세기에 기록된 홍수 사건이나 소돔 성의 멸망 같은 하나님의 심판 때문에 심기가 불편해지는 사람들이 있기는 하지만 그렇게 많은 것은 아니다. 그러나 가나안 족속을 몰아내야 하는 이스라엘 백성들의 역할에 이의를 제기하는 사람들은 상당히 많이 있다. 그 이유가 무엇이라고 생각하는가?

3. 신명기 7장에서 읽은 내용을 기초로 '거룩한 백성' 이 된다는 것이 어떤 것인지를 설명해보라.

4. 하나님의 보화로 '선택된' 나라의 일원이 된다는 것이 뜻하는 바는 무엇인가?

5. 신자가 잘못된 습관을 제거해야 하는 어려운 일 앞에서 두려움을 느끼는 이유는 무엇이라고 생각하는가?

신명기 8장

말씀을 먹는 사람

"내 성품을 형성하는 데 우리 어머니가 미친 영향은 지대하다. 어머니는 내가 매일 성경을 암기하면서 배우게 하셨다. 그 훈련과 인내 덕분에 나는 고통을 견디는 일상적인 능력뿐 아니라 문학에 대한 고상한 취향도 가질 수 있게 되었다고 분명히 말할 수 있다."

- 존 러스킨(John Ruskin)

신명기 8장에서 모세는 이스라엘의 미래에 일어날 수 있는 최선의 상태와 최악의 상태를 요약했다. 하나님의 백성들이 최고조에 달하거나, 아니면 파멸로 떨어지는 것은 하나님의 말씀에 대한 그들의 태도에 달려 있었다. 신명기 9장은 교만이라는 속임수를 엄중히 경고하면서 의식적으로 하나님을 의지하며 감사할 것을 촉구하고 있다.

Deuteronomy

들어가는 글

폴란드 사람들이 준 충격

사랑받던 성경 교사 쉴러 잉글리시(E. Schuyler English)는 폴란드 동부에 있는 작은 마을에 대한 이야기를 했다. 그곳 사람들은 가난했고 특별히 교육을 잘 받은 것도 아니었으며, 대도시에서 멀리 떨어진 곳에 살고 있었다.

1930년대 마이클 빌레스터(Michael Billester)라는 사람이 책, 특히 성경과 종교 서적을 팔러 다니다 그 마을을 방문하게 되었다. 마을 사람들이 성경 한 권도 사기 어려울 만큼 가난하다는 사실을 알게 된 그는 그 마을을 떠나면서 마을 사람들 가운데 한 사람에게 성경 한 권을 그냥 주었다.

그리고 1940년까지 다시 그 마을을 방문하지 않았다. 그런데 그가 그곳을 떠나고 없는 동안 하나님께서 그가 선물로 남기고 간 성경을 사용하셨다.

먼저 그 성경책을 받은 사람이 성경을 읽고 회심하게 되었다. 그는 너무나 기뻤기 때문에 그 소중한 책의 내용을 마을 사람들에게 이야기하기 시작했다. 마이클 빌레스터가 다시 그 마을을 찾아갔을 때는 약 200여 명 되는 마을 사람들 대부분이 회심해 있었다.

빌레스터는 변화된 사람들을 보고 기뻐했다. 그리고 마을 사람들도 관대한 마음으로 자기들 마을에 엄청난 변화를 일으키게 한 그 사람을 보고 크게 감동했다. 그가 방문하는 동안 주일이 찾아왔기 때문에 사람들은 빌레스터에게 주일 설교를 부탁했다.

준비된 메시지를 전하는 대신 빌레스터는 마을 사람들에게 그들 각자에게 특별히 의미 있는 성경 구절을 암송해줄 것을 제안했다. 그러자 한 사람이 자리에서 일어나 “우리가 잘못 들은 것 같습니다. 구절들을 말씀하시는 건가요, 아니면 장들을 말씀하시는 건가요?”라고 물었다. 그 말을 듣고 놀란 빌레스터는 “성경의 여러 장을 외울 수 있는 사람들이 있다는 말인가요?”라고 되물었다.

바로 그것이 질문한 마을 사람이 뜻하는 바였다. 마을 사람들은 그 누구의 도움 없이 성경의 중요성을 깨닫게 된 듯했다. 그들은 한 권의 성경을 한 가정에서 한 달씩 돌려보았다. 그리고 다음 가정으로 넘겨줄 때가 다가오면 그들은 성경 없이 지내야 한다는 사실을 깨닫고 거의 견딜 수 없을 정도가 되었다. 그래서 그들은 다른 사람들이 성경을 보유하고 있는 동안 자신도 성경을 '소유' 할 수 있도록 성경의 일부를 외우기 시작했다. 어떤 사람들은 시편을 외웠고, 또 어떤 사람들은 창세기나 누가복음을 외웠다. 그렇게 해서 약 200명 되는 마을 사람들이 성경 전체를 거의 다 외우게 되었다.

그 소박한 마을 사람들은 다른 '세련된' 사람들이 때때로 보지 못하는 사실, 즉 하나님께서 말씀하시는 그 말씀이 중요하다는 사실을 깨닫고 있었다. 하나님께서는 사람이 '말씀을 먹는 사람' 이 되고 하나님의 계시를 소화하며 그 계시를 인격화하도록 계획하셨다. 그 폴란드 마을 사람들은 성경을 인격적으로 받아들이는 것이 얼마나 유익하고 얼마나 힘이 되는지를 스스로 터득하고 있었다. 그들은 "내가 주의 말씀을 얻어먹었사오니 주의 말씀은 내게 기쁨과 내 마음의 즐거움이오나"(렘 15:16)라고 말한 예레미야의 고백에 '아멘' 이라고 선언할 수 있을 것이다.

본문 이해

말씀을 먹는 사람

Main Idea	지혜로운 사람들조차도 성공을 통해서는 거의 배우지 못한다. 하나님께서는 하나님의 백성들에게 주실 성공을 통해 교만과 영적인 무관심에 빠지는 일이 없도록 조심하라고 경고하셨다. 그들은 성공한 후 하나님의 말씀에 더 깊은 주의를 기울여야 했다.

A. 뒤늦은 깨달음(8:1-5)

Supporting Idea	이스라엘 백성들은 그들 부모들의 완고함 때문에 광야에서 죽긴 했지만 하나님께서 그들을 훈련하시기 위해 그들의 적을 사용하셨다는 사실을 기억함으로써 부모 세대의 실수를 통해 유익을 얻을 수 있었다.

8:1. 모세가 하나님을 대신해서 명한 모든 명령을 지켜 행한다면 이스라엘은 살 소망을 가질 수 있었다. 하나님을 중심에 모시지 않는 삶은 서서히 죽어가는 삶이라 할 수 있다. 그래서 모세는 이스라엘 백성들에게 하나님의 명령을 심각하게 받아들이라고 촉구했다. 바울 사도 역시 "일락을 좋아하는 이는 살았으나 죽었느니라"(딤전 5:6)고 경고했다. 하나님의 명령을 따른다면 이스라엘은 번성하고, 여호와께서 그들의 열조 아브라함과 이삭과 야곱에게 맹세하신 땅을 얻게 될 것이다.

8:2. 여호와를 따르기 위해 격려가 필요할 때는 하나님께서 지난 사십 년 동안 어떻게 인도하셨는지를 기억하기만 하면 되었다. 그 하나님의 인도하심에는 중요한 두 가지 목적이 있었다. 첫째, 그들을 낮추시기 위한 것이었다. 종으로 살던 백성들이 낮아져야 할 필요가 있다는 사실이 좀 이상하게 보일 수도 있을 것이다. 그러나 그들은 그렇게 될 필요가 있었다. 인간의 교만은 선천적인 것이며, 그 교만에는 사회 경제적 또는 인종적 차별이 없다. 교만은 다른 죄들의 근원이 되는 죄다. 솔로몬은 "여호와의 미워하시는 것 곧 그 마음에 싫어하시는 것이 육칠 가지니 곧 교만한 눈과…"(잠 6:16-17)라고 말했다.

둘째, 하나님께서는 이스라엘 백성들을 인도하시며 그들의 마음이 어떠한지를, 특히 하나님의 명령을 지키려는 마음이 있는지 없는지를 알아보기 위해 그들을 시험하기로 하셨다. 그들의 부모들은 이 두 가지에 모두 실패했다. 그리고 죽을 때까지 의미 없이 광야를 배회하는 형을 언도받았다. 임박한 가나안 정복은 젊은 세대의 마음이 어떤지를 드러내 보여줄 것이다. 여호와의 말씀에 대한 그들의 헌신이 시험대를 거칠 것이다.

8:3-4. 이스라엘 백성들이 가데스 바네아에서 하나님께 죄를 범했을 때 모세의 연설을 듣고 있던 청중들은 십대 청소년에 불과했다. 그러나 그럼에도 불구하고 자신들을 낮추었다. 굶주림을 경험하고 하나님께서 내려주시는 만나(신명기에서는 처음으로 언급)로 그 굶주림을 채우는 과정을 통해 그들은 사람은 떡으로만 사는 것이 아니라는 중요한 교훈을 배우게 되었다. 인간의 영적인 필요는 육체적인 필요만큼 간절한 것이다. 그리고 그 필요는 채워져야 한다. 그러나 그 영적인 필요는 여호와의 입에서 나오는 모든 말씀으로만 채워질 수 있다(만나에 대해서는 '심층 연구'를 참고하라). 여기서 우리는 인간의 마음속에 보편적으로 존재하고 있는 하나님께서 창조하신 갈망에 대해 분명하게 언급하고 있는 것을 볼 수 있다. 하나님께서 창조주 외에는 그 어떤 것으로도 만족할

수 없는 영적인 속성을 가진 존재로 인간을 만드셨다.

모세는 하나님께서 이스라엘 백성들에게 필요한 양식을 공급해주신 것 이상으로 그들의 다른 필요들을 채워주셨던 일들을 상기했다. 하나님께서 입을 것을 공급해주셨고 건강도 지켜주셨다. 지난 사십 년 동안 이스라엘 백성들이 광야를 지나는 동안 그들의 의복은 해어지지 아니하였고 그들의 발은 부릍지 아니하였다.

8:5. 하나님의 모든 징계는 아버지의 징계라는 특성을 지니고 있다. 하나님께서는 이스라엘을 사람이 그 아들을 징계함같이 징계하셨다. 이스라엘은 그들이 광야에서 겪은 고통스러웠던 경험이 하나님의 주권뿐 아니라 하나님의 사랑으로부터 나온 결과였다는 사실을 마음에 생각하는 것이 중요했다. 징계와 형벌의 차이는 그 의도와 그들에게 동기를 부여해주려는 사랑과 밀접한 관계가 있다. 때때로 사람들은 잘못에 상응하는 벌을 가한다. 그러나 하나님의 징계는 하나님께서 징계하시는 사람들을 가르치기 위한 것이며 언제나 그들의 유익을 위한 것이다.

B. 선견지명(8:6-10)

Supporting Idea	하나님께서 하나님의 백성들 앞에 엄청난 복과 풍성한 은혜를 준비해두셨다. 그들이 지혜롭게 행한다면 그들의 그 지혜로운 행동이 하나님을 향한 감사와 새로운 헌신을 불러올 것이다.

8:6. 모세는 하나님께서 하나님의 백성들에게 원하시는 것을 세 가지 범주로 설명했다. 첫째는 행동에 관한 것이었다. 그들은 하나님의 명령을 지키도록 되어 있었다. 두 번째 범주는 습관적인 것으로 좀더 깊이 나아가는 것이었다. 이스라엘 백성들은 하나님의 도를 행하도록 되어 있었다. 그들은 언제나 "지금 내가 하려는 것은 하나님의 성품을 반영하는 것인가?"라는 질문을 할 수 있었다. 세 번째 범주는 동기에 관한 것이었다. 이스라엘 백성들은 하나님을 늘 경외해야 했다. 그들은 아무렇게나 행동하지 않도록 동기를 부여해주는 경건한 두려움을 가지고 있어야 했다. 그들이 하게 될 행동이 하나님께서 용납하실 수 있는 것이라는 확신이 없는 한 그 행동을 자제해야 했다.

8:7-9. 그런 윤리는 하나님의 언약을 어긴 것에 대한 하나님의 반응만을 기초로 한 것이 아니었다. 덕행은 하나님의 관대하심과 신실하심에 대한 깨달음을 기초로 해야

한다. 이스라엘의 경우 그들의 행동은 하나님께서 그들에게 주신 아름다운 땅에 대한 감사를 그 동기로 하고 있어야 했다. 그 땅은 그들과 그들의 가축과 농작물에 필요한 시내와 분천이 흐르는 땅이었기 때문이다. 땅 밑에는 골짜기와 산에서 솟아나는 샘이 있었다. 그 샘은 밀과 보리를 자라게 했다. 그 땅은 맛있고 탐스러운 열매를 맺는 포도와 나무들이 자라는 땅이었고 꿀이 나는 곳이었다. 땅이 비옥했기 때문에 먹는 식물의 결핍함이 없고 이스라엘 백성들에게는 아무 부족함이 없을 것이다.

이스라엘이 얻게 될 새 땅에는 농산물뿐 아니라 광물 자원도 풍성할 것이다. 돌에는 철이 들어 있고, 그 철은 무기와 가제 도구들을 만드는 데 사용될 수 있었다. 이스라엘 백성들은 애굽 생활을 통해 철을 제련하는 일에 익숙해져 있었다(신 4:20). 그러나 철기구를 효과적으로 만드는 데 필요한 기술은 갖추지는 못하고 있었다(수 17:18). 동 광맥은 나중에 발견되었고, 사해와 아콰바 만 사이에 있는 지역에서 채취된 다음 에시온게벨에 있는 항구를 통해 수출되었다(왕상 9:26-28). 동은 납과 혼합해 청동을 만드는 것을 비롯해 다양한 합금 형태로 사용되었다.

8:10. 그렇게 풍성한 천연 자원을 가지고 있는 땅이 이스라엘 백성들에게 주어진 것은 그들이 영적인 영향력을 가질 수 있도록 하기 위한 것이었다. 먹고 배부른 이스라엘은 그들이 누리는 옥토를 주신 하나님 여호와를 찬송하게 될 것이다. 이 구절은 8장 1-5절과 함께, 하나님께서 그분 백성들을 통해 자기 목적을 이루기 위해 풍성한 즐거움과 고통스러운 역경을 어떻게 사용하시는지를 보여주고 있다. 하나님께서는 지혜로운 아버지로서 하나님의 목적을 이루기 위해 그런 요소들을 어떤 비율로 어떻게 사용하셔야 하는지를 잘 알고 계신다. 그리고 하나님의 말씀에는 언제나 그 결과가 따른다. "내 입에서 나가는 말도 헛되이 내게로 돌아오지 아니하고 나의 뜻을 이루며 나의 명하여 보낸 일에 형통하리라" (사 55:11).

C. 통찰력(8:11-20)

Supporting Idea	하나님의 백성들이 흡족하게 살아가기 위해서는 교만과 영적 망각에 빠지기 쉬운 성향을 버리고 하나님의 말씀에 세심한 주의를 기울여야 했다.

8:11. 성공과 함께 여러 가지 영적 위험과 재난이 닥칠 수 있다. 이스라엘 백성들은 광야를 떠돌아다니던 삶에서 곧 벗어나겠지만 여전히 수많은 위험에 처할 것이다. 특히 그들은 하나님 여호와를 잊어버리게 되지 않도록 삼가야 했다. 땅을 정복하기 위해 전쟁을 치르며 매일 생명을 잃을지 살아남을지 모를 위험한 상황에서는 하나님의 도우심과 보호하심이 필요하다는 사실을 부인할 수 없을 것이다. 그러나 적들을 모두 물리치고 생활이 편안해지면 잘못된 자립 의식에 빠져 만족하게 될 수도 있었다. 그렇게 되면 그들은 여호와의 명령과 법도와 규례를 지키지 아니하고 여호와를 잊어버리는 잘못을 범하게 될 것이다.

8:12-14. 이스라엘 백성들은 그들에게 모든 것을 주신 분을 잊어버리는 성향이 자신들에게 있다는 사실을 인식하고 영적으로 나태해지지 않도록 늘 경계하는 자세를 취할 필요가 있었다. 그렇게 하지 않는다면 그들은 큰 슬픔과 황당한 일을 당할 것이다. 일단 아름다운 집을 짓고 거기 거하게 되고 우양이 번성하고 은금이 증식되기 시작하면 그들은 교만과 영적인 오만의 희생자가 될 가능성이 있었다.

경건한 사람은 하나님에 대해서뿐 아니라 자기 자신에 대해서도 탐구한다. 경솔한 마음은 언제나 어리석은 생각에 빠지기 쉽다. 하나님께서는 이스라엘 백성들에게 필요한 것들을 공급해주시는 친절을 베푸셨을 뿐 아니라 또 그들에게 조언하고 충고하는 친절도 베푸셨다. 그리스도를 닮고자 하는 사람은 영적인 방종을 선택하려 하지 않을 것이다. 가장 큰 위험은 위기가 지나고 전투에서 승리한 것처럼 보일 때 찾아온다. 그때 마음이 교만하여지고 그 교만과 함께 자신에게 도움이 필요하다는 사실을 인식하지 못하게 된다.

8:15-16. 하나님께서는 이스라엘 백성들이 막 들어가게 될 비옥한 땅과는 대조적인 광대하고 위험한 광야, 물이 없는 건조한 땅을 지나게 하셨다. 그곳은 불뱀과 전갈이 있는 그런 곳이었다. 하나님께서는 그들의 기본적인 필요를 채워주시기 위해 그 지역에서 흔히 볼 수 있는 굳은 반석에서 물을 내셨다.

그러나 그런 역경 속에서도 하나님께서는 이스라엘 백성들의 필요를 채워주셨다. 그들의 조상들도 알지 못하던 만나를 광야에서 먹여주셨다(3절의 감회를 반복하고 있는 진술이다). 하나님께서는 하나님을 의지해야 한다는 사실을 깨닫지 않을 수 없는 입장에서 통과해야 하는, 험하고 꺼림칙한 땅으로 그들을 인도하셨다. 그것은 그들을 낮추시고 시험하신 후 육체적으로 그리고 영적으로 그들을 풍성케 하시는 복을 주기 위한 것이었다. 하나님께서는 즉각적이고 단기적인 결과보다는 영성을 형성해나가는 과정과 그 결과에 늘 깊은 관심을 가지고 인도하셨다. 신자들은 그 과정을 그리 좋아하지 않을 수도 있을 것이다. 그러나 그들은 영적 성장이 가져다주는 궁극적인 유익을 보며 늘 하나님을 찬양할 수 있다.

8:17-18. 그런 성공을 방해하는 가장 견고한 장벽은 요단 강 건너편에 살고 있는 적들이 아니라 교만으로 오염된 이스라엘 백성들의 마음속 깊은 곳에 있었다. 그 교만 때문에 그들은 자신들이 누리게 될 재물을 자신들의 능과 힘으로 얻었다는 잘못된 결론을 내릴 소지가 충분히 있었다.

그런 어리석은 결론에 대한 대책으로 하나님께서는 이스라엘 백성들에게 하나님 여호와가 그들에게 재물 얻을 능을 주시는 분이라는 사실을 기억할 것을 촉구하셨다. 이스라엘 백성들이 곧 누리게 될 성공은 하나님께서 그들의 열조에게 약속하신 언약을 확증해주는 것에 지나지 않는 것이었다.

8:19-20. 그러나 교만한 독자성은 이스라엘을 더 위험한 곳으로 몰아갈 수 있었다. 그들이 여호와를 잊어버리고 다른 신들을 섬긴다면 그들은 곧 멸망할 것이다. 그들은 요단 강 서편에 있는 나라들처럼 자신들도 창조주 하나님을 섬기지 않는다면 그 땅에서 쫓겨날 수 있다는 사실을 반드시 기억하고 있어야 했다. 이스라엘의 생존과 그들이 앞으로 증거해야 할 여호와의 능력은 어느 쪽으로 기울지 모르는 불안정한 상태에 있었다.

Main Idea 복습	지혜로운 사람들조차도 성공을 통해서는 거의 배우지 못한다. 하나님께서는 하나님의 백성들에게 주실 성공을 통해 교만과 영적인 무관심에 빠지는 일이 없도록 조심하라고 경고하셨다. 그들은 성공한 후 하나님의 말씀에 더 깊은 주의를 기울여야 했다.

결론

하나님의 개입

역사는 소비에트 연방 공산주의 지도자들이 러시아와 그들의 연방 국가들로부터 기독교의 모든 자취들을 제거해버리기 위해 얼마나 필사적으로 노력했는지를 기록하고 있다. 조세프 스탈린(Josef Stalin)은 기독교 교회와 성경과 기독교인들을 대중 속에서 근절하기 위한 촉매 역할을 가장 두드러지게 한 사람이다. 스탈린의 측근들은 1930년대 전국을 다니며 성경을 몰수하고 성경을 가지고 있는 사람들을 체포했다. 그때 체포된 수많은 사람들이 포로 수용소로 압송되었고, 그들 대부분의 사람들에 대한 소식을 다시는 들을 수 없게 되었다.

1989년 철의 장막이 무너진 이후 지하에 숨어 있던 수백만에 달하는 신자들이 다시 나오기 시작했다. 다시 모습을 드러낸 러시아 그리스도인들을 격려하려는 차원에서 몇 가지 사역을 계획한 한 선교 단체가 스타브로폴(Stavropol) 시로 몇 사람의 선교사들을 보냈다. 그들은 사역을 위해 모스크바로부터 러시아어 성경을 선적해달라는 요청을 했다. 그러나 성경 도착이 지연되었다. 성경이 도착하기를 기다리면서 그들은 스타브로폴 시에 공산주의자들이 압수한 성경들이 가득 들어 있는 창고가 있다는 소식을 듣게 되었다. 그래서 그들은 지방 자체 단체에 그 성경들을 사용할 수 있게 해달라는 요청을 했다. 성경이 여전히 그곳에 있는지를 확실히 알고 있는 사람은 아무도 없었다. 그러나 지방 관리들은 성경을 찾을 수 있다면 사용해도 좋다는 허락을 해주었다. 그리고 그들은 그 성경을 찾아냈다.

선교사들은 창고에서 성경을 실어 나르기 위해 트럭을 빌리고 그들을 도와 그 일을 함께할 사람들을 동원했다. 그들 가운데는 돈을 벌 목적으로 돕겠다고 말한 한 청년이 있었다. 그는 선교에는 아무런 관심도 없었다.

트럭에 짐을 싣는 동안 그 까다로운 청년이 갑자기 보이지 않았다. 그를 찾던 선교사들은 창고 한쪽 구석에 앉아 무릎 위에 성경을 펴놓고 눈물을 흘리고 있는 그를 발견했다. 트럭에 짐을 싣는 동안 그는 성경을 읽어보기로 했던 모양이다. 성경을 펴려고 표지를 넘긴 그는 자기 할머니의 서명이 그곳에 남아 있는 것을 보게 되었다. 그녀는 스탈린이 주도한 숙청 기간 동안 체포된 신자들 가운데 한 사람이었다. 그리고 그녀의 성경책도 압수되었다. 하나님께서는 그녀가 상상조차 하지 못한 방법으로 그 손자의 딱딱하게 굳은 마음의 껍질을 꿰뚫기 위해 그 성경책을 사용하셨다. 하나님의 말씀을 인격적으로 접하면 삶이 변화되는 결과를 맞는다.

■ 진리 알기

- 하나님께서는 하나님의 백성들이 순종하든지 불순종하든지 그들을 인도하신다. 그러나 그들이 순종할 때 하나님의 인도하심은 훨씬 더 즐거운 것이 될 수 있다.
- 하나님의 징계는 우리의 교만을 직시하게 해준다.
- 고난을 통한 단련은 거절의 표시가 아니라 사랑의 표시다.
- 성공이 영적인 행복에 위협을 가할 수도 있지만 하나님께서는 하나님의 백성들에게 물질적인 풍요와 삶을 즐겁게 해주는 것들을 주고 싶어하신다.

■ 적용하기

- 하나님께서 계획하신 최선의 삶을 살지 못하도록 교만이 방해하고 있는 영역들을 하나님께서 보여주시도록 기도하라.
- 하나님 말씀의 한 부분, 즉 신명기나 다른 부분을 선택해서 암기하기 시작하라. 계획을 세우고 매주 배워야 할 구절들을 정하라.
- 일단 다 외우고 나면 매일 그 가운데 한 구절을 선택해서 시간이 날 때마다 깊이 생각하고 일상 생활 속에 적용하라.
- 하나님을 의식적으로 의지하는 삶을 살지 못하게 만들고 있는 요소들을 점검하고 새로운 방향으로 나갈 것을 다짐하라.

삶의 적용

하나님 말씀의 능력

학대받는(특히 신전 매춘으로) 인도 여성들을 위해 일한 에이미 카마이클(Amy Carmichael)의 놀라운 사역을 많은 사람들이 잘 알고 있다. 그녀는 복음 전도 사역과 사회복지 사업에 힘썼을 뿐 아니라 신앙 서적을 쓰기도 했다. 1951년 그녀가 세상을 떠나자 수많은 사람들이 그녀의 죽음을 슬퍼했다.

그녀의 사역은 성경의 한 구절이 그녀의 삶 속에서 살아 움직이면서 시작되었다. 벨파스트(Belfast)의 어린 소녀였던 에이미는 어느 눅눅한 일요일 아침, 가족들과 함께 교회에서 집으로 가던 중 매우 무거워보이는 짐을 지고 가는 한 노파를 보게 되었다. 그녀와 그녀의 형제들은 그 불쌍한 노파를 도와주기 위해 다가가 그녀의 짐을 대신 들어주고 그녀가 제대로 걸을 수 있도록 거들어주었다.

그러나 그들이 베푼 그 친절 때문에 에이미와 그녀의 형제들은 난처해지게 되었다. 왜냐하면 그들이 그렇게 천한 일을 하는 것은 우스운 일이라고 생각하는 친구들이 길에서 그 모습을 보고 있었기 때문이다. 그러나 에이미는 최근에 읽은 고린도전서 본문을 생각하면서 곧 위안을 얻었다. 바울 사도는 고린도전서 3장에서 하나님의 심판의 불이 기독교 신자들의 행실을 어떻게 시험할 것인지를 설명했다. 바울은 그 시험대 앞에서 모든 사람의 '공력이 나타날 것' 이라고 썼다. 하나님의 정밀 검사를 통과한 사람들만이 상급을 받게 될 것이다. 다른 사람들은 구원을 받기는 하겠지만 그들의 상급은 잃을 것이다. 그 순간 에이미는 하나님의 시험을 통과하고 영원한 가치가 있는 일을 하며 살기로 결심했다. 그녀는 나중에 이렇게 썼다. "나는 아무 말도 하지 않았다. 그러나 나는 내 삶의 가치를 바꾸어놓은 일이 일어났다는 사실을 알고 있었다. 영원한 가치를 지닌 것 외에는 그 어떤 것도 더 이상 내게 중요한 것이 될 수 없었다."

그런 것이 하나님 말씀의 능력이다. 하나님의 말씀을 자신의 것으로 삼게 될 사람들을 위해 하나님께서는 그들의 가치관을 변화시키고 그들의 삶이 풍성해질 수 있도록 하나님의 말씀을 사용하실 것이다. 에이미 카마이클의 경우 그것은 다른 사람들의 삶을 변화시키고 풍성하게 하는 것으로 나타났다.

기도

하나님 아버지, 우리 마음대로 살아갈 수 있다고 생각하는 어리석음에 빠지지 않게 우리를 지켜주십시오. 하나님을 떠나서는 아무것도 할 수 없다는 사실을 깨닫게 도와주시고 우리의 승리보다 하나님의 승리를 더 기뻐할 수 있는 마음을 갖게 해주십시오. 아멘.

심층 연구

A. 만나(8:3)

모세는 이스라엘 백성들에게 하나님께서 "너도 알지 못하며 네 열조도 알지 못하던 만나를 네게 먹이신 것은 사람이 떡으로만 사는 것이 아니요 여호와의 입에서 나오는 모든 말씀으로 사는 줄을 너로 알게 하려 하심이니라"(신 8:3)는 사실을 기억하라고 촉구했다. 모세가 말했듯이 이스라엘 백성들은 광야 생활 이전까지는 만나를 본 적이 없었다. 성경은 그들이 그 광야 음식을 알지 못했던 것은 그 전에는 그 음식이 존재하지 않았기 때문이라고 분명히 말하고 있다. 그것은 초자연적으로 제공된 양식이었다.

민수기에서 모세는 "만나는 깟씨와 같고 모양은 진주와 같은 것" 이라고 설명했다(민 11:7). 그 맛은 꿀 섞은 과자와 비슷했다(출 16:31). 만나를 시내 반도와 그 주변에서 볼 수 있는 것과 비교하는 현대 주석가들이 있긴 하지만 그것은 자연에서 나는 것이 아니었다. 만나는 처음 나타났을 때처럼 그렇게 기적적으로 사라졌다(수 5:12). 아론은 이스라엘 자손들이 조상들의 생명을 지켜주었던 음식이 어떤 것인지를 볼 수 있도록 항아리에 만나를 담아 성막 안에 보관하였다(출 16:32-33). 하나님께서 기적적으로 양식을 공급해주셨던 그 일의 특성은 "저희에게 만나를 비같이 내려 먹이시며 하늘 양식으로 주셨나니"라고 기록한 시편 78편 24절에서 볼 수 있다.

만나의 초자연적 특성은 이스라엘 백성들에게 중요한 교훈이 되었다. 하나님께서 그들이 생존하는 데 필요한 것들을 그렇게 쉽게 제공해주실 수 있다면 그들은 자신들을 지탱해주는 양식 그 이상을 위해서도 하나님의 말씀을 알고 청종해야 할 필요가 있다는 사실을 깨닫고 하나님을 절대적으로 신뢰해야 했다.

고안

A. 들어가는 글

1. '폴란드 사람들이 준 충격' 이야기로 시작하라.

2. 배경 설명: 하나님께서 우리에게 주시는 승리는 정말 좋은 것이 될 수 있다. 그러나 그 승리는 어쩔 수 없이 새로운 문제들을 야기하게 된다. 우리는 성공이라는 시험을 통과할 수 있을 것인가?

3. 적용: 우리의 성공을 잘 다루기 위해서는 의식적으로 하나님을 의지해야 한다. 하나님의 말씀에 비할 수 있는 것은 아무것도 없다.

B. 본문 이해

1. 뒤늦은 깨달음(8:1-5)
2. 선견지명(8:6-10)
3. 통찰력(8:11-20)

C. 결론: '하나님 말씀의 능력' 을 읽어주라.

토의 질문

1. 하나님께서 이스라엘 백성들에게 배고픔과 궁핍을 경험하게 하셨다. 그것이 신자들에게 주는 의미는 무엇인가?

2. 하나님을 건강하게 경외하는 것과 병적으로 두려워하는 것의 차이점은 무엇인가?

3. 하나님께서 우리의 찬양과 찬사를 바라시는 이유가 하나님께 그것을 바라는 내적인 필요가 있기 때문인가? 그런 것이 아니라면 하나님을 찬양하라고 우리에게 명하신 이유는 무엇이라 생각하는가?

4. 신자들은 종종 순종할 수 있는 능력이 없기 때문에 불순종하게 된다는 핑계를 대곤 한다. 그 핑계는 얼마나 타당성이 있는가?

5. 당신의 경험에 비추어볼 때 하나님에 대해 더 많은 것은 배우게 되는 것은 성공을 통해서인가, 아니면 역경을 통해서인가? 그 이유는 무엇이라고 생각하는가?

신명기 9장

경건한 중재자의 힘

"아침에 일어나서 가장 먼저 기도하고 자리에 들기 전 기도로 하루 일과를 마무리 하는 것이 좋다. '잠깐만, 조금 있다 기도하자. 이 일 먼저 마쳐놓고' 라고 계속 속삭여대는 거짓되고 기만적인 생각을 조심하라. 그런 생각은 우리를 붙들고, 끌어들이는 일들에서 벗어나지 못하게 만들어, 결국 그날 드려야 할 기도를 하지 못하게 할 것이다."

- 마틴 루터(Martin Luther)

신명기 9장에는 하나님 앞에서 중재자의 역할을 하는 모세에 관한 기록과 그가 보여준 본보기가 들어 있다. 모세는 자신의 후손으로 오실 예수님께서 하실 거룩한 일을 암시하는 사역에 대해 언급하면서 정당하게 진노하시는 하나님과 거역한 이스라엘 사이에 서서 하나님의 백성들의 삶을 보존하고 있는 자신의 역할을 설명하고 있다.

Deuteronomy

들어가는 글

둘 사이에 서서

18세기 초 고향 보헤미아에서 받는 핍박 때문에 독일로 이주해야 했던 개신교 그리스도인들이 있었다. 독일 귀족으로 신자들 가운데 한 사람이었던 니콜라스 루드비히 폰 진젠도르프(Nicholas Ludwig von Zinzendorf) 백작은 고통받는 그 그리스도인들을 동정하여 자신의 영지 안에 피난처를 마련해주었다. 그는 '헤른후트(Herrnhut, 주님께서 지키시는)' 라고 알려진 작은 마을을 만들어 그 피난민들이 살아갈 수 있게 해주었다.

몇 년 후 헤른후트와 그곳에 거주하게 된 사람들은 해외 선교의 중심이 되었다. 그 일은 스물네 명의 남자들과 스물네 명의 여자들이 각자 정한 기도 시간에 매일 한 시간씩 기도함으로 하루 스물네 시간 계속 기도가 이어질 수 있게 하자는 일에 동의하면서 시작되었다. 그 후 그 철야 연쇄 기도는 백년 이상 계속되었다!

시간이 지나면서 다른 사람들도 참여하게 되었고, 첫 번째 개신교 선교를 불러일으켰다. 진젠도르프 백작은 복음을 위해 그 작은 모라비안 공동체를 대표해 해외로 나가는 선교에 자발적으로 지원해줄 것을 요청했다. 스물여섯 명이 그 요청에 응했다. 그들 가운데 스물두 명은 2년을 채 넘기지 못하고 죽음을 맞이했고, 남은 사람들 가운데 두 사람은 감옥에 갇히게 되었다. 그럼에도 불구하고 600명으로 이루어진 그 작은 모라비안 공동체에서 70명의 선교사들이 서인도 제도와 그린란드와 터키와 라플란드 같은 곳으로 보내졌다.

진젠도르프 백작은 신세계에 모라비안 형제 공동체를 세우기 위해 미합중국을 형성한 동부 13주의 영국 식민지로 갔다. 그는 그를 따르는 사람들과 함께 웨슬리 형제들에게 영향을 미쳤고, 그 일을 통해 세계 역사 속에 매우 큰 영향을 미쳤다. 선교사로 조지아 주에 와 있던 존(John Wesley)과 찰스 웨슬리(Charles Wesley)가 영국으로 돌아가는 배를 타고 여행하는 동안 대서양 한복판에서 폭풍우를 만나게 되었다. 존은 곧 죽을 것 같은 두려움을 느꼈다. 그러나 같은 배에 타고 있던 모라비안 신도들은 평온했고, 소망을 품고 있다는 사실을 알게 되었다. 그들은 내적으로 매우 안정되어 보였다.

폭풍우가 지난 후 존은 그들에게 그렇게 평온할 수 있는 비결이 무엇인지를 물었다. 그들은 예수 그리스도께서 그들을 위해 행하신 일을 신뢰하고 있으며, 따라서 자신들에게 무슨 일이 일어난다 해도 안전하다는 사실을 알고 있기 때문이라고 설명했다. 그 일은 18세기 영국을 휩쓸었던 영적 대 각성의 지도자가 된 존과 찰스 웨슬리가 회심하게 되는 과정 속에서 중요한 연결 고리 역할을 했다.

신앙 부흥 운동과 선교 운동의 발전소가 헤른후트의 기도 운동 속에 들어 있었다는 사실을 누가 의심할 수 있겠는가? 기도하는 사람들은 세계 역사 속에서 눈에 보이지 않는 위대한 영적 영웅들로 자리 잡고 있다. 그들의 수고는 눈에 보이지 않지만 그 수고의 결과는 눈에 보이는 결과로 나타나 있다. 다른 사람들의 영적인 필요를 위해 기도하는 사람들은 종종 하나님의 심판을 막으며 (적어도 당분간은) 이 세상에서 헤아릴 수 없을 만큼의 유익을 주고 있다.

유다 백성들이 도덕적으로 타락했을 때 하나님께서 그들을 위해 기도할 사람을 찾으셨으나 한 사람도 찾지 못하셨다. "이 땅을 위하여 성을 쌓으며 성 무너진 데를 막아서서 나로 멸하지 못하게 할 사람을 내가 그 가운데서 찾다가 얻지 못한 고로"(겔 22:30). 그 한 사람이 없었기 때문에 하나님께서 진노를 쏟아부으셨다. "내가 내 분으로 그 위에 쏟으며 내 진노의 불로 멸하여 그 행위대로 그 머리에 보응하였느니라 나 주 여호와의 말이니라"(겔 22:31).

다행스럽게도 암담한 시기에 선지자 모세가 이스라엘 백성들을 위해 기도하는 중재자가 되었다. 그는 그들이 살아남아 약속의 땅에 들어갈 수 있도록 하나님과 그들 사이에 서 있었다.

본문 이해

경건한 중재자의 힘

Main Idea	하나님의 백성들이 세상에서 수많은 성공을 거둔다 할지라도 교만의 희생이 되어서는 안 된다. 우리가 성공하는 것은 우리의 우월성 때문이 아니라 신실하게 우리를 위해 중재하시는 분과 하나님의 놀라운 자비 때문이다.

A. 오해가 불러오는 위험(9:1-6)

Supporting Idea	하나님의 사람은 그의 백성들에게 그들의 성공에 대해 잘못된 결론을 내리지 말라고 경고했다. 그들은 그들이 성공할 만하기 때문이 아니라 하나님의 자비 때문에 성공할 것이다.

9:1. 모세는 이스라엘아 들으라는 명령문으로 새로운 장을 시작했다(신명기에서 4:1, 5:1, 6:4에 이어 네 번째). 이 엄중한 명령은 예수님께서 사용하신 표현으로 요한복음에 25번 나오는 '내가 진실로 진실로 너희에게 이르노니' 라는 말처럼 이어지는 내용에 깊은 주의를 기울여야 할 것을 암시해주고 있다. 이스라엘 백성들은 곧 요단을 건너 그들보다 강대한 나라들로 들어가서 그것을 얻게 될 것이다. 그들이 곧 공격하게 될 성읍들은 견고하게 요새화되어 있었다. 성벽은 하늘에 닿았으며라는 표현은 '특별히 잘 방어되어 있으며' 라는 뜻을 과장해서 표현한 것이다. 인간적으로 볼 때 이스라엘은 그렇게 튼튼한 성벽을 가진 성읍들을 공격해서 성공할 것이라는 희망을 가질 수 없었다.

9:2. 게다가 그 성읍들에 살고 있는 사람들 역시 만만한 상대가 아니었다. 그들이 맞서 싸울 사람들은 장대한 사람들이었다. 실제로 그들 가운데는 유목 생활을 하던 이스라엘 백성들에게도 잘 알려진 아낙 자손들(1장의 '심층 연구' 를 참고하라)이 포함되어 있었다. 그들은 그 지역에서 하나의 소문 거리가 될 만한 명성을 지닌 사나운 용사들이

었다. 이스라엘 백성들은 다른 사람들이 "누가 아낙 자손을 능히 당하리요"라고 말하는 것을 들어왔다. 순전히 인간적인 관점으로만 본다면 그런 능력과 결연한 의지를 가진 사람들과 싸워 이스라엘이 이길 승산은 전혀 없었다.

9:3. 그러나 이스라엘 백성들은 인간적인 개연성에 제한받을 필요가 없다는 사실을 깨달아야 했다. 그들의 성공은 그들의 군사력이나 정보망을 입증해주는 그런 승리가 되지는 않을 것이다. 여호와께서 이스라엘 군대 앞에서 요단 강을 건너가실 것이다. 그리고 맹렬한 불처럼 이스라엘의 대적들에게 가장 파괴적인 방법으로 전진하실 것이다. 하나님께서 그 대적을 파하시고 엎드러지게 하실 것이다. 따라서 이스라엘 백성들은 이방 족속들을 쫓아내거나 속히 멸하거나 할 수 있을 것이다.

9:4-5. 연속된 군사적 승리가 후에 불행한 영향을 미칠 수 있었다. 이스라엘 백성들이 잘못된 결론을 내릴 가능성이 있었다. 누군가 나의 의로움을 인하여 여호와께서 나를 이 땅으로 인도하여 들여서 그것을 얻게 하셨다고 말한다면 그는 엄청나게 큰 실수를 범하는 것이다. 이스라엘은 (모세가 7절에서 설명하고 있는 것처럼) 불행한 기록을 갖게 될 것이다.

실상은 가나안 민족들의 악함을 인하여 여호와께서 그들을 이스라엘 앞에서 쫓아내실 것이다. 이스라엘의 군사적 성공은 의로운 자에게 보상하기 위해서가 아니라 악한 자를 심판하시려는 하나님의 결의에서 나온 것이었다. 핵심을 납득시키기 위해 모세는 하나님의 신실하심 역시 이스라엘의 군사적인 승리와 관계가 있다는 사실을 추가하면서 5절에서 실제로 똑같은 말을 하고 있다. 하나님께서는 단순히 이스라엘의 열조 아브라함과 이삭과 야곱에게 하신 맹세를 이루려 하셨다.

9:6. 이스라엘 백성들의 뛰어난 영성을 칭찬하는 것과는 달리 그들이 목이 곧은 백성임에도 불구하고 그들에게 땅을 주신 것 속에서 하나님의 선하심이 나타나게 될 것이다. 목이 곧은 백성이라는 표현은 하나님의 멍에를 메지 않으려는 반항적인 자세를 암시하는 것이며, 완고함을 묘사하는 비유적인 한 표현 방법으로 히브리 성경에서 8회 사용되었고, 사용될 때마다 이스라엘 백성들을 집합적으로 묘사하고 있다(13절, 10:16, 출 32:9, 33:2, 5, 34:9, 대하 30:8).

B. 거역(9:7-25)

Supporting Idea	애굽에서부터 시작된 이스라엘 백성들의 거역은 가데스 바네아에서 그 절정에 이를 때까지 광야를 지나는 동안 내내 계속되었다.

9:7. 이 구절은 8-25절을 요약하고 있으며 잊지 말고 기억하라는 당부의 말로 시작되고 있다. 영적인 무감각은 잘 기억하지 못하는 망각에 기인하는 경우가 종종 있다. 하나님께서는 이스라엘 백성들이 애굽 땅에서 나오던 날부터 약속의 땅 언저리에 이르기까지 겪었던 비참한 일들을 곰곰이 생각해보기 원하셨다. 하나님께서는 하나님의 백성들이 그들의 죄를 슬퍼하며 평생 살아가는 것을 바라지 않으셨다. 그러나 그들이 자신들의 불순종에 대해 무관심하게 되는 것 역시 바라지 않으셨다. 이스라엘은 늘 여호와를 거역하였다.

9:8-9. 모세는 이스라엘 열조들이 겪었던 어려움을 기억해낼 수도 있었을 것이다. 그러나 그렇게 하지 않았다. 대신 호렙 산에서 일어났던 사건으로부터 시작했다. 특별히 주목할 만한 한 사건이 있었다. 그것은 여호와께서 하나님의 백성들을 멸하려 하실 만큼 진노하셨을 때였다. 그 사건은 모세가 여호와께서 이스라엘과 세우신 언약의 돌판을 받기 위해 산으로 올라갔을 때 일어났다. 하나님의 손으로 쓴 돌판은 하나님과 그의 백성들을 연결해주는 아주 귀중한 것이었고, 일반적으로 무슨 일이 벌어지더라도 보존되어왔다. 그 돌판은 모세가 떡도 먹지 아니하고 물도 마시지 않고 사십 주야를 산에 거한 후에 받은 것이었다. 그는 개인적인 경험을 통해 하나님과 함께 있는 것이 먹는 것보다 더 만족스럽다는 사실을 알게 되었다(신 8:3).

9:10-11. 모세가 받은 두 돌판은 하나님께서 이스라엘 백성들과 맺은 언약을 요약한 내용이었다. 그 판에는 하나님께서 시내 산에서 이스라엘 백성들이 들을 수 있게 이르신 모든 말씀이 기록되어 있었다. 이스라엘의 총회 날에 여호와께서 산상 불 가운데서 말씀하셨다. 이스라엘 백성들이 여러 차례 총회를 가졌지만 모세는 구체적으로 어느 총회였는지를 언급할 필요가 없었다. 그 날을 잊을 수 있는 사람은 아무도 없었기 때문이다. 하나님이 친수로 기록하셨다는 표현은 하나님을 인간의 언어로 묘사한 의인법이다. 그러나 하나님께서 약속하신 소중한 언약이 말씀에 하나님께서 친히 인격적으로 투자하셨다는 의미를 명백하게 전달하고 있다. 돌에 말씀을 새긴 것은 그 새겨진 말씀을 소중

하게 여겨야 하며 한 세대에서 다음 세대로 전달해야 한다는 것을 암시하는 것이었다.

9:12. 그러나 상황은 전혀 달랐다. 모세가 하나님을 만나는 영광스러운 경험을 하고 있는 동안 이스라엘 백성들은 언약의 표(돌판)가 그들에게 전달되기 전에 여호와께서 그들에게 명한 도를 속히 떠났다. 하나님께서는 이스라엘을 네가 애굽에서 인도한 백성이라고 묘사하셨다. 그 설명에는 암시적인 테스트가 포함되어 있었다. 모세가 중재자의 책임을 기꺼이 지려고 할 것인가? 예수님처럼 그도 백성들과 하나님의 심판 사이에 설 것인가? 그 백성들은 우상과는 정반대인 살아 계신 하나님께서 모세를 통해 그들에게 자비를 베푸심에도 불구하고 우상을 부어 만드는 가장 근본적인 악에 속히 가담하게 될 것이다.

9:13-14. 모세와의 대화 속에서 드러나는 하나님의 반응은 백성들의 거역을 기초로 하고 있었다. 하나님께서는 이스라엘 백성들을 목이 곧은 백성으로 묘사하셨다. 그리고 이스라엘을 멸하시려는 정당한 정책을 수행할 수 있도록 하나님을 막지 말라고 모세에게 제안하셨다. 하나님께서는 이스라엘 백성들을 약속의 땅으로 들어가게 하실 것이라고 말씀하시는 대신 모세를 그들보다 강대한 나라가 되게 하실 것이라고 말씀하셨다.

나를 막지 말라는 말은 문맥 속에 있는 중요한 의미를 반향하는 것이다. 그 말에는 만일 모세가 하나님을 막는다면 하나님께서 모세의 중재 때문에 하나님의 결정을 되돌리실 것이라는 의미가 내포되어 있다. 하나님께서 이스라엘을 멸하기로 결정하셨다면 그들에 대한 화를 모세에게 알리지 않으셨을 것이다. 그저 결정하신 대로 수행하셨을 것이다. 예언적 경고에는 '회개하지 않는다면' 이라는 조건이 포함되어 있다(계 2:5). 그 조건은 구체적으로 표현되기도 하고 또 넌지시 암시되기도 한다. 하나님께서는 우리가 기도드릴 수 있는 분이시다. 그리고 우리의 기도는 변화를 불러올 수 있다(적어도 우리의 관점에서는). 신통하게도 모세는 중재자의 망토를 입고 '그의' 백성들을 위해 간청했다.

9:15-17. 그러나 기도하기 전에 해야 할 달갑지 않은 일이 있었다. 모세는 여전히 불이 붙어 있는 산에서 돌이켜 내려왔다. 그의 두 손에는 하나님의 순전하심을 보여주는 두 돌판이 있었다. 그가 본 것은 산에서 들은 무시무시한 일을 입증해주는 것이었다. 이스라엘은 실제로 하나님 여호와께 범죄하였고 송아지를 만들었다. 이스라엘은 하나님께

서 하나님의 자비를 보여주는 증거로 그들을 위해 윤곽을 그려주신 삶으로부터 신속하게 떠났다.

이스라엘 백성들 앞에 하나님의 대리인으로 선 모세는 하나님을 대신하여 행동했다. 내가 그 두 돌판을 내 두 손에서 들어 던져 너희의 목전에서 깨뜨렸었노라. 이스라엘이 언약을 어기고 깨뜨렸기 때문에 모세는 언약을 상징하고 표현하는 돌판을 깨뜨렸다.

9:18. 호렙에서 모세는 제사장 역할을 했다. 산 아래 있는 사람들 앞에서 하나님을 대신한 것처럼 전과 같이 하나님 앞에서 기도하면서 사람들을 대신했다. 그는 사십 주야를 여호와 앞에 엎드려 있었다. 전에도 똑같은 기간 동안 먹지 않은 적이 있었다. 그리고 다시 이스라엘의 죄 때문에 사십 주야를 아무것도 먹지 않았다. 다른 사람들의 죄 때문에 슬퍼하는 것은 경건한 성품을 보여주는 한 특징이다.

9:19-20. 모세는 두 가지 이유 때문에 하나님의 진노를 두려워했다. 첫째, 그는 하나님께서 하나님의 백성들을 멸하려 하실 만큼 심히 분노하셨다는 사실을 알고 있었다. 그는 이스라엘을 위해 기도했고, 여호와께서 또다시 그의 말을 들으셨다. 둘째, 하나님께서 그의 형 아론을 멸하려 하실 만큼 진노하셨기 때문에 아론을 염려했다. 모세가 시내 산에서 내려와 그들을 위해 기도했을 때 그가 매우 사랑하는 사람들의 목숨이 위기에 처해 있었다. 모세는 이스라엘 전체를 위해 기도했다. 그러나 또 아론을 위해서도 기도했다.

기도하는 사람들은 기도하면서 서로 상충되는 감정을 느끼게 된다. 한편으로는 하나님을 사랑하기 때문에 하나님의 의로운 분노와 손상된 하나님의 거룩하심을 감지한다. 그리고 또 다른 한편으로는 하나님을 진노하게 만들고 영적으로 헐벗은 상태에 있는 죄인들을 사랑한다. 그런 긴장 상태를 모세가 이곳에서 느꼈던 것처럼 그렇게 강하게 느꼈던 적은 별로 없었다. 기도하는 우리들 대부분은 죄인이 자기 자신을 발견하게 되는 상황 속에서 나타날 수 있는 위험을 강하게 느낀다. 그러나 자신을 거스르는 고통스러운 감정을 식별하는 경우는 거의 없다. 모세는 이 두 문제를 깊이 인식하고 있었기 때문에 그의 기도에 힘이 있었던 것이다.

9:21. 모세가 하나님의 관점을 이해하고 있었다는 사실은 아론이 만든 송아지에 대한 그의 반응에 의해 입증되었다. 그는 그 송아지를 취하여 불살라 찧고 티끌같이 가늘게 갈았다. 그리고 그 가루를 없애 버리기 위해(또한 이스라엘 백성들이 그것을 내면화할 수

있게 하기 위해, 출 32:20) 산에서 흘러내리는 시내에 그 가루를 뿌렸다.

9:22. 호렙에서 일어난 일들은 매우 극적이었음에도 불구하고 이스라엘 백성들의 거역하려는 성향을 제거할 수는 없었다. 그들은 삼 일 만에 다시 불평하기 시작하면서 다베라에서 또다시 여호와를 격노케 하였다(민 11:1-3). 하나님께서 오랫동안 신실하게 그들의 필요를 채워주셨다. 그러나 이스라엘 백성들은 신속하게 하나님을 시험했기 때문에 하나님께서 그들을 심판하시고 그들의 진영 변두리에 심판의 불을 보내셨다.

이스라엘은 목이 마르게 되자 맛사에서 또다시 하나님을 거역했다(출 17:1-7). 하나님의 지시에 따라 모세는 이스라엘 백성들을 위해 광야에 있는 바위에서 물이 나오게 했다. "그가 그곳 이름을 맛사라 또는 므리바라 불렀으니 이는 이스라엘 자손이 다투었음이요 또는 그들이 여호와를 시험하여 이르기를 여호와께서 우리 중에 계신가 아닌가 하였음이더라"(출 17:7).

그와 비슷하게 이스라엘 백성들은 성경 역사 속에서 기브롯 핫다아와('열망의 무덤')로 알려진 곳에서 또다시 하나님을 거역했다. 하나님께서 다베라에서 있었던 사건으로 이스라엘 백성들을 징계하신 후에도 그들은 곧 다시 불평하며 하나님을 시험했다. 그들이 고기를 먹고 싶어했을 때 하나님께서는 기적적으로 메추라기를 보내셨다. 그리고 동시에 그들을 엄하게 징계하셨다. "고기가 아직 잇사이에 있어 씹히기 전에 여호와께서 백성에게 대하여 진노하사 심히 큰 재앙으로 치셨으므로 그곳 이름을 기브롯 핫다아와라 칭하였으니 탐욕을 낸 백성을 거기 장사함이었더라"(민 11:33-34).

9:23-24. 그 일로 이스라엘 백성들은 실망했다. 그러나 가데스 바네아에서 일어난 사건으로 그 실망은 절정에 달했다. 이스라엘 백성들은 그 당시 땅을 얻을 준비가 되어 있어야 했다. 그들은 애굽에서 구속되었고, 시내 산과 광야에서의 경험을 통해 교훈을 얻어왔다. 그러나 그들은 여전히 확신을 가지고 올라가 가나안 족속들과 싸우기를 거부하면서 여호와의 명령을 거역했다. 정탐꾼들의 비관적인 보고를 받아들인(민 13:1-14:10) 그들은 여호와를 신뢰하지 않고 순종하지 않기로 한 결심을 드러내보였다. 8-24절에 기록된 사건들이 성인이 된 세대의 역사를 언급한 것이기 때문에 모세는 내가 너희를 알던 날부터 오므로 너희가 항상 여호와를 거역하였느니라고 그들의 특성을 요약할 수 있었다.

9:25. 시내 산에서 사십 주야를 여호와 앞에 엎드려 있는 동안 모세가 경험했을 불편

과 피로는 우리가 다 상상할 수 없다. 그러나 하나님께서 이스라엘 백성들을 멸하기로 하신 이상 모세는 하나님의 자비에 호소하는 일을 가볍게 여길 수 없었을 것이다. 결국 하나님께서는 이스라엘 백성들을 약속의 땅으로 인도하실 것이라고 모세에게 말씀하셨다(출 33:15-17).

C. 기도의 모형(9:26-29)

Supporting Idea	모세는 역사의 가장 중요한 목적이며 이스라엘 열조들에게 보여주셨던 하나님의 신실하심 속에 표현된 하나님의 영광에 호소하면서 이스라엘 백성들을 위해 기도했다.

9:26. 모세는 자신이 했던 중보 기도 내용의 알맹이를 압축해서 되살려내고 있다. 그는 하나님을 주 여호와라고 불렀다. '주'는 하나님의 대권을 강조하는 칭호이고, '여호와'는 하나님의 인격적인 이름으로 특별히 언약과 관계가 있는 이름이었다. 모세는 하나님께서 모든 것의 주님으로서 원하시는 대로 다 하실 수 있다는 사실을 알고 있었다. 동시에 그는 이스라엘과 언약을 맺으시면서 여호와라는 이름을 사용하신 분으로 하나님을 대했다.

모세는 또 하나님께서 선택하신 백성들에게 하나님께서 인격적으로 투자하신 능력을 근거로 하나님께 호소하였다. 그들은 하나님의 큰 위엄으로 속하시고 강한 손으로 인도하여 내신 하나님의 기업이었다.

9:27. 게다가 그 고집스러운 사람들은 하나님의 종 아브라함과 이삭과 야곱의 자손들이었다. 그들의 강퍅과 악과 죄 때문에 그들을 용서하실 수 없다면 대신 하나님께서 사랑하시는 그들의 열조들을 위해 그들을 용서하실 수는 없을 것인가? 그 세 사람에게 약속하신 것을 하나님께서 기억하신다면 그들 자손들의 강퍅함과 그들이 행한 수많은 거역들을 용서하실 수 있을 것이다.

9:28-29. 모세가 한 기도의 비상함은 하나님의 영광에 호소했다는 점이다. 하나님께서 이스라엘을 멸하기로 하신다면 애굽, 즉 이스라엘을 인도하여내신 그 땅 백성이 승리를 거둘 것이다. 그들은 여호와 하나님께는 그들에게 허락하신 땅으로 그들을 인도하여 들일 능력도 없다고 말하며 하나님의 능력에 이의를 제기하고 또 하나님의 신실

하심과 충실하심을 의심할 것이다. 그리고 이스라엘의 멸망을 보면서 그들을 미워도 하사 광야에서 죽이려고 인도하여내셨다고 말하며 하나님의 의도를 전적으로 오해할 것이다.

하나님의 영광이 역사의 궁극적인 목적이다. 그리고 그 목적을 중심으로 모든 역사가 돌아가고 있다. 하나님의 영광이 드러나는 것보다 더 위대한 것은 없을 것이다. 그리고 하나님의 영광에 이의를 제기하는 것보다 더 불행한 일도 없을 것이다. 인간의 구원은 하나님의 영광을 위한 것이다(엡 1:14). 모세는 하나님의 영광을 사모했고, 그가 호소할 수 있는 근거로 그보다 더 우위에 있는 것은 없다는 사실을 알고 있었다. 이스라엘이 멸망한다면 하나님의 영광이 타격을 받을 것이다. 왜냐하면 그들은 여호와의 백성 곧 여호와의 기업이었기 때문이다.

Main Idea 복습	하나님의 백성들이 세상에서 수많은 성공을 거둔다 할지라도 교만의 희생이 되어서는 안 된다. 우리가 성공하는 것은 우리의 우월성 때문이 아니라 신실하게 우리를 위해 중재하시는 분과 하나님의 놀라운 자비 때문이다.

결론

조용한 여동생

윌리엄 캐리(William Carey)는 1761년 영국 노스햄프턴셔(Northamptonshire)의 가난한 한 가정에서 태어났다. 그의 아버지는 직조공이자 학교 교사였다. 그래서 캐리는 기본적인 교육을 집에서 받았다. 그의 학력은 그가 열네 살 때 구두 수선공의 제자가 되면서 끝이 났다.

캐리는 구두 수선을 하면서 틈틈이 혼자 공부를 했다. 성실하고 근면했던 그는 라틴

어와 헬라어, 히브리어, 불어, 네덜란드어를 습득할 수 있었다. 스무 살이 되었을 때 그는 여섯 개의 언어로 성경을 읽을 수 있게 되었다.

캐리는 그가 앉아서 구두를 고치던 의자 가까운 곳에 세계 지도를 걸어놓고 세계 복음화를 위해 기도했다. 스무 살에 결혼한 직후 그는 한 침례교 교회에서 설교하기 시작했다.

부양해야 할 가정이 있었지만 캐리는 잃어버린 영혼에 대한 마음을 늘 품고 있었다. 그는 제임스 쿡(James Cook) 선장의 탐험 이야기를 읽으며 영국 그리스도인들이 선교에 너무 무관심한 것은 아닌가라는 생각을 하게 되었다. 그리고 많은 목사들을 성나게 만든 '이교도의 회심을 위한 그리스도인들의 책임에 대한 탐구' 라는 에세이를 썼다. 그리고 '하나님께 위대한 일을 기대하고, 하나님을 위해 위대한 일을 하라' 는 제목으로 잘 알려진 설교를 했다.

캐리는 그가 말한 대로 영국 침례교 선교회를 시작했고, 선교사 지망생이 되었다. 수많은 절망과 어려움을 겪은 후 그는 평생 일하게 된 덴마크 사람들의 집단 거주지인 세람포어(Serampore)에 도착했다. 그곳은 인도의 캘커타(Calcutta) 부근이었다. 그곳에서 캐리는 출판사를 시작했고, 결국 42개의 언어와 방언으로 성경을 출판하여 십억에 달하는 사람들에게 하나님의 말씀을 전해주었다.

이런 그의 모든 업적들은 잘 알려져 있다. 그러나 그의 여동생에 관한 이야기는 일반적으로 잘 알려져 있지 않다. 그 이유는 아마도 그녀는 캐리가 큰 업적을 이루었던 곳에서 멀리 떨어진 영국에서 병약하게 살았기 때문일 것이다. 그녀는 몸이 거의 마비된 상태였지만 끊임없이 오빠의 사역을 위해 기도했다. 오빠의 편지들을 조심스럽게 읽고 오빠가 겪고 있는 어려움을 위해 기도했다. 그녀가 성경을 번역할 수는 없었다. 그러나 하나님의 군대에서 자신이 맡은 자리를 지키며 자신이 할 수 있는 일, 기도를 했다. 하나님께서는 때가 되면 유명해진 그녀의 오빠와 함께 그녀가 그리스도를 위한 일에 얼마나 크게 기여했는지 선포하실 것이다.

■ 진리 알기

• 하나님의 백성들이 하나님과 올바른 관계를 맺고 있다면 하나님께서 하실 일을 무궁무진하게 기대할 수 있다.
• 어떤 일에서든지 하나님께서 가장 중요하게 여기는 것은 하나님의 백성들의 영적인 건강이다.
• 영적인 성공이 하나님의 신실함에 있다고 말하는 것이 훨씬 더 정확함에도, 그 성공의 공로를 자신들의 경건함 때문인 것으로 돌리려는 성향을 보이는 사람들이 많다.
• 하나님을 거역했기 때문에 느끼게 되는 고통을 아는 신자들이 중보 기도를 가장 잘하는 사람들로 성숙할 것이다.
• 끈질지게 하는 기도는 그저 되는 대로 하는 기도로는 이룰 수 없는 결과를 불러온다.

■ 적용하기

• 당신에게 가장 중요한 열 사람을 위해 기도해야 할 내용들을 정리하고, 정기적으로 그들을 위해 하나님께 기도하라.
• 알고 있는 사람들 가운데 신자가 아닌 한 사람을 정해 그 사람에게 복음을 전할 수 있는 기회를 만들어주시도록 하나님께 기도하라.
• 조지 뮬러(George Mueller)나 허드슨 테일러(Hudson Taylor), 존 하이드(John Hyde) 같은 사람들의 좋은 자서전을 한 권 읽고 그 책을 통해 효과적인 기도의 원리들을 배우라.
• 매 주일 예배가 시작되기 전에 목사를 위해 기도하는 시간을 갖기 위해 조금 일찍 교회에 도착해서 함께 기도할 친구를 찾아보라.
• 목사를 위해 기도하고 있다는 사실을 그가 알 수 있게 하라.

삶의 적용

기도하는 하이드

얼마 전 브루스 윌킨슨(Bruce Wilkinson)의 작은 책자가 기독교 서적에서뿐 아니라 뉴욕 타임즈가 선정한 도서 가운데서도 최고의 베스트셀러가 되어 전 세계의 이목을 끌었다. 「야베스의 기도(The Prayer of Jabez)」라는 그 책자에서 저자는 오래전 구약 성경에 나오는 잘 알려지지 않은 한 인물이 어떻게 그의 관심을 끌게 되었는지를 설명했다. 그는 야베스가 한 기도를 읽었다. "주께서 내게 복에 복을 더하사 나의 지경을 넓히시고 주의 손으로 나를 도우사 나로 환난을 벗어나 근심이 없게 하옵소서"(대상 4:10). 저자는 그 기도를 매일 하기 시작했고, 오래전에 하나님께서 야베스에게 응답하셨던 것처럼 저자의 기도에도 계속 응답해주시는 것을 보게 되었다.

실제로 야베스의 기도는 많은 열매를 맺고 있다. 존 하이드라(John Hyde)는 선교사는 야베스의 기도에 주목하고 더 열심히 기도하게 되었다. 그는 '기도하는 하이드'로 알려질 만큼 성공적인 기도를 하게 되었고, 전 세계 사람들이 그의 기도를 부러워하게 되었다.

윌번 체프먼(J. Wilburn Chapman) 박사는 그의 친구에게 보낸 한 편지에서 하이드와 그의 기도들이 자신의 삶과 사역에 미친 영향을 이야기했다. 그는 영국에서 몇 차례에 걸쳐 복음을 전하기 위한 모임을 가졌다. 그러나 그의 사역은 적어도 겉으로 보기에는 아무 열매도 맺지 못했다. 사람들은 얼마 모이지 않았으며 믿음을 고백하고 그리스도를 영접하는 사람들도 거의 없었다.

채프먼은 하이드가 자신과 자신의 사역을 위해 기도하러 온다는 소식을 들었다. 그는 하이드에 대해 이렇게 기록했다. "그는 내 방으로 들어와 문을 잠그고 무릎을 꿇고 5분 동안 한 마디 말도 없이 가만히 기다렸다. 나는 내 심장과 그의 심장이 뛰는 소리를 들을 수 있었다. 그리고 내 눈에서는 뜨거운 눈물이 흘러내리고 있었다. 내가 하나님과 함께 있다는 것을 알 수 있었다. 그는 눈물이 흘러내리는 얼굴로 위를 바라보며 '아, 하나님' 이라고 말했다. 그리고 적어도 5분 동안 그는 또 침묵했다. 그리고 나를 위해 내가 전에는 한 번도 들어보지 못했던 그런 간청이 그의 마음속 깊은 곳으로부터 흘러나왔다. 그리고 기도를 마쳤을 때 나는 진정한 기도가 어떤 것인지를 알게 되었다."

채프먼을 위한 하이드의 기도는 놀라운 열매를 맺었다. 사람들이 훨씬 더 많이 찾아왔고, 50명의 사람들이 그리스도께 대한 믿음을 고백했다. 그 후 여러 달 동안 하나님의 은혜가 계속되었고, 채프먼은 모임의 결과들을 기도하는 하이드의 중보 기도 덕분이라고 생각했다.

기도

하나님 아버지, 우리는 얼마나 자주 우리의 성공을 우리의 공로로 돌리며 하나님을 슬프시게 하는지요. 우리가 우리 자신을 높이기 위해서가 아니라 하나님께 영광 돌리기 위해 살아가고 있다는 사실을 직시할 수 있게 도와주십시오. 우리는 신실하지 못할 때에도 하나님께서는 언제나 신실한 분이신 것을 감사드립니다. 아멘.

심층 연구

A. 맹렬한 불(9:3)

모세는 약속의 땅 언저리에서 이스라엘 백성들에게 "여호와께서 맹렬한 불과 같이 네 앞에 나아가신즉 여호와께서 그들을 파하사 네 앞에 엎드러지게 하시리니"(신 9:3)라고 말하며 그들에게 힘을 실어주었다. 성경에서 맹렬한 불은 종종 하나님의 심판을 보여주는 은유적인 표현으로 사용된 것을 볼 수 있다. "보라 여호와의 이름이 원방에서부터 오되 그의 진노가 불붙듯 하며 빽빽한 연기가 일어나듯 하며 그 입술에는 분노가 찼으며 그 혀는 맹렬한 불 같으며"(사 30:27, 비교-30:30, 33, 33:14, 나 1:5-6).

하나님의 심판은 현재의 왕이나 국가나 개인에 대한 일시적인 심판이 되거나, 아니면 크고 흰 보좌에서 이루어지는 영원한 심판이 될 수 있을 것이다(계 20:11-15). 그리스도의 재림도 종종 격렬한 용어로 묘사되었다. "환난받는 너희에게는 우리와 함께 안식으로 갚으시는 것이 하나님의 공의시니 주 예수께서 저의 능력의 천사들과 함께 하늘로부터 불꽃 중에 나타나실 때에 하나님을 모르는 자들과 우리 주 예수의 복음을 복종치 않는 자들에게 형벌을 주시리니"(살후 1:7-8, 비교- 사 66:15). 히브리서 기자는 그리스도인들에게 거룩한 삶을 살도록 권고하면서 신명기 9장 3절과 4장 24절을 반영했다. "그러므로 우리가 진동치 못할 나라를 받았은즉 은혜를 받자 이로 말미암아 경건함과 두려움으로 하나님을 기쁘시게 섬길지니 우리 하나님은 소멸하는 불이심이니라"(히 12:28-29).

하나님께서 소돔과 고모라를 심판하신 것과 노아의 홍수로 악이 관영하던 세상을 멸망시키신 것에는 아무런 이의도 제기하지 않는 사람들 가운데도 이스라엘 백성들이 가나안을 정복하게 하신 일에는 잘못이 있다고 생각하는 사람들이 많이 있다. 그러나 신명기는 이스라엘을 악에 대한 하나님의 진노의 도구로 보고 있다. 그들이 그 과정을 통해 무언가를 얻었다는 사실을 문제로 삼는 것은 아니다. 이스라엘이 가나안 족속들을 심판하는 일에 기여할 수 있는 자질을 갖추고 있었다는 주장은 성경 어느 곳에서도 찾아볼 수 없다. 오히려 신명기 9장 4-6절은 그들이 그렇지 못했다는 사실을 분명하게 보여주고 있다. 하나님께서는 의로운 사람들을 찾을 수 없다는 이유 때문에 때때로 하나님의 일을 위해 의롭지 못한 사람들을 사용하신다.

B. 멸하심(9:20)

모세의 형이며 이스라엘의 첫 번째 대제사장이었던 아론은 송아지 우상을 만들며 신실하지 못하고 어리석게 행동했다(출 32:1-6). 그는 자신을 변호하기 위해 그 우상을 참 하나님을 예배하기 위한 하나의 매체로 생각할 수도 있었다(출 32:5). 그러나 그는 그 이상을 알고 있어야 했다.

신자들이 죽음에까지 이르게 되는 징계를 성경에서 자주 볼 수 있다. 사도 요한은 죽음을 불러올 수 있는 죄가 있다고 말했다. "누구든지 형제가 사망에 이르지 아니한 죄 범하는 것을 보거든 구하라 그러면 사망에 이르지 아니하는 범죄자들을 위하여 저에게 생명을 주시리라 사망에 이르는 죄가 있으니 이에 대하여 나는 구하라 하지 않노라" (요일 5:16).

고린도 교회의 한 신자가 그의 의붓어머니와 잠자리를 같이했다. 그 소식을 들은 바울 사도는 그런 수치스러운 일을 근절하기로 했다. 그리고 "이런 자를 사단에게 내어주었으니 이는 육신은 멸하고 영은 주 예수의 날에 구원 얻게 하려 함이라" (고전 5:5)고 설명했다.

고린도 교회의 또 다른 신자들은 주님을 기념하는 만찬 자리에서 술을 과도하게 마시기 시작하면서 하나님을 기쁘시게 하지 못했다. 그들은 다양한 방법으로 육체에 해를 가했다. 처음에는 자신들이 약해지는 것을 경험하게 되었다. 그럼에도 불구하고 회개하지 않자 하나님께서 그들 가운데 질병을 보내셨다. 주의 만찬에서 술 취하는 일에 너무 몰두했던 사람들은 결국 목숨을 잃었다(고전 11:20-22, 27-30).

이 문제에 대한 해결책은 자신을 스스로 살펴보고 회개하는 것이다. "우리가 우리를 살폈으면 판단을 받지 아니하려니와" (고전 11:31). 아론이 자신이 하려는 일을 잘 살펴 생각했더라면 백성들의 요구를 물리치고 우상을 만들지 않았을 것이다. 그는 간신히 죽음을 면할 수 있었다. 그것도 모세의 중보 기도가 있었기 때문이다. 다른 사람들을 위해 기도하는 그리스도인들은 불순종한 신자들의 육체적 생명을 구할 수 있다.

교안

A. 들어가는 글

1. '둘 사이에 서서' 이야기로 시작하라.

2. 배경 설명: 이스라엘에게 고국이 될 땅을 주시겠다고 하신 하나님의 약속에는 위험들이 내재해 있었다. 그들은 자신들이 매우 종교적이기 때문에 하나님께서 약속의 땅을 그들에게 주셨다는 결론을 내리기가 쉬웠다.

3. 적용: 우리 모든 신자들은 우리가 선하기 때문이 아니라 하나님께서 선하신 분이시기 때문에 우리에게 선을 행하시고 친절을 베푸신다는 사실을 이해해야 한다.

B. 본문 이해

1. 오해가 불러오는 위험(9:1-6)
2. 거역(9:7-25)
3. 기도의 모형(9:26-29)

C. 결론: '기도하는 하이드' 를 읽어주라.

토의 질문

1. 당신이 착하기 때문에 하나님께서 복을 주셨다는 결론을 내린 적이 있는가? 지금도 그렇게 생각하는가?

2. 살아가면서 고집스럽고 완고하게 행동하는 영역은 어떤 영역인가?

3. 하나님께서 이스라엘을 멸하시고 모세의 자손을 통해 새로운 나라를 세우셨다고 생각하는가? 그렇게 하지 않으셨다면 왜 하나님께서는 모세에게 그런 말을 하신 것인가?

4. 모세는 신실한 중재자로서 자신의 역할을 어떻게 완수했는가?

5. 도움이 필요한 사람들을 위해 기도하지 못하는 이유는 무엇인가?

6. 다른 사람들을 위해 기도하면서 하나님의 어떤 명성을 근거로 하나님께 호소하는가?

신명기 10장

하나님께서 원하시는 것

"참사가 닥칠 때 우리는 돕는 은혜를 받게 될 것이다. 그 은혜는 참사가 닥치기 전까지는 보통 잘 받을 수 없다고 나는 생각한다. '평생 먹을 양식을 주옵시고' 가 아니라 '일용할 양식을 주옵시고' 라는 기도는 영적인 은사에도 적용될 수 있다. 매일 찾아오는 시련들을 감당하기 위해 우리에게는 매일 도움이 필요하다. 우리는 매일 그리고 매 순간 우리의 삶을 받아들여야 한다."

- C. S. 루이스(C. S. Lewis)

신명기 10장에서는 이스라엘 백성들에게 그들이 수없이 누렸던 하나님의 은혜를 설명하고 있는 모세를 볼 수 있다. 하나님께서 그들에게 풍성한 은혜를 베푸셨다. 그리고 하나님의 계명을 따르는 순종을 통해 표현되는 자발적이고 끊임없는 사랑과 충성을 이스라엘에게 기대하셨다.

Deuteronomy

들어가는 글

기도하는 손

알브레히트 뒤러(Albrecht Durer)는 15세기 독일 뉘른베르크(Nürnberg)에 가까운 곳에서 18명의 자녀를 둔 한 가정에 태어났다. 알브레히트라는 이름은 그의 아버지의 이름을 따서 지어졌다. 그의 아버지는 금 세공사였지만 많은 자녀들을 부양해야 했기 때문에 경제적인 부담을 안고 있었다. 그럼에도 그의 이름을 물려받은 아들과 또 다른 한 아들의 교육에 깊은 관심을 가지고 있었다. 두 소년은 어려서부터 미술에 뛰어난 재능을 보였다. 그리고 둘 다 화가가 되고 싶어했다. 그러나 둘은 또 아버지가 자기 둘을 다 교육시킬 수 없는 상황이라는 것도 잘 알고 있었다.

결국 두 소년은 동전을 던져 결정하기로 했다. 이기는 사람은 뉘른베르크 미술 학교에서 4년 동안 공부를 하고, 진 사람은 탄광에서 일을 하기로 했다. 그리고 4년 후에는 서로의 역할을 바꾸어 두 사람이 모두 공부를 하자는 데 동의했다. 먼저 교육을 마친 신인 화가는 자신이 그린 그림을 팔고 탄광에서 일을 하면서 4년 동안 기다려준 형제를 후원할 수 있게 될 것이라 생각했다.

동전을 던진 결과 동생이 먼저 학교에 가게 되었다. 그의 형은 동생을 후원하기 위해 탄광으로 가서 위험한 일을 하기 시작했다. 동생의 재능은 학교에서 곧 인정을 받게 되었고, 그 일로 온 가족이 기뻐했다. 졸업할 때쯤 되었을 때 그의 작품들은 이미 상당한 가격에 팔리기 시작했다.

졸업한 후 동생은 집으로 돌아가 큰 환영을 받았다. 가족들과 친구들의 찬사를 받았고 식사를 마친 후에는 그를 후원해준 형에게 감사를 표하며 형을 위해 건배했다. 그리고 앞으로 형이 공부를 할 수 있도록 4년 동안 후원하기로 한 약속을 기꺼이 지키겠다고 설명했다.

그러나 애석하게도 형은 그럴 수 없다고 말했다. 그림에 대한 열망이 사라졌기 때문이라고 했다. 4년 동안의 광부 생활과 관절염의 발병으로 그는 붓을 쉽게 잡을 수 없게 되었다. 마디투성이가 된 굵고 거칠어진 손은 통증이 떠나지를 않았고 섬세한 붓질을 하기가 힘들었다. 결국 그는 화가가 되지 못했다.

나중에 알브레히트 뒤러는 형에게 경의를 표하기 위해 손을 모으고 기도하는 형의 울퉁불퉁한 손을 그림으로 그렸다. 매우 아름답게 그려진 그 '기도하는 손'은 세상 사람들에게 혼자 힘으로 꿈을 이룰 수 있는 사람은 이 세상에 거의 없다는 사실을 그리고 감사하는 마음이 아름다운 것을 만들어낼 수 있고 또 만들어내야 한다는 사실을 상기시켜주고 있다.

그리스도인들도 같은 원리에 따라 살아야 한다. 우리는 하나님 앞에서 다른 사람들의 희생이 만들어낸 결과물이다. 우리가 유일하게 드릴 수 있는 온당한 예배는 아름다운 삶을 살아가며 우리 자신을 매일 산 제물로 하나님께 드리는 것이다.

본문 이해

하나님께서 원하시는 것

Main Idea	모세는 하나님께서 은혜로 베풀어주신 친절들을 길게 설명하면서 이스라엘 백성들의 기억을 되살려주고 있다. 그는 이스라엘 백성들이 하나님을 온전히 사랑하고 순종하는 삶을 살아가게 하기 위해 그런 설명을 하고 있는 것이다.

A. 하나님께서 하신 일: 하나님의 신실하심에 대한 회상(10:1-11)

Supporting Idea	이스라엘 백성들은 하나님께서 오랜 세월 동안 그들의 필요를 채워주시고 그들을 인도해주시는 것을 목격해왔다. 그들은 은혜를 베푸시는 하나님의 선하심을 통해 유익을 얻고 있었다.

10:1-2. 모세는 이스라엘 백성들이 시내 산에서 불순종한 후 자신이 그들을 위해 기도했을 때 나타났던 결과를 그들에게 상기시켜주었다. 하나님께서 그들을 살려달라는 모

세의 간청을 받아들이시고 그에게 하나님께서 그들과 맺은 언약을 갱신하실 수 있도록 두 돌판을 다듬도록 명하셨다. 산에 올라 내게로 나아오라고 하신 하나님의 초청은 하나님께서 더 이상 이스라엘을 멸하려 하지 않으신다는 사실을 분명히 보여주는 것이었다.

모세는 또 나무 궤 하나를 만들라는 명을 받았다. 이 명령은 출애굽기 34장 1-9절의 기록에는 원래 없던 것이었다. 그래서 신명기 기록의 역사적 정당성에 의혹을 제기하기 위해 이 구절을 사용하는 비평가들도 있다. 그런 문제를 다루는 간단한 해결 방법은 이 구절이 추가된 것이라는 사실을 인정하는 것이다. 이 시점에서 모세의 관심은 정확한 연대기를 만드는 것이 아니라 중요한 핵심 사안을 골라내기 위해 사건들에 대한 기억들을 집약적으로 요약하고 있다. 그가 전달하고자 했던 핵심 사안은 하나님께서 깨진 언약을 이스라엘과 다시 맺으셨다는 사실과 기록된 언약이 (최소한 요약된 형태로) 이스라엘 백성들의 중심에 자리 잡고 있어야 한다는 것이었다.

하나님께서는 모세가 불순종한 이스라엘 백성들을 대하며 깨뜨린 처음 판에 쓴 말을 다시 새 판에 쓰기로 하셨다. 언약의 조건들을 바꾸신 것이 아니라 직접 다시 쓰실 정도로 그렇게 처음 주셨던 그대로 주셨다.

10:3. 브살렐이 궤를 장식해서 우아하게 만들었지만(출 37:1) 싯딤 나무를 깎아 궤를 만든 사람은 모세였다. 그래서 그는 그 궤에 돌판을 넣으라고 하신 하나님의 명령을 이행할 수 있었다. 이스라엘 백성들이 하나님의 명령을 제대로 지키지 않았던 것과는 달리 모세는 하나님께서 말씀하신 대로 정확히 따르기 위해 주의를 기울였다. 그는 처음 것과 같은 돌판 둘을 다듬어 하나님께서 쓰실 수 있도록 준비한 돌판을 손에 들고 산에 올랐다(언약궤에 대해서는 '심층 연구' 를 참고하라).

10:4-5. 여호와께서 약속하신 대로 행하시고 십계명을 처음과 같이 그 판에 쓰셨다. 십계명은 이스라엘 백성들이 하나님의 백성으로 행하기를 하나님께서 원하시는 내용을 요약한 것이다. 언약에는 출애굽기 하반부의 대부분과 민수기의 상당 부분이 포함되지만 십계명 속에 그 내용이 모두 결집되어 있다. 나중에 예수님께서도 십계명을 보다 더 간단한 형태로 요약하시면서 "네 마음을 다하고 목숨을 다하고 뜻을 다하여 주 너의 하나님을 사랑하라 하셨으니 이것이 크고 첫째 되는 계명이요 둘째는 그와 같으니 네 이웃을 네 몸과 같이 사랑하라" (마 22:37-40)고 말씀하셨다.

십계명은 총회 날에 산 위 불 가운데서 이스라엘 백성들에게 이르신 것이었기 때문에 그들에게 특별히 중요한 의미가 있는 것이었다. 새로 쓴 돌판을 받은 모세는 산에서 내려와서 여호와께서 명하신 대로 그가 만든 궤에 넣었다. 그 두 돌판은 모세가 연설하게 된 지금까지 하나님의 은혜와 자비와 신실하심을 증거하고, 거역한 이스라엘 백성들의 반역을 증언하는 증거물로서 궤 안에 보관되어 있었다.

10:6-7. 하나님의 신실하심은 십계명을 다시 쓰시고 언약을 갱신하시는 일에서 끝나지 않았다. 아론이 죽은 후 아론의 뒤를 이어 아론의 자손들이 제사장의 직무를 승계하고 갱신할 수 있게 해주셨다. 그래서 그 아들 엘르아살이 그를 이어 제사장의 직무를 수행하였다.

이런 사건들이 벌어지는 동안 이스라엘 백성들은 그들이 지금 체류하고 있는 지역까지 여행하는 데 필요한 모든 것들을 공급받았다. 6-7절에 언급된 곳이 정확히 어느 지역인지를 알 수는 없지만 적어도 몇 군데는 홍해 동쪽 지류의 아콰바 만 북쪽 끝에서 가까운 곳에 위치하고 있었음이 분명하다.

아론의 제사장 직무는 히브리서 기자가 기록한 것처럼 죽음 때문에 다른 사람으로 대체되어야 하는 약하고 유한한 사람들에 의해 수행되었다. 나중에 그리스도의 대제사장 직분이 아론의 제사장 직분을 대신하게 되었다(히 5:1-10, 7:11-17). 주 예수님께서 "육체에 상관된 계명의 법을 좇지 아니하고 오직 무궁한 생명의 능력을 좇아 된 것이니 증거하기를 네가 영원히 멜기세덱의 반차를 좇는 제사장이라 하였도다(히 7:16-17)" 라고 한 그 제사장의 역할을 성취하셨다.

10:8. 모세는 '그 때에' 라고 말하면서 아론의 죽은 때를 거슬러 금송아지를 만들었던 때까지로 되돌아갔다. 그 수치스러운 사건 속에서 레위 지파는 모세가 산에서 내려올 때까지 언급되지 않았다. 그리고 하나님께서 그들을 구별하셨다. 그들은 예배 처소에서 수행해야 할 일들을 위해 예전에 이미 선택되기는 했지만(민 3:5-4:49, 8:6-22, 18:1-7), 시내 산 아래서 보인 행동과 여호와의 목적을 위한 그들의 열정을 통해 그들이 하나님의 거룩하심을 상징하는 언약 궤를 메기에 적합한 사람들로 구별되었다는 사실을 보여주었다. 모세가 언급했듯이 바로 그 레위 지파가 그들의 신실함 때문에 여호와 앞에 서서 그를 섬기고 또 여호와의 이름으로 축복하는 일을 계속하고 있었다. 그리고 그들의 행동은 그들의 대제사장이었던 아론이 그 사건 속에서 신실하지 못하게 행동했던 것 때문에 더욱더 두드러지게 되었다.

10:9. 레위 지파의 특별한 위치는 약속의 땅에서 그들에게 주어진 분깃이 없으며 기업이 없다는 점에서도 볼 수 있다. 물질적인 재산 대신 여호와께서 친히 그들의 기업이 되셨다.

하나님께서는 물질적인 혜택 대신 하나님과의 밀접한 관계를 그들의 보상이 되게 하심으로, 모든 것 가운데서 하나님 자신이 가장 소중하게 여기시는 것이 어떤 것인지를 이스라엘 백성들과 우리들에게 선포하셨다. 하나님을 아는 것과 하나님을 아는 것으로부터 얻게 되는 만족을 찾는 것이 그리스도인들의 궁극적인 목적이다. 하나님께서는 하나님의 백성들이 하나님을 아는 것을 최고의 가치로 여길 때 가장 기뻐하신다. 하나님 안에서 찾을 수 있는 기쁨과 견줄 수 있는 것은 이 세상 그 어디에서도 찾을 수 없다.

10:10-11. 모세는 하나님을 거역하고 마음대로 행동하는 동족들을 위해 기도하며 다시 하나님과 함께 산에 유하였다. 이스라엘이 행한 모든 불충한 행동에도 불구하고 이스라엘을 멸하는 것이 하나님의 뜻이 아니었기 때문에 모세의 말을 들으셨다. 아마 모세도 놀랐을 것이다. 모세에게(그리고 그를 통해 이스라엘 전체에게) 확신을 주시기 위해 하나님께서는 선지자에게 일어나서 백성 앞에서 진행하라고 지시하셨다. 그들에게 주리라고 그 열조에게 맹세한 땅에 그들이 들어가서 그것을 얻게 될 것이라고 말씀하신 하나님의 약속은 여전히 유효했다.

B. 하나님께서 원하시는 것: 하나님의 신실함이 불러온 결과들(10:12-22)

Supporting Idea	하나님의 끊임없는 은혜를 고려해볼 때 이스라엘 백성들은 그들의 완고함을 버려야 했다. 그리고 하나님을 언제나 경외하고 사랑하면서 순종해야 했다.

10:12-13. 하나님께서 이스라엘의 모든 필요를 채워주셨기 때문에 그들에게 무언가를 바라시는 것은 당연한 일이었다. 따라서 모세는 그들이 요단 강을 건너 하나님께서 그들에게 주시기로 한 땅에 서게 될 때 하나님께서 그들에게 무엇을 요구하실 것인가라는 질문의 형태로 그 문제를 제기했다.

하나님의 은혜에 대한 적절한 반응을 간단하게 설명한 이 첫 번째 요약에서 하나님께서는 이스라엘 백성들에게 하나님을 그들 삶의 중심에 둘 것을 요구하셨다. 그들은 하나님을 경외하여 그 모든 도를 행하고 그를 사랑하며 마음을 다하고 성품을 다하여 하나님을 섬기고 … 여호와의 명령과 규례를 지켜야 했다. 간단히 말해서 하나님께서는 그들에게 마음을 요구하셨던 것이다.

이스라엘은 여호와의 은혜를 입고 있었기 때문에 그런 요구는 그리 큰 것처럼 보이지 않았다. 더구나 하나님께서 그들에게 주신 명령들은 그들의 행복을 위해 구상된 것이기 때문에 더욱더 그랬다. 거룩한 삶을 살아간다면 전혀 문제될 것이 없었다. 하나님께서는 우리에게 우리의 최선에 상반되는 행동을 하라고는 결코 요구하지 않으신다. 살아가면서 신앙을 지키기 위해 목숨을 버릴 것이 요구되는 상황을 피할 수 없게 된 사람들은 영원한 기쁨을 위해 일시적인 편안함을 기꺼이 버린다.

10:14-15. 이런 개괄적인 요청들과 함께 모세는 구체적인 기대, 즉 하나님의 방법을 따를 것을 추가하였다. 모세는 먼저 이스라엘 백성들에게 하늘과 모든 하늘의 하늘과 땅과 그 위의 만물이 본래 여호와께 속한 것이라는 사실을 상기시켜주었다. 설명하지는 않았지만 어떤 이유 때문인지 하나님께서는 이스라엘의 열조를 기뻐하시고 그들을 사랑하셨다. 그리고 더 나아가 그 후손인 그들을 만민 중에서 택하셨다. 그들을 억압에서 구하시고 그들에게 더 나은 삶과 영원한 소망을 주시기 위해 기적과 능력을 행하시며 특별한 관심을 가지고 그들에게 호의를 베푸셨다.

10:16. 하나님께서 이스라엘을 선택하시고 그들에게 은혜를 베푸셨기 때문에 그들은 마음에 할례를 행하고 다시는 목을 곧게 하지 말아야 했다. 마음에 할례를 행한다는 것은 언약을 외적으로 지키는 것보다는 내적으로 동의하고 따르는 것을 암시하는 표현이다.

목을 곧게 한다는 표현은 완고함을 뜻하는 것으로 성경 전체를 통해 나타나는 것을 볼 수 있다(욥 9:4, 대하 30:8, 36:13, 느 9:16-17, 29, 렘 7:26, 17:23, 19:15). 따라서 모세는 영적인 완고함을 보이는 이스라엘 백성들에게 회개를 촉구했던 것이다.

10:17-18. 모세는 이스라엘 백성들의 행동을 바꾸기 위해 두 번째 구체적인 요구를 추가했다. 이스라엘 백성들은 완고함과 자기 마음대로 행하려는 자세를 버려야 했을 뿐 아니라, 곧 그들 가운데서 함께 살게 될 외국인들을 대하는 일에서도 그들이 회개한 것을 드러내야 했다.

모세는 먼저 하나님을 신의 신이며 주의 주로 묘사하면서 이스라엘 백성들의 영적 무관심을 책망했다. 그렇다고 해서 모세가 다른 객관적인 신적 존재를 인정한 것은 아니다. 다만 사람들의 마음속에 있는 주관적인 실체를 인정한 것뿐이었다. 하나님께서는 어떤 문제든지 그 문제를 먼저 인정해야 그 문제를 적절하게 다룰 수 있다는 성경의 관점을 가지고 계신다. 하나님께서 세우시기 전에 먼저 무너뜨려야만 할 때가 있다.

모세는 그 이방 신들과는 달리 이스라엘의 하나님께서는 사람을 외모로 보지 아니하시며 뇌물을 받지 아니하신다고 설명했다. 하나님께서는 의로운 행동을 기대하시고, 하나님의 백성들 속에서 의로운 행동을 기대하실 권리를 가지고 계신다. 이스라엘 백성들은 하나님께서 외로운 고아와 과부를 위하여 신원하시는 분이라는 사실을 인정하게 될 때까지는 하나님을 기쁘시게 할 것이라는 희망을 가질 수 없었다. 하나님께서는 또 나그네를 사랑하시고 그에게 식물과 의복을 제공해주신다.

10:19. 하나님께서 외국인들도 사랑하시기 때문에 이스라엘도 그렇게 하도록 되어 있었다. 하나님께서 친히 보여주신 본보기가 그들에게 동기를 부여해줄 수 있을 만큼 그렇게 충분하지 않은 것처럼 보인다면, 그들은 애굽 땅에서 나그네 되었던 자신들의 곤경을 기억해보는 것만으로도 충분히 그렇게 해야 한다는 것을 알 수 있었을 것이다. 이스라엘 백성들은 낯선 땅에서 국외자로 산다는 것이 어떤 것인지를 잘 알고 있었다. 다른 사람들이 이스라엘이 경험했던 것과 비슷한 곤경에 처해 있을 때 하나님의 사람들은 그들을 사랑하고 동정해야 한다.

10:20-22. 이 장은 하나님께서 기대하시는 것들에 대한 두 번째 요약으로 끝이 난다. 이스라엘 백성들은 하나님을 경외하고 그를 섬겨야 한다. 하나님의 백성들은 하나님을 친근히 하고 그 이름으로 맹세해야 한다. 하나님께서는 그들이 목도한 바와 같이 크고 두려운 일을 그들을 위하여 행하셨다. 그러므로 그들은 하나님을 찬양하고 언제나 경외감을 가지고 하나님의 이름을 대해야 했다.

하나님께서 그들의 수를 배가시키신 것은 그들을 위해 하나님께서 하신 보잘것없는 일이 결코 아니었다. 야곱이 기근을 피하기 위해 가족들을 데리고 애굽으로 갔을 때 그들은 모두 칠십 명에 불과했다. 그러나 모세가 연설하고 있는 시점에서 그들의 수는 하늘의 별과 같이 많아졌다. 하나님께서 하나님의 백성들을 위해 하신 일은 언제나 그들이 하나님을 위해 하는 일의 근거가 된다. 은혜는 하나님께서 언제나 값없이 주신다.

그러나 하나님께 받은 은혜는 언제나 하나님을 기뻐하고 즐거워하는 결과로 나타나야 한다.

Main Idea 복습	모세는 하나님께서 은혜로 베풀어주신 친절들을 길게 설명하면서 이스라엘 백성들의 기억을 되살려주고 있다. 그는 이스라엘 백성들이 하나님을 온전히 사랑하고 순종하는 삶을 살아가게 하기 위해 그런 설명을 하고 있는 것이다.

결론

희생이 아니었어요

서구 사회에 살고 있는 보통 사람들은 "리빙스턴 박사가 맞으시죠?" 라고 말한 헨리 스탠리(Henry Stanley)의 유명한 이야기 때문에 데이비드 리빙스턴(David Livingstone)에 대해 겨우 이름 정도만 알고 있을 뿐이다. 사실 리빙스턴은 논쟁의 여지가 있긴 하지만 이 세상에서 가장 잘 알려진 선교사다. 스탠리가 리빙스턴을 만났을 때 리빙스턴은 오랫동안 아프리카에서 살면서 수많은 어려움을 겪은 후였다. 사자가 그를 공격해 그의 왼팔은 실제로 거의 쓸모없는 상태가 되어 있었다. 그는 또 적대적인 부족들과 수없이 많은 갈등을 겪어야 했고, 아내를 열병에 잃어야 하는 슬픔을 겪기도 했다. 사실상 그는 그리스도를 섬기면서 사람이 잃을 수 있는 거의 모든 것을 잃었다.

그가 영국을 잠깐 방문하는 동안 한 무리의 학생들이 그에게 잃은 것들에 대해 이야기해달라는 요청을 했다. 그러자 그는 다음과 같이 이야기했다.

> "개인적으로는 하나님께서 그런 일을 내게 맡기신 것을 늘 기뻐했어요. 사람들은 내가 그렇게 오랫동안 아프리카에 살면서 많은 희생을 했다고 말해요 … 그러

나 건강한 활동을 하면서 그 자체로써 보상을 받을 수 있었고, 선한 일을 하고 있다는 의식과 마음의 평안을 누릴 수 있었으며, 영광스러운 미래에 대한 밝은 소망을 가질 수 있었던 삶을 희생이라고 말할 수 있을까요? 이런 관점을 가지고 이렇게 생각하면 희생이라는 말을 할 수 없을 거예요! 오히려 특권이라고 말할 수 있어요. 이 세상에서 겪게 되는 염려나 질병이나 고통이나 위험이 우리를 머뭇거리게 만들고 낙심하게 만들 수도 있을 거예요. 그러나 그런 것들은 일시적인 것들이에요. 그런 것들은 우리 속에서 그리고 우리를 위해 나타나게 될 영광에 비하면 아무것도 아니에요. 그러니까 나는 희생한 게 아니었어요."

하나님을 기뻐하고 하나님의 영광을 보게 될 것을 열망하는 사람들은 자신들이 희생하는 삶을 살고 있다는 생각을 하지 않는다. 지혜로우신 하나님께서 우리에게 하나님을 먼저 사랑하고 그 사랑을 가장 소중하게 여기는 삶을 살 것을 요구하셨다. 하나님의 백성들이 하는 일이 세상 사람들이 보기에는 분명한 희생처럼 보인다 할지라도 하나님께서는 그들이 그렇게 생각하기를 원치 않으신다. 하나님의 은혜를 감사하는 것은 성경을 믿고 성경대로 살려는 그리스도인들에게서 볼 수 있는 가장 뚜렷한 특성들 가운데 하나다.

■ 진리 알기

- 언약궤가 이스라엘 진영의 중심에 자리 잡고 있었듯이 하나님께서는 하나님의 말씀이 신자들 삶의 중심에 자리 잡게 되기를 바라신다.
- 하나님께서 누구에게나 주실 수 있는 가장 복된 선물은 하나님을 아는 지식이다.
- 하나님과 올바른 관계를 맺고 있는 사람들의 마음속에서는 하나님을 경외하는 것과 하나님을 사랑하는 것이 매우 잘 공존할 수 있다.
- 하나님의 계명은 하나님의 거룩하심을 반영해줄 뿐 아니라 우리에게는 행복을 더해준다.

■ 적용하기

- 하나님께서 하나님의 신실하심을 어떻게 보여주셨는지를 생각해보고 그 가운데 다섯 가지 정도를 적어보라.

- 하나님을 모르는 사람과 대화할 수 있는 기회를 가질 수 있도록 기도하라. 위에 적은 다섯 가지를 한두 사람에게 이야기하라.
- 중요하게 생각하는 사람에게 편지하면서 위에 적은 다섯 가지 가운데 한두 가지를 소개하라.
- 거듭해서 불순종하는 계명에 대한 자신의 태도를 솔직하게 평가해보라. 하나님께서 당신의 유익을 위해 그 성가신 계명을 주셨다고 생각하는가?

삶의 적용

나를 찾아서

한 전도자가 자기 어머니에 대해 사람들을 깊이 사랑하는 성품을 가진 사람으로 이야기한 적이 있다. 한 예로 그는 무료 급식소에서 배식을 하던 자기 어머니에 대한 기억을 떠올렸다. 또 어머니가 시장에 나갔다가 만난 불쌍한 사람을 집으로 데리고 와서 따뜻한 식사를 대접했던 일도 기억했다.

그 손님은 점심을 맛있게 먹으면서 "세상에 아주머니 같은 분이 더 많이 있었으면 좋겠어요"라고 말했다.

그러자 어머니는 "많이 있어요. 그저 그런 사람들을 찾아야 하는 것뿐이에요"라고 대답했다.

그 말에 그 손님은 고개를 저으며 "그렇지만 아주머니, 전 아주머니를 찾을 필요가 없었어요. 아주머니가 절 찾아오셨어요"라고 말했다.

하나님의 사람들에게는 사랑스럽지 않은 사람들을 향해 먼저 나아가는 특징이 있어야 한다. 예수님께서는 병든 사람들과 불구가 된 사람들과 걷지 못하는 사람들과 마음에 멍이 들고 상처를 입은 사람들과 불쌍하게 떠돌아다니는 사람들과 가난한 사람들과 버림받은 사람들을 찾아가셨다. 우리는 그런 예수님을 본받는 사람들이 되어야 한다. 우리가 줄 수 있는 것이 그저 따뜻한 식사 한 끼 정도일 뿐이라 할지라도 우리는 주님의 이름으로 그 일을 할 수 있다.

기도

하나님 아버지, 우리의 말과 행동을 통해 하나님께서 우리에게 가장 소중한 분이라는 사실을 알고 있음을 선포하는 사람들이 되게 해주십시오. 사랑스럽지 않은 사람들을 사랑하고, 하나님을 알지 못하며 하나님과 격리되어 있었던 우리 자신을 기억하는 사람들이 될 수 있게 도와주십시오. 감사하는 마음을 표현할 수 있게 도와주십시오. 아멘.

심층 연구

A. 언약궤(10:3)

하나님께서 모세에게 십계명이 새겨진 두 돌판을 언약궤 안에 넣어두도록 지시하셨다. 언약궤는 길이가 45인치, 폭과 높이가 27인치 되는 작은 궤였다. 지금은 보통 상자라고 부르는 그런 것이었다. 성경을 처음 영어로 번역할 16세기 당시에 사용하던 '궤'라는 단어는 작은 상자를 일컫기 위해 평범하게 사용되던 용어였다. 신명기 10장 3절에 사용된 히브리 단어 '아론(aron)'은 노아의 방주를 설명하기 위해 창세기 7장에 사용된 '테바(teva)'라는 단어와는 다른 것이다. 테바는 '물에 띄우기 위해 고안된 상자'라는 뜻이고, 아기 모세를 담았던 것과 같은 광주리를 뜻하는 용어로 사용되기도 했다(출 2:2-5). 언약궤에는 두 돌판이 들어 있었기 때문에 언약궤는 때때로 증거궤라고 불리기도 했다(출 25:22). 두 돌판은 하나님의 백성들과 함께하시는 하나님을 증거하는 것이었으며, 또 하나님께 신실하지 못했던 하나님의 백성들을 증거하는 것이기도 했다.

언약궤의 뚜껑은 '속죄소'로 알려져 있다. 속죄소는 그룹으로 알려진 천사들로 장식되어 있었고 일 년에 한 번씩 맞이하는 대 속죄일에 제물의 피를 바르는 곳이었다(레 16장). 언약궤는 그리스도의 사역을 예표하는 상징적인 것이었다. 율법을 어긴 사람들을 보실 때 하나님께서는 하나님의 아들의 속죄하는 보혈을 통해 그들을 바라보신다.

B. 레위 지파(10:8)

레위 지파 모두가 다 제사장이었던 것은 아니다. 아론의 가족들만이 실제로 성막 안에서(그리고 나중에는 성전에서) 섬겼다. 그 외 나머지 레위 지파 사람들은 광야를 지나는 동안 언약궤와 다른 성막 기구들을 옮기는 일을 맡았다. 나중에 그들은 성전 안에서 여러 가지 일을 맡아 하게 되었는데, 모두 예배와 제사에 관련된 일들이었다.

고안

A. 들어가는 글

1. '기도하는 손' 이야기로 시작하라.

2. 배경 설명: 하나님께서 고집스럽게 말을 듣지 않는 이스라엘 백성들을 용서하기로 약속하셨지만, 여전히 그들 속에 완고함이 남아 있었다. 그들은 회개하고 하나님만을 사랑하며 하나님을 가장 사랑하겠다는 결단을 내릴 필요가 있었다.

3. 적용: 모든 신자들은 하나님의 신실하심을 되돌아보고 하나님의 신실하심이 요구하는 헌신을 깊이 생각함으로 하나님께 대한 헌신을 키워갈 수 있다.

B. 본문 이해

1. 하나님께서 하신 일: 하나님의 신실하심에 대한 회상(10:1-11)
2. 하나님께서 원하시는 것: 하나님의 신실함이 불러온 결과들(10:12-22)

C. 결론: '나를 찾아서' 를 읽어주라.

토의 질문

1. 오늘날 거룩함과 즐거움이 종종 서로 상반되는 것으로, 또는 서로 양립할 수 없는 것으로 여겨지는 이유는 무엇이라 생각하는가?

2. 하나님께서 여전히 고아와 과부들을 위해 신원하신다고 생각하는가? 그 일을 어떻게 하시는가?

3. 당신이 만나는 사람들 가운데 '이방인' 은 누구인가? 그 이방인을 어떻게 사랑할 수 있겠는가?

4. 하나님께서 '완고하다' 라고 책망하실 부분이 당신의 삶 속에 있을 수 있다고 생각하는가? 그런 영적인 상태를 치료할 수 있는 방법은 무엇인가?

5. 하나님께서 하나님을 섬기도록 레위 지파를 '구별' 하셨다. 하나님을 신실하게 섬기기 위해 어떤 구별이 필요하다고 생각하는가?

신명기 11장

우리에게 달린 선택

"누구나 행복해지고 싶어한다. 그렇지 않은 사람은 아무도 없다. 모두 어떤 방법을 쓰든지 결국 행복해지고 싶어한다. 각기 서로 다른 견해를 가지고 있기는 하지만, 전쟁에 나가는 사람과 전쟁을 피하는 사람이 있는 것은 행복해지고 싶은 열망을 누구나 다 동일하게 가지고 있기 때문이다. 이 열망이 모든 사람의 모든 행동을, 심지어는 목을 매는 행동까지도 하게 만드는 동기가 된다."

- 블레이즈 파스칼(Blaise Pascal)

신명기 11장에서 하나님께서는 이스라엘 백성들에게 하나님께 순종하면서 누릴 수 있는 행복하고 생산적인 삶을 살거나, 아니면 불순종하면서 피할 수 없는 힘들고 고통스러운 삶을 살거나 둘 가운데 하나를 선택할 수 있다고 말씀하셨다. 이스라엘 백성들이 바라는 행복한 삶은 그들이 하나님과 올바른 관계를 맺고 있을 때에만 가능한 것이었다.

Deuteronomy

들어가는 글

신실하신 주

그리스도인들은 '오 신실하신 주' 라는 제목을 가진 위대한 믿음의 찬송을 종종 부르곤 한다.

오 신실하신 주
오 신실하신 주
날마다 자비를 베푸시며
일용할 모든 것
내려주시니
오 신실하신 주
나의 구주

이 곡을 작사한 사람이 이 구절을 창안한 것이 아니라는 사실을 모른 채 아마도 이 찬송가를 불렀을 것이다. 그는 그저 성경 구절, 즉 예레미야 선지자의 고백을 인용했을 뿐이다. 그런데 우리가 주목할 만한 것은 이 고백을 하면서 예레미야는 하나님의 백성들의 승리를 축하하기 위해서가 아니라 이스라엘이 경험한 가장 큰 패배를 숙고하고 있었다는 점이다. 그는 바벨론 군대가 몰고 온 참담한 파괴와 폐허 속에 놓여 있는 예루살렘성을 바라보고 있었다. 그리고 "여호와의 자비와 긍휼이 무궁하시므로 우리가 진멸되지 아니함이니이다 이것이 아침마다 새로우니 주의 성실이 크도소이다"(애 3:22-23)라고 썼다.

성벽은 무너져내렸고 성문과 집들은 불에 탔으며 사람들은 강제 노역에 끌려갔고 예루살렘은 폐허가 되었다. 하나님의 성전은 파괴되었고 그 기구들은 바벨론으로 옮겨져 이방 신들을 섬기는 술 잔치에서 사용되고 있었다. 그러나 그 모든 것들 속에서도 예레미야는 하나님의 신실하심을 묵상할 수 있었다.

하나님께서는 하나님의 백성들에게 징계와 징벌이 필요할 때 그들을 징계하시고 징벌하시는 신실한 분이시다. 많은 사람들이 동요하지만 하늘의 하나님께서는 언제나 신실하시다. 그리고 하나님의 신실하심은 우리에게 달려 있는 것이 아니다. 우리는 최악의 상태까지 추락할 수도 있지만 하나님께서는 늘 신실하시다. 이스라엘을 향한 하나님의 신실하심은 바벨론으로 그들을 유배시킨 일(그들의 완고함 때문에 그들을 징계할 것이라고 말씀하신 대로) 속에서 나타난 것 못지않게 칠십 년 후 그들을 다시 귀환하게 하신 일(예레미야를 통해 역시 예언하신 대로) 속에서도 분명히 드러났다.

흥미롭게도 '오 신실하신 주'는 전도자나 목사가 아니라 보험 설계사였던 토머스 치솔름(Thomas Chisholm)이라는 사람이 썼다. 그가 쓴 가사는 다른 많은 찬송가들처럼 인생의 위기 속에서 나온 것이 아니다. 그는 어느 날 그의 삶 속에서 베풀어주시는 하나님의 끊임없는 은혜를 묵상하며 큰 감동에 사로잡히게 되었다. 그래서 그 감동을 찬송시로 써서 그의 친구 윌리엄 런연(William Runyan)에게 보냈고 런연이 그 찬송 시에 곡을 붙였다. 그 이후 교회는 그 위대한 믿음의 표현을 노래하게 되었다.

물론 징계보다 축복의 형태로 하나님의 신실하심을 경험하는 것이 훨씬 더 좋다. 그렇게 되는 것이 신자들에게는 가장 좋은 것이다. 특히 약속의 땅을 정복하기 위해 준비하고 있는 이스라엘 백성들에게는 더욱 그랬다.

본문 이해

우리에게 달린 선택

Main Idea	약속의 땅에서 살아가면서 지켜야 할 규정들에 대해 이야기하기 전 모세는 이스라엘 백성들이 가져야 할 마음의 동기에 대한 문제를 다시 언급했다. 그는 이스라엘 백성들이 누릴 수 있는 잠재적인 축복들과 보상들을 제시하고, 그들의 성공이 하나님을 향한 그들의 신실함과 얼마나 밀접한 관계를 맺고 있는지를 알려주고 있다.

A. 순종의 목적(11:1-25)

Supporting Idea	하나님께서 하나님의 백성들에게 주시는 땅은 그들이 떠난 애굽보다 훨씬 더 좋고 호감이 가는 그런 곳이었다.

11:1. 신명기 11장의 첫 스물다섯 절은 하나님을 사랑하라는 명령과 하나님을 사랑해야 하는 이유를 번갈아가며 이야기하고 있다. 1절은 하나님을 사랑하고 그 직임과 법도와 규례와 명령을 항상 지킬 것을 강조하면서 11장 전체를 요약하고 있다고 볼 수 있다.

11:2-4. 이스라엘 백성들이 하나님께 순종할 수 있도록 모세는 2-7절에서 마음의 동기에 대한 문제를 다루고 있다. 그는 이스라엘 백성들에게 약속의 땅을 정복하기 위해 준비하면서 그들이 목도한 대로 하나님께서 하신 일을 기억할 것을 강조했다. 그들은 하나님께서 하나님의 위엄과 그 강한 손과 펴신 팔로 애굽에서 그 왕 바로와 그 전국을 낮추시며 행하신 일을 볼 수 있었다. 하나님께서는 애굽의 지도자들뿐 아니라 애굽 군대와 그 말과 그 병거까지 멸하셨다. 그들이 이스라엘의 적이 되어 그들을 따를 때 하나님께서 홍해 물로 그들을 덮어 멸하셨다. 모세의 연설을 듣고 있는 사람들은 그들의 자녀들처럼 하나님께서 이스라엘을 위해 하신 일을 간접적으로 알게 된 것이 아니라 직접 경험을 통해 알고 있었다. 따라서 그들에게는 하나님의 진리에 주의를 기울이고 하나님의 진리를 신실하게 따라야 할 책임이 있었다.

11:5-7. 하나님께서는 영적인 특권에는 영적인 의무가 따른다는 원리에 따라 일하신다. "알지 못하고 맞을 일을 행한 종은 적게 맞으리라 무릇 많이 받은 자에게는 많이 찾을 것이요 많이 맡은 자에게는 많이 달라 할 것이니라"(눅 12:48). 이스라엘은 많은 것을 요구받고 있었다. 그러나 그들은 하나님께서 기대하시는 것들을 행해야 할 위치에 있었다. 그들은 자신의 자녀들에게 일어났던 일에 대한 기록을 통해 하나님을 알게 된 것이 아니었다. 그들이 요단 강 동편에 도착하게 된 날까지 광야에서 하나님께서 그들을 위해 하신 일들을 목도하였다.

그들이 본 것들은 그들이 거역하는 것을 막아주는 최소한의 역할을 해야 했다. 그들은 하나님께서 다단과 아비람과 그들의 동료였던 고라에게 하신(이 구절에서는 언급하지 않은) 일을 보았다. 민수기 16장은 250명의 사람들과 함께 이 세 사람이 어떻게 모세와 아론을 거역했는지를 기록하고 있다. 그들은 다른 사람들도 모세와 아론처럼 성막 안에 들어가 하나님께 나갈 자격이 있는 것이 아니냐는 불만을 털어놓았고, 그들도 제사장 직무를 맡을 수 있게 해야 한다고 주장했다. 고라는 적어도 레위인이었다. 그러나 다단과 아비람은 르우벤 자손의 아들들이었고, 제사장이 될 수 있는 지파와는 거리가 먼 지파에 속한 사람들이었다.

하나님께서 그 거역을 엄하게 다루셨다. 땅으로 입을 열어서 그들과 그 가족과 그 장막과 그를 따르는 모든 생물을 삼키게 하셨다. 이런 극단적인 징계의 목적은 하나님께서 행하신 모든 큰 일을 목도한 사람들의 마음속에 경건한 두려움을 갖게 하기 위한 것이었다.

11:8. 이 장 대부분에서 모세는 이스라엘 백성들에게 하나님께서 그들에게 주신 명령을 지킬 것을 촉구했다. 명령을 지키지 않을 경우 이스라엘은 위험에 처하게 되고 그들에게 약속된 땅에 들어가서 그것을 얻을 수 있는 힘을 아마도 갖지 못할 것이다. 성공할 것이라는 하나님의 약속에는 순종이라는 조건이 포함되어 있었다. 몸의 행실을 죽여야 하는 신자들(롬 8:13)은 하나님의 도우심 없이는 사실상 그 목적을 이룰 수 있을 것이라는 희망을 가질 수 없다.

11:9-10. 하나님께서는 이스라엘 백성들이 하나님께서 주신 젖과 꿀이 흐르는 땅에서 장구하기를 바라셨다. 그 약속의 땅은 애굽 땅과 같지 않았다. 애굽은 나일 강 유역의 땅만이 비옥했다. 그 외의 나머지 거대한 지역은 건조하고 쓸모없는 땅이었다.

11:11-12. 반면에 이스라엘이 곧 받게 될 땅은 산과 골짜기로 이루어져 있었고, 하늘에서 내리는 비를 흡수하는 땅이었다. 약속의 땅은 비를 의지해야 했기 때문에 하나님 여호와의 눈이 항상 그 위에 있었다. 약속의 땅에는 일년 중 짧은 기간 동안에만 비가 내렸다. 그러나 석회암으로 된 흙이 상당량의 비를 흡수했다. 그리고 구멍을 뚫어 물을 얻을 수 있는 지하 저수지에 그 빗물을 보유하고 있었다.

11:13. 요약된 내용을 다시 반복하고 있는 이 구절은 모세가 지시한 명령을 청종할 것을 이스라엘 백성들에게 촉구하고 있다. 더 정확하게 말하면 모세는 이스라엘 백성들에게 하나님 여호와를 사랑하여 마음을 다하고 성품을 다하여 섬길 것을 촉구했다. 그렇게 할 때에만 그들은 그들을 기다리고 있는 풍성한 은총을 누릴 것이다.

11:14-15. 이스라엘이 순종할 때 하나님께서는 적당한 때에 비를 보내실 것이라고

약속하셨다. 그 적당한 때에 내리는 비는 이른 비와 늦은 비라고 명기되어 있다. 가나안 땅에서 3월 말부터 10월 사이에는 비가 거의 내리지 않는다. 가을비 또는 이른 비는 땅을 기경하고 곡식을 추수할 수 있게 해주었고, 봄비 또는 늦은 비는 새로운 포도주와 기름을 추수할 수 있게 해주었다. 비가 내리는 그 두 시기에는 육축을 위해 들에 풀이 자랐다. 하나님께서 공급해주시는 비는 하나님의 백성들이 먹고 배부를 수 있게 해주었다.

11:16-17. 하나님께서는 변함없이 신실하셨지만 이스라엘 백성들은 그렇지 못했다. 때를 따라 내리는 비와 비옥한 토질 때문에 이스라엘 백성들이 타락하게 될 수도 있었다. 그들은 마음이 미혹되어 다른 신들을 섬기며 그것에게 절하는 잘못을 범할 수 있었다. 그보다 더 큰 실수는 없을 것이다. 왜냐하면 그렇게 함으로 여호와께서 그들의 적이 아니라 그들에게 진노하실 수 있기 때문이다. 풍성한 비를 누리는 대신 하나님께서 하늘을 닫아 비를 내리지 않게 하시는 것을 보게 될 수 있기 때문이다. 그 결과 땅이 소산을 내지 않고 사람들이 멸망할 수 있기 때문이다. 하나님의 거듭된 경고로 이런 사실을 미리 알고 있는 그들은 스스로 삼가기만 한다면 그런 무시무시한 일을 충분히 막을 수 있었다. 스스로 삼가라는 명령은 그 명령을 거역하는 것보다 무시하는 것을 통해 더 심각한 실수를 범하게 된다. 사람들은 부주의를 통해 죄에 휘말리고 그 고유의 힘에 붙들려 헤어나지 못하게 된다.

11:18. 스스로 삼간다는 것은 시간을 내고 조심해서 모세를 통해 하신 하나님의 이 말을 일상 생활 속에서 잊지 않는 것을 뜻했다. 그 말을 새기기에 가장 좋은 곳은 하나님의 백성들의 마음과 뜻이었다. 따라서 성경 암송은 신명기 때로부터 시작된 아주 오래 된 학습 방법이다.

11:19-21. 이 구절은 신명기 6장 7-9절을 거의 그대로 반복하고 있다. 하나님의 말씀은 이스라엘의 모든 세대를 통해 영속되어야 한다. 부모들은 그들의 자녀들에게 체계적인 방법으로 말씀을 가르쳐야 한다. 그리고 격식을 따지지 않고 집에 앉았을 때에든지, 길에 행할 때에든지, 누웠을 때에든지, 일어날 때에든지 말씀을 강론함으로 정규 교육을 강화해주어야 한다. 하나님의 진리에 전념하는 것은 그들의 날과 그들 자녀의 날이 약속의 땅에서 장구하게 하기 위해서였나.

11:22-25. 모세는 일곱 장(5-11장)에 포함되어 있는 모든 내용을 요약하면서 상당히

많은 내용으로 된 언약의 일반적인 규정, 즉 동기를 다루고 있는 부분을 마무리했다. 이스라엘의 성공에는 중요한 조건이 따랐다. 이스라엘 백성들이 하나님께서 그들에게 주신 명령을 잘 지켜 행하면 그리고 그것을 지켜 행할 때에만 땅을 정복하게 될 것이다. 그 명령들은 사랑, 순종, 충성, 이 세 단어로 요약할 수 있다. 이스라엘 백성들은 하나님 여호와를 사랑하고 그 모든 도를 행하여 그에게 부종해야 한다. 그러면 그들은 땅을 정복할 수 있게 될 것이다. 비록 상대가 그들보다 강대하다 할지라도 그들 앞에서 무너질 것이다.

이스라엘이 거둘 성공의 범위는 그들이 얼마나 용맹한지에 따라 달라질 것이다. 그들의 발로 밟는 모든 곳은 결국 그들의 땅이 될 것이다. 그들이 약속받은 땅은 남쪽의 광야에서 시작해서 북쪽의 레바논까지 그리고 동쪽의 유브라데 하수에서 서해(지금은 지중해라 부르는 곳)까지 이르는 광대한 지역이었다. 그 넓은 지역에 많은 적들이 살고 있었지만 그 누구도 이스라엘을 능히 당할 수 없을 것이다. 어떤 적들은 전투에서 패배할 것이다. 또 어떤 적들은 하나님께서 그들로 이스라엘을 두려워하고 무서워하는 마음을 갖게 하심으로 도망을 칠 것이다.

B. 순종의 결과(11:26-32)

Supporting Idea	약속의 땅에서 누릴 이스라엘 백성의 행복은 그들의 행동에 달려 있었다. 복과 저주가 그들 앞에 놓여 있었고, 선택은 그들에게 달려 있었다.

11:26-28. 이 짧은 단락에서 모세는 이스라엘 백성들에게 복과 저주를 선택할 수 있는 그들의 권리를 설명했다. 하나님의 명령에 순종할 때 복을 받을 것이다. 그리고 불순종할 때 저주를 받을 것이다. 특히 그들이 하나님께서 명한 길을 떠나 다른 신들을 좇는다면 저주를 피할 수 없을 것이다. 모세는 하나님의 백성들에게 제어되지 않은 호기심에 따르는 위험을 경고했다. 이방 신들을 섬기는 악습과 의식에는 종종 이스라엘 백성들의 마음을 끄는 매력이 숨어 있었다. 이스라엘 백성들은 그런 것들에 등을 돌리고 여호와만을 섬겨야 했다.

11:29-30. 이스라엘 백성들 앞에 놓인 선택이 너무나 중요했기 때문에 하나님께서는 그들이 일단 약속의 땅을 얻은 후 그들이 선택하게 될 복과 저주에 대해 언급하셨

다. 모세는 이스라엘 백성들에게 서로 인접해 있는 그리심 산과 에발 산에서 축복과 저주를 선포하라고 지시했다(이 곳에서 한 지시는 민수기 27장에서 다시 자세하게 볼 수 있다).

이 두 산은 요단 강 저편 곧 해지는 편으로 가는 길 뒤에 있었다. 그 길은 아마도 여리고에서 벳산까지 이어지는 남북으로 난 도로로 요단 강 물이 흐르는 방향과 대체로 일치하는 도로였을 것이다.

11:31-32. 이스라엘은 곧 요단을 건너 땅을 얻게 될 것이다. 땅을 얻고 난 후 모세가 이스라엘에게 베푼 모든 규례와 법도를 지키기로 약속하며 언약을 갱신하기 위해 모든 지파가 다 한자리에 모이도록 되어 있었다. 지파들이 모이는 것은 새로운 고국이 될 땅을 소유하게 된 것을 함께 기뻐하고, 지켜야 할 책임을 상기시켜줄 복과 저주를 선포하는 엄숙한 의식에 참여할 수 있는 기회를 만들어줄 것이다.

Main Idea 복습	약속의 땅에서 살아가면서 지켜야 할 규정들에 대해 이야기하기 전 모세는 이스라엘 백성들이 가져야 할 마음의 동기에 대한 문제를 다시 언급했다. 그는 이스라엘 백성들이 누릴 수 있는 잠재적인 축복들과 보상들을 제시하고, 그들의 성공이 하나님을 향한 그들의 신실함과 얼마나 밀접한 관계를 맺고 있는지를 알려주고 있다.

결론

분명한 것을 보지 못하는

셜록 홈즈(Sherlock Homes)와 왓슨(Watson) 박사는 산으로 야영을 갔다. 맛있는 식사를 즐겁게 마친 후 두 사람은 잠자리에 들었다. 자정쯤 잠을 깬 홈즈는 그의 충실한 동료를 쿡쿡 찔렀다

그리고 "왓슨, 하늘 좀 보게. 그리고 뭐가 보이는지 말 좀 해주게나"라고 말했다.

홈즈의 예리한 관찰에 익숙해진 왓슨은 "수없이 많은 별들이 보이는데"라고 말했다.

홈즈는 "그 별들이 지금 자네에게 의미하는 바는 뭔가?"라고 다시 물었다.

잠시 생각한 왓슨은 "음…, 천문학적으로는 수많은 은하수와 행성들이 있다는 뜻이고, 점성학적으로는 새턴이 레오 안에 있다는 뜻이지. 그리고 시간적으로 보면 지금 시간이 대충 3시 15분 정도 되었고, 신학적으로 보면 하나님께서는 전능하신 분이며 우리는 작고 보잘것없는 존재라는 뜻이지. 그리고 기상학적으로는 내일 날씨가 좋을 것이라는 뜻이지"라고 대답했다. 그리고 "그런데 저 별들이 자네에게 의미하는 바는 뭔가?"라고 되물었다.

잠시 침묵하던 홈즈는 "저 별들이 보이는 건 누군가 우리 텐트를 훔쳐갔다는 뜻이지"라고 대답했다.

세상 사람들은 하나님께서 그분의 권위와 능력을 우리가 볼 수 있도록 우리 삶 속에 나타나게 하시는 분명한 결과들을 왓슨처럼 그렇게 잘 보지 못한다. 수많은 과학적 연구들은 더 나은 삶을 살 때 사람들이 얼마나 더 오래 살 수 있는지를 보고하고 있다. 의로움이 사람의 건강에 유익이 된다.

예를 들면, 한 잡지에 실린 미시간 대학(University of Michigan) 연구소의 조사 결과를 들 수 있다. 그 연구를 한 사람들은 정기적으로 하는 자원봉사 활동이 사람들의 수명을 상당히 연장시킨다는 결론을 내렸다. 의사들은 수명을 연장시키는 요소로 조깅이나 에어로빅이나 다이어트보다 봉사 활동을 더 먼저 꼽는다.

제2차 세계 대전 중 런던이 공습을 받는 동안 심한 불안감을 느꼈던 사람들이 자신들의 문제를 제쳐놓고 독일 공습으로 인한 희생자들을 돕기로 자원하여 나섬으로써 그 불안감을 크게 해소할 수 있었다는 사실이 밝혀졌다.

노예였던 사람에 대한 오래된 전설이 있다. 어느 날 그 학대받던 사람이 요정을 만났다. 그 요정은 그에게 소원 하나를 들어주겠다고 했다. 그러나 어떤 소원을 말할 것인지를 신중하게 생각하는 것이 좋을 것이라는 경고도 함께했다.

그 노예는 하인으로 일하는 대신 하인을 부리는 사람이 되는 것이 좋겠다는 결정을 내리고 "사람들의 시중을 받고 내가 바라는 모든 것이 이루어지면 좋겠다"고 말했다. 그러자 그의 그 소원이 이루어졌다. 석 달 동안 노예들이 그가 원하는 모든 것을 장만해주었다.

그러나 그가 손을 들어 지시할 때마다 종종 걸음으로 자기에게 시중을 드는 사람들이 지루해지기 시작했고 매우 따분해졌다. 그래서 자신의 소원을 되돌리고 싶은 마음으로 그 요정을 찾아가기로 했다.

요정을 찾은 그는 "옛날로 다시 돌아갈 수 없을까요? 날 위해 다른 사람들이 모든 걸 다 해주기를 기다리는 것보다 차라리 지옥에서 사는 게 더 나을 것 같아요"라고 불평했다.

그러자 요정은 지체 없이 "지난 90일 동안 어디에 있었다고 생각하세요?"라고 물었다.

■ 진리 알기

- 영적인 힘은 신실하게 하나님의 명령을 따르는 것과 밀접하게 연결되어 있다.
- 하나님께서는 하나님의 백성들의 필요에 따라 그 필요를 채워주신다. 그러나 일반적으로 필요 이상으로 쌓아두게 하시지는 않는다.
- 거짓 신을 섬기는 것은 언제나 영적 속임수에서 비롯된다.
- 신자들의 성공은 하나님의 말씀을 알고 순종하는 것에 달려 있다. 성경의 일부를 암송하는 것은 현명한 일이라 할 수 있다.

■ 적용하기

- 하나님께 잘 순종할 수 있는 두세 영역들을 생각해보라. 그 영역들을 언급하고 있는 성경 구절들을 찾기 위해 주제별 성경을 사용하고 그 구절들을 묵상하는 시간을 가지라.
- 그 구절들 가운데 한두 개를 골라 이번 주 중에 암송하라.
- 일하시는 하나님의 손을 볼 수 있었던 경험을 생각해보라. 하나님의 신실하심을 보여주는 그런 일들에 대해 하나님께 감사하라.
- 당신이 알고 있는 사람들 가운데 윤리적인, 또는 신학적인 어려움을 겪고 있는 신자를 위해 기도하라. 그 사람을 섬길 수 있도록 하나님께서 도와주시기를 기도하라.

삶의 적용

참된 보화를 쌓는 일

모세는 이스라엘에게 "너희는 나의 이 말을 너희 마음과 뜻에 두고 또 그것으로 너희 손목에 매어 기호를 삼고 너희 미간에 붙여 표를 삼으며"(신 11:18)라고 강조했다. 그는 그저 성경을 읽으라고 한 것이 아니라 성경을 외우고 묵상하라고 한 것이다.

그 명령에 대한 강조는 성경 전체를 통해 끊임없이 계속되고 있다. 여호수아는 그를 성공으로 이끌어줄 하나님의 율법을 묵상하라는 명령을 받았다. "이 율법 책을 네 입에서 떠나지 말게 하며 주야로 그것을 묵상하여 그 가운데 기록한 대로 다 지켜 행하라 그리하면 네 길이 평탄하게 될 것이라 네가 형통하리라"(수 1:8).

다윗은 성경을 암송했고, 성경이 하나님과 동행하는 데 중요한 열쇠가 된다는 사실을 알고 있었다. "내가 주께 범죄치 아니하려 하여 주의 말씀을 내 마음에 두었나이다"(시 119:11). 그는 암송이 지속적인 묵상과 묵상에 따르는 모든 유익을 얻을 수 있는 출입구가 된다는 것을 알고 있었다. "오직 여호와의 율법을 즐거워하여 그 율법을 주야로 묵상하는 자로다"(시 1:2). 하나님의 말씀을 마음에 새기는 것은 예방과 교정의 역할을 모두 한다. 우리의 가치관이 성경에 따라 달라지기 때문에 어리석고 악한 일에 덜 관여하게 된다. 동시에 우리의 행실이 하나님을 기쁘시게 하지 않을 때, 그 사실을 깨달을 수 있도록 하나님께서 우리를 도와주시기 위해 성경을 사용하실 것이다.

기도

하나님 아버지, 하나님과 다른 사람들을 사랑하는 기쁨을 알게 해주십시오. 행복은 우리 마음대로 하는 것이라는 거짓말에 속지 않게 도와주십시오. 하나님께서 주시는 참된 만족, 즉 다른 사람들을 사랑하고 그들을 섬기는 것으로부터 오는 만족을 누릴 수 있게 도와주십시오. 그 과정 속에서 하나님의 실체와 선하심을 증거할 수 있게 인도해 주십시오. 아멘.

심층 연구

A. 하늘을 닫아(11:17)

하나님께서 이스라엘 백성들에게 다른 신들을 섬긴다면 비를 내리지 않게 하시는 일로 그들을 징계하실 것이라고 경고하셨다(신 11:17). 그 경고는 엘리야가 아합 왕을 찾아가 "나의 섬기는 이스라엘 하나님 여호와의 사심을 가리켜 맹세하노니 내 말이 없으면 수년 동안 우로가 있지 아니하리라"(왕상 17:1)고 선포하며 선지자로 활동하는 기간 동안에 현실로 나타나게 되었다.

엘리야는 하나님께서 이스라엘이 죄를 범하면 비를 보내지 않겠다고 말씀하신 것을 알고 있었다. 물론 그는 그런 징계가 언제 시작될지 그 정확한 때를 말할 수는 없었다. 그런 일은 분명히 그가 받았던 예언적 계시를 필요로 했다. 그러나 그 경고에도 불구하고 또 선지자의 주목할 만한 사역에도 불구하고 B.C. 722년 앗수르 침공으로 이스라엘이 멸망하면서 이스라엘에게 닥칠 위협이 현실로 이루어지게 되었다.

비가 내리지 않을 것이라는 위협을 스가랴서에서 다시 볼 수 있다. 선지자는 앞으로 오게 될 세대와 그리스도의 재림 뒤에 이어질 상황을 묘사하면서 "천하 만국 중에 그 왕 만군의 여호와께 숭배하러 예루살렘에 올라오지 아니하는 자에게는 비를 내리지 아니하실 것인즉"(슥 14:17)이라고 선포했다.

B. 그리심과 에발(11:29)

복과 저주의 이 두 산은 팔레스타인 중부 산마루에 위치해 있었다. 두 산의 높이는 약 915미터였고, 두 산 사이에는 자연적으로 만들어진 원형 극장이 있었다. 여호수아는 나중에 복과 저주를 이스라엘 백성들에게 읽어주라는 모세의 명령을 따르기 위해 그들을 불러모았다. 그 지역은 히브리 역사 속에서 윤택한 곳이었다.

세겜이라는 작은 마을 근처에 위치한 그 지역은 아브라함이 가나안에서 처음으로 정착했던 곳이고, 약속의 땅에 대한 약속을 가장 먼저 받은 곳이었다. "아브람이 그 땅을 통과하여 세겜 땅 모레 상수리나무에 이르니 그 때에 가나안 사람이 그 땅에 거하였더라 여호와께서 아브람에게 나타나 가라사대 내가 이 땅을 네 자손에게 주리라 하신지라 그가 자기에게 나타나신 여호와를 위하여 그곳에 단을 쌓고"(창 12:6-7).

게다가 야곱은 그 두 산 주변 지역에서 한동안 살았다. 족장들은 세겜에 인접한 땅을 사서 그곳에 제단을 쌓았다(창 33:19-20). 그는 또 나중에 예수님께서 사용하셨던 우물(요 4:6)을 그곳에 파기도 했다. 이스라엘 백성들은 요셉의 뼈를 그가 요청한 대로 그 땅에 묻어주기 위해 약속의 땅 언저리까지 옮겨왔다(창 50:25, 출 13:19, 히 11:22). 그들은 야곱이 세겜 근처에 산 땅에 요셉의 뼈를 묻게 될 것이다.

교안

A. 들어가는 글

1. '신실하신 주' 이야기로 시작하라.

2. 배경 설명: 모세는 이스라엘 백성들에게 순종하고 복을 받거나, 아니면 거역하고 징계를 받거나 둘 가운데 하나를 선택할 수 있게 했다.

3. 적용: 신자들에게도 이스라엘 백성들과 같은 선택이 주어져 있다. 하나님께서는 우리의 삶을 쉽게 만들거나, 아니면 어렵게 만드는 하나님의 능력을 계속 의식하게 하심으로 하나님의 위대하심과 하나님을 의존해야 하는 우리의 실상을 깨달을 수 있도록 우리를 도우신다.

B. 본문 이해

1. 순종의 목적(11:1-25)

2. 순종의 결과(11:26-32)

C. 결론: '참된 보화를 쌓는 일' 을 읽어주라.

토의 질문

1. 사람들에게 영적인 잘못을 범하게 만들기 위해 사단이 사용하는 기만 수단에는 어떤 것들이 있는가?

2. 하나님께서 왜 하나님의 백성들에게 힘을 비축하게 하는 대신 필요한 순간에 필요한 만큼의 힘을 주신다고 생각하는가?

3. 하나님께서 '비를 멈추게 하시는' 그런 경험을 한 적이 있는가? 그 경험을 이야기해보라.

4. 하나님께 순종하지 않은 것 때문에 오게 되는 하나님의 저주에는 어떤 것들이 있는가?

5. 불순종한 것에 대한 하나님의 징계를 분명히 보여주는 것이라 생각되는 일을 목도한 적이 있는가? 그 일을 통해 배운 교훈은 무엇인가?

신명기 12장

오직 한 길

"예배는 하나님께 우리의 모든 것을 다 복종시키는 것이다. 하나님의 거룩하심으로 우리 양심을 자극하고, 하나님의 진리로 우리 마음에 자양분을 주고, 하나님의 아름다우심으로 우리의 상상력을 순수하게 만들고, 하나님의 사랑에 우리의 마음을 열고, 하나님의 목적을 위해 우리의 의지를 하나님께 넘겨드리는 것이다. 우리가 가질 수 있는 가장 이타적인 감정이라 할 수 있는 예배 속에서 이 모든 것들이 모아지게 된다. 따라서 예배 속에서 모든 죄의 원천인 이기심이 치유될 수 있다."

- 윌리엄 템플(William Temple)

신명기 12장은 이스라엘 백성들이 여호와를 섬기는 그들의 예배에 이방인들의 오래된 제도를 수용해서는 안 될 것이라고 선언하고 있다. 대신 각 지역에 있는 사당들을 제거해야만 했다. 일단 땅을 정복하게 되면 하나님께서 하나님의 이름을 두실 성전이 서게 될 특정한 도시를 지시해주실 것이다.

Deuteronomy

들어가는 글

신비에 싸여 있는

본질적으로는 한 분이지만 삼위로 존재하시는 삼위일체 하나님께서는 성경이 가르치고 있는 중요한 교훈 가운데 하나다. 이 세상에 있는 것들 가운데 삼위일체 하나님을 암시해주는 것들이 있긴 하지만 정확하게 비교될 수 있는 것은 아무것도 없다. 론 알렌(Ron Allen)과 고든 보로(Gordon Borror)는 「Worship: Rediscovering the Missing Jewel」이라는 책에 다음과 같이 썼다.

> 하나님의 본질에 대한 성경의 가르침을 잘 생각해보라. 하나님께서는 삼위로 존재하시는 한 분 하나님이시다. 이 개념은 일반 신자들은 물론 신학자들에게도 끊임없는 혼란을 불러일으켰고 좌절감을 느끼게 해왔다. 이 영원한 진리에 대해 수많은 주장이 있어 왔고 수많은 책들이 쓰여졌다. 그러나 바하의 오르간을 위한 소나타 트리오보다 이 진리를 더 아름답게 설명할 수 있는 것은 이 세상에 아무것도 없을 것이다. 오랫동안 음악가들은 그 작품의 예술적 탁월성에 감탄해 왔다. 그 곡은 오른손과 왼손과 페달로 각기 다른 곡조를 동시에 연주하면서 한편으로는 각 곡조의 독자성을 유지하고, 또 다른 한편으로는 세 곡조가 아름다운 조화를 이루고 있는 작품이다. 작곡자는 하나님의 영원한 신비를 표현하고 음조를 통해 그 신비를 생생하게 표현하기 위해 그 작품을 썼다.

이런 문제에 혼란을 느낀다고 말하는 사람들이 있다. 그러나 우리와 같은 유한한 존재가 하나님을 유한한 우리의 지능에 맞출 수 있을 것이라고 기대하는 것이 과연 정당한 것인가라는 질문을 해보아야 할 것이다. 우리가 완전히 이해할 수 있고 또 완전히 예측할 수 있는 하나님이라면 그분은 성경이 말하는 무한한 하나님이 아닐 것이다.

모티머 애들러(Mortimer Adler)는 드디어 깨닫게 되었다. 그는 가장 박식한 미국인이었다. 'Great Books' 시리즈의 편집자인 그는 미국 교육에 엄청난 영향을 미친 것으로 알려진 존 듀이(John Dewey)의 실용주의에 반대하면서 고전 작품들이 주는 교훈들을 변호했다. 그는 자신을 평범한 사람들을 위한 철학자라 생각했고, 진리와 가치관은 절대적이고 변하지 않는 것이라는 견해를 옹호했다.

애들러는 그의 교육적인 성취뿐 아니라 여러 가지 방면에서 비범한 사람이었다. 고등학교 졸업장이나 대학 졸업장 없이 철학박사 학위를 획득한 역사상 몇 되지 않는 사람들 가운데 한 사람이었다. 그는 열다섯 살 때 뉴욕 시에 있는 한 신문사의 비서로 일하기 위해 학교를 중퇴했다. 그리고 2년 후 취미 삼아 플라톤(Plato)에 대한 책을 읽으며 철학자가 되기로 결심하고 콜롬비아 대학에 등록했다. 그리고 4년 연구 과정을 3년 만에 다 마쳤다. 그러나 체육 시간에 참여하지 않았고, 필수 과목인 수영 시험을 치르지 않았기 때문에 졸업을 하지 못했다.

그러나 그는 교수로 임명을 받았고, 5년 후 박사 학위 프로그램을 마쳤다(그 사이 그는 열 개의 명예박사 학위를 수여했다). 시카고 대학(University of Chicago)으로 옮기면서 그는 폭넓은 저작 활동과 강의 활동을 시작했고, 서구 문명화라는 아이디어와 중요한 책들을 대중화하는 일에 특별한 노력을 기울였다. 그리고 마침내 「브리태니커 대백과사전」을 편찬한 편집 위원회 의장이 되었다.

그는 평생 특정 종교와의 관련성을 부인하며 살았다. 그러나 결국 실천적인 그리스도인이 되었는데, 그 이유는 기독교만이 하나님을 본질적으로 우리가 다 이해할 수 없는 분이라는 사실을 인정하기 때문이라고 말했다. 그는 하나님께서 설명하기 위해 아무런 노력도 하지 않는 신비들을 기독교의 중심에 남겨두셨다는 사실을 인정하는 믿음을 갖게 되었다.

하나님께서 하나님을 드러내시는 일에 관련된 규정을 스스로 만드실 수 있도록 해드려야 한다. 하나님께서 이스라엘을 가르치실 때 그들은 하나님께서 요구하시는 방법으로 그분에게 나아가야만 했다.

본문 이해

오직 한 길

Main Idea	이스라엘 백성들은 처음부터 하나님께서 원하시는 방법대로 하나님을 올바르게 예배하는 일에 주의를 기울여야 했다. 하나님께서 원하시는 것에는 이방인들의 예배 제도를 타파하는 것이 포함되어 있었다.

A. 잘못된 예배의 종식(12:1-4)

Supporting Idea	약속의 땅에 정착하게 될 이스라엘 백성들에게는 그 땅에 이미 존재하고 있는 종교적인 제도들을 타파하는 것이 무엇보다 중요한 일이었다.

12:1. 이 구절은 신명기에서 중요한 한 전환점을 이루고 있다. 5-11장은 언약의 일반적인 규정들, 즉 땅을 정복한 후 순종하려는 이스라엘 백성들의 마음의 동기를 다루고 있다. 그리고 12장부터 모세는 앞장들에서 언급한 동기들 위에 세워진 언약의 구체적인 규정들을 상세하게 설명하고 있다. 1절은 새로 시작되는 부분, 즉 여호와께서 이스라엘에게 주셔서 얻게 하신 땅에서 그들이 평생에 지켜 행할 규례와 법도에 대해 소개하고 있다. 하나님께서 약속하신 땅에 거하는 한 이스라엘은 그 규정들을 따라야 했다. 모세는 땅을 일단 정복한 후 예배를 어떻게 드려야 하는지를 설명하는 것으로부터 시작하고 있다.

12:2. 2절은 일반적인 과정을 보여주고 있다. 하나님의 백성들이 참된 예배를 드릴 수 있기 전에 그 땅에 이미 존재하고 있던 이방인들의 예배 제도를 제거해야 했다. 가나안 족속들은 높은 산과 작은 산과 푸른 나무 아래 그들의 제단을 세워놓고 있었다. 하나님께서는 이스라엘 백성들이 그런 곳들을 허물어버려야 한다고 주장하셨다.

12:3. 3절은 일반적인 과정을 수행하는 데 필요한 구체적인 단계들을 제시해주고 있다. 모세는 각기 다른 이방 의식에 적용할 수 있는 네 가지 명령을 하고 있다. 먼저 이스라엘 백성들은 가나안 족속들의 단을 헐어야 했다. 그리고 남성의 번식력을 상징하는

주상을 깨뜨리고(신 7:5, 출 23:24, 34:13) 바알의 배우자로 숭배되던 아세라 상을 불살라야 했다. 다른 조각한 신상들은 그들의 신전으로부터 신성을 제거하기 위해 찍어버려야 했다.

12:4. 마지막으로 모세는 그 과정에 대한 이론적 근거를 제시해주고 있다. 이스라엘은 그 어떤 이방 제도도 모방해서는 안 되었다. 하나님께서 그 어떤 거짓 신과 비교될 수 없는 분이신 것처럼 이스라엘 백성들의 예배도 그래야 했다. 이스라엘 백성들에게는 참 하나님을 잘못된 방법, 그들이 쫓아낸 나라들의 방법으로 예배하는 것도 허용되지 않았다.

B. 참된 예배가 시작되는 곳(12:5-14)

Supporting Idea	이스라엘 백성들은 하나님께서 원하시는 예배를 드리기 위해 하나님께서 선택하실 예배 장소를 찾아야 했다. 모든 예배는 그 하나님께서 택하신 예배 처소에서 드려져야 했다.

12:5-6. 이스라엘 백성들은 분리해서 이동한 다음 다시 조립하는 이동식 성전이라 할 수 있는 성막에서 예배를 드렸다. 일단 약속의 땅에 들어가게 되면 성막은 성전(비록 이 단어가 사용되지는 않았지만)으로 대체될 것이다. 이스라엘의 장래 예배 처소의 본거지가 될 도시의 이름은 아직 명기되지 않았다. 그저 여호와께서 택하신 곳으로만 불려졌다. 그곳은 약속의 땅 가운데 한 지파의 지경 안에 그리고 여호와께서 거하실 곳을 대표하는 건물이 서게 될 장소가 될 것이다. 또한 여호와께서 자기 이름을 두시려고 선택한 곳이 될 것이다.

하나님께서 선택하신 곳으로 이스라엘 백성들은 번제와 예물을 가져다가 드려야 했다. 번제는 하나님께 온전히 드려진 동물을 말하는 용어로 제사라는 더 큰 범주 속에 포함되어 있는 세분화된 한 부분이었다. 십일조는 땅에서 나는 농산물과 가축의 새끼들 가운데 십분의 일을 하나님께 드리는 것을 말한다. 번제와 십일조는 일반적으로 예물이 아니라 율법이 정한 강제성을 띤 봉헌물과 세금이었다(민 18:21-28, 대하 31:12, 신 14:22-28). 하나님께서 택하신 예배 처소는 이스라엘 백성들이 낙헌 예물과 하나님께 드리기로 맹세한 서원제를 드리는 곳이 될 것이다. 그리고 우양의 처음 낳은 것들을 그곳으로 가져가야 했다. 제물로 바칠 수 없는 동물들(특히 부정한 것들)도 있었다. 그 동물들은 돈과 바꾸기 위해 살려두었다(민 18:15-17).

12:7. 때가 되면 하나님께서 택하실 도시, 즉 오직 그곳 하나님 여호와 앞에서만 이스라엘 백성들은 가족과 함께 먹고 모든 좋은 일을 즐거워하게 될 것이다. 하나님을 섬기며 먹고 즐거워하는 것은 서로 뗄 수 없는 것이다. 구약 성경과 신약 성경에서 구원 활동의 중심은 성찬 식사였다. 히브리 성경에서 성찬 식사는 유월절이었고(출 12장), 신약 성경에서는 성찬식이었다. 속죄일을 제외한 이스라엘의 절기들에는 일반적으로 행사의 일부로 음식이 포함되었다. 실제로 제사에는 동물을 잡아 그 일부를 하나님께 번제로 드리는 일이 포함되었다. 그리고 또 일부는 제사장에게 돌아갔고, 나머지는 예배자가 가족들과 함께 여호와 앞에서 즐겁게 먹을 수 있도록 그에게로 돌아갔다.

그러나 무엇보다 하나님께서 예배를 통해 원하시는 것은 기쁨이었다. 신자들은 하나님의 놀라우심과 돌보심에 만족하며 하나님 앞에 서 있는 사람들이다. 하나님께서 예배하는 사람들에게 복을 주시고 사람들에게 복을 주시는 분이라는 사실이 예배드리는 사람들의 기쁨의 근거가 된다.

12:8-9. 이스라엘 백성들의 광야 생활은 그 속성상 안정된 국가 생활을 불가능하게 했다. 그러나 이제 이스라엘은 여호와께서 주시는 안식과 약속의 땅을 기업으로 곧 얻게 될 것이다. 곧 '고국이 될 땅' 에 들어갈 것이기 때문에 그들은 더욱 정기적으로 예배를 드릴 수 있게 될 것이다. 즉흥적으로 예배 시간을 정하는 그런 자유는 더 이상 허용되지 않을 것이다. 약속의 땅에서 생활이 안정되면 그들은 정해진 시간에 하나님께서 택하신 장소의 예배 처소에 모여 하나님 앞에 나아갈 것이 기대되었다.

12:10. 하나님께서는 이스라엘 백성들을 하나님의 아들로 보셨다. "이스라엘의 어렸을 때에 내가 사랑하여 내 아들을 애굽에서 불러내었거늘" (호 11:1). 하나님의 아들인 이스라엘은 아버지의 사랑을 입증해주는 기업을 받게 될 것을 기대할 수 있었다. 육신의 아버지일 경우 유산은 아버지가 사망한 후에나 아들에게 넘겨지게 된다. 그러나 하나님의 경우는 그런 일이 일어날 수 없다. 땅이라는 선물을 설명하기 위해 기업이라는 개념을 사용하는 것은 부모가 아낌없이 내어주는 개념과 밀접한 관계가 있다. 하나님께서는 가나안이라는 땅을 하나님의 백성들에게 선물로 주고 싶기 때문에 주셨다. 그렇게 해야 하는 것은 아니었다. 그들을 예전처럼 그대로 유목민으로 살게 하실 수도 있

었다. 그러나 하나님께서는 그들에게 정착할 수 있을 뿐 아니라 적으로부터 벗어나 안식하면서 평안히 거할 수 있는 땅을 선물로 주셨다. 사람들이 먼저 솔선할 때까지 복 주기를 자제하시는 대신 풍성한 선물을 먼저 주고 감사하는 반응을 사람들에게 요구하시는 것이 하나님의 한 특성이다.

12:11. 안전해지고 이스라엘의 적들이 제거되고 나면 하나님께서 하나님의 이름을 두시려고 한 곳을 택하실 것이다. 10절에서 언급한 안전은 실제로 다윗의 때까지 이루어지지 않았다. "여호와께서 사방의 모든 대적을 파하사 왕으로 궁에 평안히 거하게 하신 때에 왕이 선지자 나단에게 이르되 볼지어다 나는 백향목 궁에 거하거늘 하나님의 궤는 휘장 가운데 있도다"(삼하 7:1-2).

다윗의 선임자였던 사울 당시에도 블레셋이 곡창 지대인 이스르엘 계곡을 포함해 약속의 땅 대부분을 그대로 차지하고 있었다. 죽은 사울의 머리가 벳산에 있는 다곤의 묘에 달리기도 했다(대상 10:8-10). 다윗이 블레셋을 몰아내고 이스라엘의 국경을 튼튼하게 할 때까지 그런 상태가 유지되었다. 그 이후 다윗은 언약궤를 영구히 둘 수 있는 자리를 찾기로 했다.

때가 되자 그곳이 바로 하나님께서 번제와 희생과 … 십일조와 … 서원물을 가져오도록 선택하신 곳(예루살렘)이 되었다.

12:12. 모세는 다시 이스라엘 백성들에게 하나님 여호와 앞에서 즐거워하라고 명했다. 이 명령은 신명기에서는 자주 나타나지만 다른 곳에서는 한 번밖에 나타나지 않는다(레 23:40). 그럼에도 불구하고 즐거워하는 것이 성경이 말하는 예배의 중심을 이루고 있다. 그 즐거움은 이스라엘에서 보편적인 것이 되어야 했다. 이스라엘은 하나님께서 정하신 간격을 두고 함께 즐거워하도록 되어 있었다. 자녀와 노비를 포함해 온 가족이 참여하도록 되어 있었다. 이 축제에는 기업을 받지 못한 레위인들도 포함되어야 했다. 그들은 이스라엘 백성들이 드린 제물을 양식으로 먹고 살면서 그들 소유의 땅을 가질 수는 없었지만 그 축제에는 참여하도록 되어 있었다.

12:13-14. 하나님께서 택하실 곳 이외에서는 번제를 드리지 말라고 이스라엘에게 명하신 하나님의 명령은 매우 분명했다. 그럼에도 불구하고 이스라엘 백성들은 그 명령을 계속 어기면서 히브리 성경 속에서 산당에 대한 언급을 계속 반복하게 만들었다. 고대 이방의 제단들은 산과 언덕 꼭대기에 지어졌는데, 수세기 동안 그대로 남아 여호

와를 섬기는 곳으로 사용되었다. 그 산당들은 가나안 정복 이후 성전이 건축되기까지 4세기 동안 널리 사용되었다(왕상 3:2). 솔로몬마저도 그 잘못을 범했다(왕상 3:3). 또 유다의 많은 왕들도 그 풍습을 묵인했다.

다윗이 국가의 안전을 견고하게 만들기 전까지는 물론 제단들이 예배에 사용되었다. 기드온(삿 6:18, 26)과 마노아(삿 13:16)와 엘리야(왕상 18:31)가 그 분명한 예를 보여주는 사람들이었다. 북왕조 백성이었던 엘리야는 여호와의 독특성을 북왕조 백성들이 찾기 쉬운 곳에서 드러내야 했다.

C. 참된 예배를 드리는 방법(12:15-28)

Supporting Idea	이스라엘은 거룩한 것과 부정한 것을 분명하게 구분하고 성별된 것과 일반적인 것을 분명하게 구분해야 했다. 구별된 것은 하나님께서 정하신 곳에서만 사용되어야 했고, 하나님께서 정하신 사람만이 구별된 것을 받을 수 있었다.

12:15-16. 모세는 고기를 먹기 위해 잡은 모든 동물을 하나님께 드려야 하는 것은 아니라고 설명했다. 이스라엘 백성들은 하나님께서 그들의 가축이 풍성할 수 있도록 복 주셨기 때문에 충분히 먹을 수 있다는 사실을 인정하며 그들의 마음에 즐기는 대로 생축을 잡아 그 고기를 먹을 수 있었다. 그런 고기를 먹는 것은 의식적으로 정한 사람들뿐 아니라 부정한 사람들까지도 먹을 수 있었다. 그 구분은 윤리적인 것이 아니었다. 경건한 사람들도 경우에 따라 정할 수도 있었고, 또 부정할 수도 있었다. 왜냐하면 누구나 자신의 잘못이 아닌 질병이나 배설로 인해 의식적으로 부정해질 수 있었기 때문이다. 의식적으로 부정한 사람은 그 부정함을 해결할 때까지 특정한 종교 행사에 참여할 수 없었다. 그러나 일상적으로 고기를 먹기 위해 가축을 잡는 경우에는 적용되지 않았다. 하나님께서는 이스라엘 백성들에게 동물의 피를 먹지 말라고만 하셨다. 피는 먹지 말고 물같이 땅에 쏟아야 했다.

12:17-19. 일반적인 고기는 어느 곳에서나 먹을 수 있었지만 농산물의 십일조는 미래에 정해질 하나님께서 택하신 예배 처소로 가져가야 했다. 우양의 처음 낳은 것 역시 그곳에서 하나님께 바쳐져야 했다. 서원을 갚는 예물이나 낙헌 예물 역시 그곳으로 가

져가야 했다.

그렇게 구별된 음식은 하나님께서 택하신 곳에서 하나님 여호와 앞에서 먹어야 했다. 그렇게 구별된 것들은 하나님께서 주신 복을 감사하며 여호와 앞에서 즐거워하며 여호와를 예배하는 통로가 되는 것이었다. 그리고 그것들 가운데 일부는 레위인들을 위해 따로 챙겨놓아야 했는데, 그들에게는 그들의 생활을 유지하는 데 필요한 농경지가 없었기 때문이다.

12:20-25. 이스라엘 백성들로 채소나 농작물만 먹도록 하려는 것이 하나님의 의도는 아니었다. 일단 정착하고 하나님께서 이스라엘의 지경을 넓히신 후 그들은 원하는 대로 고기를 먹을 수 있었다. 하나님께서는 동물의 피를 먹지 말라고 하신 하나님의 지시를 그들이 따르기를 원하셨다. 그 특별한 지시를 따르면 이스라엘 백성들과 그 후손들이 복을 누리게 될 것이라고 말씀하셨다.

12:26-28. 성물은 별개의 것이었다. 하나님께서 번제와 서원물을 포함해 레위인에게 주어야 할 제물을 성물의 범주에 넣으셨다. 성물은 여호와께서 택하신 곳으로 가져가라고 명하셨다. 그러나 제물로 정해진 동물이라도 그 피를 먹어서는 안 되었다. 대신 제단 위에 부어야 했다. 현재와 미래의 행복과 번영은 음식물에 관한 이 규정들을 조심스럽게 따르는 데 달려 있었다.

D. 다른 신들을 섬겨서는 안 되는 이유(12:29-32)

Supporting Idea	이스라엘의 신앙을 남용하는 일이 일어날 수도 있었지만 이교도의 신앙은 그보다 더 큰 위협을 가하는 것이었다. 하나님의 백성들은 그들이 그 땅에서 쫓아낸 사람들의 악습을 모방하는 일이 일어나지 않도록 경계해야 했다.

12:29-30. 호기심은 경건한 삶을 위협하는 상당한 도전이 될 수 있다. 이스라엘에게 있어서는 가나안 신들에 대해 좀더 알고자 하는 호기심이 위험으로 도사리고 있었다. 모세는 그 땅 거민들이 그들의 신들을 어떻게 섬기고 있는지에 대해 물으려 해서도 안 된다고 강조했다. 왜냐하면 그렇게 한다면 그들도 그렇게 하고 싶은 유혹을 받게 될 것이기 때문이었다. 호기심은 그들이 제거해야 할 이교도라는 덫에 그들을 걸리게 만들

것이다.

12:31-32. 엄밀히 말해서 이스라엘은 가나안의 악습을 모방해서는 안 되었다. 왜냐하면 그들은 여호와께서 꺼리시며 가증히 여기시는 온갖 일들을 하는 것으로 알려져 있기 때문이었다. 그들은 심지어 자녀를 불살라 그 신들에게 드리는 일까지 행했다.

모세는 하나님께서 주신 계명을 확대시키거나 축소시키지 말라고 엄하게 경고하며 이 부분을 마무리하고 있다. 신자들도 율법주의와 방종을 경계해야 한다. 율법주의는 메시지의 아름다움을 떨어뜨리고 방종은 그 내용을 훼손시킨다.

Main Idea 복습	이스라엘 백성들은 처음부터 하나님께서 원하시는 방법대로 하나님을 올바르게 예배하는 일에 주의를 기울여야 했다. 하나님께서 원하시는 것에는 이방인들의 예배 제도를 타파하는 것이 포함되어 있었다.

결론

경건한 애정

잘 알려진 무신론자 찰스 브레드레프(Charles Bradlaugh)는 영국 설교자 H. P. 휴즈(H. P. Hughes)에게 논쟁을 하자는 도전장을 내밀었다. 런던에서 사역하고 있던 휴즈는 한 가지 조건을 걸고 그 도전장을 받아들였다. 그는 브레드레프에게 주장하는 메시지의 열매를 보일 것을 요구했다. 그리고 자신은 예수 그리스도를 믿게 된 후 어떤 일이 벌어졌는지를 증언할 수 있는 백 명의 사람들을 데려가겠다고 말했다. 그들은 모두 파멸을 불러오는 삶을 살았거나 파탄 난 가정이나 가난에 찌든 가정에서 자란 사람들로 한때 사회를 고갈시켰던 사람들이다. 그는 그 백 명의 자기 친구들은 모두 자신들의 증언이 정당하는 사실을 확인할 수 있도록 반대 심문에도 기꺼이 응할 것이라는 설명까지 덧붙였다. 그리고 브레드레프에게도 신앙을 갖지 않았기 때문에 변화된 삶을 살게 된 사람들을 데려와보라고 도전했다.

정해진 시간에 휴즈는 그가 말한 대로 백 명의 친구들과 함께 도착했다. 브레드레프는 나타나지 않았다. 그래서 휴즈는 그 기회를 간증 시간으로 활용했다. 논쟁을 듣기 위해 왔던 청중들 가운데 다수의 사람들이 성경이 말하는 살아 계시는 하나님의 실체에 대해 들었고 그들 가운데 많은 사람들이 회심하게 되었다.

예배는 말과 행동뿐 아니라 삶을 통해서도 이루어진다. 변화된 삶은 하나님의 초자연적인 능력과 성품을 증거한다. 하나님과 가까워질 때 성품의 변화가 일어나고 거룩한 삶을 살게 된다.

▣ 진리 알기

- 오래된 예배 형식을 따르는 것이 편안할 수는 있을 것이다. 그러나 그 형식에는 하나님께서 받아들이실 수 없는 잘못된 요소들이 들어 있을 수 있다.
- 일반적인 의미의 종교는 신적인 존재를 움직이게 만드는 인간의 기여를 강조한다. 그러나 진정한 예배는 언제나 하나님께서 이미 하신 일을 인정하는 것으로부터 시작된다.
- 수학적 또는 과학적 진리가 정밀하다고 해서 잘못된 것이 될 수 없듯이 종교적 진리도 엄밀하다고 해서 잘못된 것이라 할 수 없다.
- 기쁨은 참된 예배의 본질이다. 슬픈 얼굴(다른 사람들에게 고통을 야기한 죄에 대한 후회나 유감으로 인한 경우를 제외하고)은 자비롭고 은혜로우신 하나님을 모욕하는 것이다.
- 우리가 가진 것 가운데 가장 좋은 것을 하나님께 드려야 한다.

▣ 적용하기

- 선교사나 기독교 사역을 하는 사람들에게 전해줄 특별한 선물을 사기 위해 돈을 따로 떼어두라(단, 선물을 보내기 전 그 선물에 대한 수입 관세가 너무 높지 않은지를 먼저 확인하라).
- 시편에서 '기뻐하다' 라는 단어가 어떻게 사용되고 있는지를 알아보기 위해 성경 용어 색인을 찾아보라. 그리고 그 발견한 것들에 비추어 자신의 예배를 평가해보라.
- 예배 시간을 충분히 가질 수 없게 만드는 활동들을 솔직하게 평가해보라. 필요하다면 몇 가지 일정들을 정리하라.
- 하나님께서 사용하실 수 있도록 구분된 삶을 살아가고 있는지 잘 생각해보라.

• 지난 한 해를 돌아보고 다른 사람들과 함께 드리는 예배에 얼마나 신실하게 참여해왔는지를 평가해보라.

삶의 적용

그 어떤 수단도 허용되지 않는

사랑의 하나님께서는 우리의 힘으로 하나님의 방법을 알아내도록 우리를 내버려두지 않으셨다. 하나님의 생각을 하나님의 말씀으로 밝혀주셨다. 인간은 자신의 생각만으로 하나님께 나아갈 수 있는 타당한 방법을 찾을 수 없다는 것이 성경이 가르치고 있는 가장 심원한 교훈이다. 인간은 언제나 실수하면서 일들을 망쳐놓을 것이다.

예를 들어 하나님께서 이스라엘 백성들에게 "네가 내게 돌로 단을 쌓거든 다듬은 돌로 쌓지 말라 네가 정으로 그것을 쪼면 부정하게 함이니라" (출 20:25)고 경고하셨다. 여기서 어떤 것을 부정하게 만든다는 것은 그것을 평범한 것이 되게 만드는 것이다. 하나님께서는 인간의 독창력에서 나온 모든 방법들은 이 세상에 존재하고 있는 모든 이방의 제도들과 같은 예배 제도를 만들어낼 것이라고 역설하셨다. 다시 말해서 그것은 모든 이교도처럼 평범하고 세속적인 것이 될 것이다.

따라서 하나님께 받아들여지기 위해 인간이 무언가를 기여한다면 인간은 모든 것을 잃게 된다. 하나님께서는 인간이 무언가를 만들어내기를 기대하시는 것이 아니라 받아들이는 존재가 되기를 바라신다. 예수님께서 99퍼센트가 아니라 완전히 다 지불하셨다. 바울 사도는 "너희가 그 은혜를 인하여 믿음으로 말미암아 구원을 얻었나니 이것이 너희에게서 난 것이 아니요 하나님의 선물이라 행위에서 난 것이 아니니 이는 누구든지 자랑치 못하게 함이니라" (엡 2:8-9)고 말했다.

우리는 하나님께 단을 쌓기 위해 돌을 쪼아서는 안 된다. 그렇게 한다면 우리는 모든 것을 망칠 것이다. 왜냐하면 우리는 사람들을 그 단으로 데려와 "우리가 쪼아 만든 이 아름다운 돌들을 보라!" 고 말하게 될 것이기 때문이다.

우리는 그리스도 안에서 하나님께서 하신 일을 받아들이기만 하면 된다. 하나님께서 우리에게 제한을 가하시는 것은 그분이 얼마나 멋진 분인지를 보고 평생 하나님을 예배하는 삶을 살아갈 수 있도록 도와주시기 위한 것이다.

기도

하나님 아버지, 우리 힘으로 하나님께 나아가기 위해 수고하는 우리의 헛된 노력을 떨쳐버리고 우리의 모든 필요를 공급해주시는 완전하신 하나님을 믿고 신뢰할 수 있기를 간절히 원합니다. 완전한 단을 만드시고 우리를 위해 그 단 위에 자신을 제물로 바치신 구세주를 인하여 기뻐할 수 있게 도와주십시오. 아멘.

심층 연구

A. 번제와 희생(12:6)

모세는 이스라엘 백성들에게 "너희 번제와 너희 희생 … 가져다가"(신 12:6) 하나님께서 택하신 곳에 드리라고 지시했다. 번제와 희생이라는 단어가 함께 사용될 때 '희생'은 종종 제사장과 예배자들과 하나님께서 함께 고기를 나누는 화목제를 뜻하는 것이었다. "화목제를 드리고 거기서 먹으며 네 하나님 여호와 앞에서 즐거워하라"(신 27:7). 반면에 '번제'는 제물을 하나님께 모두 다 태워 드리는 것이었다(레 9:12-14).

B. 거제(12:6)

하나님께 드리는 제물들 가운데 거제라는 것이 있었다. 거제는 '손을 들어올리는' 이라는 뜻의 히브리 단어에서 나온 것이며, 이 구절의 앞부분은 다른 구절들에서도 볼 수 있지만 거제라는 말은 신명기에서만 볼 수 있다. 거제라는 말은 아마도 제물을 바치는 방식을 시사해주는 표현인 것으로 보인다. 왜냐하면 제사장이 제단 옆에서 제물을 들어올렸기 때문이다.

C. 성물(12:26)

모세는 하나님의 백성들에게 "오직 네 성물과 서원물을 여호와께서 택하신 곳으로 가지고 가라"(신 12:26)고 지시했다. 성물을 '거룩한 것'으로 번역한 경우도 있다. 히브리 단어의 어근은 '자르다' 또는 '나누다'라는 뜻을 가진 동사와 관계가 있는 것으로 보인다. 어원적으로 연결이 되어 있든 없든 간에 히브리어의 거룩함이나 신성함 뒤에는 기본적으로 '구별된 것'이라는 개념이 내포되어 있다. 하나님께 속한 것은 어떤 것이든 특별하고 세상이 공유하고 있는 일반적인 것들과는 분리되어 있다. 이 개념은 어느 것에나 다 적용된다. 옷이나 번철이나 유향이나 동물이나 특히 사람까지도 하나님과 그것들을 구별하라고 명하신 하나님의 명령과 연결되어 있을 때 중요한 것이 된다. 신약 성경에 나오는 '성도'라는 말은 구약 성경의 이 개념과 직접적인 관계가 있는 용어다.

고안

A. 들어가는 글

1. '신비에 싸여 있는' 이야기로 시작하라.

2. 배경 설명: 지금까지 이스라엘의 예배는 그들의 유목 생활이라는 특징으로 채색되어 있었다. 그러나 이제 하나님께서 그들이 드리게 될 공동 예배에 대한 새로운 계획을 제시하셨다. 땅을 정복하고 나면 하나님께서 하나님의 백성들이 예배하게 될 곳을 택하실 것이다. 하나님께 속한 것은 무엇이든 그곳에서, 반드시 그곳에서만 드려져야 했다.

3. 적용: 참된 예배는 하나님께서 지시하신 대로 이루어져야 했다. 그렇지 않으면 그것은 참된 예배가 아니었다. 때때로 참된 예배에 참여하면서 가장 먼저 해야 할 일은 잘못된 예배를 청산하는 것이다.

B. 본문 이해

1. 잘못된 예배의 종식(12:1-4)
2. 참된 예배가 시작되는 곳(12:5-14)
3. 참된 예배를 드리는 방법(12:15-28)
4. 다른 신들을 섬겨서는 안 되는 이유(12:29-32)

C. 결론: '그 어떤 수단도 허용되지 않는' 을 읽어주라.

토의 질문

1. 숲 속을 걷는 것이 다른 사람들과 함께 드리는 예배를 대신할 수 있는 정당한 한 예배 형태가 될 수도 있는가?

2. 오늘날 서구화된 사회에서 살아가는 사람들이 '자기들이 보기에 옳은 일' 을 하는 방식에는 어떤 것들이 있는가?

3. 참된 예배를 드리는 데는 개인적으로 어떤 희생이 따르는가?

4. 오늘날에도 하나님께서 특정한 곳에 하나님의 이름을 두시는가? 그렇다면, 또는 그렇지 않다면 그 이유는 무엇인가?

5. 하나님께서 이스라엘 백성들에게 가축의 첫 소생물을 요구하신 이유는 무엇인가?

신명기 13장

잘못을 지적하는 일

"인간은 은혜 없이는 근절할 수 없는 타고난 잘못을 지닌 존재일 따름이다. 인간에게 진리를 보여주는 것은 아무것도 없다. 모든 것이 인간을 속이고 있다. 진리의 두 본질인 이성과 감각은 순전하지도 않을 뿐 아니라 서로 기만하는 일을 하고 있다. 감각은 거짓된 외관으로 이성을 속인다. 그리고 이성과 감각이 영혼을 속이듯 그 둘도 원한을 풀려는 영혼에게 속임을 당한다. 또한 감각은 잘못된 인상을 불러오는 열정에 의해 방해를 받는다. 감각과 열정은 경쟁적으로 서로를 속이고 기만한다."

- 블레이즈 파스칼(Blaise Pascal)

가장 치명적인 잘못은 신학적 오류다. 신학적 오류는 인간의 가장 중요한 부분을 공격하고, 창조주시며 구원자이신 하나님으로부터 격리되게 만든다. 하나님께서는 이스라엘 백성들이 그들의 마음을 살피고 하나님에 대한 잘못된 거짓들을 던져버려야 할 뿐 아니라 어디서든 그런 거짓을 지적하고 그런 거짓에 맞서야 한다고 역설하셨다.

Deuteronomy

들어가는 글

드러내지 않아도 되는 넥타이

몇 년 전 미국 전역에 흩어져 있던 그리스도인들은 드러내지 않아도 되는 넥타이를 선전하는 광고지를 받았다. 그 넥타이는 언뜻 봐서는 별로 눈에 띄지 않게 적당하게 맵시가 나는 페이즐리 넥타이처럼 보였다. 잠재된 고객들을 향한 그 광고지에는 "그 직물에는 '예수님께서 구원하신다' 라는 문구가 인간의 눈에는 거의 보이지 않게 숨어 있다" 라는 문구가 들어 있었다. 그 넥타이는 신성한 천으로 만들어졌고, 30불이라는 기부금 형식으로 살 수 있으며, 세금 공제가 가능하다고 했다. 그리고 가난한 사람들을 도와주기 위해 7개를 200불에 살 수 있다고도 했다.

광고지에는 신성한 천이라는 것이 어떤 것인지 그리고 그 광고지를 보낸 사람이 돕고자 하는 가난한 사람들이 어떤 사람들인지에 대해서는 아무 설명도 없었다. 그러나 상당히 새로운 접근 방법이라는 인상을 주는 다음과 같은 문구가 있었다. "오랫동안 러시아 공산주의 과학자들은 의심하지 않는 고객들에게 그들의 이데올로기를 전파하고 심어주기 위해 고안한 눈에 띄지 않는 광고 방식을 실험해보았다. 그리고 하나님께서 하나님의 백성들에게 하나님 자신의 영광을 위해 그 방식을 어떻게 사용해야 하는지를 보여주셨다."

넥타이를 확대한 그림은 "예수님께서 구원하신다. 예수님께서 구원하신다. 예수님께서 구원하신다" 라는 글귀가 직물 전체에 산재해 있음을 보여주었다. 그 광고지는 또 "넥타이가 낡으면 '예수님께서 구원하신다" 라는 문구가 그 넥타이를 보는 사람들의 잠재 의식 속에 심어지게 된다" 고 약속하고 있었다. 그러나 그런 잠재 의식의 변화를 통해 하나님께 어떤 영광이 돌아가게 될 것인지에 대해서는 아무런 언급이 없었다.

그 메시지 때문에 그 놀라운 넥타이를 매는 사람들은 아무에게 아무 말도 하지 않고 증인의 역할을 할 수 있다는 것이었다. 이상야릇한 전도 방법이라는 생각이 들었다. 그러나 한편으로는 그런 방식이 많은 사람들에게 인기를 얻고 있는 일종의 개인 전도 방식이 되어가고 있음을 볼 수 있었다. 드러내지 않는 넥타이는 진리와 거짓을 구분하고 싫어하지 않는 일반적인 인간의 속성을 보여주는 것이다. 이스라엘 백성들이나 우리들이나 그렇게 해야 한다는 것에 불편을 느낀다.

그러나 아이디어에는 그 결과가 따르게 마련이다. 이스라엘 백성들은 그들의 국가가 형성되기 시작하는 초기부터 잘못된 사상들 속에 내재해 있는 위험을 인식하고 있어야 했다. 율법은 매우 중요하다. 그러나 사상들은 인간의 마음속에 품고 다니는 것이기 때문에 훨씬 더 큰 파급 효과를 미치는 결과를 불러온다. 거짓은 어떤 것이건 간에 치명적인 위험을 가할 수 있다.

본문 이해

잘못을 지적하는 일

Main Idea	하나님과 신자들의 관계를 약화시키는 모든 거짓 교훈은 반드시 다루어야 한다. 비록 고통스러운 수정이 요구되는 것처럼 보인다 할지라도 그 일을 피해서는 안 된다. 그렇게 하지 않으면 나라의 운명이 위기에 처할 수 있기 때문이다.

A. 초자연적인 능력으로 죄 범한 사람들을 다루는 일(13:1-5)

Supporting Idea	이스라엘 백성들은 기적과 이적을 베푸는 사람들 앞에서도 여호와와 맺고 있는 관계를 저버려서는 안 된다는 경고를 받았다. 선지자는 결국 그의 가르침으로 그 진위가 드러날 것이다.

13:1-2. 선지자들은 하나님을 대신해 말하는 사람들이다. 참된 선지자는 주목해야 할 만큼 중요한 사람들이다. 이 문단(1-5절)은 이스라엘 가운데서 선지자를 판별하는 엄밀한 검사 기준을 제시해주고 있다. 초자연적으로 주어진 계시가 선지자의 신빙성을 증명해주는 것이긴 하지만 선지자의 가장 중요한 자질은 여호와를 향한 충실이다. 그

자질이 없다면 선지자든 1-2절에 나오는 꿈꾸는 자든 간에 선지자로서의 신임을 얻을 수 없었다.

이 구절에서 논의의 대상이 되고 있는 사람들이 이적과 기사를 행할 수 있는지 주목해보아야 한다. 기적을 통해 합법적인 선지자라는 것을 확인할 수는 있지만(18:15-18, 히 2:1-4 비교) 선지자들은 다른 신을 좇아 섬기자고 말하는 사람들을 위해서는 결코 기적을 행할 수 없었다.

13:3-4. 이스라엘의 안전은 두 가지 행동에 달려 있었다. 첫째, 그들은 의심스러운 선지자의 말을 청종하지 말아야 했다. 대신 그들은 하나님을 향한 그들의 사랑을 확인하기 위해 하나님께서 어떻게 그들을 시험하시는지를 살펴보아야 했다. 하나님께서 그런 시험을 하시는 것은 하나님께서 충분히 알지 못하기 때문이 아니라 그들이 충분히 알지 못하고 있기 때문이었다. 많은 신자들이 하나님께 대한 헌신을 고백하긴 하지만 시련 앞에서는 하나님을 향한 사랑이 자신들이 생각하는 것보다 못하다는 사실을 발견하게 된다. 하나님을 사랑하는 것은 편안하기 위한 것이 아니다. 어두운 세상에서 살아남기 위해 없어서는 안 되는 것이다. 하나님의 깃발을 든 사람들은 하나님의 목소리를 청종하고 하나님을 경외하고 하나님의 명령을 지키고 하나님께 순종해야 한다.

13:5. 이스라엘을 잘못으로부터 지켜줄 수 있는 또 한 가지는 미리 예방하는 것이다. 거짓 선지자나 꿈꾸는 자는 죽여야 했다. 그들에게는 하나님을 배반하게 만든 전과가 있기 때문이었다. 경솔하게 또는 조사 없이 중대한 형벌을 내려서는 안 되었다. 그러나 증인들이 많이 있는 이 경우에는 자비를 베풀 필요가 없었다. 거짓 선지자는 미래뿐 아니라 그순간에도 영향을 미치는 매우 위험한 죄를 범했다. 더구나 그는 이스라엘을 애굽에서 인도하여내시고 종 되었던 집에서 속량하여 취하신 하나님을 모독했다. 그런 악은 사형을 통해서만 제할 수 있었다.

B. 죄 범한 가족을 다루는 일(13:6-11)

Supporting Idea	하나님과의 관계는 가족 관계보다 우위에 있다. 잘못은 어떤 영역에서 나타나든 간에 맞서서 대처해야 한다.

13:6-7. 선지자를 처형하는 것이 힘든 일이긴 하겠지만 그 일이 잘못을 범한 자기 가

족들을 대면해야 하는 것보다 더 어려운 일은 아니었다. 그러나 하나님께서는 가족이 영적인 반역이라는 죄를 범할 경우 비록 끔찍하다 할지라도 의무를 이행해야 한다고 가르치셨다. 6절은 가까운 가족 관계를 강조하고 있다. 위험은 동복 형제 자녀나 심지어는 품의 아내를 통해서도 올 수 있었다. 또 가족 관계 외에 생명을 함께하는 가까운 친구를 통해 올 수도 있었다. 절친한 관계 밖에 있는 사람들이 알 수 없는 은밀한 유혹은 가만히 찾아오기 때문에 그 함정에 빠져들기가 매우 쉽다. 그러나 그런 유혹을 다루지 않으면 더 큰 위험을 불러오게 된다. 보이지 않는 곳에서 조용히 퍼지는 암처럼 국가의 운명이 위태롭게 될 수도 있는 일이었다.

13:8-10. 하나님을 반역한 죄를 범한 친한 친구나 가족에게는 긍휼을 베풀지 말아야 했다. 여호와를 배반하라는 말을 들은 사람은 먼저 그 말을 한 사람을 용서 없이 죽여야 했다. 그러나 확증 없이 그런 일을 할 수는 없었을 것이다. "사람이 아무 악이든지 무릇 범한 죄는 한 증인으로만 정할 것이 아니요 두 증인의 입으로나 세 증인의 입으로 그 사건을 확정할 것이며"(신 19:15). 이스라엘의 형법에서는 돌로 쳐서 죽이도록 되어 있었다. 아마도 그것은 개인적인 보복을 피하고 공동체의 결정을 강조하는 행동이기 때문이었을 것이다. 한 개인으로서는 할 수 없는 것을 공동체가 할 수 있었다.

13:11. 오늘날 많은 사람들이 중대한 죄를 범한 범죄자를 사형시키는 것으로는 범죄를 예방할 수 없다고 주장한다. 그러나 성경은 그렇지 않다고 말하고 있다. 사형에 관한 소식이 온 나라에 전해지면 이스라엘 백성들 모두가 듣고 두려워할 것이다. 그리고 그것은 공동체에 유익이 될 것이다. 이 같은 악을 다시는 너희 중에서 행하지 못하리라. 법전에 사형 제도가 있다는 것 자체는 별 가치가 없다. 사형을 집행할 때에만 희망하는 결과를 불러올 수 있을 것이다. 사형을 미루거나 집행하지 않는 것은 심각한 사회적 문제들을 야기할 것이다(전 8:11).

C. 성읍 안에서 죄 범한 사람들을 다루는 일(13:12-18)

Supporting Idea	성읍 안에서 하나님을 저버리는 일이 대대적으로 벌어지게 되면 죄를 범한 사람들을 죽이고 그 성읍은 파멸시켜야 했다.

13:12-13. 모세가 지시한 세 번째 일은 일어날 것 같지 않은 그런 일이었다. 선지자

들은 그 특성상 공인이었다. 가족들과 가까운 친구들은 남몰래 이야기할 수도 있었겠지만 적어도 그들의 의도는 그들의 말을 듣는 사람들에게 분명한 것이어야 했다. 그런데 모세는 언젠가 거짓 교사의 영향을 받는 성읍이 있다는 소문을 듣게 될 때가 있을 것이라고 설명했다. 잡류가 일어나서 다른 신들을 우리가 가서 섬기자라고 말하며 성읍 사람들 전체를 유혹할 것이다. 다시 말해서 그런 소문을 간접적으로 듣게 될 것이다.

13:14-15. 반역에 대한 형벌은 피할 수 없는 것이기 때문에 그런 소문을 액면 그대로 다 받아들일 수는 없을 것이다. 따라서 그 소문을 들은 사람들은 자세히 묻고 살펴보아야 했다. 그리고 그 소문이 분명히 확인되고 참 사실로 드러나면 이웃 마을 사람들이 형벌을 가하는 과정을 진행시킬 수 있었다.

그런 가증한 일은 가차 없이 다루어야 했다. 성읍 거민을 칼날로 죽이고 그 중에 거하는 것과 그 생축을 모두 진멸해야 했다. 그들이 잘못을 허락하고 그들도 우상 숭배자가 되었거나, 아니면 그들 가운데 잘못이 있음을 알리지 않거나 하는 이 두 가지 가운데 한 가지 이유 때문에 성읍 전체에 형을 선고해야 했다. 영적인 반역을 묵인하거나 허락하는 것은 죄를 범한 사람들에게 사형 선고를 내리는 것과 같은 것이었다. 성읍의 생축도 모두 죽여야 했는데, 그것은 다른 사람의 가축을 탐낼 경우 야기될 수도 있는 무고죄를 미리 막기 위해서였을 것이다.

13:16-18. 거짓 교훈이 퍼지는 것을 막기 위해 죄를 범한 성읍에 벌을 가하는 것은 하나의 구체적인 실례가 될 것이다. 아무도 그 성읍의 물건을 가질 수 없었다. 모세는 책임을 맡은 사람들에게 그 성읍에서 빼앗아 얻은 물건을 다 거리에 모아놓고 그 성읍과 그 탈취물 전부를 불살라 네 하나님 여호와께 드리라고 명령했다. 그 진멸할 물건에는 그 누구도 손을 댈 수 없었다. 성읍을 영영히 무더기로 만들어 버림으로 여호와의 진노를 그치게 할 수 있었다.

그 범죄가 가증했던 만큼 살아남은 사람들에게는 하나님께서 긍휼히 여기시고 자비를 더하실 것이다. 그리고 그들이 하나님의 목전에서 정직을 행하고 있다는 사실을 깨닫고 그 혐오스러운 잘못을 책임 있는 방법으로 다룬다면 그들의 수효를 번성케까지 하실 것이다.

Main Idea 복 습

하나님과 신자들의 관계를 약화시키는 모든 거짓 교훈은 반드시 다루어야 한다. 비록 고통스러운 수정이 요구되는 것처럼 보인다 할지라도 그 일을 피해서는 안 된다. 그렇게 하지 않으면 나라의 운명이 위기에 처할 수 있기 때문이다.

결론

관용과 진리에 대한 사랑

사전에서는 관용을 '다른 사람의 신념이나 행동을 인정하고 존중해줄 수 있는 역량이나 행동' 이라고 정의하고 있다. 이런 전통적 의미에서의 관용은 기독교 사랑에서 나온 것이며 황금률을 실천하는 것이었다. 우리는 우리의 견해와 행동이 존중되기를 바란다. 그런 존중을 받을 수 있는 가장 좋은 방법은 다른 사람들을 동일하게 존중해주는 것이라고 주 예수님께서는 말씀하셨다.

그러나 많은 경우가 그렇듯이 사전적 의미는 문화의 뒤를 쫓아가고 있다. 오늘날 우리는 현대인들이 사용하는 새로운 의미의 관용이라는 말에 익숙해져가고 있다. 다른 사람을 한 사람으로 존중하는 것으로는 충분하지 않으며 부적절한 행동도 할 수 있는 권리를 주어야 하다는 의미에서의 관용이라는 말이 사용되고 있다. 그래서 다른 사람들의 생각도 우리의 생각만큼이나 타당한 것으로 받아들여야 하며, 조화를 이루기 위해 진리에 대한 사랑을 내버려야 할 것을 끊임없이 요구받고 있다.

서구 사회에서는 이제 그런 관용이 최고의 덕목으로 여겨지고 있다. 그 누구도 자기 신념의 정당성에 대한 의문을 제기함으로 불편을 느낄 필요가 없어졌다. 강한 영적 확신을 가지고 있는 사람들이 가장 환영받지 못한다. 그래서 기독교 전도는 종종 혐오스러운 것으로 여겨지기도 한다.

오늘날 많은 그리스도인들은 관용에 대한 이런 현대적 의미가 영적으로 길을 잃은 사람들에 대한 관심을 잃게 만든다는 사실을 인식하지 못한 채 이런 관점을 그대로 받아들이고 있다. 그래서 다른 사람들을 불편하게 만들어서는 안 된다고 말하며, 그리스도를 모르는 사람들에게 무관심한 자신을 스스로 정당화하려 할 수도 있다. 그러나 성경이 보여주듯 영적인 진리는 실제로 삶과 죽음의 문제다. 그리스도인들은 예의라는 명목 하에 무관심을 정당화하면서 다른 사람들에게 사랑스런 영적 관심을 보여야 하는 일을 등한시해서는 안 된다. 우리는 언제나 호감을 주는 증인이 되어야 한다. 그리고 우리의 증거 역시 호감을 주는 증거가 되어야 한다.

■ 진리 알기

- 진리는 초자연적인 것들에 의해 뒷받침될 수 있다. 그러나 거짓도 초자연적인 것들에 의해 뒷받침될 수 있다.
- 교리적인 순수성에 대한 관심은 영적인 자만심을 표현하고 싶은 욕구가 아니라 언제나 하나님을 향한 사랑을 기초로 해야 한다.
- 화려하고 눈부신 것들 앞에서 하나님의 변함없는 신실하심을 잊어버리기 쉬운 경향을 보이는 신자들이 있다.
- 희생을 감수하면서까지 거짓 교사들을 온화하게 대하는 유감스럽고 잘못된 동정도 있다.
- 가족의 잘못을 밝혀내고 다루어야 할 때가 그 어느 때보다 고통스럽다.

■ 적용하기

- 하나님을 향한 사랑이 인기 몰이를 하는 거짓된 견해들 때문에 시험을 받아야 했던 몇몇 경우들을 적어보라.
- 서구화된 사회의 교회들이 교리적인 순수성을 지킬 수 있도록 기도하고, 자신이 속한 교회의 안전을 위해서도 기도하라.
- 진리를 가르치는 신실한 목사의 지도를 받고 있다면 그 목사를 통해 건전한 교훈을 깨우쳐 주시는 하나님께 감사하라.
- 영적으로 성숙할 수 있도록 도움을 준 사람들에게 감사의 편지나 쪽지를 써서 보내라.

삶의 적용

토마스 제퍼슨의 성경

독립 선언문을 작성하고 미국 헌법을 제정한 사람들 가운데 한 사람이었던 토마스 제퍼슨(Thomas Jefferson)은 종교의 자유를 지키기 위해 귀감이 되는 버지니아 주 법안을 작성한 것을 비롯해 미국 사회에 많은 긍정적인 공헌을 했다.

그러나 그에게 지대한 영향을 미친 유럽의 합리주의는 하나님을 바라보는 그의 견해에도 영향을 미쳤다. 그가 역사에 남긴 안타까운 유산 가운데 하나는 그가 사용했던 성경이었다. 그는 신약 성경 가운데서 예수님을 인간 이상의 존재로 말하고 있는 진술들을 삭제했다. 그가 복음서에서 정리해서 만든 수첩이 워싱턴 박물관에 보관되어 있다. 그 수첩에는 '나사렛 예수의 삶과 윤리' 라는 제목이 붙어 있다.

그 수첩에서 제퍼슨은 '예수의 윤리적 교훈을 이상한 신학적 공론으로부터 분리하고 … 모호하거나 상반되는 모든 구절이나 문단들을 제거하고 … 정말로 예수님께 속한 것들을 그것들이 묻혀 있는 쓰레기들로부터 분리시켜' 꺼내고 싶었다고 설명했다. 그가 편집한 '성경' 은 "그리고 그는 큰 돌을 무덤 문까지 굴린 다음 그 자리를 떠났다" 라고 쓴 마태복음 27장 60절로 끝이 난다.

그 위대한 정치인은 예수님께서 죽음에서 부활하지 않으셨다면 그가 원하는 부분만 골라낸 바로 그 책이 이 세상에 존재할 수 없었다는 사실을 깨닫지 못한 것처럼 보인다. 해가 되는 오류는 권세와 힘을 가진 사람들을 통해서도 소개될 수 있다. 그리고 그것이 누구를 통해서 온 것이든 그 실체는 밝혀져야 한다.

기도

하나님 아버지, 그저 거짓을 미워하는 것에 그치지 않고 진리를 수호하는 열정을 갖게 해주십시오. 다른 사람들의 영적인 건강에 관심을 가지고 잘못을 책망하시는 하나님의 말씀을 열린 마음으로 받아들일 수 있게 도와주십시오. 아멘.

심층 연구

A. 선지자(13:1)

'선지자' 를 뜻하는 히브리 단어의 어원은 확실하지 않다. 과거의 많은 사전 편찬자들은 "거품 이는 소리를 내다, 입에 거품을 내며 지껄이다" 라는 뜻의 셈어의 어근과 관계가 있는 것으로 보았다. 그러나 그 학자들 가운데 많은 사람들은 예언을 황홀경에 빠진(이성적인 기능의 통제력을 상실한) 사람들이 하는 것이라는 암시를 주기 위한 속셈을 가지고 있었던 것으로 보인다.

용어의 출처가 아니라 용어의 용법을 통해 단어의 의미를 이끌어낼 때 해석자는 좀 더 안전한 근거를 갖게 된다. 그런 점에서 몇 개의 본문이 중요한 역할을 하게 된다. 그 가운데 하나는 하나님께서 망설이고 꺼리는 모세에게 선지자의 역할을 맡기신 것이다. 말을 잘하지 못하는 사람이라고 변명한 모세는 하나님의 책망을 받았고, 형 아론이 대변인의 역할을 할 수 있을 것이라는 설명을 들었다. "너는 그에게 말하고 그 입에 말을 주라 내가 네 입과 그의 입에 함께 있어서 너의 행할 일을 가르치리라 그가 너를 대신하여 백성에게 말할 것이니 그는 네 입을 대신할 것이요 너는 그에게 하나님같이 되리라" (출 4:15-16).

따라서 선지자는 하나님을 대신해 말하는 사람이며 "무릇 그가 내 이름으로 고하는 내 말을 듣지 아니하는 자는 내게 벌을 받을 것이요" (신 18:19)라고 한 본문이 암시하고 있듯이 선지자가 하는 말 뒤의 능력 때문에 사람들은 그의 말을 경청해야 했다. 민수기 12장 6-8절은 선지자가 어떻게 하나님의 계시를 받게 되는지를 설명해주고 있다. "이르시되 내 말을 들으라 너희 중에 선지자가 있으면 나 여호와가 이상으로 나를 그에게 알리기도 하고 꿈으로 그와 말하기도 하거니와 내 종 모세와는 그렇지 아니하니 … 그와는 내가 대면하여 명백히 말하고 은밀한 말로 아니하며 그는 또 여호와의 형상을 보겠

거늘 너희가 어찌하여 내 종 모세 비방하기를 두려워 아니하느냐."

예언은 선지가가 하는 일의 한 부분일 뿐이지만, 사람들이 선지자를 귀 기울여야 하는 대상으로 여기는 데는 예언이 매우 중요한 역할을 했다. 선지자의 예언에는 경건한 행실을 촉구하는 훈계가 포함되어 있었다. 그러나 그의 예언 능력은 그가 말할 수 있는 기반을 만들어주었는데 그 좋은 예를 사무엘에게서 볼 수 있다. "사무엘이 자라매 여호와께서 그와 함께 계셔서 그 말로 하나도 땅에 떨어지지 않게 하시니 단에서부터 브엘세바까지의 온 이스라엘이 사무엘은 여호와의 선지자로 세우심을 입은 줄을 알았더라" (삼상 3:19-20).

B. 가증한 일(13:14)

모세는 거짓 교훈을 가증한 것이라고 묘사했다. "너는 자세히 묻고 살펴보아서 이런 가증한 일이 참 사실로 너희 중에 있으면"(신 13:14). 가증한 것 대신 혐오스러운 것으로 번역한 경우도 있다.

모세는 영적 선동을 성적인 부정 행위(레 18:22), 이방 신에게 자식을 제물로 드리는 일(신 12:31, 왕하 16:3), 권력의 남용(잠 16:12), 불의(잠 17:15), 점술과 마술(신 18:10-12) 등과 같이 혐오스러운 것으로 분류했다. 거짓 교훈을 하나의 의견으로 단순하게 여기는 현대인들의 견해에는 분명히 이의를 제기해야 한다.

고안

A. 들어가는 글

1. '드러내지 않아도 되는 넥타이' 이야기로 시작하라.

2. 배경 설명: 약속의 땅을 곧 차지하게 될 이스라엘 백성들은 신학적 잘못이라는 소름끼치는 위험에 노출될 것이다. 그런 잘못은 땅을 소유하는 데 필요한 것과 같은

용기와 끈기를 가지고 그들 가운데서 제거해나가야만 하는 것이었다.

3. 적용: 하나님에 대한 거짓 증언은 인간의 가장 중요한 가치관에 일격을 가하는 것이다. 진리를 희생시키는 잘못된 관용을 칭찬하는 오늘날의 추세는 분명 위험한 것이다.

B. 본문 이해

1. 초자연적인 능력으로 죄 범한 사람들을 다루는 일(13:1-5)
2. 죄 범한 가족을 다루는 일(13:6-11)
3. 성읍 안에서 죄 범한 사람들을 다루는 일(13:12-18)

C. 결론: '토마스 제퍼슨의 성경' 을 읽어주라.

토의 질문

1. 시험과 유혹은 어떻게 다른가?

2. 동정심이 어떻게 악하고 거짓된 교리를 용납하는 관용을 허용하게 만드는가?

3. 거짓 교훈에 대한 소식이 들리면 어떤 조사를 해야 하는가?

4. 고발자가 거짓 교사들을 처형하는 데 가장 앞장서야 했던 이유는 무엇이라고 생각

하는가?

5. 거짓 교사를 처형하는 일에 모든 사람이 동참해 돌을 던지게 한 이유는 무엇이라 고 생각하는가?

신명기 14장

특이한 하나님, 특이한 생활

"하나님께서는 우리를 있는 그대로 사랑하신다. 그러나 너무 사랑하시기 때문에 우리를 있는 그대로 두지는 않으신다."

- 무명씨

하나님께서는 이스라엘 백성들에게 그들의 행실이나 먹는 것이나 예배에 있어서나 다른 사람들과 달라야 한다고 말씀하셨다. 그들은 하나님께서 부여해 주신 자신들의 특별한 입장을 기억하고 모든 면에서 하나님의 선하심을 기뻐해야 했다.

Deuteronomy

들어가는 글

누구에게 그 일을 이야기할 수 있겠는가?

골프를 상당히 잘 치지만 너무 바빠서 골프 칠 시간을 낼 수 없는 한 목사가 있었다. 그는 몇 달 동안 한 번도 골프를 칠 수 없었다. 그래서 어느 날 달력을 가지고 책상 앞에 앉아 골프를 칠 수 있는 날을 찾아 따로 떼어두기로 했다.

그런데 애석하게도 좀 쉬면서 골프를 칠 수 있는 날은 주일뿐이었다. 그는 교인들에게 예배드리는 대신 골프를 치러 가는 사람들에 대해 몇 가지 부정적인 언급을 한 적이 있었기 때문에 좀 멀리 떨어진 곳으로 골프를 치러 가야겠다고 생각했다. 그래서 대신 설교할 사람을 정하고 자신을 아는 사람이 아무도 없기를 바라며 멀리 떨어진 공설 골프 코스를 찾아갔다.

첫 번째 홀이 있는 곳으로 다가가면서 그는 조심스럽게 주위를 살펴보았다. 그리고 자신을 아는 사람이 아무도 없다는 것을 알고는 안도했다. 195야드 파 세 번째 홀 티 위에 공을 올려놓았다. 그리고 홀을 표시하는 깃대를 바라보면서 공 쪽으로 다가갔다.

그가 스윙 연습을 하는 동안 하늘에서 천사가 그를 내려다보았다. 목사가 주일에 교회를 떠나 골프 치는 것을 보고 천사는 상당히 심기가 불편했다. 그래서 천사는 신속하게 하나님께 그 사실을 알렸고, 어떻게 해야 할 것인지에 대한 지시를 받았다.

목사가 티에서 제1구를 막 치려고 할 때 천사가 바람을 일으켜 공을 곧장 컵 속으로 떨어지게 했다. 천사는 이해할 수 없다는 표정으로 하나님께 목사에게 그런 징계를 내리게 하신 이유를 여쭸다. 그러자 하나님께서는 이렇게 대답하셨다. “생각해보게나. 그 사람이 누구에게 그 일을 이야기할 수 있겠는가?”

하나님께서는 하나님을 아는 사람들이 늘 하나님을 모르는 사람들에게 이야기할 수 있는 위치에 서 있도록 이 세상을 설계하셨다. 그리스도인들이 아무 말도 하지 않는다면 그들의 삶을 통해 하나님을 증거하게 하실 것이다. 그런데 안타깝게도 그 증거가 위선이나 모순 때문에 방해를 받게 된다. 그리스도인은 안에서나 밖에서나 일관된 삶을 살아가야 한다.

본문 이해

특이한 하나님, 특이한 생활

Main Idea	이스라엘 백성들이 하나님을 기쁘시게 하는 삶을 온전히 살아간다면, 하나님께서 이방 나라의 다른 신들과 다른 것처럼 그들도 다른 사람들과 구별되는 삶을 살아갈 것이다.

A. 특이한 행실(14:1-2)

Supporting Idea	하나님의 백성들은 죽은 사람을 위해 슬퍼할 때에도 이방인들처럼 소망을 잃은 것처럼 행동해서는 안 되었다.

14:1. 이스라엘은 복을 받고 또 세상에 복을 주기 위한 통로가 되도록 하나님께서 선택하신 민족이었기 때문에(창 12:1-3) 그들은 자신들을 하나님 여호와의 자녀로 여겨야 했다. 그들의 행동은 이방인들과 구분되어야 했다. 그들이 하는 모든 일은 예수님께서 "이같이 너희 빛을 사람 앞에 비취게 하여 저희로 너희 착한 행실을 보고 하늘에 계신 너희 아버지께 영광을 돌리게 하라"(마 5:16)고 제자들에게 말씀하신 것처럼 하나님의 영광을 반영하는 것이 되어야 했다.

하나님의 빛을 세상에 비추는 한 예는 사람이 죽었을 때 이스라엘 백성들이 보이는 반응 속에서 볼 수 있었다. 이방인들은 사랑하는 사람을 잃게 된 것을 슬퍼하면서 자기 몸을 베고 눈썹 사이 이마 위의 털을 밀었다. 그러나 이스라엘 백성들은 그렇게 해서는 안 되었다. 그들은 그들 주위에 있는 이방인들을 모방해서는 안 되었다. 여호와께서는 죽음도 정복할 수 있는 능력을 지닌 분이셨다. 따라서 그분의 백성들은 죽음을 대하는 그들의 행동 속에서 그분의 능력을 반영하도록 되어 있었다.

14:2. 이스라엘 백성들은 그 어떤 이방의 풍속도 모방해서는 안 되었다. 특이성이 그들의 믿음이나 생활 방식의 중요한 한 특징이었다. 너는 너의 하나님 여호와의 성민이라. 그 특이성은 지상 만민 중에서 그들을 구별하여 하나님의 기업의 백성을 삼으신 하나님

의 선택을 근거로 한 것이었다.

하나님의 백성들에게는 언제나 세상 사람들과 같아지고 싶어하는 성향이 있었다. 우리는 다른 사람들과 같다는 사실에서 안도감을 얻으려 한다. 신자들과 신자가 아닌 사람들이 함께 공유하고 있는 부분이 있기는 하지만 믿음이라는 중요한 문제에 있어서는 다른 사람들에게 인정받으려 하기보다는 하나님을 기쁘시게 하는 일에 마음을 써야 한다. 애석하게도 이스라엘은 이 기본적인 원리를 지키지 못했다. "그에게 이르되 보소서 당신은 늙고 당신의 아들들은 당신의 행위를 따르지 아니하니 열방과 같이 우리에게 왕을 세워 우리를 다스리게 하소서 한지라"(삼상 8:5).

B. 특이한 음식(14:3-21)

Supporting Idea	이스라엘의 육류 음식은 여호와께서 구별하신 정한 음식으로 한정되어 있었다.

14:3. 이스라엘 백성들은 슬픔을 표현하는 방식뿐 아니라 그들이 먹는 음식도 달라야 했다. 모세는 음식 제한 규정을 요약하면서 가증한 물건은 무엇이든 먹지 말라고 명했다. 가증한 것이라는 히브리어는 하나님께서 보시기에(심지어는 인간이 보기에도) 불쾌한 것을 의미했다(13장의 '심층 연구'를 참고하라). 하나님께서는 이스라엘 백성들이 안전하지 않은 음식을 먹고 특정한 음식 때문에 생길 수 있는 질병에 걸리는 불상사로부터 그들을 구하고 싶어하셨다.

정한 것과 부정한 것의 기준은 하나님께서 이스라엘을 선택하셨을 때와 마찬가지로 전적으로 하나님의 결정을 기초로 하고 있었다. 신약 성경에서 하나님께서는 모든 음식은 다 정하다고 '선언'하셨지만 모든 음식을 다 정하게 '만드신' 것은 아니었다. "혼인을 금하고 식물을 폐하라 할 터이나 식물은 하나님이 지으신 바니 믿는 자들과 진리를 아는 자들이 감사함으로 받을 것이니라 하나님의 지으신 모든 것이 선하매 감사함으로 받으면 버릴 것이 없나니 하나님의 말씀과 기도로 거룩하여짐이니라"(딤전 4:3-5).

14:4-5. 이스라엘은 먹기 위해 여러 가지 동물을 잡을 수 있었다. 그 동물들 가운데는 소와 양과 염소와 같이 식용으로 집에서 기르는 가축들도 있었다. 이 가축들은 식용으로 먹을 수 있도록 허용되어 있었다.

들짐승들도 식용으로 먹을 수 있었다. 식용 들짐승들은 죽이는 것이 허용되었다. 4-5절에 언급된 동물들은 모두 6절에서 설명하고 있듯이 굽이 갈라지고 새김을 하는 특징을 지닌 동물들이었다.

14:6. 모세는 이스라엘 백성들이 어떤 동물을 식용으로 먹어도 되는지를 결정할 수 있는 일반적인 원리들을 알려주었다. 굽이 갈라져 쪽발이 되고 새김질을 하는 특징을 가진 동물들은 먹을 수 있는 동물들이었다. 일반적으로 정한 것과 부정한 것을 구분하는 것처럼 이런 특징들도 하나님께서 주도적으로 정하신 것처럼 보인다.

14:7-8. 위의 두 조건은 모두 중요한 것이었다. 하나의 조건은 갖추고 있지만 다른 하나의 조건은 갖추지 못한 동물들도 있었다. 약대와 토끼와 사반이 그런 대표적인 동물들이었다. 사반은 시리아 바위 너구리라고도 불리는 작은 동물로 바위 틈 사이에서 살았고, 그들이 사는 곳을 잘 떠나지 않는 특성을 가지고 있었다. 지금도 갈릴리 북쪽에서 볼 수 있으며 가끔씩 토끼와 혼동되기도 한다. 이 세 동물 모두 새김질은 하지만 굽이 갈라지지 않았다. 그래서 부정한 것으로 여겨졌다.

돼지는 굽은 갈라졌으나 새김질을 못하므로 부정한 것으로 여겨졌다. 모세는 이스라엘 백성들에게 부정한 동물은 먹지 말 것이며, 죽었거나 죽임을 당한 그런 동물의 사체를 만지지 말라고 추가적으로 지시했다.

14:9-10. 모세는 물 속에 사는 생물을 먹어야 할 것인지 말 것인지를 결정하는 기준도 제시해주었는데, 이 부분에 대해서는 일반적인 원리만을 언급했다. 지느러미와 비늘이 있는 물고기는 먹을 수 있었다. 따라서 상어와 갑각류와 뱀장어는 먹을 수 없었다.

14:11. 이 구절에서는 세 번째 범주에 속하는 동물들을 다루고 있다. 모세는 무릇 정한 새는 너희가 먹으려니와라는 일반적인 원리를 제시해주었다. 구분하는 원리는 분명히 말하지 않았지만 금지된 새들의 이름을 구체적으로 열거하였다.

14:12-18. 스물한 종류의 새들이 부정한 것으로 열거되었고, 그 가운데는 확실하게 어떤 새인지 알 수 없는 것들도 있다. 매, 새매, 까마귀, 타조, 갈매기, 올빼미, 부엉이 등이 지금 우리가 알고 있는 새들과 정확하게 같은 것인지는 잘 알 수 없다. 먹지 못하도록 금지된 새들의 공통점은 육식 동물이라는 점과 그들 대부분이 죽은 동물을 먹는다는 점이었다.

대승은 주로 벌레를 먹는 새다. 곡선 모양의 긴 부리와 움직이지 않고 있을 때 드러나는 주목할 만한 볏을 가지고 있다. 검은색과 흰색으로 된 날개 깃털과 독특한 걸음걸이 때문에 멀리서도 쉽게 알아볼 수 있다.

14:19-20. 이 구절은 날기도 하고 기어다니기도 하는 네 번째 범주의 동물들을 설명하고 있다. 이 동물들은 정한 새들과는 달리 부정한 것으로 구분되었다. 그러나 상세한 부분들을 지키려는 사람들에게는 그리 많은 정보를 제공해주지 않고 있다. 모세는 레위기에서 금지된 곤충들의 특성들을 이미 구체적으로 설명했다. 우리는 "날개가 있고 네 발로 기어다니는 곤충은 너희에게 가증하되 오직 날개가 있고 네 발로 기어다니는 모든 곤충 중에 그 발에 뛰는 다리가 있어서 땅에서 뛰는 것은 너희가 먹을지니 곧 그 중에 메뚜기 종류와 베짱이 종류와 귀뚜라미 종류와 팟종이 종류는 너희가 먹으려니와 오직 날개가 있고 기어다니는 곤충은 다 너희에게 가증하니라"고 설명한 레위기 11장 20-23절에서 그 상세한 특징들을 볼 수 있다.

14:21. 두 가지 제한이 남아 있었다. 첫째, 죽은 짐승의 고기는 일률적으로 금지되었다. 이미 죽은 것은 성중에 우거하는 객에게 주거나 이방인에게 팔 수 있었다. 그러나 그 동물이 어떻게 죽었는지를 알 수 없었기 때문에 이스라엘 백성들은 그 고기를 먹을 수 없도록 되어 있었다. 스스로 죽은 동물의 생혈은 하나님께서 지시하신 대로 땅에 쏟아야 했다(12:16, 24). 일반적으로 소비되는 음식을 피하는 것을 통해 이스라엘 백성들은 특별한 하나님 여호와의 성민으로 여겨질 수 있을 것이다.

다른 한 제한은 좀더 묘하다. 염소 새끼를 그 어미의 젖에 삶지 말라는 지시였다. 그렇게 하지 말아야 하는 이유는 분명하지 않다. 그러나 상당히 많은 문헌을 만들어내는 역할을 했다. 그것이 가나안 족속들의 이방 종교 의식이었기 때문일 것이라는 추측이 가장 그럴 듯하다. 종교적 절기들과 관련된 내용들을 다루면서 똑같은 금지 명령이 나오는 두 구절(출 23:19, 34:26)이 그 추측을 뒷받침해주고 있다. 하나님께서는 그런 풍습을 이스라엘의 종교 생활과는 거리가 먼 이교도의 풍습과 관련된 것으로 보셨다.

C. 특이한 헌신(14:22-29)

Supporting Idea	하나님께 대한 헌신과 가난한 사람들에 대한 동정이 하나님의 백성들이 드리는 에배의 특징이 되어야 한다.

14:22-23. 이스라엘 백성들에게는 매년 토지 소산의 십일조를 드려야 하는 의무가 있었다. 그 십일조는 매년 하나님께서 택하신 예배 처소로 가는 여행 경비를 지불하고 공동 예배 식사를 마련하는 데 사용하도록 되어 있었다. 하나님께서 택하신 예배 처소에서 가까운 곳에 살고 있는 사람들의 경우는 곡식과 포도주와 기름의 십일조를 먹도록 되어 있었다. 고기는 여호와 앞에서 우양의 처음 난 것을 먹도록 되어 있었다. 예배와 축제와 헌신과 기쁨은 이스라엘 백성들의 삶과 늘 연결되어 있었다. 그런 것들을 공급해주시는 하나님의 선하심 속에서 즐거워하는 것은 여호와 경외하기를 배우는 것이었다(십일조에 대해 좀더 자세히 알아보려면 '심층 연구' 를 참고하라).

14:24-26. 하나님께서 택하신 예배 처소로부터 너무 멀리 떨어진 곳에 살고 있는 사람들에게는 다른 대안이 주어졌다. 십일조의 양이 너무 많아 운반하기가 어려울 경우에는 그것을 돈으로 바꿀 수 있었다. 그렇게 바꾼 돈은 여호와께서 택하신 곳으로 가는 동안 훨씬 쉽게 운반할 수 있었을 것이다.

일단 하나님께서 택하신 예배 처소에 도착하면 돈으로 바꾼 십일조는 우양이나 포도주나 독주나 그들이 원하는 것(먹을 수 있는 것으로 정해진 것들의 범위 안에서)을 구하는 데 사용할 수 있었다. 가족들은 여호와 앞 곧 여호와께서 택하신 곳에서(23절) 함께 먹고 그들의 필요를 충분하게 채워주시는 하나님의 풍성하심을 즐거워하도록 되어 있었다.

14:27-29. 축제의 흥분 속에서 이스라엘 백성들은 쉽게 각 성읍에 거하는 레위인들을 저버리기가 쉬웠다. 레위인들은 분깃이나 기업이 없었기 때문에 그들의 필요를 채우기 위한 농사를 지을 수 없었다. 따라서 이스라엘 백성들은 매 삼 년마다 한 번씩 레위인들의 필요를 채워주고 그들을 지원하기 위해 각 성읍마다 십일조를 따로 모으도록 되어 있었다. 또 성중에 우거하는 객과 고아와 과부들도 축제에서 배제되는 일이 없도록 해야 했다. 그것은 하나님의 백성들이 자신들의 미래에 투자하는 것이었다. 그리하면 네 하나님 여호와께서 너의 손으로 하는 범사에 네게 복을 주시리라.

Main Idea 복습	이스라엘 백성들이 하나님을 기쁘시게 하는 삶을 온전히 살아간다면, 하나님께서 이방 나라의 다른 신들과 다른 것처럼 그들도 다른 사람들과 구별되는 삶을 살아갈 것이다.

결론

덩굴옻나무는 왜 만들었을까?

어린이 기독교 캠프에서 한 교사가 하나님의 목적이라는 주제를 다루기로 했다. 그는 아이들에게 왜 하나님께서 나무와 바위와 강과 동물과 이 세상에 있는 여러 가지 물건들을 만드셨다고 생각하는지를 물어보았다. 토론하던 중 한 학생이 "하나님께서 목적을 가지고 모든 것을 만드셨다면 덩굴옻나무를 만드신 이유는 무엇일까요?"라고 묻자 아이들이 조용해지기 시작했다.

난처해진 교사는 적절한 답을 찾기 위해 머리를 긁으며 잠시 말을 멈추었다. 그때 다른 교사가 이렇게 대답했다. "하나님께서 덩굴옻나무를 만드신 것은 우리가 함부로 손을 대서는 안 되는 것들이 있다는 사실을 알려주시기 위해서였을 거예요!" 그로 인해 난처한 순간을 모면할 수 있었다.

거룩함이란 원래 긍정적인 개념이다. 하나님께서 믿음을 통해서 하나님을 아는 사람들을 다른 사람들과 구별하시고, 그들이 하나님의 자녀로 하나님을 증거하고 하나님의 가족을 늘리는 역할을 할 수 있게 하셨다. 그러나 그 구별은 하나님께서 금하신 것들을 인정하고 따를 것을 요구했다. 우리가 행하지 않는 것뿐 아니라 행하는 것들이 우리를 다른 사람들로부터 구별되게 한다.

■ 진리 알기

- 하나님께서 이스라엘을 택하신 것은 그들이 우수했기 때문이 아니라 하나님께서 그들을 통해 다른 사람들을 위해 하실 수 있는 일이 있었기 때문이다.
- 하나님을 경외하는 것은 자연스럽게 되는 것이 아니다. 성경과 예배와 어려운 곤경을 통해 배워야 하는 것이다.
- 하나님께서는 즐거운 예배를 허락하셨을 뿐 아니라 그런 예배를 명하셨다.
- 풍요하게 되면 그 풍요가 하나님께서 주신 것이라 할지라도 그 속에서 동정심을 저버리기 쉽다.

- 하나님의 백성들이 하나님 안에서 기뻐하고 그들의 필요를 채워주시는 하나님의 공급에 만족할 때 하나님께서 영광을 받으신다.

▣ 적용하기

- 성경이 아니라 세상 권세가 요구하는 일을 하고 있는 것은 아닌지 자신을 점검해보는 시간을 가지라.
- 교회와 그 밖의 다른 곳으로 돈을 보내어 지원하는 일을 어떻게 하고 있는지 솔직하게 평가해보라.
- 혼자 또는 배우자와 함께 조용히 하나님을 만나 교제하는 시간을 가지라.
- 예배에 함께 참여하지 못하고 소외된 사람들이 있는지를 살펴보고 그들이 참여하도록 도울 수 있는 창의적인 방법들을 생각해보라.

삶의 적용

우리가 지은 집

많은 복을 받고 다른 사람들을 위해 무언가 좋은 일을 하고 싶어했던 부자에 관한 이야기가 있다. 그가 동네를 지나가다 한 목수의 낡은 집을 보게 되었다. 그 부자는 가난한 목수를 찾아가 그와 계약을 맺자고 제안하며 "이 근처에 새 집을 지어주세요. 가장 좋은 자재들만 사용해주시고, 가장 기술이 좋은 인부들을 고용해주세요. 비용은 아끼지 말고 쓰셔도 됩니다"라고 말했다. 그리고 그 부자는 자신은 오랫동안 여행을 떠날 것이라는 설명을 하면서 자신이 돌아왔을 때 그 집이 완성되어 있기를 희망한다고 말했다.

그러나 그 목수가 가난한 것은 그가 정직하지 못하기 때문이었다. 그는 자신에게 호의를 베풀려는 사람을 속일 수 있는 절호의 기회가 왔다고 생각했다. 그래서 자재를 사면서 뒷돈을 챙기고 기술이 별로 좋지 않은 사람들을 고용해 임금의 일부를 떼어먹었다. 마침내 집이 완성되었고, 부자도 돌아와 새 집을 살펴보았다. 집을 다 돌아본 후 부자는 그가 방금 받았던 열쇠를 목수에게 되돌려주었다.

"그 열쇠는 당신 거예요. 당신을 위해서 이 집을 짓도록 한 거예요. 내가 당신 가족에게 주는 선물로 받으세요"라고 부자는 말했다.

그 후 수년 동안 목수는 부자를 속였던 자신의 행동을 후회하지 않을 수 없었다. "이 집이 내 집이 될 거라는 사실을 미리 알기만 했더라면 좋았을 텐데!"라고 혼자 넋두리를 했다.

우리 모두는 우리가 지어올린 도덕성이라는 집에서 살아가고 있다. 아무도 모른다고 생각하며 속임수를 쓸 때 그 속임수는 우리가 다른 사람들에게 영향을 미치는 것보다 우리 자신에게 훨씬 더 큰 영향을 미친다. 우리가 하는 모든 일이 자신의 속사람에게 영향을 미친다는 사실을 깨달을 때 참된 지혜를 갖게 된다.

기도

하나님 아버지, 우리의 도덕적 영적 선택이 때때로 다른 사람들에게 영향을 미칠 뿐 아니라 언제나 우리 자신에게 더 많은 영향을 미친다는 사실을 늘 의식하며 살아갈 수 있게 도와주십시오. 거룩한 삶이 아름답다는 사실을 인정하고 그런 삶을 실천하는 사람들로 우리를 만들어주십시오. 아멘.

심층 연구

A. 토지 소산의 십일조(14:23)

모세는 이스라엘 백성들에게 여호와 앞에서 네 곡식과 포도주와 기름의 십일조를 먹으라(신 14:23)고 지시했다. 십일조는 각 품목의 십분의 일을 말하는 것이긴 하지만, 이스라엘 백성들에게 부과되었던 십일조의 목적과 그 수량에 대해서는 검토해볼 필요가 있다. 신명기 14장 22절에 언급된 십일조는 하나님께서 택하신 예배 처소가 있는 곳으로 가는 예배자들의 경비를 지불하기 위한 것이었음이 분명하다. 그러나 앞에서 하나님께서는 이스라엘 백성들의 십일조는 레위 지파에게 돌아가야 한다고 말씀하셨다(민 18:21-32). 그 때문에 두 가지 유형의 십일조가 있었다고 생각하는 것이 아마도 옳을 것이다. 첫 번째 십일조는 각 가정마다 소산물의 십분의 일을 이스라엘의 예배를 전담하는 레위 지파를 후원하기 위한 것이었다. 반면에 두 번째 십일조(남은 90퍼센트의 십분의 일)는 하나님께서 택하신 예배 처소까지 가기 위한 경비로 쓰기 위해 모아두었다. 일년에 세 차례(유월절, 오순절, 초막절)씩 이동이 있었기 때문에 그 비용도 상당했다. 하나님께서는 이스라엘 백성들 가운데 예배드리는 데 필요한 경비를 지불할 수 없는 사람이 아무도 없기를 바라셨다.

십일조는 자발적인 기부금으로 여겨지지 않았다. 십일조를 내지 않는 사람은 하나님을 거역하는 것이었다. 십일조는 신정주의 국가를 유지하면서 예배자들의 마음을 하나님과 연합시키기 위한 세금이었다. 이스라엘의 예배에는 필수적으로 부담해야 하는 십일조 외에 자발적으로 드리는 예물도 포함되어 있었다. "무릇 서원한 것을 갚으려든지 자의로 예물을 드리려든지 하여 소나 양으로 화목제 희생을 여호와께 드리는 자는 열납되도록 아무 흠이 없는 온전한 것으로 할지니"(레 22:21, 비교-출 35:29, 민 15:3, 스 3:5).

신명기 14장 27-29절에 언급된 십일조는 3년에 한 번씩 모아 레위 지파를 위해 사용했던 세 번째 부류의 십일조였던 것으로 보인다. 지금까지의 분석이 옳은 것이라면 이스라엘 백성들이 부담한 연평균 과세율은 그들이 수확한 소산물의 약 22퍼센트 정도였다.

고안

A. 들어가는 글

1. '누구에게 그 일을 이야기할 수 있겠는가?' 이야기로 시작하라.

2. 배경 설명: 하나님께서는 이스라엘 백성들에게 그들이 이방인들과 달라야 할 것과 이방 세계에 영향을 미칠 수 있는 열쇠는 바로 그들의 특이성이라는 사실을 기억할 것을 요구하셨다.

3. 적용: 좀더 낫다는 것에는 다르다는 의미가 포함되어 있다. 하나님께서 이스라엘 백성들에게 거룩할 것을 요구하셨던 것처럼 우리에게도 그렇게 명하신다. 우리가 우리 세대에 영구적인 영향을 미치고 싶다면 우리 자신을 우리 세대와 구별할 수 있어야 한다.

B. 본문 이해

1. 특이한 행실(14:1-2)
2. 특이한 음식(14:3-21)
3. 특이한 헌신(14:22-29)

C. 결론: '우리가 지은 집'을 읽어주라.

토의 질문

1. 오늘날 진정으로 거룩한 사람들은 어떤 특징들을 지니고 있는가?

2. 여호와 앞에서 먹는다는 것이 뜻하는 바는 무엇인가? 그것이 일반적인 식사와는 어떻게 다른가?

3. 여호와 경외하기를 배우기 위해 어떻게 해야 한다고 생각하는가?

4. 십일조가 이스라엘 백성들의 믿음과 순종을 시험하는 시금석이 될 수 있었던 이유는 무엇인가?

5. 하나님께서 택하시고 자기 기업의 백성으로 삼으신 하나님의 성민이 되었다는 것이 뜻하는 바는 무엇인가?

신명기 15장

관대한 마음의 함양

"하나님의 영광을 우리가 다 이해할 수 없고, 그 위대하심을 우리가 다 헤아릴 수 없고, 그 높으심을 우리가 다 상상할 수 없고, 그 능력과 지혜를 비길 데가 없고, 그 선하심을 이루 말로 표현할 수 없다."

- 안디옥의 데오필로스(Theophilus of Antioch)

신명기 15장은 하나님의 백성들을 향해 후하고 관대하신 하나님을 보여주고 있다. 하나님께서는 이스라엘 백성들도 관대함을 보이며 하나님의 거룩한 성품을 반영해주길 바라셨다.

Deuteronomy

들어가는 글

굳어진 채 남은 모습

어느 주일 아침 빠르게 성장하고 있는 교회의 창의적인 목사가 강단에 서서 "좋은 소식과 좋지 않은 소식이 있습니다. 좋은 소식은 새로 지은 건물 비용을 지불할 수 있는 충분한 자금을 확보하게 된 것입니다. 좋지 않은 소식은 그 자금이 아직 여러분의 호주머니 속에 있다는 것입니다"라고 말했다.

사람들의 주머니를 열기 위해 감언 이설을 하는 목사들에 대한 우스꽝스러운 이야기들이 많이 있다. 그러나 목사들이 그런 노력을 해야 한다는 것은 참으로 유감스러운 일이다. 그리스도인들은 엄청나게 관대하신 하나님을 섬기기 때문에 그들도 관대해야 한다.

설교에 관한 글을 써서 잘 알려진 작가인 클로비스 채플(Clovis Chappell)은 그가 쓴 책에서 봄베이 유적 발굴에 관해 이야기한 적이 있다. 그 도시는 근처에서 터진 베수비우스(Vesuvius) 화산으로 붕괴되었다. 거대한 양의 화산재가 사람들을 수세기 동안 화석으로 남아 있게 만들었다. 채플은 두 발은 성문 쪽을 향하고 있는데 얼굴은 뒤에 있는 무언가를 향해 고개를 돌리고 있는 한 여인의 보습을 보았다. 발굴자들은 그녀가 죽기 전 진주가 든 가방을 찾고 있었다는 것을 알게 되었다. 생명이 위협을 당하는 순간에도 그녀는 잃어버리고는 살 수 없을 것 같은 진주에 마음을 쏟고 있었다. 그녀는 실제로 탐욕을 보여주는 자세로 굳어져 있었다.

많은 그리스도인들도 그녀와 같다. 우리는 사역에 기본적으로 필요한 것들을 감당하고 있긴 하지만 관대한 마음이 잘 드러나지는 않는다. 하나님께서는 하나님의 백성들이 하나님의 관대하심을 기뻐하길 원하신다. 그리고 하나님의 관대하심이 우리 관대함의 기초가 되길 원하신다. 하나님께서는 하나님의 신실하심을 반영해주는 우리의 관대한 마음을 보고 싶어하신다.

본문 이해

관대한 마음의 함양

Main Idea	하나님께서 이스라엘 백성들에게 자기의 관대하심을 보여주셨기 때문에 그들도 하나님을 본받아 서로에게 관대하고 예배 속에서 그 관대함을 보일 수 있어야 했다.

A. 가난한 사람들에게 베푸는 관대함(15:1-11)

Supporting Idea	이스라엘의 부자들은 칠 년마다 한 번씩 자기 동족들의 빚을 탕감해주어야 했다. 그들은 빚을 갚으라고 강요해서는 안 되었다. 대신 다른 사람들의 유익을 위해 기꺼이 재정적인 손실을 감수하는 고통을 받아들여야 했다.

15:1. 하나님께서 매 칠 년 끝에 빚을 면제해주는 일반적인 탕감을 이스라엘 백성들에게 지시하셨다. 그 빚에는 작은 것부터 상당히 큰 것까지 다 포함되었다. 그리고 빚을 탕감해주는 것은 살아가면서 돈을 가장 중요한 기준으로 삼을 것인지 말 것인지를 선택하도록 결정하기를 요구하는 것이었다. 재정적인 성공을 부차적인 성공으로 여길 수 있는 사람들만이 다른 사람들의 빚을 탕감해줄 수 있었을 것이다. 하나님께서 명하신 그런 빚 탕감이 이스라엘 전역에서 실제로 이루어졌는지는 잘 알 수 없다.

빚 탕감이 영구적인 것이었는지 아니면 곡식을 수확하지 않았던 안식년 기간 동안(레 25:1-7, 출 23:10-11) 지불을 연기하도록 한 것인지는 확실하지 않다. 그러나 9절은 안식년 전 해에 가난한 사람들에게 돈을 빌려주지 않으려는 유혹을 강하게 받을 수 있었음을 분명히 보여주고 있다. 영구적으로 빚을 탕감해줄 것이 요구되었을 경우 그 유혹은 더욱 컸을 것이다.

15:2. 주기적인 빚 탕감 방식은 간단했다. 각 사람은 이웃의 채무를 면제해주고 그 이웃에게나 형제에게나 독촉하지 말아야 했다. 그는 그 해가 여호와의 면제년이라는 사실

을 알고 하나님의 말씀을 기초로 그렇게 해야 했다. 언약 공동체의 각 구성원은 채무자가 빚을 갚아야 하는 책임에서 벗어날 수 있도록 해주어야 했다. 그 과정 속에서 느끼는 고통은 모든 사람이 함께 공유한다는 사실에 의해 덜어질 수 있었다. 그러나 무엇보다 그 모든 과정은 이스라엘 백성들에게 나라를 주시고 애굽에서의 종살이에서 그들을 자유롭게 하신 하늘의 하나님의 관대하심을 반영하는 것이라는 사실을 인정하는 것이 필요했다. 빚 탕감은 "매 칠년 끝 해 곧 정기 면제년의 초막절에" (신 31:10) 정기적으로 행해져야 했다.

15:3. 이스라엘 백성들이 면제년에 빚을 탕감해주라는 명령에 순종할 때 그들 주변 국가들에게 그들의 특이성이 분명히 나타날 것이다. 이스라엘의 이웃 나라들 가운데 그런 법을 따르는 나라는 하나도 없었다. 이스라엘의 순종은 여호와의 풍성하심에 대한 그들의 확신을 입증해줄 것이다. 따라서 비록 그들이 이방인에게 빌려준 것에 대해서는 빚 독촉을 하더라도 언약 백성들 사이에서는 하나님의 사랑이 그 빛을 발할 것이다.

15:4-5. 정기적인 빚 탕감은 장기적으로 이스라엘 백성들 가운데는 가난한 사람이 없게 되는 결과를 불러올 것이다. 줄어든 부자들의 수입은 이스라엘에게 은혜를 베푸신 여호와의 관대하심으로 다시 채워질 것이다. 빚이 없어지는 것은 각 가정의 농지가 그 가정에 남는 결과를 낳고, 따라서 이스라엘 백성들은 실제로 가난을 모르게 될 것이다. 모든 것은 이스라엘 백성들 각 사람의 신념에 달려 있었다. 그들은 과연 하나님의 명령에 순종하면서 그들에게 복을 주시는 하나님을 신뢰하고 만족할 것인가? 그들이 하나님의 명령을 다 지켜 행할 때에만 그들은 가난한 자가 없는 나라가 될 것이다.

15:6. 하나님의 명령을 진지하게 받아들이도록 이스라엘 백성들을 격려하기 위해 모세는 여호와께서 약속하신 대로 그들에게 복 주실 것을 확인시켜주었다. 그들은 이례적인 번영을 이룰 것이다. 여러 나라에 꾸어 주고 꾸지 않게 될 것이다. 여호와를 따른다면 다른 나라의 치리함을 받지 않게 될 것이다. 그러나 그런 일은 그리 오래 가지 못했다. 다른 나라에 복이 되어야 할 나라가 불순종 때문에 그들의 특권을 상실했다. 그들은 망각의 사슬에서 거듭 구출되어야 했다.

15:7-8. 언약을 신실하게 지키는 것이 이스라엘을 가난에서 벗어나게 할 수 있을 것이다. 그러나 하나님께서는 그 땅에 가난한 사람들이 남아 있게 될 가능성을 허락하실 것이다. 그런 일이 어느 성읍에서든지 일어나면 이스라엘 백성들은 그런 가난을 불러온

요인들을 그대로 간과해서는 안 되었다. 그리고 가난한 형제에게 재정적인 도움을 주어야 했다. 그들은 가난한 형제에게 필요한 것이 무엇이든지 마음을 강퍅히 하지 말고 손을 움켜쥐지 말아야 했다.

15:9-11. 7년에 한 번씩 빚을 탕감해주어야 했기 때문에 6년째 되는 해에 돈을 빌려주지 않으려는 유혹에 빠지는 사람들도 있을 것이다. 그리고 인색함 때문에 가난한 형제에게 악념을 품을 수도 있었다. 그런 일이 벌어지면 가난한 형제는 여호와께 호소하여 죄를 얻게 해야 했다. 하나님께서는 관대한 분이시다. 그러므로 이스라엘 백성들도 아끼지 말고 구제해야 했다. 하늘의 모든 자원을 소유하신 분(시 50:10)을 알고 있다고 고백하는 사람이 인색해서는 안 되었다. 이스라엘 백성들처럼 풍성하게 복을 받은 사람들이 아끼는 마음을 품는다는 것은 있어서는 안 될 일이었다. 더구나 하나님께서는 그들이 순종하면 더 많은 복을 주시겠다는 약속까지 하셨다. 이로 인하여 네 하나님 여호와께서 네 범사와 네 손으로 하는 바에 네게 복을 주시리라.

통제할 수 없는 사건들과 천성적으로 이기적인 인간의 속성 때문에 종종 가난한 사람들이 생긴다. 그래서 모세는 언제든지 가난한 자가 그치지 아니할 것이라는 사실을 지적했다(막 14:7). 누구든지 가난해질 수 있기 때문에 이스라엘 백성들은 언제나 곤란한 자와 궁핍한 자에게 특히 자신들의 동족들에게 관대하게 손을 펴야 했다.

B. 자포자기할 만큼 가난한 사람들에게 베푸는 관대함(15:12-18)

Supporting Idea	이스라엘 백성들은 종으로 팔린 사람들에게 자유를 선언하고 그들의 재산을 되찾을 수 있도록 해주어야 했다. 그리고 종이 된 사람들을 친절하게 대해야 했다.

15:12-13. 하나님께서 이스라엘 백성들에게 하나님의 관대하심을 따라 각 가정이 갖게 된 땅을 팔아서는 안 된다고 경고하셨다. "토지를 영영히 팔지 말 것은 토지는 다 내 것임이라 너희는 나그네요 우거하는 자로서 나와 함께 있느니라"(레 25:23, 비교-왕상 21:3). 그러나 히브리 시민은 빚을 갚기 위해 자신을 하나의 자산처럼 사용할 수 있었다. 히브리 사람은 재정적 위기를 해결하기 위해 또는 자금을 구하기 위해 자신보다 부유한 동족에게 자신을 팔기로 결정할 수 있었다.

그럴 경우 스스로 종이 되기로 한 사람은 다른 빚을 졌을 때처럼 6년 동안만 종으로 살았다. 제 7년에는 자신의 땅으로 돌아가 다시 자신의 삶을 살 수 있었다. 그때가 되면 그를 샀던 주인은 그를 놓아 자유롭게 해주어야 했다. 그러나 자신을 팔게 했던 문제가 그대로 남아 있을 경우 또는 가진 것이 아무것도 없을 경우 곧 다시 종으로 팔리는 일을 겪지 않을 수 없게 될 것이다. 그래서 그런 일을 막기 위해 그를 샀던 주인은 그 사람을 공수로 돌아가게 해서는 안 되었다.

15:14-15. 새롭게 자유를 얻은 히브리인에게 그 주인은 자신의 양 무리 중에서와 타작 마당에서와 포도주 틀에서 후하게 내주어야 했다. 하나님 여호와께서 복을 주신 대로 그렇게 후하게 내주어야 했다. 관대함이 일상 생활이 되어야 했다. 애굽에서 살던 기억이 그 모든 과정을 힘 있게 해주는 역할을 하게 될 것이다. 너는 애굽 땅에서 종 되었던 것을 기억하라. 현재의 풍요와 뚜렷하게 대조되는 이스라엘의 불행한 과거는 그들로 하여금 사랑과 관대함을 베풀지 않을 수 없게 만드는 역할을 하는 것이 되어야 했다.

15:16-17. 관대함은 종의 생활이 끝나는 때부터 시작되는 것이 아니었다. 모든 일 속에서 관대함이 특징적으로 나타나야 했다. 가난하게 된 형제가 그 주인과 영원히 함께 살고 싶어할 정도로 그를 잘 대우해주어야 했다. 주인이 베푸는 사랑과 관대함은 종으로 하여금 주인을 찾아와 내가 주인을 떠나지 아니하겠노라고 말할 수 있게 해줄 것이다. 그런 결정은 매우 신중하게 생각한 다음 내려야 하는 것이었다. 종으로 일하는 동안 주인이 신실한 사랑을 보여주었다는 사실을 인정하기 때문에 그리고 육 년 동안 종으로 산 것이 자유인으로 살았을 때보다 더 좋았다는 판단이 서기 때문에 내리는 결정이 되어야 했다.

인정이 많은 주인과 계속 살고 싶다는 결정을 내릴 때 종은 평생 지닐 표시를 하게 되어 있었다. 주인은 종이 다짐한 평생 동안의 헌신을 알리기 위해 송곳을 취하여 그의 귀를 문에 대고 뚫어야 했다. 따라서 종은 주인의 친절과 관대함을 보여주는 눈에 보이는 증거를 자기 몸에 지니고 살게 될 것이다.

15:18. 그러나 자발적으로 평생 종으로 살려는 선택을 하는 경우는 거의 없었다. 대부분의 이스라엘 사람들은 관대한 결정이 여전히 혜택을 덜 받은 히브리 형제에게 돈을 빌려준 사람의 손에 달린 것으로 보았다. 문제를 직시할 수 있도록 모세는 주인들이 그들의 종을 놓아 자유롭게 해주는 일을 어렵게 여겨서는 안 된다고 강조했다. 그들은 품

꾼으로부터 기대할 수 있는 것보다 훨씬 더 나은 섬김을 종으로부터 받은 사람들이다. 제 7년에 종을 놓아 자유롭게 해주는 주인들은 하나님 여호와께서 범사에 그들에게 복을 주실 수 있도록 행동하는 것이었다.

C. 하나님을 향한 관대함(15:19-23)

Supporting Idea	예배하는 이스라엘 백성들은 처음 난 가장 좋은 것을 여호와께 드리기 위해 따로 떼어놓아야 했다.

15:19-20. 하나님께서 이스라엘의 모든 장자들을 구하셨기 때문에 그들도 우양의 처음 난 수컷을 하나님께 드려야 했다. 그 일은 하나님께서 택하신 예배 처소에서만 할 수 있는 일이었기 때문에 그런 동물들은 먼저 여호와를 위하여 따로 구별해두어야 했다. 그것은 처음 난 수컷의 송아지에게 일을 시키지 않는 것을 의미했고, 암 양이 낳은 첫 새끼 양의 털을 깎지 않는 것을 의미했다. 그런 행동은 이스라엘 백성들에게서 볼 수 있는 특이한 것이었으며, 따라서 이웃 사람들과 그들 가운데 거하는 외국인들에게는 그들이 그렇게 하는 이유가 무엇인지를 알고 싶어하게 만드는 것이었다. 구별된 동물은 여호와께서 택하신 곳으로 가져가서 제사장에게 잡게 한 다음 여호와 앞에서 다 함께 먹었다. 그렇게 함으로 이스라엘 백성들은 그들이 소유한 가장 좋은 것을 하나님께 드릴 수 있었다.

15:21-23. 하나님께서는 이스라엘 백성들로부터 가장 좋은 것만을 받으실 것이다. 흠이 있거나 절거나 눈이 멀었거나 한 짐승을 여호와께 잡아드려서는 안 되었다. 예배 제도는 하나님께서 이스라엘 백성들의 삶의 원천이 되신다는 사실에 대한 인정을 그 기초로 하고 있다. 사랑에는 언제나 행동이 따른다는 사실을 하나님께서는 잘 알고 계셨다. "오직 너희를 위하여 보물을 하늘에 쌓아두라 거기는 좀이나 동록이 해하지 못하며 도적이 구멍을 뚫지도 못하고 도적질도 못하느니라"(마 6:20-21).

흠이 있는 짐승은 하나님께 드릴 수 없었다. 그러나 집에서 먹을 수는 있었다. 모세는 그렇게 할 수 있는 가능성을 분명하게 설명했다. 네 성중에서 먹되 부정한 자나 정한 자가 다 같이 먹기를 노루와 사슴을 먹음같이 할 것이요. 동시에 종교와는 별개로 행해지는 잔치라 할지라도 동물의 피를 먹어서는 안 된다는 규정은 지켜져야 했다. 오직 피는 먹지 말고 물같이 땅에 쏟을지니라.

Main Idea 복습	하나님께서 이스라엘 백성들에게 자기의 관대하심을 보여주셨기 때문에 그들도 하나님을 본받아 서로에게 관대하고 예배 속에서 그 관대함을 보일 수 있어야 했다.

결론

하나님의 관대하심을 반영함

헨리 크로웰(Henry Crowell)은 아홉 살 때 아버지가 결핵으로 숨졌다. 열일곱 살이 된 그는 자신도 같은 병을 앓고 있다는 사실을 알게 되었다. 어느 모로 보나 그는 죽어가고 있었다.

그가 오하이오 클리블랜드(Cleveland)에서 열린 한 전도 집회에 참석하게 된 것은 아마도 그 때문이었을 것이다. 그 집회의 설교자는 드와이트 무디(Dwight L. Moody)였다. 무디는 모인 사람들에게 예수 그리스도에게 전적으로 헌신된 삶을 사는 사람을 통해 어떤 일이 일어날 수 있는지를 세상에 보여주어야 한다고 말했다.

그 말을 곰곰이 생각하면서 크로웰은 자신이 그런 사람이 되고 싶다는 생각을 했다. 그러나 하나님께서 어떻게 사용하실지 도무지 알 수가 없었다. 자신이 설교자가 될 수 없다는 것은 너무나 분명했다. 그러나 그는 하나님을 섬기는 일에 사용될 수 있는 사업가는 될 수 있을 것이라 생각했다. 자신이 얼마나 오랫동안 살 수 있을지는 알 수 없었지만 그 자리를 떠나는 즉시 복음을 선포하는 드와이트 무디와 같은 사람들을 후원하기 시작할 것이라고 하나님께 말씀드렸다. 그는 또 자신의 남은 생애를 하나님께 드리기로 하고 치유해주실 것을 간청했다.

크로웰은 재정에 주의를 기울이며 지혜롭게 투자해나갔다. 그의 건강도 점점 나아지기 시작했고, 그는 제분소를 살 수 있는 용기를 갖게 되었다. 그 제분소는 퀘이커 교도들이 소유하고 있었으며, 시리얼 제품들을 생산하기 위한 시설을 갖추고 있었다. 그곳은 퀘이커 오트밀 회사가 시작된 곳이었다.

건강이 계속 회복되면서 크로웰은 상당한 성공을 거두었다. 하나님께서 그의 사업을 번창시켜주셨고, 헨리 크로웰은 수입의 70퍼센트를 그리스도를 위한 일에 사용하였다. 그는 특히 경제적으로 어려운 시기에 무디 성경 학교를 도울 수 있게 된 것을 기뻐했다. 그는 또 무디 출판사와 잡지 〈무디(Moody)〉 지와 무디 라디오 사역을 돕기 시작했다. 곧 죽을 것이라고 생각했던 사람이 하나님께서 주신 자원들을 지혜롭게 사용하고 관대하게 나누는 것을 통해 기독교 교회에 오래 남을 아름다운 흔적을 남기게 되었다.

■ 진리 알기

- 하나님께서는 관대함을 보이시고 하나님의 백성들에게도 관대할 것을 요구하신다.
- 신자들이 하나님께 가장 좋은 것을 먼저 드리고 남은 것으로 살아가는 것을 배울 때 나눔이 가장 잘 이루어진다.
- 하나님의 성품을 드러내며 관대하게 나누는 사람도 하나님보다 더 많은 것을 나누어줄 수는 없다.
- 하나님께서는 신자들의 나누는 행위뿐 아니라 나누는 태도까지도 향상되기를 기대하신다.
- 모든 재물이 하나님께로부터 오는 것이기 때문에 하나님의 백성들은 가장 좋은 재물과 시간과 능력을 하나님께 드림으로 그분의 탁월하심을 인정해야 한다.

■ 적용하기

- 가난한 사람을 위해 이번 달 수입의 일부를 따로 떼어두고 그 돈을 전할 수 있는 지혜를 하나님께 구하라.
- 가난한 사람들을 돕는 일에 자원 봉사자로 참여하라.
- 하나님께 얼마나 드리고 있는지를 점검해보라.
- 시간과 재능에 대해서도 같은 점검을 해보라. 필요한 대로 변화를 시도하라.

삶의 적용

프레드릭스버그의 천사

1862년 12월 13일은 남북 전쟁 당시 가장 피를 많이 흘린 날이었다. 버지니아 주 프레드릭스버그(Fredericksburg)에 주둔한 남부 동맹군 군대를 습격한 북부 연합군의 군인들이 줄줄이 부상을 당하거나 죽임을 당했다. 프레드릭스버그는 말 그대로 난공불락이었다. 너무 많은 사람들이 도움과 물을 요청했기 때문에 계속되는 신음 소리가 전쟁터를 가로질러 달리는 듯했다.

단단한 흉장 뒤에서 안전하게 무장하고 제2남부 캘리포니아 연대를 지휘하던 리차드 커클랜드(Richard Kirkland) 하사관은 연민을 느끼며 그 소리를 듣고 있었다. 커클랜드는 남부 동맹군들을 전도하기 위해 노력했던 사람들 덕분에 예수 그리스도를 영접하고 그리스도인이 된 새 신자였다. 그는 그의 부대장을 찾아가 "물을 달라고 외치는 사람들의 소리를 하루 종일 들었어요. 이제는 더 이상 가만히 있을 수가 없어요. 저 사람들에 물을 가져다줄 수 있도록 허락해주십시오"라고 말했다.

허락을 받은 커클랜드는 그가 옮길 수 있는 모든 수통을 가지고 방책을 넘어 서서히 기어가며 그 불쌍한 사람들이 있는 곳으로 옮겨가기 시작했다. 그를 본 연합군대는 재빨리 총을 겨누었다. 몇 시간 동안 그는 힘들어하는 사람들의 고통을 덜어주기 위해 그가 할 수 있는 일을 했다. 그 결과 그는 군 역사가들에게 '프레드릭스버그의 천사'로 알려지게 되었다.

친절과 관대함은 보통 영웅적 자질을 필요로 하지 않는다. 대신 그것들은 변화된 마음을 가진 사람으로부터 나오는 것이며, 어느 곳에서건 고통받는 사람들에게 그 주파수를 맞춘다. 그리스도인들이 도움을 필요로 하는 사람들의 기본적인 필요를 채워줄 때 예수 그리스도께서 찬양을 받으신다.

기도

하나님 아버지, 우리가 하는 일이 하나님에 대해 우리가 믿고 있는 것을 증거하고 있는지 늘 살펴볼 수 있게 도와주십시오. 다른 사람들의 고통과 불안에 무관심하지 않게 도와주시고 우리의 확신을 입증하는 삶을 살아갈 수 있도록 도와주십시오. 아멘.

심층 연구

A. 히브리인(15:12)

히브리인이라는 말은 종종 이스라엘 사람이라는 말과 동의어처럼 여겨진다. 그러나 두 단어가 정확하게 똑같지는 않다는 것을 보여주는 본문들이 있다. 예를 들면 사무엘상 14장 21절은 "전에 블레셋 사람과 함께하던 히브리 사람이 사방에서 블레셋 사람과 함께 와서 진에 들어왔더니 그들이 돌이켜 사울과 요나단과 함께한 이스라엘 사람과 합하였고"라고 기록하고 있다. 이 구절은 히브리 사람이 용병으로 생계비를 벌었던 하피루(Hapiru)라고 알려진 사람들을 뜻한다는 것을 암시해주고 있다.

히브리 성경에서 이스라엘 백성들이 자신들을 히브리인이라고 언급한 적이 거의 없다는 사실은 주목할 만하다. 다만 요나는 예외였다. 그는 선원들에게 자신을 히브리인이라고 소개했다. 히브리인이라는 말은 유대인이 아닌 사람들이 때때로 야곱의 후손들을 설명할 때 사용했고, 창세기 39장에서와 같이 종종 경멸하는 투로 사용하였다. "(보디발의 아내가) 집사람들을 불러서 그들에게 이르되 보라 주인이 히브리 사람을 우리에게 데려다가 우리를 희롱하게 하도다 그가 나를 겁간코자 내게로 들어오기로 내가 크게 소리 질렀더니…이 말로 그에게 고하여 가로되 당신이 우리에게 데려온 히브리 종이 나를 희롱코자 내게로 들어왔기로"(창 39:14, 17). 아브라함 당시에도 히브리인이라는 말은 아브라함을 포함해 이주해온 부족 사람들을 일반적으로 일컫는 말로 사용되었을 것이다.

B. 구속(15:15)

모세는 이스라엘 백성들에게 "너는 애굽 땅에서 종 되었던 것과 네 하나님 여호와께서 너를 속하셨음을 기억하라"(신 15:15)고 지시했다. 성경에 구속이라는 주제가 자주 나오는데, 그것은 때때로 회심한 그리스도인의 삶 속에서 하나님께서 하시는 일을 요약해서 설명하는 용어로 사용되기도 했다. 구약 성경은 '기업 무를 자'에 대해 언급하고 있는데 그는 친족의 팔린 땅을 다시 사거나 가까운 친족에게 행해진 잘못을 갚거나 복수할 것이 기대되는 사람이었다(룻기에 나오는 중요한 인물).

'구속'이란 그 단어의 어원상 재정과 관계된 용어로 "한때 소유하고 있다가 잃은 것을 다시 소유하기 위해 요구되는 값을 지불하다"라는 뜻이다. 그것은 하나님께서 하신 일, 즉 인간을 온전히 소유하셨다가 인간의 반역으로 잃으시고 사랑으로 되사기로 결정하신 일을 매우 잘 보여준다. 또 출애굽을 경험한 이스라엘 백성들에게는 특별히 중요한 의미가 있는 용어다. 하나님께서 첫 유월절 밤에 이스라엘의 장자들을 살려두셨기 때문에 그 이후 모든 세대에게 그들의 장자에 대한 하나님의 권리를 주장하셨다. 그들은 하나님을 섬기는 일에 드려져야 했다. 그리고 그들은 적절한 속전을 지불하고 구속되거나 하나님으로부터 다시 사올 수 있었다(민 3:46-51).

고안

A. 들어가는 글

1. '굳어진 채 남은 모습' 이야기로 시작하라.

2. 배경 설명: 모세는 이스라엘 백성들에게 동족 가운데 가난한 사람들을 돌보는 책임을 감당하라고 지시했다. 그들은 불행한 사람들에게 등을 돌려서는 안 되었다. 대신 관대함을 자비롭게 베풀어야 했다.

3. 적용: 하나님의 특징인 아끼지 않는 관대함이 하나님의 백성들의 특징이 되어야 한다. 다른 사람들에게 동정심을 보이고 그들을 도울 때 우리는 하나님을 가장 많이 닮는다.

B. 본문 이해

1. 가난한 사람들에게 베푸는 관대함(15:1-11)
2. 자포자기할 만큼 가난한 사람들에게 베푸는 관대함(15:12-18)
3. 하나님을 향한 관대함(15:19-23)

C. 결론: '프레드릭스버그의 천사' 를 읽어주라.

토의 질문

1. 빚을 탕감해주는 것이 현대 사회에 어떤 영향을 미칠 수 있다고 생각하는가?

2. 긍휼을 베풀고 관대하게 나누는 것이 이스라엘 주변 국가들에게 어떤 영향을 미쳤을 것이라고 생각하는가?

3. 하나님께서 이스라엘 백성들에게 빌려준 돈을 받지 못하게 된 것을 가슴 아파하지 말라고 명하신 이유가 무엇이라고 생각하는가?

4. 그리스도인들은 다른 사람들의 필요를 기초로 관대함을 베풀어야 하는가, 아니면 그들의 되갚을 수 있는 능력을 기초로 베풀어야 하는가?

신명기 16장

삶의 중심을 찾아서

"인간은 모두 죽는다. 잃어버리게 될 것에 자신의 행복을 걸지 말라. 사랑하는 것이 불행이 아니라 행복이 되려면 절대 죽지 않을 사람만을 사랑해야 한다."

- C. S. 루이스(C. S. Lewis)

신명기 16장에서 모세는 하나님의 백성들에게 하나님을 그들 축제의 중심, 공공 생활의 초점 그리고 그들의 마음을 유일하게 차지하는 분이 되게 하라고 가르쳤다.

Deuteronomy

들어가는 글

붉은색 안락 의자

「열 사람의 설교자에 관한 비유(The Parable of Ten Preachers)」라는 책에서 토마스 트뢰거(Thomas Troeger)는 허구지만 있을 법한 제이슨 커크(Jason Kirk)라는 설교자에 대한 이야기를 했다. 20세기 초 클라이즈 코너 교회(Clyde's Corner Church)에 부임한 커크 목사는 자신이 이상하고 해로운 논쟁에 휩싸여 있다는 사실을 알게 되었다.

클라이즈 코너 교회를 개척한 세드릭 클라이드(Cedric Clyde)는 클라이즈 코너 근처에서 크게 성공한 농부였던 것으로 보인다. 하나님께 감사를 표하고 싶었던 그는 교회 건축에 필요한 모든 경비를 부담하기로 했다. 세상을 떠나기 얼마 전 그는 교회 연단에 맞추어 말 갈기로 만든 커다란 붉은색 안락 의자(그가 좋아했던 그 붉은색이 교회에 앞쪽을 밝게 해주었다)를 포함해 몇몇 비품들을 기증했다. 그 안락 의자는 붉은색과 곡선으로 된 팔걸이와 사자의 발톱 모양으로 조각한 마호가니 다리들이 매우 인상적이었다.

클라이즈 코너 교회에 부임했을 때 커크 목사는 교회가 그 안락 의자 때문에 두 파로 갈라져 있다는 사실을 모르고 있었다. 클라이드 가족은 (앞에서 말한 기부자의 몇몇 자손들을 포함해) 그 붉은색 안락 의자를 소중하게 여기며 그것이 교회 앞쪽에 놓여 있는 모습을 보고 좋아했다. 그러나 그 안락 의자가 눈에 잘 띄는 교회 앞자리에 별로 잘 어울리지 않을 뿐더러 그리 보기 좋은 것도 아니라고 생각하는 사람들도 있었다. 그들은 일반적으로 부유하고 집에 있는 세련된 가구들에 익숙해져 있던 사람들이었다. 그들은 (그들이 '빅토리아 시대의 리바이어던' 이라고 부르는) 그 안락 의자를 자신들의 심미안을 모독하는 것으로 보았다. 클라이드 가족은 훌륭한 그들의 조상이 아니었다면 클라이즈 코너 교회는 있을 수 없었을 것이라는 사실을 강조하고 싶어했다.

커크 목사는 자신이 연단에서 하는 모든 말은 "저 목사는 붉은색 안락 의자를 저기서 연단 위에 그대로 두는 것에 찬성하고 있는가 아니면 반대하고 있는가?"라는 그들의 집요한 질문에 비추어 조심스럽게 해석되고 있다는 사실을 알게 되었다.

트리거의 비유에서 커크 목사는 양편 모두를 진정시킬 수 있는 독창적인 타협안, 즉 교회 앞쪽 가장 눈에 잘 띄는 곳에 십자가를 걸기로 한 의견을 포함한 타협안을 내놓을 수 있었다. 커크 목사가 주 예수 그리스도께서 클라이즈 코너 교회에서 가장 중요한 자리를 차지하시기에 합당한 분이라는 사실을 양편 모두에게 납득시킨 후 양편의 다툼은 잦아들게 되었다(트리거, pp. 20-22).

교회가 중요한 것을 중요한 것으로 지켜나가는 것이 그리 쉬운 일은 아니라고 말하는 사람들도 있다. 하나님께서는 부차적인 자리에서 결코 만족하지 않으실 것이다. 부수적인 것들에 몰두하는 한 우리는 하나님께서 주시는 복을 온전히 누리지 못하게 될 것이다.

본문 이해

삶의 중심을 찾아서

Main Idea	이스라엘 백성들은 여호와 하나님을 그들 삶의 중심으로 삼아야 했다. 그들은 여호와께서 정하신 절기를 통해 여호와를 온전히 기뻐하고 여호와의 성품을 반영하는 공의를 추구하며 여호와만을 섬겨야 했다.

A. 절기를 지키는 이스라엘 백성들의 기쁨(16:1-17)

Supporting Idea	하나님께서 정하신 절기는 하나님의 풍성하심과 관대하심을 찬양하며 크게 기뻐해야 하는 때다.

16:1. 하나님께서는 이스라엘 백성들이 하나님의 신실하심과 그들의 필요를 채워주시는 하나님의 공급을 기뻐하고 즐거워할 것을 기대하신다. 그 절기는 40년 전 하나님

께서 밤에 애굽에서 그들을 인도하여내신 아빕월(아빕월을 니산월이라고 부른 곳도 있다)에 시작되었다. 그러므로 그들은 주 하나님께서 그들을 하나의 국가로 만들기 위해 놀라운 일을 행하셨다는 사실을 인정하면서 유월절 예식을 행하고 국가의 기원을 기념해야 했다.

16:2. 유월절 사건을 기억하면서 하나님께 유월절 제사를 드리며 한 해를 시작하게 되어 있었다. 유월절 절기는 각자의 집에서 기념하는 대신 여호와께서 그 이름을 두시려고 택하신 곳에서 축하하도록 되어 있었다(출 12:1-14). 원래의 유월절에는 어린양을 먹도록 구체적으로 말씀하셨다(출 12:3). 그러나 유월절은 무교절이라 불리며 일주일간 계속되는, 보다 성대한 절기의 시작에 불과했기 때문에 적절한 절기 행사를 위해 우양(송아지나 수송아지, 양이나 염소)으로 제사를 드리라고 지시하셨다. 절기와 관련된 제물에 대해서는 역대하 30장 24절과 35장 6-9절을 보라.

16:3-4. 애굽을 떠나면서 이스라엘 백성들은 서둘러야 했고 떡 반죽이 부풀기를 기다릴 수 없는 상황이었다. 그래서 유월절에는 무교병을 먹어야 했다. 절기 중에는 무교병만을 먹을 수 있었다. 무교병은 이스라엘 백성들이 애굽에서 먹었던 고난의 떡을 상기시켜주는 것으로 누룩이 들어가지 않은 딱딱한 빵이었다. 애굽 땅에서 나온 것 그 자체가 하나님께서 완고한 바로의 저항을 물리치고 얻어내신 위대한 승리였다. 하나님께서는 이스라엘이 존재하는 한 이 특별한 절기를 기억할 것을 그들에게 요구하셨다.

떡 반죽을 발효시키는 것이 일상적인 생활 상태를 반영하는 것이기 때문에 절기가 계속되는 칠 일 동안 이스라엘 백성들은 그들 가운데서 누룩을 제거해야 했다. 또 그와 비슷한 이유로 무교절 절기 첫날 밤에 제물로 드린 고기(유월절 고기)는 완전히 다 먹어야 했다. 다음 날 아침까지 남겨두어서는 안 되었다. 왜냐하면 남은 음식을 치우는 것은 이스라엘 백성들이 애굽을 떠나야 하는 출발 시간을 늦추게 만들 수 있었기 때문이다. "너희는 그것을 이렇게 먹을지니 허리에 띠를 띠고 발에 신을 신고 손에 지팡이를 잡고 급히 먹으라"(출 12:11).

16:5-6. 모세는 다시 유월절 절기와 하나님께서 택하신 예배 처소를 연결시켰다(신 12:1-5, 11, 13). 오직 그곳에서만 절기를 기념하도록 되어 있었다. 유월절은 하나님께서 택하신 곳이 아닌 다른 성에서는 드리지 못하도록 되어 있었다. 그리고 절기는 이스라엘

이 애굽을 떠난 것을 기념하기 위해 초저녁 해질 때에 시작하도록 되어 있었다. 출애굽기 12장 10절과 29-31절 본문은 이스라엘 백성들이 여호와께서 어떻게 그들을 위기에서 구하시는지를 목도하면서 밤새도록 잠을 자지 않고 깨어 있었다는 사실을 암시해주고 있다. 예수님께서는 유월절을 자신의 죽음을 통해 이루실 구속을 기념하는 성찬식으로 바꾸셨다(눅 22:1, 7, 13, 15-20).

16:7-8. 유월절 제물은 하나님께서 택하신 예배 처소에서만 구워 먹어야 했다. 그리고 식사를 마친 후 백성들은 자신들의 장막으로 돌아가도록 되어 있었다.

이 구절에서 유목 생활의 흔적을 보는 사람들도 있기는 하지만 사실은 그렇지 않았다. 유월절을 기념하기 위해 예루살렘에는 평소보다 약 열 배 가량 되는 사람들이 모였고, 예루살렘의 숙박 시설로는 그 많은 사람들을 다 수용할 수 없었다. 그래서 사람들은 절기 기간 동안 장막(자신들이 가지고 온 것이나 그 지역 상인에게 빌린 것)을 치고 살았을 것이다.

하여튼 '네 장막으로' 라는 말은 그 이후 여러 세대에 걸쳐 '네 집으로' 를 뜻하는 관용어로 사용되었다(왕하 8:21, 13:5, 14:12).

유월절 밤 이후에 이어지는 6일 동안 이스라엘 백성들은 무교병을 먹어야 했다. 그리고 제칠일에는 여호와 앞에 성회로 모였고 그 후에는 각자 고향으로 흩어졌다.

16:9-10. 유월절/무교절은 이스라엘에서 연중 가장 먼저 지키는 절기였다. 그 다음은 칠칠절 또는 나중에 오순절이라고 좀더 일반적으로 불리게 된 절기였다. 칠칠절은 옥수수를 추수하기 시작하는 때로부터 정확하게 칠 주 되는 날로부터 시작된다. 칠칠절은 구원이 아니라 하나님께서 주신 복을 축하하기 위한 잔치였다. 예배자들은 여호와께서 복을 주신 대로 헤아려 자원하는 예물을 드리도록 되어 있었다.

16:11-12. 칠칠절에는 다른 절기들과 마찬가지로(죄를 슬퍼하는 대 속죄일을 제외하고) 여호와 앞에서 즐거워하는 때였다. 하나님께서는 신자 개인의 삶과 국가적 차원에서의 공동 생활이 기쁘게 영위될 수 있도록 계획하셨다. 이스라엘은 하나님 안에서 기뻐할 때에만 세상에 하나님의 풍성하심과 위대하심을 보일 수 있었다. 실제로 하나님께서는 이스라엘이 전체적으로 다 함께 기뻐해야 할 것을 강조하셨다. 자녀와 노비와 성중에 거하는 레위인과 객과 고아와 과부가 모두 다 그들에게 복을 주신 하나님의 은혜를 깨닫고 인정하는 축제에 참여하도록 되어 있었다. 하나님의 백성들은 모두 기뻐하

면서 애굽에서 종 되었던 것을 기억해야 했다. 그런 기억들은 그들의 현재와 과거를 비교하면서 그들의 기쁨을 배가시키는 역할을 했다.

그리스도인들도 하나님께서 우리 삶에 불러일으키신 변화들을 생각하며 끊임없이 기뻐해야 한다. 기뻐하는 삶은 매력 있는 삶이 될 수 있고, 우리의 믿음을 충실하게 실천하며 추천할 수 있게 해준다.

16:13-15. 매년 세 번째로 돌아오는 이스라엘 백성들의 절기는 초막절이었다. 초막절은 곡식과 포도를 수확한 후 칠 일 동안 지키는 절기였다. 레위기에 따르면 초막절은 가을이었다. "칠월 십오일은 초막절이니 여호와를 위하여 칠 일 동안 지킬 것이라"(레 23:34). 이스라엘의 일곱 번째 달(칠월)은 티슈리(9월 중순에서 10월 중순까지)로 칠칠절에는 밀이 자라기 시작하는 반면 초막절에는 밀이 다 자란 상태가 되었다.

그러나 '초막' 이라는 말은 농업과 관련된 용어에서 나온 것이 아니라 이스라엘 백성들이 광야에서 배회하던 때를 기억하게 하시려는 하나님의 의도에서 나온 것이었다. "너희는 칠 일 동안 초막에 거하되 이스라엘에서 난 자는 다 초막에 거할지니 이는 내가 이스라엘 자손을 애굽 땅에서 인도하여 내던 때에 초막에 거하게 한 줄을 너희 대대로 알게 함이니라 나는 너희 하나님 여호와니라"(레 23:42-43).

초막절의 주된 동기는 이스라엘 백성들의 필요를 채워주시기 위해 하나님께서 하신 일을 다같이 기뻐하는 것이었다. 그들은 하나님께서 택하신 예배 처소에서 일 주일 동안 초막절을 기념하면서 이스라엘의 온 가족이 다함께 하나님의 선하심에 감사하며 즐거워해야 했다.

16:16-17. 이 구절은 이스라엘의 절기들을 요약하고 있다. 이스라엘의 모든 남자는 해마다 세 차례(일 년 삼차)씩 여호와께 보여야 했다. 그리고 11절과 14절은 각 가정의 여자들도 각 절기의 전체 또는 일부에 참여할 것이 기대되었음을 분명히 보여주고 있다. 무교절과 칠칠절과 초막절 각각의 경우마다 이스라엘 백성들은 여호와께서 택하신 곳으로 가야 했다. 그리고 여호와께 보이되 공수로 보여서는 안 되었다. 예배에 제물은 빠질 수 없는 것이었다. 따라서 각 사람은 하나님께서 주신 복을 따라 그 힘대로 선물을 드려야 했다.

B. 이스라엘 공동체가 지켜야 할 공의(16:18-22)

Supporting Idea	여호와를 예배하는 것에는 정기적으로 즐거워하는 절기를 지키는 것뿐 아니라 여호와의 특징적인 성품 가운데 하나인 공의를 신중하게 추구하는 것도 포함되었다.

16:18. 이스라엘 백성들은 여호와께서 택하신 예배 처소에 모여 정기적으로 절기를 지키며 예배드려야 했다. 또 일상 생활 속에서는 여호와께서 그들에게 주신 모든 성읍에서 공의를 행사함으로 하나님께 최고의 영광을 돌릴 수 있었다. 모세는 그들에게 각 지파마다 재판장과 유사를 두라고 지시했다. 그 지도자들에게는 공의로 백성을 재판할 것이 기대되었다.

16:19-20. 이 구절은 이스라엘 백성들이 따라야 할 공의의 기초가 되는 원리들을 보여주고 있다. 재판장은 편견을 가지고 잘못된 판단을 해서는 안 되었다. 뇌물은 지혜자의 눈을 어둡게 하기 때문에 재판장은 뇌물을 받아서는 안 되었다. 그는 공의를, 오직 공의만을 따라야 했다. 그렇게 하면 재판장과 공의를 위해 그를 찾아오는 사람들은 하나님께서 주시는 땅을 얻고 살게 될 것이다.

16:21-22. 약속의 땅에서 이루어져야 할 공의의 기준은 언제나 모든 것이 달려 있는 여호와의 성품이었다. 이스라엘의 재판장은 영적인 변절의 경우 어떤 형태건 허용하지 말아야 했다. 한 예로 모세는 여호와를 위하여 쌓은 단 곁에 어떤 나무로든지 아세라 상을 세우지 말라고 지시했다. 그런 상은 신적인 권위를 인정하는 것이기 때문에 금지되었고 주상도 같은 이유 때문에 금지되었다. 그런 것들은 가나안의 거짓 신들을 숭배하는 것과 관련된 것들이었으며 여호와께서 미워하시는 것들이었다.

Main Idea 복습	이스라엘 백성들은 여호와 하나님을 그들 삶의 중심으로 삼아야 했다. 그들은 여호와께서 정하신 절기를 통해 여호와를 온전히 기뻐하고 여호와의 성품을 반영하는 공의를 추구하며 여호와만을 섬겨야 했다.

결론

내 은혜가 족하다

찰스 스펄전(Charles Spurgeon)은 영어권 사람들에게 매우 잘 알려진 설교자였지만, 그에게는 쉽게 낙심하는 성향이 있었다. 한번은 힘든 하루 일과를 마치고 집으로 돌아가는 길에 그의 마음이 무겁게 가라앉았다. 그날 아침 그가 읽었던 성경 본문을 기억하면서 그는 그 본문을 묵상하기 시작했다. "내 은혜가 네게 족하도다 이는 내 능력이 약한 데서 온전하여짐이라"(고후 12:9).

스펄전는 하나님의 위대하심에 비추어 자신의 왜소함을 생각했고, 그렇게 왜소한 자신을 강물이 마르는 것을 두려워하여 물을 마시지 못하는 작은 물고기에 비유했다. 하나님께서는 그런 물고기에게 아마도 "작은 물고기야, 한껏 마셔라. 내 시내가 네게 족하다"라고 말씀하실 것이다.

스펄전은 또 대기의 공기를 자신이 다 마셔버리게 될 것을 염려하며 산을 오르는 등산객을 생각해보았다. 그리고 그에게 "젊은이여, 신선한 공기를 힘껏 들이마시라. 내 공기가 네게 족할 것이다"라고 말씀하시는 하나님을 생각했다.

이런 묵상을 통해 스펄전은 희망했던 결과를 얻을 수 있었다. 그는 "나는 아브라함이 그의 필요를 채워주시는 하나님 앞에서 느꼈던 것과 같은 기쁨을 경험했다"라고 말했다. 하나님의 샘물은 결코 마르지 않는다. 하나님의 자원은 무한하다. 그러므로 하나님의 선하심을 우리가 다 써버리게 될 것을 두려워할 필요가 없다. 하나님의 선하심은 우리의 기쁨을 위해 우리에게 주어진 것이다.

▣ 진리 알기

- 하나님께서는 하나님 자신이 공급해주신 것을 기뻐하는 하나님의 백성들을 보고 기뻐하신다.
- 잘 기억하는 것은 영적 생활을 영위하는 데 필요한 매우 소중한 자원들 가운데 하나다.
- 예수 그리스도와 무관한 삶을 살았을 때를 기억해보는 것은 우리가 매일 부딪히는 문제들

의 진상을 바로 파악하는 데 도움이 된다.

- 성공이 종종 영적 성숙을 저지하는 원수가 되기도 한다.

■ **적용하기**

- 회심하기 전의 삶과 후의 삶을 비교해보면서 달라진 점들을 열거해보고 한 주 동안의 묵상 자료로 활용하라.
- "나는 하나님을 기쁘게 섬기고 있는가, 아니면 마지못해 섬기고 있는가?" 라는 질문에 솔직하게 대답해보라.
- 위 질문에 하나님을 마지못해 섬기고 있다는 대답을 하지 않을 수 없었다면 성경 용어 색인에서 기쁨이라는 단어에 열거된 성경 구절들, 특히 시편에 나오는 구절들을 찾아보라.
- 하나님께서 최근에 베풀어주신 은혜를 기억하며 하나님께 감사의 예물을 드려라.

삶의 적용

하나님 앞에서 즐거워함

의로운 삶에는 기쁨이 있다. 예수님께서 십자가를 지신 것은 십자가 너머에 있는 것을 보셨기 때문이다. 그에 대해 히브리서 기자는 "믿음의 주요 또 온전케 하시는 이인 예수를 바라보자 저는 그 앞에 있는 즐거움을 위하여 십자가를 참으사 부끄러움을 개의치 아니하시더니 하나님 보좌 우편에 앉으셨느니라" (히 12:2)고 설명했다.

예수님께서는 죄를 대속하는 사명을 완수한 후에 기쁨을 얻게 될 것을 알고 계셨고, 하나님 아버지의 칭찬이 따를 것이라는 사실을 알고 계셨다. 그리고 주님은 지금 열방을 기업으로 받게 될 때를 기다리고 계신다(시 2:7-9).

신명기 16장과 히브리서 12장을 비롯한 성경 본문들이 기독교를 이타적이라고 생각하는 사회적 통념(위험한 이설)을 타파하고 있다. 예수 그리스도께서 우리를 위해 목숨을 바치셨는가? 물론이다. 그렇다면 '우리만' 을 위해서 십자가를 지신 것인가? 그건 아니다. 예수님께서는 우리뿐 아니라 자기 자신을 위해서도 십자가를 지셨다. 십자가를 지신 것은 자신의 유익을 위한 것이기도 했다. 왜냐하면 지금 예수님께서는 하나님의 백성들을 다스리고 또 그들과 함께 다스릴 수 있는 권세를 가진 분이 되셨기 때문이다.

우리도 그래야 한다. 예수님께서 종들에게 돈을 맡기며 장사할 것을 주문하고 먼 곳으로 떠난 주인에 대한 이야기를 하신 적이 있다. 여행에서 돌아온 그 주인은 종들을 불러 회계하기 시작했다. 한 종은 자신이 어떻게 두 배나 되는 이문을 남길 수 있었는지를 설명했다. 그러자 주인은 그에게 "잘하였도다 착하고 충성된 종아 네가 작은 일에 충성하였으매 내가 많은 것으로 네게 맡기리니 네 주인의 즐거움에 참예할지어다"(마 25:23)라고 말했다. 주 예수님께서 우리의 수고를 칭찬해주실 때 우리가 누릴 기쁨을 묵상하는 것은 우리를 강인한 그리스도인으로 만들어주는 역할을 할 것이다.

또 기쁨은 희생이라는 고정 관념에 얽매이게 하는 위험으로부터 우리를 보호해줄 것이다. 기독교 사역에 마지못해 참여하면서 자신이 지불한 대가를 내세우려는 사람처럼 보기 흉한 사람도 아마 없을 것이다.

우리는 하나님께 순종하고 다른 사람들을 사랑하기 위해 모든 것을 해야 한다. 왜냐하면 하나님을 섬기는 것이 우리의 기쁨이 되고 하나님께서 우리를 칭찬하실 것이라는 사실을 아는 것이 우리에게 전율을 느끼게 하기 때문이다. 그리스도인의 삶은 기쁨으로 모든 것을 행하는 삶이 되어야 한다.

기도

하나님 아버지, 기쁜 마음으로 살아갈 수 있게 해주십시오. 우리의 시야를 흐리게 만드는 장애물이나 어려움에 초점을 맞추지 않게 도와주십시오. 아멘.

심층 연구

A. 이스라엘의 달력(16:1)

구약 성경 당시 이스라엘의 종교력에 의하면 한 해는 공식적으로 아빕월(여섯 차례) 또는 니산월(두 차례)이 속한 봄에 시작되었다. 유월절에 하나님께서는 이스라엘 백성들에게 "이 달로 너희에게 달의 시작 곧 해의 첫 달이 되게"(출 12:2) 하라고 지시하셨다. 그 전까지는 이른 비가 내리는 티슈리(9월 중순에서 10월 중순까지)가 한 해를 시작하는 달이었고, 때에 따라서는 티슈리를 한 해의 첫 달로 여기는 경우도 있었다. "칠칠절 곧 맥추의 초실절을 지키고 가을에는 수장절을 지키라"(출 34:22). 고대 달력을 현대 달력과 비교하면 다음과 같다.

아빕/니산(Abib/Nisan)	3-4월
이야르(Iyyar)	4-5월
시반(Sivan)	5-6월
타무즈(Tammuz)	6-7월
아브(Ab)	7-8월
엘룰(Elul)	8-9월
티슈리(Tishri)	9-10월
헤슈반(Heshvan)	10-11월
키슬레브(Kislev)	11-12월
테베트(Tebeth)	12-1월
셰바트(Shebat)	1-2월
아다르(Adar)	2-3월

히브리인들은 음력의 주기를 따랐기 때문에(12개월, 한 달이 30일과 29일로 교대되는) 매 3년에 한 번씩 13번 째 달이 윤달로 추가되었는데 그 달은 '두 번째 아다르' 라고 불렀다.

B. 유교병(16:3)

모세는 이스라엘 백성들에게 1년에 한 번씩 일 주일 동안은 집 주위에서 누룩이 보이지 않게 하라고 지시했다. "유교병을 그것과 아울러 먹지 말고 칠 일 동안은 무교병 곧 고난의 떡을 그것과 아울러 먹으라 이는 네가 애굽 땅에서 급속히 나왔음이니 이같이 행하여 너의 평생에 항상 네가 애굽 땅에서 나온 날을 기억할 것이니라"(신 16:3). 유교병은 고대로부터 이스라엘 백성들이 늘 먹었던 주식이었다. "저희는 다 간음하는 자라 빵 만드는 자에게 달궈진 화덕과 같도다 저가 반죽을 뭉침으로 발교되기까지만 불 일으키기를 그칠 뿐이니라"(호 7:4).

신약 성경은 누룩의 퍼지는 특성 때문에 누룩을 악의 상징으로 비유하였고, 유월절에는 무교병을 먹도록 되어 있었다고 가르치고 있다. 예를 들면 바울 사도는 "이러므로 우리가 명절을 지키되 묵은 누룩도 말고 괴악하고 악독한 누룩도 말고 오직 순전함과 진실함의 누룩 없는 떡으로 하자"(고전 5:8)라고 썼다. 그러나 원래 유월절에는 누룩이 악을 상징했기 때문이 아니라 서둘러 애굽을 떠나야 했기 때문에 반죽을 부풀리지 않고 바로 먹을 수 있도록 누룩을 사용하지 말아야 했다(출 12:11, 33, 신 16:3).

화제와 함께 유교병을 드리는 것은 금지되어 있었지만(레 2:11, 6:17, 7:12) 화목제의 감사 희생과 함께 예물로 드릴 수는 있었다(레 7:13, 23:17). 진설병에 누룩을 사용했는지의 여부에 대해 성경이 침묵하고 있긴 하지만, 유대인 고대 역사가인 요세푸스(Josephus)는 무교병을 진설병으로 사용했다고 보고했다.

교안

A. 들어가는 글

1. '붉은색 안락 의자' 이야기로 시작하라.

2. 배경 설명: 이스라엘 백성들은 하나님의 선하심을 정기적으로 되새기지 않는 한 자신들이 부지중에 표류하게 된다는 사실을 알게 되었다. 그들은 하나님을 그들의 기쁨과 공동체의 도덕적 기준으로 삼아야 했다.

3. 적용: 하나님께서는 하나님의 백성들이 하나님의 선하심을 자주 그리고 열정적으로 기뻐하기를 바라신다. 하나님께서는 우리가 하나님의 은혜 안에서 만족할 때 큰 영광을 받으신다.

B. 본문 이해

1. 절기를 지키는 이스라엘 백성들의 기쁨(16:1-17)
2. 이스라엘 공동체가 지켜야 할 공의(16:18-22)

C. 결론: '하나님 앞에서 즐거워함' 을 읽어주라.

토의 질문

1. 생활 속에서 일어난 중요한 영적 사건들을 기억하는 것이 왜 중요한가?

2. 이스라엘의 주요 절기들 가운데서 하나님께서 그 중심이 되셔야 한다는 사실을 강조하신 이유는 무엇이라고 생각하는가?

3. 예수님께서 유월절을 성만찬의 근거로 사용하신 이유는 무엇이라고 생각하는가?

4. 하나님께서 예배하는 사람들이 빈손으로 하나님 앞에 나와서는 안 된다고 강조하신 이유는 무엇인가?

신명기 17장

위대한 사회

"제대로 이해된 기독교는 인간이 창안한 종교와는 전적으로 다르다. 하나님은 인간의 방식과는 완전히 상반되는 것을 보내주신다. 예를 들어 성탄절을 생각해보라. 하나님만이 그런 생각을 하실 수 있다. 뛰어난 존재를 창안할 때 인간은 슈퍼맨이나 캡틴 마블 같은 존재를 만들어낸다. 그러나 하나님께서는 세상에 갓난아기를 주셨다."

- 리차드 할버슨(Richard Halverson)

신명기 17장에서 하나님께서는 그분의 백성들에게 자신을 경외할 것을 촉구하셨다. 그리고 그것을 바탕으로 다른 사람들을 존중하는 특성을 지닌 공평한 사회를 만들어갈 것을 요구하셨다.

Deuteronomy

들어가는 글

행복한 사람의 선물

로이 로린(Roy Laurin)은 자신의 책에서 한국을 방문한 어느 그리스도인 사업가에 대한 이야기를 했다. 그와 그를 안내하면서 통역하던 선교사는 보기 드문 광경을 목격했다. 길가에 있는 밭에서 한 젊은이가 쟁기질을 하고 있었는데 이상하게도 노인이 쟁기의 손잡이를 잡고 있었다. 사업가는 재미있는 광경이라 생각하며 두 사람의 모습을 스냅사진으로 찍었다.

그는 "기이한 일이네요! 저 두 사람은 아주 가난한 모양이에요"라고 말했다.

안내하던 사람은 "예, 저 두 사람은 그리스도인이에요. 교회를 지을 때 자신들도 기여를 하고 싶었지만 돈이 없었어요. 그래서 두 사람은 한 마리밖에 없던 황소를 팔았어요. 그리고 그 돈을 교회에 헌금했어요. 그래서 올 봄에는 두 사람이 저렇게 밭을 갈고 있는 거예요"라고 설명했다.

사업가는 한동안 아무 말을 하지 못했다. 그리고 한참 후 "그건 정말 진짜 희생이네요"라고 말했다.

"그런데 저 사람들은 그렇게 말하지 않았어요. 그들은 자신들에게 팔 황소가 있어서 정말 다행이라 생각했어요."

선한 일에 소중하게 쓰일 수 있는 물건을 하나님께 선물로 드리는 경우가 있다. 또 주는 사람의 마음을 보여주는 더할 나위 없이 귀중한 선물을 하나님께 드리는 경우가 있다. 한국 농부의 선물은 두 번째에 속한다.

하나님께서는 하나님의 백성들이 하나님을 기뻐하면서 그들의 예배 속에서 하나님을 중시하는 마음이 변함없이 표현되길 바라신다. 영원한 관점을 가진 사람들만이 현재를 기쁘게 살아갈 수 있다.

본문 이해

위대한 사회

Main Idea	이스라엘 백성들은 하나님을 경외하고 하나님의 말씀에 순종하는 그들의 신앙을 기초로 모든 사람을 존중하는 나라가 되어야 했다.

A. 무엇보다 앞서야 하는 여호와께 대한 경외(17:1)

Supporting Idea	하나님의 백성들은 예배 속에서 여호와를 먼저 경외하는 것을 통해 서로를 존중하는 사회를 건설하도록 되어 있었다.

17:1. 이스라엘을 독특하게 만드는 것 가운데 하나는 모든 백성을 중시하는 그들의 정책이었다. 그들에게 인간은 하나님께서 자신의 형상을 따라 만드셨기 때문에 소중한 존재였다. 그러나 사람을 중시하는 것은 예배하는 사람들이 하나님을 중시하는 것 그 이상이 될 수 없다. 하나님께서는 이스라엘 백성들이 흠이나 악질이 있는 우양을 여호와께 드리지 말아야 한다고 강조하셨다. 예배하는 사람은 그 마음을 표현하는 최상의 선물을 여호와께 드려야 했다. 하나님을 소중하게 여기면서 동시에 하나님께서 가증하게 여기는 흠 있는 제물을 드릴 수는 없는 일이었다. 인간의 사랑은 언제나 그 사람이 투자하는 것의 뒤를 따른다. 사랑으로 하는 행동이 사랑이라는 감정을 만들어낸다.

B. 공평을 중시하는 원리(17:2-13)

Supporting Idea	이스라엘 백성들에게는 피의자들을 다룰 때 그들을 존중하고 공의를 이루어야 할 책임이 있는 사람들의 권위에 복종하고 율법 자체를 존중하는 것이 요구되었다.

17:2-6. 여호와의 목전에 악을 행한 이스라엘 사람은 엄한 벌을 받아야 했다. 그러나 그들을 다룰 때에도 하나님의 율법이 지시하고 있는 정당한 절차를 밟고 의심되는 점을

유리하게 해석해주는 과정을 거치도록 되어 있었다. 그들이 다른 신들을 섬겼다 할지라도 신중하게 그 문제를 다루도록 되어 있었다. 공동체의 지도자들은 그런 가증한 일을 실제로 행했는지를 자세히 사실하여 보아야 했다. 실제로 그런 악을 행한 경우에만 형을 집행하도록 되어 있었다. 악을 행한 사람은 돌로 쳐죽이도록 되어 있었다. 그 형벌은 사람들이 가장 많이 다니고 지방 법원이 있는 성문에서 집행하도록 되어 있었다. 그것은 여호와를 거역한 불순종에 얼마나 엄중한 형벌이 따르는지를 사람들이 실제로 볼 수 있게 하기 위해서였다. 이스라엘에서는 남자와 여자 모두 사형을 당할 수 있었다.

그러나 어떤 경우에도 한 사람의 증거만으로는 사람을 죽일 수 없었다. 한 사람의 증거는 잘못된 것일 수 있으나 두세 사람이 정의를 왜곡시키기 위해 공모하는 일을 하게 될 가능성은 희박하다. 이 금지 조항 때문에 배교자와 살인자들이 공의로운 심판을 받지 않고 형벌을 피하는 경우가 분명히 있었을 것이다. 그러나 잘못된 고소를 당한 피의자들의 권리를 존중하기 위한 보호 조항이 꼭 필요했다.

17:7. 이스라엘에서는 율법을 개인적인 보복을 위한 수단으로 삼을 수 없었다. 죄를 범한 사람에게 뭇 백성이 손을 댈 수도 있었다. 그러나 증인들은 자신의 증거에 대한 책임을 져야 했다. 따라서 죄를 범한 사람을 죽임에는 증인들이 먼저 그에게 손을 대도록 되어 있었다. 이 규정은 증인들이 재판관에게 증거를 제시하기 전에 먼저 심사 숙고하는 시간을 갖게 했을 것이다. "너희 중에 죄 없는 자가 먼저 돌로 치라" (요 8:7)고 말씀하신 예수님의 경고 뒤에도 이 규정이 자리하고 있었다.

17:8-13. 공평이라는 문제는 그리 간단하지 않다. 그리고 모세는 각 성읍 수준에서 판결하기에는 너무 어려운 송사가 있을 수 있다는 사실을 알고 있었다. 그러므로 이스라엘의 재판에서는 항소 과정을 포함시켜야 했다. 문제가 된 송사는 여호와께서 택하실 곳(비록 구체적으로 표현되지는 않았지만 아마도 성전이 서게 될 곳과 같은 장소)으로 가져가서 제사장이나 재판장에게 묻도록 했다. 그리고 그들이 판결을 하도록 되어 있었다.

재판에는 언제나 양편이 있기 때문에(특히 송사의 경우) 항소심에서 내린 결정을 거부하려는 유혹을 받을 수 있었다. 이스라엘 백성들은 그렇게 해서는 안 된다는 경고를 준엄하게 받고 있다. 사람들은 그들에게 내려진 사법 재판을 받아들여야 했다. 율법을 개인적으로 해석하거나 제사장이나 재판관의 결정을 어겨서는 안 되었다. 하나님께서 제정하신 사법 제도를 무시하는 것은 무서운 결과를 불러오는 것이었다. 반감을 가지고 거역하는 사람은 반드시 죽이도록 되어 있었다.

C. 실제로 사람들을 존중하는 일(17:14-20)

Supporting Idea	이스라엘 백성들은 왕을 요구하며 그 과정 속에서 여호와의 통치를 거부할 것이다. 그들은 하나님 앞에서 자신을 낮추고 백성들을 존중하는 통치자를 세우라는 주의를 받았다.

17:14. 세 세대가 지난 후 닥친 위기 속에서 이스라엘 백성들은 여호와께서 그들의 땅을 직접 다스리시는 것을 거부하고 대신 왕을 요구할 것이다. 그 일은 사사와 선지자로 놀라운 역할을 수행했지만 부모로서는 그다지 성공하지 못한 사무엘의 노년기에 일어났다. 사무엘이 사사로 임명한 그의 두 아들이 기대에 어긋나는 지도자들로 드러나면서 사람들의 불평을 사게 되었다(삼상 8:1-5). 이스라엘 백성들은 주위의 모든 나라들처럼 자신들에게도 자신들을 다스릴 왕이 있어야 한다고 주장하면서 하나님께서 그들이 누리기를 원하셨던 그들만의 독특한 지위를 내던져버렸다.

17:15-17. 모세는 왕이 남용하게 될 독재의 가능성을 최소화하기 위한 네 가지 외적 장치들을 이스라엘 백성들에게 일러주었다. 왕이 그것들을 어길 경우 그의 불순종은 공개적인 정밀 조사를 받게 될 것이다. 하나님의 첫 번째 경고는 이스라엘을 다스릴 사람은 반드시 이스라엘 사람이어야 한다는 것이었다. 왕은 유대인 중에서 세워야 했고 타국인은 이스라엘을 다스리는 왕이 될 수 없었다.

두 번째 장치는 왕의 군사력을 증강시키고 그의 자만심을 부풀리게 할 수 있는 말을 많이 두지 않도록 자제하는 것이었다. 말을 많이 두는 것은 또 한편으로 사람들로 하여금 가장 좋은 말들을 구하기 위해 애굽으로 돌아가게 만드는 유혹이 될 수 있었다.

세 번째 경고는 왕에게 이방의 우상들을 섬기도록 미혹할 수 있는 아내들을 많이 두지 말라는 것이었다. 이스라엘의 가장 지혜로운 왕이었던 솔로몬은 이 일에서 큰 실수를 범했다. "솔로몬 왕이 바로의 딸 외에 이방의 많은 여인을 사랑하였으니 곧 모압과 암몬과 에돔과 시돈과 헷 여인이라 여호와께서 일찍이 이 여러 국민에게 대하여 이스라엘 자손에게 말씀하시기를 너희는 저희와 서로 통하지 말며 저희도 너희도 서로 통하게 말라 저희가 정녕코 너희의 마음을 돌이켜 저희의 신들을 좇게 하리라 하셨으나 솔로몬이 저희를 연애하였더라"(왕상 11:1-2). 솔로몬은 또 은금을 자기를 위하여 많이 쌓지 말라고 하신 네 번째 경고도 경시했다. 하나님께서는 하나님의 백성들을 다스리는 지도자들이 재물이 아니라 하나님을 신뢰하기를 바라셨다. 후에 다윗은 인구 조사를 실시하면서 이 방침을 어겼다. "사단이 일어나 이스라엘을 대적하고 다윗을 격동하여 이스라엘을 계수하게 하니라"(대상 21:1). 군대의 크기를 의지하면서 다윗은 여호와를 신뢰하는 믿음을 외면했다.

17:18-20. 하나님께서는 왕(그리고 이스라엘)이 축적된 군대나 재물이 아니라 여호와를 향한 강한 충성심과 자신들의 안전을 연결지어 생각하기를 바라셨다. 모세는 이 점을 강조하기 위해 왕은 왕위에 등극한 후 바로 하나님의 율법서를 등사하라는 지시를 했다. 율법서를 기록하게 함으로 성경 본문과 왕의 마음이 서로 작용하는 일이 일어날 수 있게 하기 위해서였다.

왕은 율법서를 복사해야 했을 뿐 아니라 그 모든 말과 규례를 지켜 행하도록 되어 있었다. 그렇게 하는 것을 통해 왕은 하나님 여호와 경외하기를 배울 것이다. 하나님께서는 외교적 수완이나 군사적 기량이 아니라 도덕적 성품과 영성을 왕의 가장 중요한 자질로 보셨다.

하나님의 율법과 규례를 따름으로 왕은 자신이 그 형제 위에 교만하지 않다는 사실과 여호와의 명령에서 떠나 좌로나 우로나 치우치지 아니한다는 사실을 분명히 나타낼 수 있었다. 하나님께서 이스라엘 백성들에게 군주 정치를 허용하기는 하셨지만 폭군의 통치로 인해 하나님의 백성들이 해를 입는 일이 벌어지지 않게 하려 하셨다. 실제로 이스라엘에서의 왕권은 순종을 통해 연장될 수 있었다. 이스라엘 중에서 그와 그의 자손의 왕위에 있는 날이 장구하리라.

Main Idea 복습	이스라엘 백성들은 하나님을 경외하고 하나님의 말씀에 순종하는 그들의 신앙을 기초로 모든 사람을 존중하는 나라가 되어야 했다.

결론

자신의 헌신에 충실한 삶

위스콘신 주 브룩필드(Brookfield)에 있는 엠부룩 교회(Elmbrook Church)의 목사였던 스튜어트 브리스코(Stuart Briscoe)는 자신이 영국에서 은행업에 종사하고 있을 때 일어난 일을 이야기했다. 그는 은행에서 거액을 횡령한 것으로 드러난 동료를 만나 진상을 밝히는 일을 맡게 되었다. 횡령자는 많은 돈을 필요로 하는 이중 생활을 해오고 있었다. 아내가 두 명이었고, 두 가족과 두 가정을 꾸려가고 있었다.

그가 범한 절도의 증거를 제시하자 그는 그런 짓을 저질러서 "정말 죄송합니다. 우리 교회에서 설교하기로 한 약속을 지켜야 하는지 말아야 하는지 생각해봐야 할 것 같습니다"라고 말하며 자신의 비리를 '사과' 했다. 그의 도덕적 기준과 그가 섬기고 있다고 말한 하나님의 사람들 사이에서 볼 수 있는 상반된 모습을 다른 사람들은 분명하게 보았지만 그는 그렇지 못했다. 브리스코는 그 횡령자의 모순된 '증거' 때문에 야기된 해악을 고치려고 노력하는 데 그 이후 몇 개월 동안 많은 시간을 할애해야 했다고 말했다.

그리스도인들은 그들의 도덕적인 삶을 통해 주님의 일에 엄청난 해를 가할 수도 있고 엄청난 유익을 줄 수도 있다. 이스라엘 백성들이 그들의 공동체를 유지하는 방식을 통해 여호와께서 지시하신 도덕적 원리들을 드러냈듯이 그리스도인들도 이 세상에서 살아가는 방식을 통해 예수 그리스도의 성품을 올바로 또는 잘못된 방식으로 드러내게 된다.

■ 진리 알기

- 예배하는 사람이 드리는 예물은 그 사람과 그의 하나님에 대해 말해준다.
- 하나님께서는 무고한 사람이 벌을 받게 되는 것보다는 죄를 범한 사람이 벌을 받지 않게 되는 것이 덜 위험하다고 보신다.
- 인간의 악한 성품은 자신의 죄를 부인하게 만들 뿐 아니라 진리를 발견하기 위해 요구되는 재판 제도까지 왜곡하게 만든다.

- 하나님께서 율법을 주시며 우리에게 순종할 것을 명하신 한편 또 우리가 불순종할 것도 알고 계셨다.
- 하나님의 말씀을 처음 접한 사람들을 대신할 수 있는 사람은 없다.

■ 적용하기

- 예물에 '흠' 이 있는지를 확인하기 위해 예물을 드리는 방식을 평가해보라.
- 믿음의 사람들이 세상 사람들과 똑같아지고 싶어하는 경향이 있다는 사실을 인지하라.
- 예배와 헌금의 관계를 이해하라.
- 하나님을 신뢰하는 것보다 물질적인 축적을 더 선호하는 경향이 있는 것은 아닌지 자신을 점검해보라.
- 매일 하나님의 말씀을 읽기 시작하라.

삶의 적용

어네스트의 총

어네스트 헤밍웨이(Ernest Hemingway)는 그 당시 사람들의 부러움을 샀던 인물이다. 그는 유명한 작가였고 상류층 여성들과 함께 어울리며 자신이 원하는 곳에서 원하는 모든 것을 할 수 있는 사람이었다. 그는 먼저 〈캔자스시티 스타(Kansas City Star)〉지의 기자로 알려지기 시작했다. 그리고 제1차 세계 대전 당시에는 구급차 운전병으로 유럽에서 여름을 보냈고, 스페인 내란에 참여해 잘 알려지게 되었다.

그는 영화 배우, 이름난 투우사 메놀레떼(Manolete), 스코트 피츠제럴드(F. Scott Fitzgerald) 등 유명한 사람들을 많이 알고 있었다. 그는 큰 목표를 추구하는 사람이었고, 행운이 따랐던 군인이었으며, 노벨상을 수상한 작가였다. 그는 어떻게 살아야 하는

지를 아는 사람이었다.

그러나 자신이 무엇을 위해 살아가고 있는지는 알지 못했다. 인생의 중심축이 빠진 경험들은 그 맛을 잃기 시작했다. 심한 음주는 몸에 해를 가하기 시작했고 내면의 공허감은 결국 견딜 수 없을 정도가 되었다. 어느 화창한 주일 아침 키웨스트(Key West)에 있는 자기 집 지하실로 내려가 총이 들어 있는 벽장의 문을 열었다. 그리고 그가 아끼던 산탄총을 꺼내 두 개의 총알을 장전한 다음 총의 개머리를 마루 바닥에 놓았다. 자기 쪽으로 총의 방향을 돌린 다음 총신을 자기 눈썹 바로 위에 댄 다음 방아쇠를 당겼다.

그의 동료 소설가 히긴스(Jack Higgins)는 어렸을 때 알면 좋았을 것에 대한 질문을 받고 이렇게 대답했다. "정상에 오르면 그곳에 아무것도 없다는 사실을 미리 알 수 있다면 좋을 것이다"라고 대답했다. 헤밍웨이 역시 그 말에 동감할 수 있었을 것이다.

환멸로 인한 슬픔으로 고통받는 훌륭한 사람들이 있다. 하나님과 생생한 관계를 맺고 있지 않는 한 그들은 그 문제를 자기 속에 있는 공허감이라기보다 세상이 공허하기 때문에 생기는 것이라 생각하기 쉽다. 하나님만이 그 빈곳을 채워주시고 인간의 경험을 의미 있는 것이 되게 해주실 수 있다.

기도

하나님, 영원한 가치를 저희에게 가르쳐주셔서 하나님을 깊이 알 수 있게 해주십시오. 우리의 유일한 보화이신 하나님을 바라보던 우리의 눈길을 돌려 이 세상의 하찮은 것들을 바라보게 될 때 생길 수 있는 실망으로부터 우리를 구해주십시오. 아멘.

심층 연구

A. 악인을 죽임(17:7, 12)

이 장에서 모세는 백성들에게 죄를 짓게 하는 사람들을 격리시키는 일의 중요성을 두 번씩이나 강조했다. 7절에서 그는 "너의 중에 악을 제할지니라" 고 경고했다. 그리고 12절에서 다시 "이스라엘 중에서 악을 제하여 버리라" 고 말했다. 약간의 변화를 준 같은 내용의 경고가 여섯 차례나 신명기에 나타나는 것을 볼 수 있다.

바울 사도도 고린도 그리스도인들이 범한 죄에 대한 해결 방법을 설명하면서 같은 표현을 했다. 한 신자가 자기 계모와 근친상간의 관계를 맺기 시작했다(고전 5:1). 그러나 고린도 교회는 그 일에 대해 아무런 조처도 취하지 않고 있었다. 바울은 회개하지 않는 그 사람을 교회에 참여하지 못하게 하고 그런 사람과는 함께 먹지도 말라고 지시했다(고전 5:7, 9, 13). 그들이 이 지시를 따르지 않는다면 바울 사도가 직접 사탄에게 내어줄 것이라고 말했다(고전 5:5).

그리스도인들이 서로에게 치명적인 형벌을 가해서는 안 되지만 회개를 불러오기 위해 교제를 멈출 수 있어야 한다. 수치스러운 일을 행한 신자 한 사람이 공동체 전체의 증거를 훼손할 수 있다는 사실을 하나님께서는 알고 계셨다.

B. 말(17:16)

모세는 이스라엘의 왕은 군대의 힘이 아니라 하나님을 신뢰해야 한다고 경고했다. "왕 된 자는 말을 많이 두지 말 것이요 말을 많이 얻으려고 그 백성을 애굽으로 돌아가게 말 것이니 이는 여호와께서 너희에게 이르시기를 너희가 이 후에는 그 길로 다시 돌아가지 말 것이라 하셨음이며" (신 17:16). 말은 종종 왕권과 화려한 권세를 상징하는 것으로 여겨지기도 했지만 특별히 고대 사회에서 병거를 이끄는 중요한 역할을 했다. 말을 구하기 위해 백성들을 애굽으로 돌아가게 하지 말라는 하나님의 경고는 거래를 성사시키기 위해 애굽으로 보낸 대표단뿐 아니라 말을 구하기 위해 애굽 사람들과 거래를 하게 될 이스라엘 백성들에게도 적용되는 것이었다. 솔로몬은 목재를 구하기 위해 히람 사람들에게 몇 개의 성읍을 내어주기도 했다(왕상 9:11-14).

이 경고를 가장 심각하게 어긴 일은 솔로몬 통치 당시에 일어났다.

> "솔로몬이 병거와 마병을 모으매 병거가 일천사백이요 마병이 일만 이천이라 병거성에도 두고 예루살렘 왕에게도 두었으며 … 솔로몬의 말들은 애굽에서 내어왔으니 왕의 상고들이 떼로 정가하여 산 것이며 애굽에서 내어올린 병거는 하나에 은 육백 세겔이요 말은 일백오십 세겔이라 이와 같이 헷 사람의 모든 왕과 아람 왕들을 위하여도 그 손으로 내어왔더라" (왕상 10:26, 28-29).

고안

A. 들어가는 글

1. '행복한 사람의 선물' 이야기로 시작하라.

2. 배경 설명: 위대한 사회는 경외감으로 시작한다. 그러나 그것으로 끝나지 않는다. 하나님을 경외하는 것은 모든 사람을 공평하게 존중하는 것으로 표현되어야 한다.

3. 적용: 하나님께서는 하나님의 백성들이 그들의 공동체 안에서 행동하는 방식과 하나님의 메시지를 선포하는 방식이 밀접하게 연결되어 있다는 사실을 인식하고 있어야 한다는 것을 강조하셨다.

B. 본문 이해

1. 무엇보다 앞서야 하는 여호와께 대한 경외(17:1)
2. 공평을 중시하는 원리(17:2-13)
3. 실제로 사람들을 존중하는 일(17:14-20)

C. 결론: '어네스트의 총' 을 읽어주라.

토의 질문

1. 하나님께서는 피의자와 피해자의 권리 사이의 균형을 어떻게 이룰 수 있게 하시는가?

2. 좀더 공평한 사회를 이루기 위해 교회가 할 수 있는 것은 무엇인가? 복음 전파를 통해 사회가 얻을 수 있는 유익은 무엇인가?

3. 통치자가 자신을 백성들보다 우월하다고 생각할 때 나라를 위태롭게 만들 수 있는 위험은 어떤 것들인가?

신명기 18장

모세와 같은 선지자

"선지서에 표해야 할 마땅한 존경을 표하고 성실함을 가지고 선지서를 대하면서 세심한 주위를 기울여 읽는다면 그 일을 통해 하나님의 생명력을 놀랍게 경험할 것이다. 그리고 자신이 읽고 있는 책이 인간에게서 나온 생각이 아니라 하나님의 말씀이라는 사실을 알게 될 것이다."

- 알렉산드리아의 오리겐(Origen of Alexandria)

신명기 18장은 모세가 떠난 후 하나님께서 정하신 지도자가 어떻게 이어질 수 있을 것인지를 설명하고 있다. 제사장들과 레위인들이 예배에 관한 일상적인 일들을 돌보게 될 것이다. 그리고 하나님께서 자신의 뜻을 알려줄 선지자들을 일으키실 것이다.

Deuteronomy

들어가는 글

비밀을 지킬 수 있는가?

웰링턴(Wellington) 공작은 1815년 워털루(Waterloo) 전쟁에서 나폴레옹(Napoleon)을 물리치면서 유럽 역사의 진로를 바꾸어놓은 영국 장군으로 잘 알려져 있다. 인도에서 복무하던 웰링턴에게 인도의 여러 지역을 다스리는 권위를 토후 국왕들에게 분배하기 위한 교섭을 책임지는 일을 맡게 되었다. 그 인도의 통치자들 가운데 한 사람의 밀사가 그의 주인에게 할당된 지역을 알고 싶은 마음에 분배에 대한 정보를 미리 알아내려 했다. 그러나 아무런 성과도 거둘 수 없게 된 그는 웰링턴에게 많은 돈을 제시하며 정보를 알려줄 것을 요청했다.

웰링턴은 그에게 가까이 다가오라는 손짓을 한 다음 "비밀을 지킬 수 있겠어요?" 라고 물었다.

그는 "물론입니다" 라고 대답했다.

그러자 웰링턴은 "나도 그럴 수 있어요" 라고 말했다.

하나님께서는 많은 계획들이 아직 알려지지 않고 남아 있게 하셨다. 모세는 이스라엘 백성들에게 "오묘한 일은 우리 하나님 여호와께 속하였거니와 나타난 일은 영구히 우리와 우리 자손에게 속하였나니 이는 우리로 이 율법의 모든 말씀을 행하게 하심이니라" (신 29:29)고 설명했다. 인간에게 '알려진 것들' 은 선지자들의 사역을 통해 알려지게 되었다.

하나님께서 구약과 신약 성경에 나오는 선지자들의 사역을 통해 자신이 계획하신 일들의 윤곽을 알려주셨다. 그 속에서 우리는 예수 그리스도께서 결국 예수님을 따르는 사람들과 함께 다스리시며 영광을 받으시고 승리하시는 것을 볼 수 있다. 선지자들 덕분에 고대인들은 오실 메시아의 족보와 출생지와 특성을 알 수 있었다. 그리고 신약 성경에 나오는 선지자들은 교회의 일부가 되었다.

하나님께서는 직접 알려주신 하나님의 계획들을 비밀로 남아 있게 하지 않으셨다. 대신 예수 그리스도를 높이기 위한 하나님의 계획을 모든 사람이 알도록 온 세상에 선포하셨다. 선지자들을 통해 표현된 하나님의 사랑 때문에 하나님의 계획이 모든 사람에게 알려질 수 있었다.

본문 이해

모세와 같은 선지자

Main Idea	모세는 곧 무대에서 사라지게 되겠지만 하나님께서 레위 지파와 선지자들을 통해 하나님 백성들의 영적인 필요를 계속 채워주실 것이다.

A. 지도자를 주심: 레위 지파를 지키심(18:1-8)

Supporting Idea	이스라엘 백성들은 레위 지파 가운데서 예배를 인도할 지도자들을 세워야 했다.

18:1-2. 금송아지를 만들었을 당시 레위 지파가 보였던 하나님을 향한 열정(신 10:8) 때문에 그들은 성막과 예배와 관련된 일들을 맡아 하도록 구별되었다. 레위 지파 가운데 아론 가문이 제사장이 되도록 지명되었다. 그러나 레위 온 지파(제사장과 예배 체계를 수립하고 관리하는 일을 맡게 된 사람들)는 약속의 땅에서 기업으로 땅을 소유하지 못하게 되어 있었다. 하나님께서 그들은 여호와의 화제물과 그 기업을 먹도록 지시하셨다. 그 제물에는 소제와 속죄제와 속건 제물이 포함되었다(민 18:9). 여호와께서 친히 그들의 기업이 되실 것이며 그들이 얻지 못한 물질적인 부를 보상하고도 남을 복을 그들에게 주실 것이다.

18:3-5. 이스라엘은 레위 사람들을 외면하지 말라는 명을 받았다. 왜냐하면 그들의 임무가 매우 중요했을 뿐더러 그들은 일상적인 방법을 통해 수입을 얻을 수 없도록 되어 있었기 때문이다. 이 구절에서 모세는 1절에서 그가 언급한 제물의 특성을 구체적으

로 설명하고 있다. 우양을 하나님께 드릴 때 제사장들은 그 동물의 정해진 부분을 받도록 되어 있었다. 보다 구체적으로 말해서 앞 넓적다리와 두 볼과 위를 제사장들에게 주도록 되어 있었다. 예배하는 사람이 다른 물건을 제물로 드릴 경우에는 곡식과 포도주와 기름과 처음 깎은 양털을 제사장들에게 주도록 되어 있었다. 이스라엘의 예물은 이스라엘 백성들 가운데서 택하여 내시고 영영히 여호와의 이름으로 서서 섬기게 하신 레위 지파의 역할을 인정하면서 드리도록 되어 있었다.

이스라엘 백성들이 다른 나라들과 맺고 있는 것과 같은 관계를 레위 지파는 이스라엘 백성들과 맺고 있었다. 레위인들은 특별한 영적 역할을 하도록 선택되었고, 온 나라가 하나님을 의존하는 것과 같이 레위 지파는 그들의 생존을 위해 다른 지파를 의존해야 했다.

18:6-8. 모세는 레위 지파에게 지정된 역할 때문에 그들 가운데는 그 거한 곳을 떠나 하나님께서 택하신 곳으로 옮겨 거주할(적어도 일시적으로) 사람들이 있게 되리라는 것을 인정했다. 그런 이주는 여호와의 이름으로 섬기는 것에 대한 책임감을 느끼는 레위 사람의 간절한 소원을 따르는 것이어야 했다. 모세는 그렇게 하는 사람은 더 안전하게 생활할 수 있는 환경을 떠나는 것이므로 그 사람을 불리한 입장에 서게 해서는 안 된다고 강조했다. 하나님을 섬기려는 간절한 소원을 가지고 이주하는 사람들이 받게 될 응식은 장래에 서게 될 성전에서 섬기는 사람들이 받게 될 것과 같아야 했다.

B. 지도자를 지키심: 가증한 행위(18:9-14)

Supporting Idea	이스라엘 백성들은 하나님께서 계시해주신 것들을 이방인들의 종교 활동으로 대치하는 일이 없도록 주의를 기울여야 했다.

18:9. 40년 동안 모세는 하나님의 백성들의 지도자로 하나님을 신실하게 섬겼다(민 12:7). 그러나 유한한 인간인 그는 곧 무대 위에서 사라질 것이다. 이스라엘 백성들이 일단 약속의 땅에 정착하게 되면 그들은 그들을 향한 하나님의 마음을 알고 싶어질 때가 올 것이다. 그러나 그때 모세는 그들과 더 이상 함께 있지 않게 될 것이다. 그런 일이 벌어질 때 그들은 그들이 쫓아낸 민족들의 가증한 행위를 본받지 말아야 했다. 가나안 족속들은 모두 미래를 점치는 방식들을 조작하거나 모방하고 있었다. 이스라엘 백성들은

그런 방식들을 멀리해야 했다.

18:10-11. 이 구절은 일반적인 원리를 구체적인 금지 사항으로 명기하고 있다. 이스라엘 백성들은 이방의 신들을 달래고 장래를 알아보기 위해 아들이나 딸을 제물로 바치는 일을 따라하지 못하도록 되어 있었다. 그들은 미래에 어떤 일이 일어나게 될지를 알아보기 위한 물건들을 사용하거나 사람들(산 자나 죽은 자)에게 자문을 구하는 복술을 행하지 못하도록 되어 있었다('심층 연구' 참고).

이스라엘 백성들은 요술이나 비술 같은 일을 하지 못하도록 되어 있었다. 히브리 본문의 뜻에 의하면 요술자들은 '나타나게 만드는 사람들'이었다. 그들의 환영은 이스라엘 백성들로 하여금 하나님을 섬기고 예배하는 일을 하지 못하게 만들 수 있었다. 구약성경은 영적인 세계를 인정하지만 이스라엘 백성들에게 그런 영적인 세계에 장난삼아 뛰어들지 못하게 금하고 있다. 왜냐하면 그런 일이 아무 쓸모없는 일이기 때문이 아니라 이방의 신들과 관련되어 있기 때문이었다.

하나님의 사람들은 길흉을 말하는 사람들, 예를 들어 컵에서 어떤 물체가 어떻게 떨어지는지를 근거로 미래를 점치는 사람들(창 44:5)을 관대하게 묵인해서는 안 되었다.

요술 역시 미래 일을 점치는 한 방법으로 이스라엘 백성들에게는 금지된 것이었다. 요술을 하는 사람들 가운데는 초자연적인(또는 초자연적인 것처럼 보이는) 일들을 행하는 사람들도 포함되었다. 요술은 주로 악을 쫓아내기 위해 고안된 것들이었다.

진언자는 다른 사람들의 운명을 통제하기 위해 저주를 사용할 수 있는 사람들로 여겨졌다. 신접자는 특별한 정보를 얻기 위해 죽은 사람을 불러내려고 시도하면서 마술을 행하는 사람이었다. 죽은 사람의 영을 불러내기 위해 때때로 독특한 목소리를 사용하기도 하였다(사 8:19, 레 20:6, 27, 삼상 28:3, 9, 왕하 21:6).

18:12-14. 하나님께서 그 땅에 있는 민족들을 몰아내신 것은 모세가 열거한 그런 가증한 일들 때문이었다. 이스라엘 백성들이 그런 일에 참여한다면 그들에게도 비슷한 일이 벌어질 위험이 따랐다. 또 그런 마술은 이스라엘 백성들 가운데 소수의 사람들에 의해 부업처럼 추구되어서도 안 되는 것이었다. 무릇 이런 일을 행하는 자는 여호와께서 가증히 여기실 것이다. 이스라엘은 여호와 앞에 완전하고 그런 일을 용납해서는 안 되었다.

C. 지도자를 제거하심: 선지자들을 간파함(18:15-22)

Supporting Idea	하나님께서는 이스라엘 백성들이 세심하게 주의를 기울여야 하는 순전한 선지자들을 통해 하나님을 계시하실 것이다.

18:15. 하나님께서는 하나님의 백성들에게 미래를 전혀 모르게 하지 않으셨다. 이방 족속들이 공통적으로 행하던 마술적인 일을 사용하는 대신 이스라엘 백성들은 하나님께서 장래에 그들을 위해 일으키실 선지자에게 귀를 기울여야 했다. 그 선지자는 하나님의 진리를 이스라엘 백성들에게 충실하고 정확하게 알리는 역할을 한다는 점에서 모세와 같았다. 선지자가 말할 때 그것은 하나님께서 말씀하시는 것이었다. 따라서 이스라엘 백성들은 선지자의 말을 들어야 했다.

18:16-18. 선지자를 통해 하나님의 말씀을 주시게 된 것은 이스라엘 백성들이 총회의 날에 호렙 산에서 하나님께 구하였기 때문이다. 그들은 모세에게 중재자가 되어줄 것을 요청했다. 백성들은 하나님 여호와의 음성을 듣고 두려워했으며 산에 난 큰불을 보고 공포에 질렸다. 죽게 될지도 모른다고 생각한 그들은 모세에게 그들을 대신해 하나님의 말씀을 대신 받아줄 것을 요청했다. 하나님께서 그들의 그 요청을 이치에 맞는 좋은 것이라 여기시고 받아들이셨다. 그리고 그들을 위해 모세와 같은 선지자를 일으키심으로 장래에도 같은 일을 하실 것이다. 선지자가 해야 할 일은 18절에 간결하게 나타나 있다. 내 말을 그 입에 두리니 내가 그에게 명하는 것을 그가 무리에게 다 고하리라.

18:19. 선지자는 하나님의 대변인이었기 때문에 그의 말에는 하나님의 권위가 있었다. 선지자가 한 말을 거부하는 것은 하나님을 거부하는 것이었고 하나님께서는 그런 도발적인 행위를 그냥 묵과하지 않으실 것이다. 내 말을 듣지 아니하는 자는 내게 벌을 받을 것이요. 경우에 따라서는 선지자가 하나님의 심판을 수행할 수도 있었다. 그 한 예로 바울 사도가 박수 엘루마에게 했던 심판을 들 수 있다(행 13:9-11 참고).

18:20. 선지자들은 곧바로 확인될 수 없는 일들에 대해 말하기 때문에 선지자의 직무는 남용될 수 있는 개연성이 매우 컸다. 그런 남용을 막기 위해 하나님께서는 하나님께서 명하지 아니한 말을 하는 선지자는 죽임을 당할 것이라고 말씀하셨다. 이 본문은 신명기 13장 1-11절에 언급한 거짓 선지자에 대한 설명과 신중하게 비교되어야 할 것이다. 두 구절은 다른 신을 위해 예언하는 사람과 여호와의 이름으로 거짓을 말하는 두 유

형의 거짓 선지자에 대해 말하고 있다.

18:21-22. 선지자의 사역에 따르는 위험 때문에 사람들은 자연히 그 말이 여호와의 이르신 말씀인지 우리가 어떻게 알리요라고 물을 수 있었다.

그 질문에 대한 대답은 간결하고 분명하다. 여호와의 이름으로 말한 일에 증험도 없고 성취함도 없으면 그것은 여호와의 말씀하신 것이 아니었다. 예언이 선지자에게 주어진 중요한 임무였다는 것을 이 구절을 통해 분명하게 볼 수 있다. 선지자가 말한 모든 것이 예언은 아니라 할지라도 선지자는 예언을 통해 그의 진실성을 인정받을 수 있었다. 정확한 예언을 통해 사람들의 신임을 얻게 되면 다른 영역에서 그가 하는 일들도 그 가치를 인정받을 수 있었다. 사무엘상 3장 19-20절은 "사무엘이 자라매 여호와께서 그와 함께 계셔서 그 말로 하나도 땅에 떨어지지 않게 하시니 단에서부터 브엘세바까지의 온 이스라엘이 사무엘은 여호와의 선지자로 세우심을 입은 줄을 알았더라" 고 말하고 있다.

선지자는 이스라엘에서 매우 존경받는 사람이었다. 거짓 선지자들을 두려워하지 말라는 모세의 지시에는 참 선지자에게는 건전한 존경을 표해야 한다는 의미가 내포되어 있다.

Main Idea 복습	모세는 곧 무대에서 사라지게 되겠지만 하나님께서 레위 지파와 선지자들을 통해 하나님 백성들의 영적인 필요를 계속 채워주실 것이다.

결론

높이 들려 있는 난로

톰 뮬런(Tom Mullen)은 「Laughing Out Loud and Other Religious Experiences」라는 책에서 사냥을 하기 위해 캐나다 북부까지 장거리 여행을 했던 신학자와 심리학자와 공학자에 대한 이야기를 했다. 폭풍우가 칠 것 같은 날씨가 되자 그들은 빈 오두막집으로 피신을 했다.

오두막에 들어간 그들은 눈에 띄는 물건 하나를 발견했다. 그것은 천장 들보에 연결된 줄에 걸린 채 공중에 매달려 있는 배가 볼록한 무쇠 난로였다. 세 사람은 그 난로가 공중에 그렇게 걸려 있는 이유를 생각해보지 않을 수 없었다. 그들은 각각 그 현상의 의미를 나름대로 이야기하기 시작했다. 심리학자는 "사람들을 떠난 외로운 사냥꾼이 난로를 들어올리고 그 아래서 몸을 둥글게 감고 자기 어머니의 자궁으로 되돌아간 것처럼 느끼려 했던 것이 분명합니다"라고 자신의 의견을 피력했다.

그 의견에 동의하지 않는 공학자는 "그 사람은 열역학의 법칙을 실습하고 있었으며 난로를 위로 들어올림으로 열을 오두막집 전체에 보다 고르게 퍼지게 하는 방법을 발견했을 것입니다"라고 말했다.

신학자는 보다 심오한 설명을 했다. "난로를 천장에 매단 것에는 종교적인 의미가 있지 않을까 생각됩니다. 높이 들어올린 불은 오랫동안 종교적인 상징이 되어 왔습니다."

세 사람은 한동안 아무 결론도 내리지 못한 채 논쟁을 계속했다. 마침내 사냥꾼이 돌아왔고, 세 사람은 천장에 연결된 줄에 배가 볼록한 난로를 걸어둔 이유가 무엇인지를 물었다.

"줄은 많은데 난로 연통은 별로 없어서 그랬어요"라고 사냥꾼은 대답했다.

지혜로운 사람들의 생각에도 한계가 있다. 난로를 높이 매달아놓은 목적처럼 삶의 의미는 삶을 계획한 분이 분명하게 말씀하실 때에만 알 수 있는 것이다. 세상을 위한 하나님의 목적이라는 영광스러운 선물을 선지서들을 통해 계시해주신 하나님께 감사하라!

▣ 진리 알기

- 하나님을 섬기는 사역에 종사하는 사람들은 다른 사람들도 그렇게 하기를 격려하기 전에 자신들의 모든 필요를 채워주시는 하나님을 신뢰하는 것을 먼저 배워야 한다.
- 하나님과의 친밀한 교제를 물질적인 재물보다 더 중시해야 한다.
- 하나님께 드리는 예물은 필요한 곳에 다 쓰고 남은 것이 아니라 노동을 통해 얻은 첫 번째 열매를 드려야 한다.

• 신자들이 계시된 하나님의 말씀을 무시하면 미련하고 무익한 방법을 찾으려 하기 십상이다.

▣ 적용하기

• 하나님의 진리에서 떠나게 하는 신문화 운동이나 신비로운 종교적 체험에 호기심을 가지고 빠져들지 않도록 경계하라.

• 미래의 일을 알리는 선지자의 예언과 하나님의 백성들을 향한 선지자의 경고의 관계를 이해하라.

• 성경을 사용하면서 그리스도의 복음을 설명할 수 있도록 노력하라.

삶의 적용

B-24 폭격기

'Lady Be Good' 이라는 별명으로 알려진 B-24 폭격기의 승무원들은 전쟁이 끝나갈 무렵 유럽에서의 임무를 마치고 북아프리카에 배속된 경비행장을 향해 날아갔다. 하루가 저물고 어둠이 내리는 동안 그들은 레이더와 계기를 사용해 기지를 찾아야 했다. 그 항로로 날아본 적이 있었기 때문에 그들은 비행에 걸릴 시간을 대략적으로 알고 있었다.

그러나 그들은 강한 순풍에 밀리고 있다는 사실을 깨닫지 못하고 있었다. 계기가 그들이 예상했던 것보다 훨씬 일찍 경비행장 위를 날고 있다는 사실을 알려주었지만 그들은 계기를 믿지 않았다. 그리고 도착지에 켜진 익숙한 불빛들을 찾으며 어둠 속에서 비행을 계속했다. 마침내 연료가 바닥났고 그들은 사막으로 추락했다.

추락한 폭격기는 몇 주 후에 발견되었다. 승무원들은 그들을 안전하게 집으로 데려다줄 계기 대신 자신들의 직관을 더 믿었기 때문에 모두 사망하고 말았다.

하나님께서 지침이 될 수 있는 하나님의 말씀을 은혜로 우리에게 주셨다. 삶은 직관을 기초로 살아가기에는 너무 복잡하다. '옳은 것처럼 보이는' 것을 믿고 행하는 대신 하나님께서 계시해주신 창조주 하나님을 신뢰하는 것이 훨씬 더 낫다.

기도

하나님 아버지, 풍요로움과 아름답고 진실한 하나님의 말씀에 감사를 드립니다. 하나님의 말씀을 통해 하나님을 추구하고 그 약속들을 믿고 하나님을 신뢰하며 하나님께서 계시해주신 것들 속에서 하나님을 기뻐할 수 있게 도와주십시오. 하나님의 말씀을 믿고 그 말씀을 다른 사람들과 함께 나눌 수 있게 도와주십시오. 아멘.

teaching guide

티칭 가이드

심층 연구

A. 아들과 딸을 제물로 삼음(18:10)

히브리 성경에는 이 구절이 '아들과 딸을 불 가운데로 지나게 하는' 이라고 되어 있다. 그렇게 해서는 안 되는 이유를 분명히 밝히고 있는 구절들도 있다. "너는 결단코 자녀를 몰렉에게 주어 불로 통과케 말아서 네 하나님의 이름을 욕되게 하지 말라"(레 18:21, 비교-왕하 23:10, 렘 32:35). 몰렉은 아기를 제물로 바칠 것을 요구하는 암몬 신의 이름이었다. '불 가운데로 지나게 한다' 는 표현이 때로는 아이의 죽음이 수반되지 않는 의식이었다고 주장하는 경우도 있지만 그런 주장은 옳지 않은 것으로 보인다. 열왕기하 16장 3절은 이 명령을 어긴 유다의 아하스 왕에 대해 "이스라엘 열왕의 길로 행하며 또 여호와께서 이스라엘 자손 앞에서 쫓아내신 이방 사람의 가증한 일을 본받아 자기 아들을 불 가운데로 지나가게 하며" 라고 묘사하고 있다. 그것은 신명기 18장 10절에서 언급하고 있는 것과 같은 것이다.

또 문학적 작품들과 문화 유물들을 통해 가나안 사람들 사이에서 아기를 제물로 바쳤다는 사실이 잘 입증되고 있다. 요시야 왕은 개혁 정책의 한 부분으로 "힌놈의 아들 골짜기의 도벳을 더럽게 하여 사람으로 몰록에게 드리기 위하여 그 자녀를 불로 지나가게 하지 못하게" 했다(왕하 23:10).

B. 점치는 일(18:10)

점치는 일은 신비한 것처럼 보이는 행위를 통해 미래를 예견하는 일이다. 이 일에는 꿈 해몽, 점성술, 무당, 점술(새나 동물의 움직임을 보고 점을 침), 불 점(불 속에 나타나는 형상을 보고 점을 침), 창자 점(제물로 바친 짐승의 창자로 점을 침), 특정한 동물의 내장, 특히 간을 보고 점을 치는 일 등이 포함된다. "바벨론 왕이 갈랫길 곧 두 길 머리에 서서 점을 치되 살들을 흔들어 우상에게 묻고 희생의 간을 살펴서"라고 설명하고 있는 에스겔서 21장 21절에서 이런 방식들의 일부가 언급되고 있는 것을 볼 수 있다.

요셉은 자신을 알아보지 못하는 형들에게 "너희가 어찌하여 이런 일을 행하였느냐 나 같은 사람이 점 잘 칠 줄을 너희가 알지 못하느냐"(창 44:15)라고 말했다. 베냐민은 자루 속에 들어 있던 잔 때문에 볼모로 잡히게 되었고, 요셉은 애굽 총독으로서의 자신의 역할을 철저하게 수행했다. 그러므로 그의 말은 그가 실제로 한 일을 언급한 것이 아닐 수 있다. 대신 그 당시 애굽의 관리들에게 기대되었던 일로 여겨질 수 있다.

하나님의 백성들은 모든 형태의 점술과 요술을 멀리해야 했다.

교안

A. 들어가는 글

1. '비밀을 지킬 수 있는가?' 이야기로 시작하라.

2. 배경 설명: 모세는 레위 지파를 지원하고 선지자들을 통해 하나님의 뜻을 계시하시는 하나님의 계획을 선포하면서 이스라엘의 영적, 사회적 지도자들을 위해 하나님의 계획에 대한 윤곽을 계속 설명해나가고 있다.

3. 적용: 하나님께서는 하나님의 백성들이 세상 사람들이 사용하는 다양한 방법들이 아니라 하나님의 말씀을 통해 하나님의 마음을 알 수 있게 하셨다.

B. 본문 이해

1. 지도자를 주심: 레위 지파를 지키심(18:1-8)
2. 지도자를 시키심: 가증한 행위(18:9-14)
3. 지도자를 제거하심: 선지자들을 간파함(18:15-22)

C. 결론: 'B-24 폭격기' 를 읽어주라.

토의 질문

1. 구약 성경과 신약 성경에 나타나는 전임 사역자들이 자신들이 섬기는 사람들에게 생계를 위한 기부를 기대할 수 있는 이유는 무엇이라고 생각하는가?

2. 완전한 것과 죄가 없는 것 사이에는 어떤 관계가 있는가? 또 둘의 차이점은 무엇인가?

3. 모세와 주 예수 그리스도의 유사점으로 어떤 것들을 들 수 있겠는가?

4. 이스라엘 백성들이 듣고 놀랐던 하나님의 음성에는 어떤 특징이 있었을 것이라고 생각하는가?

신명기 19장

피난처이신 하나님

"시련이 없는 곳에서는 취할 것도 없다. 저력을 보여주는 특징이 드러날 수 있는 일이 생기기 전까지는 겁쟁이들이 영웅으로 여겨지고 거짓이 진실로 여겨질 수도 있다."

- 애런 힐(Aaron Hill)

공평한 사회를 이루기 위해 하나님께서는 신명기 19장에서 무고한 피의자들과 사회와 그 사회의 법적 제도를 보호하기 위한 제도를 마련하셨다.

Deuteronomy

들어가는 글

견고한 요새

1517년 10월 31일, 마틴 루터(Martin Luther)라는 어거스틴파 수도사는 후에 '95개 조항' 이라 알려진 글을 독일의 비텐베르크(Wittenberg) 성당 출입구에 붙였다. 루터가 쓴 그 95개 조항은 논쟁이라는 격렬한 회오리바람을 불러일으켰다. 그는 수세기 동안 교회를 지배하고 있던 관례들의 정당성에 이의를 제기했다. 그 조항은 그가 쓴 다른 글들과 함께 급속하게 퍼져나가면서 종교 개혁이라 불리게 된 역사적 사건을 불러일으키게 되었다.

몇 년 동안 루터는 유럽에서 가장 유명한 지명 수배자가 되었다. 많은 사람들이 그를 존경했지만 그는 교황에 의해 파문을 당했고, 자신의 책들과 소논문들의 내용을 변호하기 위해 보름스(Worms)라는 도시로 소환되었다. 루터는 자신의 양심은 하나님 말씀에 붙들린 포로가 되었다고 선포하면서 자신의 글을 통해 밝힌 신학적 내용들을 철회하지 않았다.

그 결과 기득권을 가진 사람들이 그를 체포하려 했다. 그러나 그를 보호하기 위해 친구가 그를 '납치' 했다. 몇 개월 동안 루터는 바르트부르크(Wartburg) 성에 은거하며 계속해서 새로운 논문들을 쓰고 신약 성경을 독일어로 번역했다(실제로 현대 독일어를 만들어내면서). 바르트부르크 성은 그의 적들이 헛되게 그를 찾고 있는 몇 개월 동안 그의 은신처가 되었다.

몇 년 후 루터는 시편 46편을 기초로 한 찬송시를 썼는데, 그 찬송 시는 종교 개혁을 기리는 찬송가의 가사가 되었다. 그 가사는 하나님께서 예수 그리스도를 신뢰하는 사람들의 피난처가 되신다는 놀라운 진리를 찬미하고 있다.

> 내 주는 강한 성이요, 방패와 병기 되시니
> 큰 환난에서 우리를 구하여 내시리로다.
> 옛 원수 마귀는 이 때도 힘을 써

모략과 권세로 무기를 삼으니
천하에 누가 당하랴.

본문 이해

피난처이신 하나님

Main Idea	하나님께서는 약하고 스스로를 방어할 수 없는 사람들과 재판 과정 자체를 지키기 위한 보호 수단을 강조하심으로 이스라엘 백성들을 위한 재판 제도를 수립하셨다.

A. 피의자를 보호함(19:1-10)

Supporting Idea	이스라엘은 도피성을 마련함으로 무고한 피의자가 부당한 보복을 당하게 되는 고통을 피할 수 있도록 그를 보호해야 했다.

19:1-2. 모세는 다른 많은 부분에서처럼 네 하나님 여호와께서 이 열국을 멸절하시고 그 땅을 네게 주시므로라는 익숙한 표현을 재차 사용하면서 이 장을 시작했다. 공평을 이루기 위한 원리들은 이스라엘 백성들이 유목 생활을 하는 동안에도 부분적으로 적용될 수 있었다. 그러나 이스라엘이 가나안 족속들을 몰아내고 각 성읍에 거하게 되면 전적으로 새로운 상황이 전개될 것이다. 형사 재판 제도의 수립을 위해 하나님께서 주신 법규에 의하면 이스라엘은 여호와께서 기업으로 주신 땅 가운데서 세 성읍을 구별해야 했다. 그 세 성읍은 북쪽에 하나, 남쪽에 하나 그리고 약속의 땅 한가운데 하나, 이렇게 각 지역의 중앙에 위치하도록 되어 있었다.

19:3. 도피성으로서의 목적을 수행할 수 있도록 그 세 성읍은 도로에서 접근하기 쉬

운 곳이어야 했다. 그리고 도로가 없는 경우에는 도로를 닦아야 했을 만큼 도피성은 중요한 의미를 지니고 있었다. 그리고 땅은 전체를 삼구로 구분하여 무릇 살인자를 그 성읍으로 도피케 해야 했다.

19:4-7. 도피성의 목적은 무고하게 살인 누명을 쓴 사람들에게 피난처를 제공해주기 위한 것이었다. 그러므로 살인을 한 사람이 모두 도피성으로 피할 수 있는 것은 아니라는 사실을 이스라엘 백성들이 이해하도록 모세는 4-13절에서 염원이 없이 부지중에 이웃을 죽인 것과 의도적으로 사람을 죽인 것을 세심하게 구분했다.

도피성은 부지중에 이웃을 죽인 사람들을 위한 장소의 역할을 할 것이다. 5절은 삼림에 들어가서 벌목을 하게 된 두 사람을 그 구체적인 예로 들고 있다. 그들 가운데 한 사람이 벌목을 하려고 나무를 찍을 때 도끼가 자루에서 빠져 이웃에게 날아가 그 이웃을 죽게 했다. 그런 일은 증인이 있었다면 사고라는 것이 분명하게 밝혀질 수 있겠지만 증인이 없을 경우 그 사실이 드러나면서 보수자의 마음이 뜨거워져 이웃을 죽게 한 사람이 죽임을 당할 수도 있었다.

'보수자' 란 가해자가 행한 잘못을 바로 잡을 법적 책임이 있는 피해자의 가까운 친척을 말한다('심층 연구' 참고). 이스라엘에는 경찰력 같은 것이 없었기 때문에 보수자가 그와 비슷한 역할을 수행했다. 흥분한 보수자가 순간적으로 자신의 친척이 살인을 당했다는 결론을 내릴 수 있기 때문에 부지중에 이웃을 죽게 한 사람은 자신의 생명을 보존하기 위해 도피성으로 도피할 수 있었다. 이런 경우에 대해서는 민수기 35장 9-28절에 매우 자세하게 설명되어 있다. 민수기는 도피성의 장로들이 의문의 죽임이 사고에 의한 것이라고 주장하는 사람의 적법성을 결정하기 위해 공청회를 열도록 되어 있음을 추가적으로 보여주고 있다. 그의 주장이 받아들여지면 그는 대제사장이 죽을 때까지 도피성에 머물 수 있었다. 그러나 도피성 밖을 나갈 경우는 자신의 목숨에 대한 책임을 스스로 지도록 되어 있었다.

19:8-10. 이스라엘은 이미 요단 강 동편 지역에 세 개의 도피성을 정해두었다. 그 도피성들은 갓 지파가 거하게 된 북쪽 지역에 위치한 골란, 므낫세 지파에게 분배된 중앙 지역에 위치한 라못, 르우벤 지파가 거하게 된 남쪽 지역에 위치한 베셀이었다. 여호수아가 가나안 정복을 거의 마칠 무렵 이스라엘 백성들은 게데스와 세겜과 헤브론이라고도 불리는 기럇 아르바 이 세 곳도 도피성으로 정하였다(수 20:7). 8절은 이스라엘 백성

들이 하나님께서 그들의 열조에게 약속하신 지경을 여전히 더 넓힐 수 있는 가능성이 있음을 보여준다. 하나님께서 그들의 지경을 넓히신다면 그들은 세 성읍을 도피성으로 더 추가해 모두 아홉 개의 도피성을 갖도록 되어 있었다. 그러나 이스라엘의 정복은 족장들에게 약속하셨던 전 지경으로 확장되지 못했기 때문에 세 개의 도피성이 추가되었다는 기록은 찾아볼 수 없다.

B. 사람의 생명을 보호함(19:11-13)

Supporting Idea	무고한 피의자는 보호되어야 하지만 악의를 가지고 살인을 범한 사람은 그 행동에 대한 대가를 반드시 지불하게 해야 했다.

19:11. 부지중에 사람을 죽일 수도 있었지만 또 고의적으로 살인을 범하는, 즉 그 이웃을 미워하여 엎드려 그를 기다리다가 일어나 쳐서 그 생명을 상하여 죽게 하는 경우도 있었다. 이때는 폭력을 불러오는 미움으로 발전하는 원한과 분노를 품고 키워왔는지가 공평한 판결을 내리는 근거가 되었다. "원수를 갚지 말며 동포를 원망하지 말며 이웃 사랑하기를 네 몸과 같이 하라 나는 여호와니라"(레 19:18). 고의적으로 살인을 한 사람이 도피성들 가운데 한 성읍으로 도피해 보호를 받으려 하는 경우가 발생할 수도 있었다.

19:12-13. 도피성으로 도피한 사람이 고의적인 살인을 한 사실이 드러나게 되면 그 사람은 보호받을 수 없었다. 그럴 경우 본 성읍 장로들이 사람을 보내어 그를 거기서 잡아다가 보수자의 손에 넘겨 죽이도록 되어 있었다. 이 경우 그 보수자는 공동체의 재판을 공식적으로 수행하는 집행자로서의 역할을 하게 된다.

그 과정이 힘들고 달갑지 않은 일이기 때문에 그 일에 참여하게 된 사람들은 자신들의 의무를 외면하고 싶은 유혹을 받을 수 있었다. 그러나 이 경우에는 개인의 죄나 무죄 그 이상이 걸려 있었다. 공동체는 잊을 수도 있었지만 하나님께서는 공의를 행치 않음으로 공동체에 미치게 될 죄과를 간과하지 않으실 것이다. 공무를 집행하는 사람들은 살인한 사람을 긍휼히 보지 말고 무고한 피 흘린 죄를 이스라엘에서 제해야 했다. 그 일을 무시하는 것은 하나님의 백성들에게 주시는 하나님의 복을 잃게 만드는 것이 될 수 있었다. 그리하면 네게 복이 있으리라.

C. 재판 과정을 보호함(19:14-21)

Supporting Idea	재판 과정을 훼손시켜서는 안 되었다. 이스라엘 백성들은 공정하게 조사하기 위한 원리들을 존중해야 하고 그 원리들을 따르지 않는 사람들에게는 벌을 주어야 했다.

19:14. 이 구절은 문맥상 잘 맞지 않는 것처럼 보인다. 그러나 이 구절은 유효한 재판 과정을 확실히 해두고자 하는 이 부분의 주제와 맥락을 같이한다. 경계표는 개인의 재산권을 보장하는 확실한 증거물이었다. 그런 경계표를 이동하는 것은 이전 세대가 약속의 땅에서 각 가정의 기업으로 배정한 장소에 대한 결정을 무시하는 것이었다.

19:15. 이스라엘에서 범법자를 찾아 구형하는 것이 중요한 일이긴 했지만, 그 과정이 무고한 사람에게 형을 가하게 될 위험을 피하는 것보다는 덜 중요했다. 따라서 사람이 무릇 범한 죄는 두 증인의 입으로나 세 증인의 입으로 그 사건을 확정해야 했다. 죄가 없는 무고한 사람에게 벌을 가하는 것보다는 죄를 범한 사람이 벌을 피하게 하는 것이 훨씬 더 낫기 때문이었다.

19:16-20. 재판 과정을 왜곡시킬 수 있는 가장 큰 위협은 거짓으로 누군가를 고소하는 위증이었다. 법정에서 누군가 거짓말을 하고 있는 것이 분명한 경우 분쟁중인 두 사람은 하나님 앞에 나아가 사건을 맡은 제사장과 재판장 앞에 서도록 되어 있었다. 재판장이 자세히 사실하여 형제를 거짓으로 모함하여 위증한 것으로 판명되면 그 사람이 피의자에게 가하려고 했던 형벌을 그 사람에게 가하도록 되어 있었다. 그에게 사형을 언도할 필요는 없었다. 다만 법정은 그가 그 형제에게 행하려고 꾀한 대로 그에게 행하도록 되어 있었다. 그렇게 함으로 판사들은 재판 과정에서 악을 제하고 사람들 사이에서 신뢰감을 잃지 않을 수 있었다. 그들의 그런 행동은 또 증언을 하게 될 사람들에게 거짓 주장을 하기 전에 보다 신중하게 생각하게 만들었다. 왜냐하면 형을 집행하는 것은 남은 자들이 듣고 두려워하여 이후부터는 그런 악을 다시 행하지 않게 하기 위한 것이기 때문이었다.

19:21. 개인적인 차원에서는 동정심이 미덕이 될 수 있지만 공동체가 범법자를 긍휼히 보는 것은 결국 공동체를 파괴하는 것이 된다. 이스라엘의 재판 원리는 개인적인 보복이 아니라 하나님의 공의를 존중하고 공평한 사회를 만들기 위한 공동체의 목적을 기

초로 하고 있었다. 21절과 같은 일반적인 진술은 공동체를 유지하기 위해 필요한 행동들을 사람들이 꺼려할 수 있다는 사실을 하나님께서 인정하고 계심을 암시해주고 있다(7:16, 13:9, 사 13:18, 겔 7:14, 20:17 비교). 생명은 생명으로, 눈은 눈으로 갚는 '동해 형법'이 그 원리로 사용되었다. 범법자는 피해자가 겪는 것과 같은 고통을 겪도록 되어 있었다. 경우에 따라서는 피해를 보상하기 위해 벌금이 사용될 수도 있었던 것으로 보인다(출 21:22).

Main Idea 복습	하나님께서는 약하고 스스로를 방어할 수 없는 사람들과 재판 과정 자체를 지키기 위한 보호 수단을 강조하심으로 이스라엘 백성들을 위한 재판 제도를 수립하셨다.

결론

링카트의 피난처

마틴 링카트(Martin Rinkart)는 구리 세공인의 아들로 자라 목사와 교회 음악가가 되었다. 가난한 가정에서 자라긴 했지만 링카트는 독학으로 라이프치히 대학(University of Leipzig)을 졸업하고 루터교 목사가 되었다. 마침내 그는 중요한 시기에 고향 아일렌베르크(Eilenberg)에 있는 교회에서 사역을 하게 되었다. 그때는 시기적으로 30년 전쟁이 한창 진행중이었고, 개신교와 가톨릭 군대가 나라를 황폐화시키고 있었다.

독일은 격렬한 전쟁의 위험을 안고 있었을 뿐 아니라 기근과 퍼져나가는 무서운 질병으로 큰 피해를 입고 있었다. 아일렌베르크는 성벽으로 둘러싸여 있는 도시였기 때문에 많은 피난민들이 모여들었고, 따라서 다양한 전염병이 쉽게 퍼질 수 있는 곳이 되었다.

결국 1637년 아일렌베르크에 악성 전염병이 돌았다. 위기 가운데 마틴 링카트만이 그 도시 속에서 일할 수 있는 유일한 목사였다. 그는 하루에 사오십 번의 장례식을 치르기도 했다. 그럼에도 불구하고 그는 목사로서 자신이 해야 할 일과 음악 활동에 소홀하지 않았다. 그동안 그는 종교 개혁에 관한 일곱 편의 드라마 곡을 작곡하고 예순여섯 곡의 찬송가를 썼다.

그 가운데 '다 감사드리세' 라는 곡을 통해 그의 이름이 널리 알려지게 되었다. 그 찬송가에서 링카트는 암울한 때를 감당할 수 있게 하시는 하나님의 능력을 찬미하고 있다. 그 찬송을 부른 수많은 사람들은 그 찬송가가 쓰인 배경과 영광스러운 찬송시의 가사가 서로 밀접한 관계를 맺고 있다는 사실을 잘 감지하지 못했다. 그 가사는 큰 위험 속에서 함께하시는 하나님의 신실하심을 증거하고 있다.

다 감사드리세.
온 맘을 주께 다 바쳐
그 섭리 놀라워.
온 세상 기뻐하네.
예부터 주신 복
한없는 그 사랑
선물로 주시네.
이제와 영원히

■ **진리 알기**

- 하나님께서는 자기 백성들이 고통과 상심으로부터 보호받을 필요가 있다는 사실을 알고 계신다.
- 살아 계신 하나님께서는 무고한 피의자들의 고통을 돌보시고 그들을 보호하시는 분이시다.
- 복음 전도에는 종종 열려 있는 길을 찾을 수 있도록 준비시켜주는 일이 포함된다. 그래서 범죄자들이 그리스도 안에서 피난처를 찾을 수 있게 된다.
- 가해자나 살인자에 대한 잘못된 배려 때문에 종종 동정받아야 할 피해자들이 잊혀지곤 한다.

■ 적용하기

- 역경을 통해 우리의 삶을 빛으시려는 하나님의 뜻을 받아들일 수 있는 영적 시야를 개발하라.
- 하나님의 백성들의 피난처가 되시는 하나님을 찬미하는 찬송가들의 가사를 배워보라.
- 고난 속에서 함께하시는 하나님의 인도하심을 믿을 수 있게 이끌어주는 시편들을 암송하라.
- 비판적인 풍문들을 있는 그대로 받아들이는 대신 모든 사실이 알려질 때까지 기다리는 신중한 자세를 개발하라.

삶의 적용

어둠을 비추는 빛

미국의 조지 부시(Geroge Bush) 부통령이 소비에트 수상 레오니드 브레즈네프(Leonid Brezhnev)의 장례식에 미국 정부를 대표해 참석했다. 장례식은 인상적이었지만 엄숙했고 아무 희망도 없었다. 소련 정부는 하나님의 이름을 부르거나 기도하는 것을 허락하지 않았을 뿐 아니라 성경 구절을 읽거나 찬송가를 부르는 것조차 허락하지 않았다.

돌아오는 길에 부시는 브레즈네프의 관이 닫히는 순간 미망인이 된 그의 아내가 보인 행동을 이야기했다. 관의 뚜껑이 닫히기 직전 그녀는 누워 있는 남편의 시신 위에 몸을 굽히고 그의 가슴 위에 십자가 형상을 그렸다.

부시 부통령은 무신론을 주장하는 제국의 한가운데서 그렇게 행동한다는 것은 매우 용감한 일이었다고 말했다. 그 행동은 신의 존재를 부인하는 체제의 모든 노력으로도 - 살아 있는 동안 신을 인정하지 않는 이데올로기의 개요를 만든 사람의 가정 속에서도 - 믿음이라는 불씨를 끌 수 없다는 사실을 분명하게 증거하는 것이었다. 깊은 어둠 속에서도 빛이 있다는 사실을 인정하며 살아갈 수 있다.

사람들을 억압하는 정부의 압제 속에서 살아가는 그리스도인들은 경험을 통해 깊은 절망 속에서도 함께하시는 하나님의 능력을 배워야 한다. 어둠 속에서 힘주시기를 기도함으로 그들은 그들과 함께하시는 살아 계신 하나님의 실체를 세상에 보여주게 된다. 신자들은 예수 그리스도를 신뢰함으로 세상에서 유일하게 안전한 곳을 찾을 수 있다. 그리스도를 신뢰하는 사람은 그 누구도 실망하지 않게 될 것이다.

기도

주님, 실제로는 보기보다 불안정한 세계 속에서 우리의 능력과 피난처가 되어주신 주님께 감사를 드립니다. 우리 삶 속에 역경을 허락하심으로 주님의 실체를 우리에게 가르쳐주실 때 불평하거나 안달하는 대신 안전한 주님께 달려갈 수 있도록 도와주시기를 기도합니다. 아멘.

심층 연구

A. 보수자(19:6)

보수자라고 번역된 히브리 용어는 '구제하는 사람' 이라는 뜻을 가진 고엘(go'el)이라는 단어다. 구제하는 사람은 한 사람이 원상태로 돌아갈 수 있도록 대신 대가를 지불해주는 사람이다. 어떤 사람이 빚을 갚기 위해 노예가 되었다면 그를 구제하는 사람은 그가 노예 상태에서 벗어날 수 있도록 그의 몸값을 지불해주고 그가 자유인으로 돌아갈 수 있게 해준다.

6절의 내용 속에서 그리고 '피' 라는 단어와 연결해볼 때 구제하는 사람은 잘못을 바로 잡으려는 시도를 하는 보수자가 된다. 이 경우 그는 한 개인보다는 한 시민으로서 행동해야 한다. 그는 하나님의 율법이 금하고 있는 사사로운 보복을 행하려 해서는 안 된다(롬 12:19, 비교-레 19:18, 신 32:25). 보수자는 이스라엘 사회 속에서 정의를 이루기 위한 하나님의 중재자였다. 그리고 특정한 경우 그는 중대한 죄를 범한 사람들을 처형하는 일을 하도록 지명되기도 했다(신 19:12).

그러나 개인적인 차원에서의 복수는 금지되어 있었다. 복수는 일반적으로 시민 정부를 통해 중재하시는 하나님의 역할이었다. 바울 사도는 강압적인 정부의 지배 아래 있는 로마 그리스도인들에게 네로와 같은 악한 정권이라 할지라도 공의를 이루시는 하나님의 계획 속에서 행하게 될 역할이 있다고 가르쳤다. "그는 하나님의 사자가 되어 네게 선을 이루는 자니라 그러나 네가 악을 행하거든 두려워하라 그가 공연히 칼을 가지지 아니하였으니 곧 하나님의 사자가 되어 악을 행하는 자에게 진노하심을 위하여 보응하는 자니라" (롬 13:4, 비교-민 35:16-21).

B. 눈은 눈으로(19:21)

산상수훈에서 주 예수님께서는 "눈은 눈으로, 이는 이로 갚으라 하였다는 것을 너희가 들었으나 나는 너희에게 이르노니 악한 자를 대적지 말라 누구든지 네 오른편 빰을 치거든 왼편도 돌려 대며"(마 5:38-39)라고 말씀하셨다. 때문에 예수님께서 신명기 19장 21절을 열등한 덕행을 보여주는 한 예로 삼으셨다는 잘못된 결론을 내리는 사람들이 있다. 그러나 그런 결론은 사실과 거리가 멀다. 예수님께서는 그 말씀을 하시기 전에 먼저 "내가 율법이나 선지자나 폐하러 온 줄로 생각지 말라 폐하러 온 것이 아니요 완전케 하려 함이로라 진실로 너희에게 이르노니 천지가 없어지기 전에는 율법의 일점 일획이라도 반드시 없어지지 아니하고 다 이루리라"(마 5:17-18)고 말씀하셨다.

예수님께서는 개인적인 보복을 허용하는 것으로 신명기 19장 21절을 잘못 오용하고 있는 일반적인 잘못을 고쳐주고자 하셨다. 신명기 본문은 그런 용도로 사용되기 위한 것이 결코 아니었다. 예수님께서는 잘못을 행한 사람에게 베푸는 친절을 강조하시며 잘못된 오해를 바로 잡아주셨다. 사회적 정의는 개인적인 차원보다는 국가적인 차원에서 추구해야 한다.

고안

A. 들어가는 글

1. '견고한 요새' 이야기로 시작하라.

2. 배경 설명: 모세는 신명기 19장에서 시민 사회와 그 사회 제도들을 보호하시는 하나님의 방법을 알려주고 있다. 이스라엘 백성들은 무질서를 초래하지 않으면서 무고한 피의자를 보호해주고 재판 과정 자체도 손상시키지 않고 지켜나가도록 되어 있었다.

3. 적용: 하나님께서는 하나님의 백성들이 하나님 안에서 피난처를 찾고 안전할 수 있다는 사실을 깨닫게 되길 바라셨다.

B. 본문 이해

1. 피의자를 보호함(19:1-10)
2. 사람의 생명을 보호함(19:11-13)
3. 재판 과정을 보호함(19:14-21)

C. 결론: '어둠을 비추는 빛' 을 읽어주라.

토의 질문

1. 예수 그리스도께서 피난처가 되신다는 사실을 어떻게 경험하고 있는가?

2. 죄를 범한 사람들을 동정하기 때문에 우리 사회가 겪고 있는 고통은 어떤 것들인가?

3. 앙심을 품고 있을 때 따르는 위험에는 어떤 것들이 있는가?

4. 마음의 상처를 안고 있는 사람들을 안식처가 되실 예수 그리스도께 인도하기 위해 그리스도인들이 할 수 있는 역할은 어떤 것들인가?

신명기 20장

기독교 용사의 자질

"이 세상에서 살아가는 삶의 의미는 우리가 생각해온 것처럼 성공하는 데 있는 것 이 아니라 마음을 개발하는 데 있다."

- 알렉산드르 솔제니친(Aleksandr Solzhenitsyn)

하나님께서 허락하신 전투에 참여하는 사람들에게 꼭 필요한 자질은 용기와 확신과 절제다.

Deuteronomy

들어가는 글

적을 남김없이 진멸하라

신약 성경은 격렬한 언어로 가득 차 있다. 바울 사도는 "너희가 육신대로 살면 반드시 죽을 것이로되 영으로써 몸의 행실을 죽이면 살리니"(롬 8:13)라고 썼다. 사도들은 내적 전투에 대해 종종 언급했다. 그리고 그 전투를 비유라는 표현 방식을 빌어 매우 실제적으로 이야기했다. 우리들 대부분은 우리가 경험하는 많은 문젯거리들에 대한 책임이 우리 자신에게 있다고 말할 것이다.

셰익스피어(Shakespeare)는 리처드 왕 3세의 독백을 통해 다음과 같이 말했다.

> 내 양심에는 수천 개의 혀가 있다.
> 그리고 그 각각의 혀에는 여러 개의 꼬리가 달려 있다.
> 그리고 그 각각의 꼬리가 나를 범죄자라고 비난하고 있다.

우리 내면에 있는 '혀들'은 우리가 알고 있는 것들을 우리에게 확인시켜준다. 그래서 내면의 전쟁이 우리 안에서 거세지게 된다. 그리고 정의가 낯설고 힘에 겹다는 사실을 발견하게 된다. 죄는 쉽게 우리를 찾아온다. 회심한 후 우리 내면에서 일어나는 전투는 훨씬 더 분명해진다. 성령님께서 죄에 대해 우리의 양심이 더 민감해지게 하시기 때문이다. 성경은 거룩한 삶을 살며 우리의 일상 생활을 구세주께 드리도록 도전하고 있다. 우리는 옳은 일을 하고 싶지만 바울 사도가 말한 '몸의 행실'이 여전히 우리 속에 자리를 잡고 우리 영혼에 해를 가할 수 있는 적절한 순간을 기다리고 있다.

로마서 8장 13절이 말하고 있듯이 그리스도인의 삶에서는 바울이 '육신'이라고 부른 우리 속의 악의적인 충동에 맞서 끊임없이 싸우는 전투가 벌어진다. 이스라엘 백성들처럼 우리에게도 정복해야 할 영역, 곧 하나님께서 주셨지만 우리 안에서 우리를 파괴하려는 세력에 의해 점령당하고 있는 영역이 있다. 모세가 이스라엘 백성들에게 경고했듯이 우리도 적을 진멸해야 한다는 한 가지 생각을 품고 우리의 영적 전투를 수행해야 한다.

본문 이해

기독교 용사의 자질

Main Idea	타락한 세상에서는 때때로 대립이 필요하다. 영적 전투를 성공적으로 이끌기 위해 하나님의 용사들은 용기와 확신과 절제를 드러내보일 필요가 있다.

A. 용기(20:1-4)

Supporting Idea	하나님께서 영적인 도전들 속에서 우리와 함께 적극적으로 일하신다는 사실을 기억할 때 그 도전들은 우리가 감당할 수 있는 것들이 된다.

20:1. 영적 전투에 대한 이스라엘의 방침은 다른 모든 일들에서와 마찬가지로 여호와를 영화롭게 한다는 원리를 기반으로 하고 있어야 했다. 이스라엘의 군대는 적의 군대나 병기 때문에 위축되어서는 안 되었다. 그들은 대적의 말과 병거가 그들의 말과 병거보다 많은 것을 보게 되더라도 먼저 자신들의 두려움을 물리치고 여호와께서 그들과 함께 싸우실 것이라는 사실을 기억해야 했다.

20:2-4. 여호와께서 전선에서 그들과 함께하실 뿐 아니라 전투에 직접 참여하실 것이다. 모세는 너희 하나님 여호와는 너희 대적을 치고 너희를 구원하시는 자라고 말했다. 제사장(아마도 이스라엘의 대제사장이었을 것이다)에게는 전투에 앞서 그 사실을 백성들에게 알리고 분명히 해야 할 책임이 있었다.

B. 확신(20:5-9)

Supporting Idea	하나님께서는 하나님의 영적인 목적을 이루기 위해 많은 사람을 필요로 하지 않으신다. 하나님의 백성들이 하나님을 신뢰하기만 한다면 하나님께서는 적은 수의 군대와 능력이 부족한 사람들을 통해서도 승리를 거두실 수 있다.

20:5-7. 이스라엘 군대는 군사들의 숫자를 늘리려 하는 대신 전투에 참여하려는 열정이 부족한 사람들을 찾아내 제적시켜야 했다. 장교들에게는 냉담한 군사들을 전투에서 일찌감치 물러나게 해야 할 책임이 있었다.

사람들은 새 집을 건축하는 것과 같은 작은 일 때문에도 마음이 심란해질 수 있었다. 5절은 집을 짓고 낙성식을 가지는 것으로 볼 수 있을 것이다. 그러나 '그 집에서 살기 시작하는 것' 으로 번역하는 것이 더 나을 것이다. 이 구절에서는 마음이 번잡한 군인들은 집으로 돌아가라는 말을 세 번씩이나 반복하고 있다. 하나님께서는 전투에서 승리하기 위해 많은 군대를 사용하실 필요가 없었다(삼상 14:6 참고). 최근에 가꾼 포도원이나 최근에 한 약혼 역시 군인들이 집으로 돌아가야 할 이유가 될 수 있었다. 이런 규정은 일반적인 전투 전략에 어긋나는 것으로 이스라엘 주변 국가들 가운데서 볼 수 있는 전략과는 전혀 다른 것이었다. 여호와께 대한 확신을 주장하는 이스라엘 백성들의 고백은 그저 빈말로 끝나는 것이 되어서는 안 되었다. 그들은 하나님께서 온전히 헌신된 소수의 사람들을 통해 놀라운 일을 하실 수 있다는 확신에 따라 행동해야 했다.

20:8-9. 집으로 돌아가기 위해서 군인들은 두렵거나 겁이 난다는 사실을 알리기만 하면 전쟁터를 떠날 수 있었다. 두려움은 군인들 사이에 스며들어 번질 수 있었고, 장교들은 그런 일을 야기하는 사람들을 전선에서 제거하기 위한 노력을 해야 했다. 유사들은 두려워하는 사람들이 떠난 후에야 군대의 장관들을 세우도록 되어 있었다.

C. 절제(20:10-20)

Supporting Idea	하나님의 백성들은 적들과 자연을 향해 스스로 자제하면서 싸워야 한다.

20:10-11. 이 구절이 앞으로 싸우게 될 가나안과의 전쟁을 위한 조언이 아니라는 것을 15절을 통해 분명하게 알 수 있다. 15절에서 모세는 10-14절에 기록된 규정들이 이스라엘에게서 '멀리 떠나' 있으며 가나안 족속들에게 속하지 아니한 '성읍들' 에 적용되는 것이라고 설명했다.

이스라엘 백성들은 다른 나라들을 공격적으로 침략하지 못하도록 되어 있었다. 그렇다면 이 지시는 어떤 상황 아래서 적용될 수 있었던 것인가? 때때로 외국의 공격을 받기 쉬웠던 이스라엘은 그런 공격에 보복을 가할 수 있었다. 하나님의 백성들에게는 그들의 지경을 수호할 수 있는 자유가 있었다.

그러나 그 경우에도 이스라엘은 신중하게 반응해야 했으며 적들을 무차별적으로 학살해서는 안 되었다. 한 도시를 공격하기 위해 포위할 경우 이스라엘은 싸우기 전에 먼저 평화를 선언해야 했다. 그 선언의 중요한 조건은 그 성 거민들에게 공을 바치고 이스라엘을 섬기게 하는 것이었다. 약탈자들은 이스라엘을 위해 기꺼이 일하고자 한다면 최소한 그들의 목숨을 부지할 수 있었다.

20:12-15. 그러나 그들이 이스라엘과 평화하기를 싫어하고 대적하여 싸우려 한다면 이스라엘은 그들이 항복할 때까지 그 성읍을 에워싸고 공격하도록 되어 있었다. 그러나 이 경우에도 그 성읍의 남자들만 쳐죽이도록 되어 있었다. 그 성읍의 물건들뿐 아니라 여자들과 유아들과 육축은 모두 전리품으로 탈취하도록 되어 있었다.

20:16-18. 그러나 앞서 진술한 조건들을 적용하기 전에 이스라엘은 먼저 그들의 지경을 안전하게 지켜야 했다. 가나안 족속들의 도시들 속에서는 다른 태도가 우세하게 될 수도 있었다. 패배한 가나안 족속들이 군사적인 위협을 더 이상 가하지는 않는다 할지라도 이스라엘에게 치명적인 영적 위험을 가할 수는 있었다. 따라서 이스라엘 백성들에게는 호흡 있는 자를 하나도 살리지 말지니라는 지시가 주어졌다. 이 지시는 대부분의 사람들이 도망친 후 도망치지 못하고 남아 있는 사람들에게까지도 적용되는 것이었다(7장의 '본문 이해' 참고).

하나님께서는 신명기에서 가나안 거민을 진멸하라는 지시를 거듭 반복하셨는데, 그 이유는 이스라엘 백성들이 그런 달갑지 않은 일을 수행하고 싶어하지 않을 것이기 때문이었다. 그런 하나님의 염려는 사사기 2장 1-4절이 확인해주고 있듯이 그 근거가 충분했다(신 7:1에는 17절에 언급된 여섯 족속과 함께 기르가스 족속이 추가되어 있다).

하나님께서 지시하신 끔찍하지만 꼭 수행해야 하는 이 과업을 무시하는 것은 이스라엘의 다음 세대에 치명적인 영향을 미칠 것이다. 하나님의 이 명령을 어긴 것은 8세기 후 바벨론 유수로 이어지게 되는데, 그것은 가나안 족속들이 그 신들에게 행하는 모든 가증한 일을 이스라엘이 본받았기 때문이다.

20:19-20. 전쟁중이라 할지라도 이스라엘은 자제력을 보이는 백성으로 살아야 했다. 그들은 파멸을 위한 파멸을 삼가야 했으며, 힘든 일이 생길 때 분노를 터뜨리는 일도 삼가야 했다. 어느 성읍을 오래 동안 에워싸게 될 경우 이스라엘 백성들이 느끼게 될 좌절감과 따분함은 전쟁이 끝난 이후 계속 살아가야 한다는 사실을 망각하게 만들 수도 있었다. 성읍을 에워싸고 쳐서 취하려 할 때도 이스라엘 백성들은 그곳의 나무를 작벌하지 말아야 했다. 그렇게 함으로 그들은 하나님께서 주신 땅의 자연 환경을 적절하게 다루며 절제하는 방식을 배워야 했다. 하나님께서는 이스라엘 군대에게 그 나무들이 앞으로 그들이 먹게 될 양식이 될 것이며 그 나무들을 제거함으로 신속하게 전쟁을 치를 수는 있지만, 결국 그 후에 오게 될 평화를 깨는 일이 될 것이라는 사실을 상기시켜 주셨다. 밭의 수목이 사람이냐 너희가 어찌 그것을 에워싸겠느냐라는 푸념하는 듯한 질문으로 끝이 나는 19절은 하나님의 창조 세계에 대립하는 인간의 죄라는 문제를 제기하고 있다. 하나님의 최고 창조물인 인간만이 그의 생명을 유지하기 위해 하나님께서 주신 것을 파괴하는 그런 무모하기 짝이 없는 일을 할 수 있다. 하나님의 계획을 무시한다면 이스라엘 백성들은 외적인 전투에서는 쉽게 승리를 거둘 수 있는 반면 내적인 전투에서는 패배하게 될 것이다.

Main Idea 복습	타락한 세상에서는 때때로 대립이 필요하다. 영적 전투를 성공적으로 이끌기 위해 하나님의 용사들은 용기와 확신과 절제를 드러내보일 필요가 있다.

결론

초인적인 사람에게 닥치는 위험

헤비급 권투 세계를 주름잡고 있던 당시의 무하마드 알리(Muhammad Ali)는 권투 실력보다 허풍으로 더 잘 알려져 있었다. 한번은 권투 경기가 벌어지는 곳으로 가기 위해 비행기에 탑승하고 있었다. 비행기가 이륙하기 몇 분 전 어느 승무원이 그에게 안전띠를 착용해야 한다는 사실을 상기시켜주었다.

그러자 알리는 버럭 화를 내며 "슈퍼맨에게는 안전띠 같은 게 필요하지 않아요"라고 대답했다.

승무원은 "슈퍼맨에게는 비행기도 필요하지 않죠"라고 침착하게 대답했다.

우리 그리스도인들은 슈퍼맨이 아니다. 그리고 슈퍼맨이라고 주장해서도 안 된다. 옛사람에 맞서 싸울 수 있는 자원이 우리들에게는 없다(엡 4:22). 그러나 그리스도를 신뢰할 때 성령님께서 우리 안에 거하신다. 성령님은 죄와 맞서 싸우기 위해 우리에게 필요한 유일한 무기다(롬 8:13). 이스라엘 백성들이 발로 약속의 땅을 밟는 것을 통해 그 땅에 대한 권리를 주장할 수 있다는 말을 들었던 것처럼 그리스도인들도 예수 그리스도를 위해 내적인 삶에 대한 권리를 주장하도록 되어 있다. 전투가 오래 지속되고 힘들 수도 있을 것이다. 그러나 하나님의 도우심으로 승리는 보장되어 있다.

■ 진리 알기

- 과거에 보여주신 하나님의 신실하심은 장래에 닥칠 어려움을 감당할 수 있도록 신자들을 강하게 해준다.
- 용기는 모든 미덕들 가운데 가장 필수적인 것이다.
- 낙심은 전염성이 있어서 쉽게 다른 사람들에게 옮겨진다.
- 잘못된 교리는 신학적 오류뿐 아니라 도덕적 실패라는 위기를 불러온다.

■ 적용하기

- 하나님의 다스리심을 받지 않고 영적 전투에 나서는 영역들은 없는지 확인해보라.
- 자신에게 있는 영적인 무기들을 알고 죄와 싸우기 위해 그 무기들을 사용하라.
- 영적으로 성숙한 사람들에게 그들이 생활하면서 배운 가장 소중한 영적 교훈에 대해 물어보라.
- 정복해야 할 필요가 있는 삶의 영역들을 정복할 수 있도록 하나님께서 도와주시기를 기도하라.

삶의 적용

묵인해서는 안 되는 죄

1977년 프랑스 귀족 바이런 리차드 드아르시(Baron Richard D' Arcy)는 자신이 키우던 두 살짜리 애완 동물 사자에게 목숨을 잃었다. 사자가 태어나자마자 그는 그 사자를 기르기 시작했고, 그의 집에서 사자는 온순하게 생활했다. 그러나 목숨을 잃던 날 밤 그는 사자가 늘 잠을 자던 욕실로 사자를 억지로 밀어 넣으려 했다. 그러자 사자는 돌연 그를 할퀴며 공격했고 결국 그는 죽게 되었다.

죄도 그리스도인의 삶 속에서 그런 일을 할 수 있다. 신자들은 죄를 애완 동물처럼 여겨서는 안 된다. 왜냐하면 죄는 길들여지지 않기 때문이다. 조만간 죄는 공격을 가하면서 죄를 키우는 사람에게 끔찍한 해를 가할 것이다. 죄를 안전하게 다룰 수 있는 유일한 방법은 죄가 발견되자마자 그 죄를 죽이는 것이다. 죄를 조금이라도 허용한다면 고통을 당하고 후회하게 될 것이다.

기도

하나님 아버지, 우리 자신을 위해서뿐 아니라 하나님을 위해 죄를 죽이기로 결단하게 도와주십시오. 우리를 파멸시킬 수도 있는 습관들과 악습들을 아무렇지도 않게 허용하는 일이 없도록 도와주십시오. 아멘.

심층 연구

A. 공을 바치고 섬기게 함(20:11)

이스라엘은 그들이 정복한 멀리 떨어진 성읍들로부터 온 노동자들을 허용할 수 있었다. 그러나 가나안 족속들은 허용하지 못하도록 되어 있었다. "그 성읍이 만일 평화하기로 화답하고 너를 향하여 성문을 열거든 그 온 거민으로 네게 공을 바치고 너를 섬기게 할 것이요"(신 20:11). 이스라엘 백성들은 강제 노동을 시키기 위해 가나안의 일곱 족속을 남겨두어서는 안 되었다(20:16-18). 그러나 그들이 완강하게 버티며 싸우자 이스라엘 백성들은 그들을 다 쫓아내지 않고 역군으로 남겨두었다(수 17:13). 그들을 역군으로 부리는 일은 솔로몬 때까지도 계속되었다(왕상 9:20-21).

B. 민족들(20:15)

오늘날 민족이란 정치적 공통성을 가진 다양한 인종들이 모인 연합체를 의미하지만 성경이 기록된 당시에는 정치적 연합체가 아니라 인종 문화적 단일체를 의미했다. 혈족과 언어와 풍습으로 연합된 그저 몇 천 명의 사람들(여부스 족속처럼)이 한 민족을 이룰 수도 있었다. 예수 그리스도께서 제자들에게 모든 족속을 제자로 삼으라고 명령하셨을 때(마 28:19-20) 그것은 수백 개의 정치적인 국가들이 아니라 전 세계에 흩어져 있는 수천 개의 인종 그룹들을 언급하신 것이다.

교안

A. 들어가는 글

1. '적을 남김없이 진멸하라' 이야기로 시작하라.

2. 배경 설명: 이스라엘은 평화를 사랑하는 나라가 되어야 했지만, 하나님께서 그들에게 약속하신 땅에서 다른 사람들을 쫓아낼 수는 있었다. 그러나 그때에도 그들은 하나님의 명령에 따라 절제된 싸움을 해야 했다.

3. 적용: 하나님께서는 그리스도인들에게 명령하신 범위 안에서 내적인 전투에 임할 것을 요구하신다.

B. 본문 이해

1. 용기(20:1-4)
2. 확신(20:5-9)
3. 절제(20:10-20)

C. 결론: '묵인해서는 안 되는 죄' 를 읽어주라.

토의 질문

1. 현재 어떤 영적 싸움을 싸우고 있는가?

2. 육체적인 전투와 영적인 전투의 차이점은 무엇인가?

3. 용기는 그리스도인의 내적 전투에서 어떤 역할을 하게 되는가?

4. 오늘날 절제하지 못하는 것을 심각하게 생각하는 사람들이 별로 없는 이유는 무엇이라고 생각하는가?

신명기 21장

삶과 죽음의 문제

"지성을 넓혀주는 것은 아니지만 마음을 정결케 해주고, 지식의 대상과 목적을 증대시켜주는 것은 아니지만 열정과 열망의 대상과 목적을 수정해주며 단순하게 해주는 하나님의 말씀에 대한 온전한 신뢰가 없었다."

- 사무엘 테일러 콜러리지(Samuel Taylor Coleridge)

신명기 21장에서 모세는 이스라엘 백성들에게 인간의 삶이 가장 약하고 가장 보잘것없는 상태가 되었다 할지라도 그 삶을 존중해줄 것을 촉구하고 있다. 그리고 개인의 권리를 하나님 앞에서 공동체의 삶에 비추어 헤아릴 것을 주문하고 있다.

Deuteronomy

들어가는 글

노인 학대

미국이 참전했던 모든 전쟁을 통해 약 110만 명에 달하는 시민들이 목숨을 잃었다. 그런데 1973년 로우 대 웨이드(Roe v. Wade) 판결이 있은 후 그 숫자의 28배에 달하는 생명이 낙태로 목숨을 잃었다. 가족 계획의 연구소 지부인 알렌 구트메이처 연구소(Alan Guthmacher Institute)에 따르면 미국에서 행한 낙태의 95퍼센트 이상은 강간 혹은 근친상간이나 위험에 처한 산모의 건강 때문이 아니라 그저 편리하기 위해서라고 한다.

최근에는 죽음에 대해서도 (비록 그 숫자가 적긴 하지만) 그와 비슷한 현상이 미국 사회 속에서 나타나고 있다. '노인 학대' 는 지역 사회 당국의 주목을 받을 수 있는 곳에 노인들을 방치하는 사람들의 악습을 묘사하고 있다. 그 노인들은 종종 친척들에 의해 병원이나 진료소 문 앞에 버려진다. 그렇게 노인들을 버려두고 가는 사람들은 일반적으로 노인들의 신원을 파악할 수 있는 단서를 남기지 않는데, 그것은 그들의 친척을 찾지 못하게 하고 그들로 정부의 보호 감독을 받게 하기 위해서다.

몇 년 전 여든두 살의 노인을 그 딸이 아이다 호 경마장에 남겨두고 가버렸다. 그 노인의 사연이 신문에 실리자 보기 드문 일로 여겨졌기 때문에 잠시 동안 사람들이 목소리를 높였다. 그러나 미국 응급 수술 대학(American College of Emergency Physicians)의 전 학장은 줄잡아 약 20만 명의 노인들이 해마다 병원에 버려지고 있다고 말했다. 미국인들은 삶이 시작되는 생명뿐 아니라 생의 마지막을 앞에 두고 있는 생명까지도 경시하는 모습을 점점 더 많이 드러내고 있다.

본문 이해

삶과 죽음의 문제

Main Idea	이스라엘은 모든 사람의 생명을 존중하고 생명은 언제나 하나님께로부터 온다는 사실을 인식하고 있어야 했다. 정복자들과 강자들은 정복당한 사람들과 약자들의 권리를 존중해야 했고, 다른 사람들에 대한 하나님의 관심을 인정해야 했다.

A. 무명인의 죽음(21:1-9)

Supporting Idea	범죄의 피해자가 된 사람이 사회에 알려지지 않을 수는 있을 것이다. 그러나 하나님 앞에서도 그 사람이 잊혀지거나 알려지지 않는 것은 아니다. 사회는 그런 범죄를 용납하지 않을 것이며 또 그런 범죄와 무관할 것을 선포해야 한다.

21:1-2. 이스라엘은 사람이 살해된 사건을 그저 미해결의 범죄로 여겨서는 안 되었다. 하나님께서 그들에게 주신 땅에서 혹시 피살한 시체가 엎드러진 것을 발견했는데 그 사람을 죽인 자가 누구인지 알 수 없다면 그것은 하나님께서 거룩하게 여기시는 땅에서 누군가 살인을 한 것으로 여겨졌다. 그 가해자가 누구인지는 알 수 없다 할지라도 그 시체가 있는 곳에서 가장 가까운 성읍의 장로들과 재판장들에게 그 살인 행위를 속죄할 책임이 있었다.

21:3-5. 그 지도자들은 아직 부리우지 아니하고 멍에를 메지 아니한 암송아지를 취하도록 되어 있었다. 그리고 갈지도 심지도 못하는 골짜기로 그 송아지를 끌고 가서 정결 의식을 행하도록 되어 있었다. 그렇게 한 것은 그 송아지와 골짜기가 둘 다 정하다는 사실을 암시하는 것이었다.

동물은 성읍을 위한 속죄 의식에서 도살되었다. 그 의식을 뒷받침해주는 두 가지 이론적 근거가 있었다. 그 하나는 그 의식을 통해 송아지의 죽음으로 살인자의 죽음을 대신하는 것이었다. 동물을 죽이는 일을 통해 그들은 그런 살인이 일어난 땅을 정결케 할 필요가 있다고 여기는 그들의 생각을 표현했다.

또 하나는 그 의식을 성읍의 죄를 정결케 하는 상징으로 보는 것이었다. 동물의 피가 흐르는 물에 씻겨 내려가듯이 성읍에서 일어난 살인죄가 그 의식을 통해 씻겨졌다. 의식을 행하는 장소를 정하고 장로들이 손을 씻는 의식을 행하는 것(6절)은 이 두 번째 의미를 살리기 위한 것이었다. 이런 점에서 이 속죄 의식은 죄의 요소들을 제거하기 위해 정해진 다른 의식들(레 14:1-7에 기록된 새를 놓아주는 의식과 레 16:20-22에 기록된 대속죄일에 속죄 염소를 광야에 놓아주는 의식)과 흡사하다고 할 수 있다. 이 정결 의식을 주도해야 할 책임이 성읍의 지도자들에게 있기는 했지만 레위 자손 제사장들에게도 그 책임을 수행해야 할 임무가 있었다.

21:6-9. 이 정결 의식에 예배의 요소가 포함되어 있긴 했지만 적절하게 제물을 바치는 그런 예배는 아니었다. 여호와께서 그 이름을 두시려고 택하신 곳(신 12:5-7)이나 제단에서 의식을 행한 것이 아니라 책임을 져야 하는 성읍 가까이 있는 골짜기에서 의식이 행해졌다. 정례화된 방식으로 피를 쏟았다는 언급도 없을 뿐 아니라 성읍의 장로들은 골짜기에서 목을 꺾은 암송아지 위에 손을 씻고 여호와 앞에서 자신들의 결백을 선포했다.

장로들은 기도와 함께(아마도 레위인들을 통해서 또는 그들과 함께) 주의 백성 이스라엘을 사하실 것을 선언하도록 되어 있었다. 이 의식은 엄격한 의미에서 제사는 아니었지만 피 흘린 죄가 사함을 받게 되는 제사의 효과를 지니고 있었다.

이 의식의 생소함 때문에 그 뒤에 있는 중요한 의미까지 보지 못해서는 안 된다. 하나님께서는 이스라엘 백성들 가운데서 사람들에게 알려지지 않은 개개인에게까지 관심을 두고 계셨다. 부당한 죽음은 나라 전체에 윤리적 오점을 남겼다. 무고한 사람의 피를 흘리게 한 죄가 그냥 잊혀져서는 안 되었다. 대신 정해진 의식에 따라 제거되어야 했다.

B. 전쟁 포로들에 대한 대우(21:10-14)

Supporting Idea	승리한 이스라엘은 정복당한 사람들의 생명과 감정을 존중해주어야 했다. 강자의 변덕으로 약자를 억누르는 일을 해서는 안 되었다.

21:10-11. 모세는 이스라엘 백성들이 방어전에서 맞을 수 있는 한 시나리오를 제시하고 있다. 이스라엘이 싸워서 대적을 이기고 그들을 사로잡게 되면 신명기 20장 11절에 따라 그 포로들을 잡아올 수 있었다. 그러나 가나안 족속들의 경우에는 그렇게 할 수 없었다. 왜냐하면 가나안 족속들은 모두 진멸해야 했기 때문이다(20:16-17).

이스라엘 군인이 사로잡은 포로들 가운데서 아리따운 여자를 보게 될 수도 있었다. 그 군인이 그녀에게 마음이 끌리면 특정한 자질들을 조건으로 그녀를 데려다 아내로 삼을 수 있었다. 하나님의 율법은 사람들의 삶을 실제 세상 속에서 다루고 있다. 우리는 전쟁과 범죄와 전쟁 포로가 없는 세상을 바랄 수 있지만 히브리 성경은 이상적 몽상이 아니라 현실을 다루고 있다. 여성 포로를 어떻게 다루어야 하는지를 지시하고 있는 이 규정은 정복당한 사람들의 유익을 구하는 한편 승리한 사람들에게는 제한을 가하고 있다.

21:12-13. 먼저, 여성 포로를 재산의 일부로 취급해서는 안 되며 감정을 가진 한 사람으로 대해야 했다. 그녀를 강간하거나 버리거나 노예로 만들지 못하도록 되어 있었다. 부모가 그녀의 삶에 더 이상 관여할 수 없는 상황이 되었기 때문에 그녀가 새로운 상황 속에서 맞이하게 된 자신의 삶에 대처할 수 있도록 돕기 위해 1개월 동안 부모를 위해 애곡할 수 있도록 해주어야 했다. 그녀를 이스라엘 사람의 집으로 데려가 머리를 밀게 하고 손톱을 자르도록 했는데 그것은 그녀의 슬픔과 새로운 시작을 상징하는 것이었다.

그와 똑같은 맥락에서 그녀는 포로로 잡힐 당시 입고 있던 포로의 의복을 벗고 새로운 삶을 암시해주는 새로운 옷을 입도록 되어 있었다. 그녀의 애곡하는 기간이 다 끝난 후에야 신방에 들어 결혼을 완성시킬 수 있었고, 새 신랑에게는 1개월 동안 자신을 다스리고 자제할 것이 요구되었다.

21:14. 그와 동시에 서로 다른 문화간의 결혼에 따르는 어려움도 상당했다. 그 어려움이 극복될 수 있는 것인지 아닌지가 분명하게 드러나기까지는 그리 많은 시간이 걸리지 않았다. 새로 맞이한 신부를 기뻐하지 않을 경우 이스라엘 사람은 그녀를 마음대로 가게 할 수 있었다. 돈을 받고 그녀를 팔거나 그녀를 소유하는 것을 통해 이익을 얻으려 해서는 안 되었다. 대신 그녀가 원하는 곳으로 갈 수 있도록 허락해주어야 했다. 강한 사람이 약한 사람을 이용하지 못하게 되어 있었고 오히려 하나님의 형상대로 지어진 한

사람으로 그녀를 존중해주도록 되어 있었다.

C. 장자의 권리(21:15-17)

Supporting Idea	어머니의 잘못이 사실이든 추측이든 간에 그 잘못 때문에 아들들이 벌을 받아서는 안 되었다. 이스라엘 백성들은 자녀들의 삶과 지위를 존중해주어야 했다.

21:15. 이스라엘에서는 일부다처제가 허용되었으나 장려되거나 자주 행해지지는 않았다. 일부다처제에 관련된 실제적이고 경제적인 문제들 때문에 부유하고 권력을 가진 사람들만이 한 사람 이상의 아내를 가질 수 있었다. 그렇다 해도 일부다처제는 성경에 나오는 수많은 예들을 통해 볼 수 있듯이 많은 문제들(창세기에 나오는 아브라함에 관한 이야기와 사무엘상에 나오는 한나의 이야기 속에서 볼 수 있는 문제점 등)을 내포하고 있다.

모세는 두 아내를 가진 사람이 한 아내는 사랑하고 한 아내는 미워하는 일이 일어날 수 있음을 암시했다. 그의 장자가 사랑받지 못하는 아내의 아들일 경우에도 그는 그 어머니 때문에 그 아들의 장자권을 멸시해서는 안 되었다. 자녀는 그의 적절한 지위에 따라 대우를 받아야 했으며, 그의 어머니 때문에 무시되어서는 안 되었다. 아버지는 사랑받지 못하는 아내의 아들을 편파적으로 불리하게 대우해서는 안 되었다. 오히려 그의 장자권을 인정해주어야 했다.

21:16-17. 히브리 가장은 미움을 받는 자(아내)의 아들일 경우에도 그 아들을 장자로 삼아야 했다. 그것은 그 아들에게 아버지 소유의 두 몫을 주어야 한다는 것을 의미했다. 아버지는 미움을 받는 아내의 아들을 차별하지 못하게 되어 있었고 장자의 권리를 그에게 주도록 되어 있었다. 이 규정 때문에 하나님께서 장자의 정상적인 특권을 명백하게 무시하셨던 야곱과 에서 또는 이삭과 이스마엘에게 일어났던 일과 같은 특별한 상황까지도 부인되는 것은 아니다. 하지만 장자의 권리는 그런 특별한 하나님의 간섭을 제외하고는 다른 사람에게 이전될 수 없는 것이었다.

D. 패역한 아들에게 내리는 벌(21:18-21)

Supporting Idea	아들들은 부모의 위치와 지위를 존경하고 존중해야 했다. 그렇게 하지 않는 아들은 공동체의 징계를 받도록 되어 있었다.

21:18. 모세는 앞부분에서 다룬 원리와 균형을 맞추고 있다. 아들들이 아버지의 변덕 때문에 고통을 받아서는 안 되듯이 아버지들이 (그리고 어머니들이) 자녀들의 잘못된 행동 때문에 대신 고통을 받아서는 안 되었다.

여기서 말하는 **완악하고 패역한 아들**은 아장아장 걸으며 버릇없이 구는 어린아이가 아니라 오랫동안 부모를 거역하면서 고의적으로 고집을 부리는 십대 후반의 청년을 말한다. 그들은 부모가 징계할 때 부모를 거역하는 특징을 보였다. 그러다가 부모의 재산을 물려받을 지위가 되었을 때 공동체 안에서 일반적으로 자기 마음대로 행동하는 모습을 보이게 된다.

21:19-20. 아들의 고집을 제어하기 위한 모든 시도가 실패로 돌아가게 되면 그의 부모는 그를 잡아 **성읍 장로들에게** 나아가 판결을 받도록 했다. 이스라엘에서 부모의 권리에는 자녀의 삶과 죽음에 대한 권리가 포함되어 있지 않았다. 그들은 개선할 수 없는 자기 자녀의 상태에 대한 그들의 판단에 잘못이 없다는 사실을 분명히 하기 위해 권위를 가진 사람에게 아들의 문제를 맡겨야 했다. 그리고 성읍의 성문에서 공판이 이루어져야 했다. 그들이 **우리 이 자식은 완악하고 … 방탕하여 술에 잠긴 자라고** 말하는 것은 구체적인 죄를 열거하기 위한 것이 아니라 건전한 지혜를 따르지 않으려는 반항 때문에 희망이 없다는 주장을 뒷받침해주기 위한 것이었다.

21:21. 부모의 고소가 받아들여질 경우 그 자식에 대한 처형은 성읍이 수행해야 할 의무로 집행되어야 했다. 성읍의 모든 사람들은 그를 돌로 쳐죽여야 했다. 공동체는 그를 제거하는 것을 통해서뿐 아니라 그의 죽음이 온 이스라엘에게 알려짐으로 그와 같이 행동하는 사람들이 듣고 두려워하게 된다는 사실을 통해서도 유익을 얻을 수 있었다.

E. 중대한 범죄자에게 내리는 벌(21:22-23)

Supporting Idea	약속의 땅은 인간의 생명을 경시함으로 그 신성함을 잃게 된다.

21:22. 살인의 희생자가 된 사람에 대한 언급으로 시작한 이 장은 죽을 죄를 범했기 때문에 죽임을 당하게 된 사람에 대한 설명으로 끝을 맺고 있다. 그런 범죄라 할지라도 인간 쓰레기처럼 취급되는 죽임을 당하지 않도록 되어 있었다. 그런 사람의 몸은 경우에 따라 공의를 드러내고 무법자들을 제지시키기 위한 목적으로 나무 위에 달릴 수 있었다(민 25:4, 수 8:29, 10:26-27, 삼하 21:5-9 비교). 나무에 매다는 것이 아니라 돌로 쳐 죽이는 것이 이스라엘에서 행해진 일반적인 처형 방식이었다.

21:23. 그러나 그런 목적들도 죄를 범한 사람을 존중해야 하는 원리보다 앞설 수는 없었다. 이스라엘 백성들의 공동체는 범죄자의 시체를 나무 위에 밤새도록 두어서는 안 되었다. 그 날 해가 지기 전에 그를 장사해야 했다. 왜냐하면 나무에 달린 자는 하나님께 저주를 받은 것이기 때문이다. 저주는 나무에 달린 결과라기보다는 나무에 달리게 된 원인이었다.

바울 사도는 십자가에 못 박힌 그리스도의 고난과 연결시켜 이 구절을 인용했다. "그리스도께서 우리를 위하여 저주를 받은바 되사 율법의 저주에서 우리를 속량하셨으니 기록된 바 나무에 달린 자마다 저주 아래 있는 자라 하였음이라"(갈 3:13). 중대한 죄를 범한 사람이라 할지라도 그를 적절하게 장사하는 것을 통해 이스라엘은 하나님께서 그들에게 기업으로 주시는 땅을 더럽히지 않도록 해야 했다.

Main Idea 복습	이스라엘은 모든 사람의 생명을 존중하고 생명은 언제나 하나님께로부터 온다는 사실을 인식하고 있어야 했다. 정복자들과 강자들은 정복당한 사람들과 약자들의 권리를 존중해야 했고, 다른 사람들에 대한 하나님의 관심을 인정해야 했다.

결론

사고로 생긴 침례교회

1992년 남침례교 선교사인 롭 무어(Rob Moor)는 소스테네스 카롤리(Sostenes Karoli)라는 한 목사와 함께 탄자니아 지역을 여행하고 있었다. 두 사람은 부코바(Bukoba)에 있는 그들의 집으로부터 약 97킬로미터 떨어진 곳에서 다섯 사람을 태운 차와 정면으로 충돌하게 되었다. 롭과 소스테네스는 둘 다 다치지 않았다. 그러나 다른 차에 타고 있던 다섯 사람은 모두 다쳤고, 그 가운데 한 사람은 상태가 심각했다. 가장 심하게 다친 사람은 급히 병원으로 실려갔고, 곧장 응급실로 옮겨지게 되었다.

롭과 소스테네스는 사고를 당한 사람들 모두를 위해 기도했다. 사고가 난 곳에 모여든 목격자들은 즉석에서 벌어진 기도회에 깊은 인상을 받았고, 두 사람은 전도지를 나누어주고 그들의 믿음을 다른 사람들에게 이야기하는 기회를 갖게 되었다.

마침내 롭은 부코바로 돌아가게 되었다. 소스테네스는 그와 사고를 당한 그의 자동차를 집으로 실어다줄 트럭이 오기까지 이틀을 기다려야 했다. 그 기간 동안 그는 그의 사고 소식을 듣게 된 한 목사와 침례교 신자와 함께 시간을 보내며 열네 사람에게 예수 그리스도를 알 수 있게 해주었다. 새로 회심하게 된 사람들이 모이기 시작했고, 사고가 난 지 약 두 주 후 '카니사 라 아얄리(Kanisa la Ajali)' 라는 이름의 새로운 교회가 시작되었는데 그것은 '사고로 생긴 침례 교회' 라는 뜻의 스와힐리 이름이었다.

하나님의 섭리 속에서 사고란 없다. 하나님의 백성들이 하나님의 성품을 드러내고 하나님의 사랑을 표현하고 사람들을 존중할 때 하나님께서 하나님의 영광을 위해 그들을 사용하신다. 우리에게는 '불행한 사고' 처럼 보이는 일들이 사실은 인간사를 다스리시는 하나님을 보여주는 것이다.

■ **진리 알기**

- 사랑은 혼인 관계가 유지될 수 있도록 하나님께서 사용하시는 한 요소다. 그러나 유일한 요

소는 아니다.

- 사람들에게는 자신들의 욕구나 욕망을 채우기 위해 법이나 규정을 어길 자유가 없다.
- 죄를 범한 사람이라 할지라도 하나님의 형상대로 지음 받은 사람으로 대우받을 수 있어야 한다.

▣ 적용하기

- 다른 사람에게 육체적으로 또는 다른 방법으로 해를 가한 일이 있는지를 확인하고 바로 잡기 위해 해야 할 일을 하라.
- 태아의 인격에 대한 논쟁들을 알아보라.
- 완악하고 패역한 모습을 보여주는 증거들은 없는지 자신의 삶을 점검해보라.
- 세상의 오염에 더럽혀지지 않는 삶을 살아가라.

삶의 적용

링컨에게 일어난 기적

에이브러햄 링컨(Abraham Lincoln)은 어릴 때 어머니가 돌아가셨고 교육을 받지 못했으며 오랫동안 많은 어려움을 겪어야 했다. 출마했던 대부분의 선거에서 낙마했고, 일리노이 주에 있는 그의 집 근처에서 시골 가게를 운영하는 일까지도 실패했다.

그 가게를 폐업할 것을 고려하면서 링컨은 그의 동업자에게 "난 내가 하고 싶은 일을 할 수만 있다면 폐업을 해도 별 상관이 없을 것 같아. 법학을 공부하고 싶어. 우리가 가진 모든 것을 다 팔아서 갚아야 할 빚을 다 갚고 난 다음 내가 사고 싶은 책, 「Blackstone's Commentary on English Law」 한 권 살 수 있을 만큼의 돈만 남길 수 있다면 그것으로 만족할 수 있을 것 같아. 그런데 쉽게 될 것 같지가 않아"라고 말했다.

두 사람이 그 이야기를 하는 동안 짐마차 한 대가 다가오더니 가게 베란다 바로 앞에 서서 링컨을 바라보며 "가족들과 함께 서부로 가는 중이에요. 그런데 돈이 다 떨어졌어요. 그래서 우리에게 있는 좋은 통 하나를 사십 센트에 팔았으면 하는데요"라고 말했다.

링컨은 수척한 그 사람과 여윈 그의 아내를 바라보았다. 그리고 잠시 생각한 후 주머니에 손을 넣어 남아 있던 오십 센트를 꺼내어 그 여행객에게 건네주면서 "그 좋은 통을 제가 사용할 수 있을 것 같군요"라고 말했다.

그 통은 하루 종일 가게 베란다 위에 자리를 잡고 있었다. 링컨과 곧 동업 관계를 끝내게 될 동료는 동정심이 너무 과하다며 링컨을 놀려댔다. 그 날이 끝나갈 무렵 링컨은 그 통으로 다가가 그 속을 들여다보았다. 그리고 아까는 보지 못했던 무언가가 그 통 속에 들어 있다는 것을 알게 되었다. 손을 뻗어 그것을 꺼낸 그는 멍하니 서 있었다. 그것은 바로 그렇게 갖고 싶었던 책, 「Blackstone's Commentary on English Law」이었다. 나중에 링컨은 "나는 책을 손에 들고 서서 하늘을 올려다보았다. 그때 나는 내가 해야 할 무언가가 있으며, 그 순간 하나님께서 그 일을 할 때가 되었다는 사실을 알려주시는 것이라는 깊은 인상을 받았다. 그렇지 않다면 무엇 때문에 이런 기적이 일어났겠는가?"라고 썼다.

하나님의 계획 속에서는 홍해가 갈라진 것이 우연이 아니었듯이 통 속에 들어 있는 법학 책이나 예상치 못했던 임신이나 장애를 가지고 태어난 자녀나 모두 그냥 일어난 우연이 아니다. 하나님의 방법은 신비롭고 우리를 불안하게 할 수 있다. 그러나 그 사실은 하나님보다는 우리 자신에 대해 더 많은 것을 말해준다. "그는 반석이시니 그 공덕이 완전하고 그 모든 길이 공평하며 진실 무망하신 하나님이시니 공의로우시고 정직하시도다"(신 32:4).

기도

하나님 아버지, 하나님의 뜻을 모를 때에도 하나님의 선하심에 감사할 수 있는 통찰력을 갖게 해주십시오. 하나님의 계획에 우리가 이해하지 못하는 부분들이 있다는 사실을 받아들이고 하나님께서 무슨 일을 하고 계시는지 알 수 없을 때에도 하나님의 성품을 신뢰하는 겸손한 마음을 가질 수 있게 도와주십시오. 아멘.

심층 연구

A. 장자(21:26)

이스라엘 백성들은 유언장을 쓰면서 사실을 함부로 변경하지 말라는 경고를 받았다. "자기의 소유를 그 아들들에게 기업으로 나누는 날에 그 사랑을 받는 자의 아들로 장자를 삼아 참 장자 곧 미움을 받는 자의 아들보다 앞세우지 말고"(신 21:16). 이 구절이 분명히 말하고 있듯이 장자라는 용어에는 연대적으로 앞서 있을 뿐 아니라 법적 지위가 부여되어 있다는 뜻이 내포되어 있다. 한 가정의 장자는 아버지의 재산 가운데 다른 아들들이 상속받는 분량의 두 배를 물려받았고, 생존한 아들들 가운데 연장자로 여겨졌다.

예수님을 장자로 부르는 것은 예수님께서 창조된 존재이며, 따라서 하나님이 아니라는 것을 증명하는 것이라고 가르치는 사교 집단이 있다. 그보다 더 잘못된 주장은 없다. 예수님께 부여된 장자라는 지위는 창조가 아니라 우리들과 관련지어 부여된 것이기 때문이다. "하나님이 미리 아신 자들로 또한 그 아들의 형상을 본받게 하기 위하여 미리 정하셨으니 이는 그로 많은 형제 중에서 맏아들이 되게 하려 하심이니라"(롬 8:29). 하나님의 가족들 가운데 맏아들이 되신 예수님께서는 그 가족들의 존경뿐 아니라 예배까지도 받기에 합당한 분이시다. "또 맏아들을 이끌어 세상에 다시 들어오게 하실 때에 하나님의 모든 천사가 저에게 경배할지어다 말씀하시며"(히 1:6).

B. 완악하고 패역한(21:18)

고집스런 아들을 묘사하기 위해 18절에 사용된 표현이 다른 곳에서는 하나님의 고집스러운 아들 이스라엘 백성들을 묘사하는 데 사용된 것은 우연이 아니다. 예레미야 5장 23절에서 하나님께서는 "그러나 너희 백성은 배반하며 패역하는 마음이 있어서 이미 배반하고 갔으며"라고 말씀하시며 유다의 임박한 멸망을 슬퍼하셨다. 똑같은 용어가 출애굽 당시의 세대들을 묘사하는 데도 사용되었다. "그 열조 곧 완고하고 패역하여 그 마음이 정직하지 못하며 그 심령은 하나님께 충성치 아니한 세대와 같지 않게 하려 하심이로다"(시 78:8). 부모의 모든 지시를 무시하는 자녀를 둔 이스라엘의 부모들은 이스라엘 백성들이 여호와께 끼친 근심이 어떤 것인지 조금은 알 수 있었을 것이다.

교안

A. 들어가는 글

1. '노인 학대' 이야기로 시작하라.

2. 배경 설명: 하나님께서 이스라엘 백성들에게 삶과 죽음에 관한 하나님의 명령을 지켜야 할 임무를 부여하셨다.

3. 적용: 하나님께서는 신자들이 인간사에 미치는 하나님의 손길을 깨닫고 모든 인간의 생명을 존중할 것을 기대하신다. 그렇게 하는 것이 고통스럽고 힘든 일이 될 경우에도 그렇게 하기를 기대하신다.

B. 본문 이해

1. 무명인의 죽음(21:1-9)
2. 전쟁 포로들에 대한 대우(21:10-14)
3. 장자의 권리(21:15-17)
4. 패역한 아들에게 내리는 벌(21:18-21)
5. 중대한 범죄자에게 내리는 벌(21:22-23)

C. 결론: '링컨에게 일어난 기적' 을 읽어주라.

토의 질문

1. 다른 사람들의 윤리적 타락에 휩쓸리지 않으려면 어떻게 해야 하는가?

2. 하나님께서 완고함을 매우 심각한 문제로 보시는 이유는 무엇이라 생각하는가?

3. 오늘날에도 공동체 공동의 속죄가 가능하다고 생각하는가? 그렇게 생각하는 이유는 무엇인가?

4. 우리가 살고 있는 세상에서 전쟁을 완전히 피할 수 있다고 생각하는가? 그렇게 생각하는 이유는 무엇인가?

신명기 22장

보존과 보호

"단순함은 하나님을 추구하며, 순전함은 하나님을 발견하고 하나님을 기뻐한다."

- 토마스 아 캠피스(Thomas a Kempis)

신명기 22장은 이스라엘 백성들이 생명을 보호하고 모든 면에서 순전함을 장려해야 한다고 주장하고 있다.

Deuteronomy

들어가는 글

아리스티데스의 변명

아리스티데스(Aristides)는 2세기 헬라 철학자였다. 그는 로마 제국 도처에 이미 잘 알려진 유명 인사가 된 사십대 후반에 기독교 신자가 되었다. 헤롯 왕 치하에서 기독교 신자들에게 일어난 일을 목격하게 된 그는 도무지 마음이 편치 않았다. 신자들은 로마가 주장하는 공식 종교를 따르지 않았기 때문에 몹시 시달리고 핍박을 받았으며 믿음을 지키기 위해 죽임을 당하기까지 했다. 아리스티데스는 황제에게 기독교 신자들을 더 이상 핍박하지 말 것을 간청하는 편지를 썼다. 후에 '아리스티데스의 변증(Apology of Aristides)'이라는 표제로 알려진 그 편지에서 그가 쓴 내용의 일부를 소개하면 다음과 같다(여기서 변증이란 '사리에 맞는 법적 변호'라는 뜻이다).

> 기독교 신자들은 다른 세상에서 보상받게 되리라는 소망을 가지고 모든 불순한 행위를 삼가고 있습니다. 그들은 종이나 하녀나 아이들을 향한 사랑을 가지고 그들에게 그리스도인이 될 것을 권하고 있습니다. 그리고 그들이 기독교인이 되면 아무 차별 없이 그들을 '형제'라고 부릅니다. 그들은 이상한 신들을 숭배하지 않습니다. 대신 친절하고 겸손하게 행하고 있습니다. 그들 속에서 거짓이란 찾아볼 수 없습니다. 그리고 그들은 서로 사랑합니다. 그들은 나그네를 집으로 초대해 참 형제처럼 그들을 대하며 기뻐합니다. 그들은 정욕을 좇는 사람들에게는 형제라는 이름을 사용하지 않습니다. 대신 하나님과 성령을 좇는 사람들을 형제라 부릅니다. 그들 가운데 가난하고 불쌍한 사람이 있지만, 가진 것이 별로 없을 경우 그들은 가난한 사람들에게 먹을 것을 주기 위해 이틀이나 사흘씩 금식을 하기도 합니다. 그들은 그들 메시아의 명령을 철저하게 지키며, 주 하나님께서 그들에게 명하신 대로 성식하고 진지하게 살아가고 있습니다. 그들은 하나님을 찬양하고 찬미하며 음식을 앞에 두고 하나님께 감사를 드립니다. 그리고 그들 가운데 외롭게 살던 사람이 세상을 떠나면 그들은 기뻐하며 하나님께 감사를 드립니다. 그리고 그

사람이 한 곳에서 다른 곳으로 옮겨가는 것처럼 생각합니다. 그들에게 갓난아기가 태어나면 하나님을 찬양하고, 또 어린 아기가 죽는 일이 일어난다 해도 그들은 그 아기가 죄를 범하지 않고 이 세상을 거쳐 지나가게 되었다고 여기며 하나님을 힘껏 찬양합니다. 이런 것이 기독교 신자들이 지키는 법입니다. 그리고 그것이 그들이 살아가는 방식입니다.

권세를 가진 사람에게 두려움 없이 그런 글을 써서 보낼 수 있었다는 사실은 아마도 무엇보다 초기 로마 제국에 급속하게 전파되었던 기독교의 힘을 설명해주는 것이라 할 수 있을 것이다. 2세기 당시 기독교인들은 알려진 대로 행동했다. 그리고 그들이 살고 있는 사회에 진정한 유익을 주었다. 아리스티데스가 말했듯이 그 일은 순전함을 추구하는 그들의 열정으로부터 시작되었다. 초기 신자들은 세상의 가치관이나 로마 종교의 지침을 따르며 자신들의 증거가 불순해지는 일이 벌어지는 것을 거의 허락하지 않았다. 그 도박은 위험이 너무 컸다. … 그리고 지금도 여전히 그렇다.

기독교인이 드러내는 증거의 힘은 진리를 오류와 뒤섞지 않으려는 그들의 의지와 널리 퍼져 있는 문화라는 파도를 타고 편하게 항해하지 않으려는 그들의 결단과 직접적으로 비례한다. 순전함 그 자체가 사람들을 그리스도께로 인도하는 것은 아니다. 그러나 순전함은 그리스도를 선포하는 사람들의 신빙성을 보장해주는 역할을 한다.

본문 이해

보존과 보호

Main Idea	하나님의 백성들은 생명과 재산을 존중하고 있음을 보여주고, 이웃과 다르게 만들어주는 자신들의 순전함을 보여주면서 신뢰할 수 있는 방법으로 서로를 사랑해야 한다.

A. 생명의 보존을 장려하라(22:1-8)

Supporting Idea	이스라엘 백성들에게는 이웃의 생명과 재산을 보존하는 행동을 통해 서로를 사랑해야 할 책임이 있었다.

22:1-2. 모세는 이 장의 서두에서 "이웃 사랑하기를 네 몸과 같이 하라"(레 19:18)는 명령에 대한 구체적인 예를 들어 보여주고 있다. 사랑의 반대는 미움이 아니라 무관심이다. 이스라엘 백성들은 형제의 우양이 길 잃은 것을 보고 못 본 체하지 말아야 했다. 대신 반드시 끌어다가 형제에게 돌려주는 수고를 하도록 되어 있었다. 그 형제가 가까이 살지 않을 경우는 좀 달랐다. 그 경우에는 주인이 찾을 때까지 먹이고 돌보기 위해 그 동물을 자기 집으로 끌고 가도록 되어 있었다. 이 지시를 통해 모세는 이웃에 대한 사랑을 현실이라는 건강에 유익한 약으로 둘러쌌다. 여호와의 이름을 부르는 이스라엘 백성들은 사람들에게 관심을 보이시는 하나님의 성품을 드러내야 했다.

22:3-4. 이 구절에서는 다른 사람의 재산을 다루는 일에까지 이웃 사랑에 대한 원리가 확대되어 있다. 그 재산이 형제의 나귀든 의복이든 그것은 문제가 되지 않았다. 따라서 형제가 잃은 것이 무엇이건 간에 못 본 체해서는 안 되었다. 사랑하는 사람은 다른 사람의 고통이나 손실을 보고 절대로 냉담하게 넘어가지 않는다.

그는 또 부당한 강탈이나 착취로 인한 불행에 대해서도 못 본 체하지 않는다. 형제의 나귀나 소가 무거운 짐을 지고 고통 받을 수도 있었다. 따라서 만일 나귀나 소가 길에 넘어진 것을 보게 된다면 반드시 형제를 도와 나귀나 소를 일으켜주어야 했다. 그 동물들이 애완동물이 아니었음을 기억해야 했다. 짐을 나르는 동물들은 농부가 농작물을 키워 시장으로 가져갈 수 있게 해주었다. 소나 나귀를 잃어버리거나 다치게 된다면 그 주인의 생활이 위태롭게 될 수 있었다.

22:5-7. 5절은 생명을 보존하는 것에 관한 논의에 잘 맞지 않는 것처럼 보일 수도 있을 것이다. 그러나 그렇지 않다. 모세는 이스라엘 백성들에게 삶을 유지하는 데 이바지하는 특징들을 흐리게 만들어서는 안 된다고 강조했다. 여자는 남자의 의복을 입지 말 것이요 남자는 여자의 의복을 입지 말 것이라. 이 금지는 가면 무도회를 지적한 것이 아니라 건강한 사회에서 남자와 여자의 역할을 상실하게 되는 보다 광범위한 문제를 다루는 것이었다. 이스라엘 백성들은 하나님의 계획을 존중해야 했다. 따라서 부적절한 복

장을 함으로 그들에게 주어진 성적 특성에 이의를 제기해서는 안 되었다. 모세는 가치관에 따라 행동이 달라질 수 있듯이 그런 행동에 따라 가치관이 달라질 수도 있다는 사실을 잘 알고 있었다. 하나님께서는 그런 행동을 가증한 것으로 보시는데, 그 이유는 하나님께서 정하신 특징적인 차이를 흐리게 만드는 것이기 때문이다. 하나님께서는 남성과 여성의 차이를 불분명하게 만드는 것을 반대하신다.

이스라엘 백성들은 동물의 세계에서도 생명이 보존되는 것은 어미를 존중하는 것에 달려 있다는 사실을 알고 있어야 했다. 노중에서 나무에나 땅에 있는 새의 보금자리에서 새끼나 알을 품고 있는 어미 새를 보았을 때는 생명이 다음 세대로 이어질 수 있도록 어미 새를 취하지 못하도록 되어 있었다. 이스라엘이 장래에 누리게 될 복과 장수는 생명을 존중하는 일에 달려 있었다.

22:8. 앞에서 든 두 가지 예가 약간 미묘했다면 모세가 든 이웃에 대한 이 세 번째 예는 상당히 노골적이다. 이스라엘 백성들이 새로 집을 지을 때는 지붕에 난간을 만드는 비용까지 부담해야 했다. 그들은 이웃 사람이 떨어져 다치거나 죽게 되는 일이 없도록 해야 하는 책임을 고려해야 했다. 지붕의 난간으로 생명을 보존할 수 있었기 때문에 그들은 지붕에 난간을 만들어 이웃의 피를 흘리게 한 죄가 집 안으로 들어오는 것을 막을 수 있었다.

B. 순전한 삶을 지켜라(22:9-30)

Supporting Idea	하나님의 백성들은 공공 단체뿐 아니라 개인 생활에 있어서도 순전함을 보여주기 위한 분명한 조치를 취해야 한다.

22:9-12. 바울 사도는 고린도전서의 논리를 전개해나가던 중 중요한 지점에서 사역자들이 그들의 보수를 받는 것의 정당성을 입증하기 위해 일하는 소의 입에 망을 씌우는 것에 관한(신 25:4) 모호한 규정을 사용하였다. 그는 소의 입에 망을 씌우는 것에 관한 규정의 정당성을 부인하지 않는 한편(고전 9:1-10) 그보다 더 중요한 원리가 그 규정보다 여전히 더 우위에 있다는 사실을 분명히 했다(고전 9:9-10).

9-12절에 기록된 율법도 같은 범주에 속한다. 모세는 이스라엘 백성들에게 섞지 말라는 경고를 했다. 양털과 베실을 섞어 짠 옷을 입는다거나 두 종자를 섞어 뿌린다고 해서

도덕성을 해치게 되는 것은 아니다. 그러나 성경의 진리를 이방 문화의 견해와 섞게 된다면 치명적인 결과를 불러올 것이다. 이스라엘은 주변 문화가 부착된 신학적 쟁기로 자신들을 얽어매고 부정하게 만들어서는 안 되었다. 대신 그들은 그들의 독특성을 보여주는 상징들을 휴대하기 위해 수고해야 했다.

이스라엘 백성들이 입었던 겉옷의 네 귀에 술을 만들어 달았던 것에는 중요한 의미가 있었다. "이스라엘 자손에게 명하여 그들의 대대로 그 옷단 귀에 술을 만들고 청색 끈을 그 귀의 술에 더하라 이 술은 너희로 보고 여호와의 모든 계명을 기억하여 준행하고 너희로 방종케 하는 자기의 마음과 눈의 욕심을 좇지 않게 하기 위함이라"(민 15:38-39).

22:13-15. 모세는 경건한 삶에 대한 비유에서 가장 심각한 시험을 받게 되는 가정으로 옮겨갔다. 주변의 이방 국가들과는 달리 이스라엘 백성들은 배우자와 자녀들을 대하는 일을 통해 여호와께 책임을 져야 한다는 의식을 가지고 살아야 했다. 이스라엘 남자들은 아내에 대한 자신의 미움을 은폐하기 위해 아내가 윤리적 죄를 범했다고 비난함으로 아내의 명예를 훼손시켜서는 안 되었다. 남편이 아내에게서 처녀인 표적을 보지 못하였다고 주장하면서 아내를 비방거리로 만들 경우 그 주장을 액면 그대로 받아들여서는 안 되었다. 명예를 훼손당한 아내의 부모는 딸의 명예를 회복하기 위해 성읍 문 장로들에게로 가서 청문회를 요청하도록 되어 있었다.

22:16-19. 성읍의 장로들이 진상을 듣기 위해 모일 때 누명을 쓰게 된 딸의 아버지는 자기 딸을 비방하는 딸의 남편이 자기 딸을 미워한 것과 딸의 결백을 보여주는 증거를 근거로 항변할 수 있었다. 그 증거로 그는 그의 딸이 결혼하기 전 처녀였다는 사실을 장로들이 인정할 수 있는 표적으로 딸의 자리옷을 그 성읍 장로들 앞에 펼치도록 되어 있었다.

부모의 항변이 정당하다는 것이 드러나게 되면 장로들은 아내에게 누명을 씌운 남편에게 은 일백 세겔을 벌금으로 물리는 벌을 가해야 했다. 몇 세기 후 다윗이 은 오십 세겔을 주고 아라우나의 땅을 산 것으로 보아 알 수 있듯이(삼하 24:24) 그 당시 은 일백 세겔은 거대한 금액이었다. 그런 어마어마한 금액의 벌금은 아내에게 누명을 씌우고 혼인 관계에서 벗어나고 싶어하는 남자들의 의도를 제지하는 역할을 크게 했을 것이다. 그런 일은 여자에게뿐 아니라 그 가족의 명예에도 해를 가하는 것이기 때문에 벌금은 여자의 아비에게 돌아갔다.

그 남편은 금전적인 벌금을 물어야 할 뿐 아니라 아내가 잘못을 범하여도 이혼할 수 있는 선택권을 영원히 잃게 되었다. 그 여자로 그 남자의 평생에 버리지 못할 아내가 되게 하려니와. 따라서 그 남편은 아내와 이혼할 수 없었다. 그러나 이혼해야 할 상황이 벌어진다면 아내가 남편과 이혼하는 것에 대해서는 본문이 그 어떤 제약도 가하지 않고 있다.

22:20-21. 여자가 혼전에 문란하게 성행위를 한 것이 사실로 드러나면 그 여자는 돌로 쳐죽이도록 되어 있었다. 그 형은 일반적으로 집행이 이루어지는 성읍 문 가까운 곳이 아니라 그 아비 집 문에서 집행되었다. 여자에 대한 비방이 그 아비의 평판에 손상을 가하고 벌금으로 보상을 받게 했던 것처럼 여자가 실제로 행한 범죄에 대한 형벌도 그 아비에게서 가까운 곳에서 집행되었다. 그녀가 그 아비 집에서 창기의 행위를 하여 이스라엘 중에 악을 행하였으므로 그 죄가 아비에게도 상처를 입혔다. 그런 엄중한 형벌은 아무렇게나 행동하고 싶은 유혹을 받는 젊은 여성들을 제지시키는 역할을 했으며, 부모들에게는 처녀 딸들을 잘 감독해야 할 확실한 이유가 되었을 것이다.

22:22. 혼전 성 관계는 이스라엘에서 결혼 생활과 가정 생활의 안전성에 심각한 위협을 가하는 요인이 되었다. 유부녀와 통간한 것이 밝혀진 남자는 그 여자에게 죄를 범한 것일 뿐 아니라 공동체 생활에도 해를 가한 것이었다. 그 여자 역시 그와 비슷한 죄를 범했으며 그 유일한 해결책은 그 여자 역시 죽이는 것이었다. 그렇게 함으로 그들에게서뿐 아니라 이스라엘 중에서 악을 제거할 수 있었다. 배우자에 대한 배신은 사회 속에서 지켜야 할 신의에 타격을 가하는 것이다. 통간을 묵과하는 분위기는 다른 많은 범죄들에 대해서도 묵과하게 만들 것이다. 서로 동의하는 성인들 사이에서 부적절하게 이루어지는 사생활이 공동체 생활 전체를 위태롭게 할 수 있다.

22:23-24. 이스라엘에서 약혼은 약혼이라기보다는 결혼과 같은 것이었다. 그리고 그 약혼한 사람들의 관계는 이혼에 의해서만 단절될 수 있었다. 약혼한 여자는 비록 처녀일지라도 법적으로는 약혼한 사람의 아내가 되었다. 그녀가 성읍 중에서 다른 남자에게 강간을 당하면서 아무 소리도 지르지 않았다면 그 남자의 강간에 동의한 것으로 간주되었다. 따라서 그녀와 그녀를 강간한 남자는 모두 죄를 범한 것이 되어 둘 다 죽임을 당하게 되었다.

22:25-27. 그러나 비슷한 범죄가 성읍 밖 들에서 벌어질 경우 그 결과는 달랐다. 왜

냐하면 그 범죄는 쌍방의 동의로 이루어진 것이 아니라 강간에 의한 것으로 보기 때문이다. 따라서 이 경우에는 남자만이 쳐죽임을 당했다. 강간은 이웃을 쳐죽인 것과 같은 폭행과 폭력이었다. 강간이 성읍에서 멀리 떨어진 곳에서 발생했기 때문에 여자는 무죄로 인정되었다. 왜냐하면 그녀가 소리를 질러도 구원할 자가 없었을 것이기 때문이었다.

22:28-29. 약혼하지 아니한 처녀가 강간을 당했을 경우에는 남자에게 상당히 큰 액수(은 오십 세겔)의 벌금을 물리고, 결혼할 사람을 선택할 수 있는 자유를 남자에게서 박탈했다. 강간한 남자는 자신이 강간한 여자와 결혼해야 했고, 이혼할 수 있는 권리를 잃었다. 이 벌은 가해자보다는 피해자에게 더 큰 손실을 가하는 것처럼 보일 수도 있을 것이다. 그러나 '그녀가 그 남자와 기꺼이 결혼하기로 하고 그녀의 부모가 그 결혼에 동의할 경우' 라는 조건이 따른다면 일리 있는 제안이 될 수 있을 것이다. 그런 일이 종종 있었는데 그것은 그녀가 강간을 당했기 때문에 다른 사람들이 그녀를 적절한 배우자로 보지 않을 수 있기 때문이다.

22:30. 이 구절은 아비의 후실을 취하는 특수한 경우를 다루고 있다. 그런 일은 금지되어 있었다. 아마도 아버지가 후실을 두고 세상을 뜬 경우를 가정하고 있는 것으로 보인다. 아버지의 후실을 취하여 아내로 삼는 것은 아버지의 사후 명성에 오점을 남기고, 아버지를 경멸하는 행동이 되기 때문에 그런 결혼은 철저히 금지되었다. 모세는 아비의 하체를 드러내지 말지니라고 경고했다. 다른 곳에서는 성적으로 수치스러운 행동들을 언급하기 위해 그와 유사한 히브리 표현들이 사용되었다(신 27:20, 창 9:20-24).

Main Idea 복습	하나님의 백성들은 생명과 재산을 존중하고 있음을 보여주고, 이웃과 다르게 만들어주는 자신들의 순전함을 보여주면서 신뢰할 수 있는 방법으로 서로를 사랑해야 한다.

결론

파쇄된 성경

덴 하트(Den Hart)는 〈비텐부르크 문(The Wittenberg Door)〉이라는 불경한 잡지에 가짜 성경 구절들을 실은 적이 있었다. 그는 잘 알려진 성경 구절들을 다시 써서 현대 미국 그리스도인들이 보기에 더욱 현실감 있게 다가갈 수 있도록 시도하려 했다. 결과적으로 그가 한 일은 진리를 잃어버린 오락거리가 되고 말았다.

예를 들면 그는 로마서 12장 2절을 "이 세대를 본받지 말라. 그러나 마스터카드를 갱신함으로 변화를 받아라"라고 바꾸었다. 또 마태복음 8장 21절을 "또 한 사람이 가로되 '주여, 나로 먼저 가서 내 부친을 장사하게 허락하옵소서' 라고 말하자 예수님께서 '그렇게 하라! 나는 아무도 불편하게 만들고 싶지 않다' 라고 대답하셨다"로 바꾸었다.

하트는 마태복음 18장 15절을 일반적인 현상을 배경 삼아 "네 형제가 죄를 범하거든 다른 사람에게 가서 이야기하되 그를 직접 상대하지는 말라. 만일 그가 또다시 네게 죄를 범하거든 교회를 떠나 다른 곳으로 가라" 고 바꾸었다. 그리고 누가복음 18장 22절은 "예수께서 이 말을 들으시고 이르시되 '네가 오히려 한 가지 부족한 것이 있으니 네게 있는 것을 다 팔아 가난한 자들에게 나눠주라. … 하하하, 그냥 해본 농담이다"라고 바꾸었다.

또 골로새서 3장 5절은 "그러므로 땅에 있는 지체를 죽이라. 곧 음란과 부정과 사욕과 악한 정욕과 탐심이니 탐심은 우상 숭배니라. 대신 성공적인 투기 사업과 유능한 자아상과 타고난 기질과 햇빛에 잘 태운 피부를 덧입어라" 고 다시 썼다.

하트의 개역이 보여주듯이 오늘날 부도덕에 맞서 싸우는 내적 투쟁이라는 대중적 정서를 거의 찾아볼 수 없다. 이런 태만은 통렬한 결과를 불러올 수 있다. 왜냐하면 실제로 순전하지 않으면서 순전한 것처럼 보일 수 있기 때문이다. 조만간 부도덕한 신자의 내적 생활 속에 있는 불순물들이 드러날 것이다. 그리고 그것들이 공개적으로 폭로되면서 그에 따르는 모든 실망들을 불러올 것이다.

■ 진리 알기

- 사랑의 반대는 다른 사람들의 필요에 냉담하고 무관심한 것이다.
- 하나님께서는 그리스도인들이 비록 보잘것없어 보이고 중요하지 않은 것처럼 보이는 부분에서도 그들의 고백과 일치하는 삶을 살아가기를 원하신다.
- 하나님께서는 신자들이 그들과 함께 살아가는 다른 사람들에게 관심을 가지고 돌보기를 원하신다.
- 인간의 생명을 보호하는 일에는 큰 희생이 요구될 수도 있다. 그러나 생명을 경시하는 일에도 그에 못지않은 대가가 따르게 될 것이다.

■ 적용하기

- 자연이 창조주 하나님에 대해 가르치고 있는 것들을 찾아내기 위해 자연을 잘 관찰해보라.
- 부도덕한 생각들을 분별하고 고백함으로 부도덕이 힘을 얻지 못하게 하라.
- 사람들의 평판을 해칠 수 있는 주장을 하지 않도록 주의하라.
- 순전한 결정을 내릴 수 있는 모든 기회들을 주 예수님과의 관계를 점검하는 시금석으로 삼아라.

삶의 적용

그릇된 확신

성경에서 부도덕한 삶에 따르는 위험을 삼손보다 더 잘 보여주는 예는 별로 없을 것이다(삿 13-16장). 삼손은 하나님께서 주신 엄청난 힘을 거듭 드러내면서 사역을 시작했지만, 앞을 보지 못하는 상태에서 적들의 손에 자신을 맡겨야 하는 상태로 생애를 마쳐야 했다. 블레셋 사람들과 타협함으로써, 그는 그를 지키시는 하나님의 보호를 박탈

당했다.

하나님께서는 삼손을 사용하셨다. 그러자 삼손은 하나님께서 언제나 그를 사용하실 것이라 생각했으며, 심지어는 하나님께서 그를 필요로 하실 것이라는 결론을 내렸다. 그 결과 그는 진리를 달갑지 않게 자각해야 하는 자리에 서게 되었다.

들릴라를 알기 전까지 삼손은 시종 일관 승리를 거두었다. 블레셋 사람들과 맞설 때마다 그들을 물리쳤다. 그가 준비되어 있었기 때문에 하나님께서 그를 사용하셨다. 적어도 그 점에서 삼손은 칭찬 받을 만했다. 그러나 그는 그릇된 확신을 가지고 있었다. 자신의 성공을 통해 하나님께서 그의 생활 방식을 인정해주시므로 이스라엘이 하나님께 도덕적으로 순전한 삶을 사는 것은 그리 중요한 문제가 아니라는 결론을 내렸던 것으로 보인다.

고든 콘웰 신학교(Gordon-Conwell Seminary)를 세운 설립자들의 한 사람인 에이제이 고든(A. J. Gordon)은 그가 산책하면서 경험한 일을 이야기하기 좋아했다. 그는 들판을 가로질러 멀리 서 있는 집을 바라보고 있었다. 그 집 옆에는 오래 된 수동식 펌프를 힘차게 펌프질하는 사람처럼 보이는 물체가 있었다. 고든이 지켜보고 있는 동안 그 사람은 계속에서 굉장히 빠른 속도로 펌프질을 계속했다. 그는 피곤함을 전혀 모르는 것처럼 계속해서 조금도 속도를 늦추지 않고 위아래로 움직이며 펌프질을 했다.

너무나 놀라운 광경이었기 때문에 고든은 자세히 보기 위해 가까이 다가가 보기로 했다. 가까이 다가간 고든은 펌프질을 하는 사람이 나무를 깎아 사람처럼 보이게 만든 조각상이라는 것을 알게 되었다. 빠르게 펌프질을 하는 팔은 팔꿈치에 경첩을 달고 있었고, 손은 펌프 손잡이에 철사로 묶여 있었다. 물이 흘러넘치고 있었다. 그러나 그 조각상이 펌프질을 하고 있기 때문이 아니었다. 그 물은 자분정이었고 분수처럼 솟아오르는 물이 그 형상을 펌프질하고 있었던 것이다!

하나님께서는 그리스도인들이 세상에 널리 퍼진 의견에 따라 이리저리 휩쓸리거나 끌려다니는 것을 원치 않으신다. 경건한 사람들은 삼손처럼 영적인 삶을 쾌락이라는 제단 위에 올려놓고 희생시키려는 제도의 유혹에 굴복해서는 안 된다.

기도

하나님 아버지, 타협이라는 위험에 빠지지 않게 도와주십시오. 하나님의 인정을 잃어버리는 대신 차라리 팔 하나를 잃어버리는 사람이 되게 도와주십시오. 동시에 우리의 경건함에 자만하지 않게 하시고 다른 사람들의 필요에 민감한 사람이 되게 도와주십시오. 그래서 그들을 향한 하나님의 사랑을 드러낼 수 있게 해주십시오. 아멘.

심층 연구

A. 처녀인 표적(22:17)

명예가 훼손된 한 아내의 부모는 자기 딸이 결백하다는 사실을 보여주는 증거를 공청회에 제시할 것이다. "내 딸의 처녀인 표적이 이것이라 하고 그 부모가 그 자리옷을 그 성읍 장로들 앞에 펼 것이요"(신 22:17). 그 자리옷에 대해서는 여러 가지 논쟁이 있어 왔다. 그 가운데 하나는 아내가 월경을 하지 않는 것으로 보아 결혼 전에 아내가 임신을 한 증거로 받아들여야 한다고 비난하는 남편의 주장으로 보아야 한다는 것이다. 또 그 자리옷은 월경으로 인한 핏자국이 남아 있는 옷이었다는 다른 주장도 있다. 그런데 이 두 견해는 만일 남편이 그 자리옷이 있다는 사실을 알고 있으면서 아내를 비난하는 것은 어리석은 일이라는 문제를 안고 있다. 그러나 갓 결혼한 여인은 남편의 비난이 있을 경우를 대비해 그 증거를 부모에게 맡겨두라는 교육을 아마도 받았을 것이다.

B. 아비의 하체를 드러냄(22:30)

이스라엘 남자들은 과부가 된 아버지의 후실을 취하지 말라는 경고를 받았는데, 그것은 신실한 사람은 "아비의 하체를 드러내지 말아야"(22:30) 했기 때문이다. 히브리어로는 "아비 옷의 한 귀퉁이(또는 옷자락)를 들추지 말라"로 되어 있다. 몇 년 후 룻이 보아스에게 말하면서 비슷한 표현을 사용하였다. 그녀는 "나는 당신의 시녀 룻이오니 당신의 옷자락으로 시녀를 덮으소서"라고 말했다(룻 3:9). 그녀의 그 말은 비록 현대인들이 바로 알 수 있는 표현은 아니라 할지라도 청혼과 다를 바 없는 것이었다. 옷자락은 남편이 아내에게 해줄 수 있는 법적 보호를 뜻하는 것이었다. 따라서 신명기 22장 30절에서 하나님께서는 계모와 의붓아들의 결혼을 금하신 것이다.

고안

A. 들어가는 글

1. '아리스티데스의 변명' 이야기로 시작하라.

2. 배경 설명: 이스라엘 백성들은 생명을 보호하고 진리를 순수하게 지키려는 헌신을 보여야 했다.

3. 적용: 하나님의 사람들은 하나님의 진리를 확신하면서 이웃의 생명을 존중하는 모습을 시종 일관 보여야 한다.

B. 본문 이해

1. 생명의 보존을 장려하라(22:1-8)
2. 순전한 삶을 지켜라(22:9-30)

C. 결론: '그릇된 확신' 을 읽어주라.

토의 질문

1. 현대 사회에서 1-3절의 원리들이 파기되고 있음을 보여주는 예에는 어떤 것들이 있는가?

2. 남성과 여성의 차이를 흐리게 만드는 현대 사회의 추세는 어떤 결과들을 불러오고 있는가?

3. 오늘날 그리스도인들이 세상 사람들과 다른 자신들의 모습을 보여줄 수 있는 방법에는 어떤 것들이 있는가?

4. 좋은 평판을 받는다는 것이 매우 중요한 이유는 무엇인가?

신명기 23장

앞서 나아가는 힘

"거룩함을 단조롭고 지루한 것이라고 생각하는 사람 중에 그 실체를 아는 사람은 거의 없다. 실제로 거룩함을 경험하게 되면 … 아무도 저항할 수 없다. 세계 인구의 10퍼센트만이라도 거룩함을 정말로 경험한다면 한 해가 다 가기 전에 온 세상이 회심하고 행복해지지 않을까?"

- C. S. 루이스(C. S. Lewis)

신명기 23장은 일상 생활의 평범한 일들 속에서 거룩함이 어떤 모습으로 나타나게 되는지를 설명하고 있다. 하나님의 백성들은 공적인 예배뿐 아니라 개인적인 생활과 중요한 가치관에 있어서도 다른 사람들과 달라야 한다.

Deuteronomy

들어가는 글

거룩한 분께서 생각하시는 거룩

2000년 1월 1일이 다가오면서 많은 기독교 교회들도 세상 사람들이 일반적으로 느끼는 공포를 느끼고 있었다는 점에서 별다를 바 없었다. 신자들은 비축할 수 있는 모든 식량과 현금을 준비해두라는 조언을 여러 곳에서 들어야 했다. 사람들이 굶주리기 시작하면 벌어질지도 모를 갑작스런 습격을 피하기 위해 현금과 식량과 총과 탄약을 가지고 산으로 피하라고 제안하는 사람들까지 있었다. 그것은 수치스러운 제안이었다.

요새를 쌓고 방어하겠다는 사고방식 대신 우리 그리스도인들은 관대함을 드러내보여야 한다. 어려움이 생기면 우리에게 있는 것을 다른 사람들과 기꺼이 나누려는 개방된 자세를 보여야 한다. 예수 그리스도께서 자기 보존이 삶의 목적이라는 자세를 취하셨다면 지금 우리는 어떻게 되었겠는가?

대부분의 조사는 우리 그리스도인들이 믿지 않는 이웃들과 거의 다를 바 없이 행동한다는 결과를 보여주고 있다. 그 이유는 우리도 그들과 거의 다를 바 없이 생각하기 때문이며 … 성경을 잘 모르는 우리의 신앙 때문이다. 예를 들어, "누가 산상수훈을 설교했는가?"라는 질문에 대해 그리스도인이라고 자처하는 대부분의 사람들은 그 답을 모르고 있었다. 산상수훈을 예수님께서 설교하셨다고 생각하는 사람들도 있었지만, 그에 못지않게 많은 사람들이 빌리 그래함(Billy Graham)이 설교했다고 생각하고 있었다. 교회에 다니는 사람들 가운데 상당수는 독재적 성향을 가진 지도자가 산상수훈을 설교했을 것이라고 생각하고 있었다.

한 여론 조사에서 "'하늘은 스스로 돕는 자를 돕는다'라는 말은 성경에서 인용한 것인가?"라는 질문을 해보았다. 정기적으로 교회에 출석하는 사람들 가운데 60퍼센트는 그렇다고 생각하고 있었다. 흥미롭게도 전혀 교회에 다니지 않는 사람들 가운데서는 53퍼센트만이 그 말이 성경에서 나온 것이라고 생각했다. 주일을 그냥 집에서 보낸다면 아마도 성경을 좀더 잘 알게 되지 않을까라는 생각을 다 하게 될 정도다.

그런 생각을 사람들에게 말할 수는 없다. 그러나 현대 교회, 특히 서구 사회가 앞서 나아가는 힘을 상실했다고 말해도 전혀 과장이 아닐 것이다. 하나님께서는 자기의 백성들이 구별된 가치관을 가지고 구별된 삶을 살기 원하신다. 그리고 그 구별된 삶과 가치관이 성경에 계시된 하나님의 교훈을 익히 잘 아는 것을 통해 형성되기를 바라신다. 우리가 거룩한 삶을 살지 않는다면 세상을 향해 우리가 할 수 있는 말이 별로 없게 된다.

본문 이해

앞서 나아가는 힘

Main Idea	하나님의 백성들은 공적인 예배로부터 위생에 이르기까지 모든 면에서 거룩해야 하지만, 특히 중요한 가치관에 있어서는 더욱 그래야 한다.

A. 공적인 예배의 구별(23:1-8)

Supporting Idea	이스라엘 백성들은 그들이 살고 있는 세상과는 구별되는 거룩한 총회로 모여야 했다.

23:1. 하나님께서는 이스라엘 백성들이 거룩한 삶을 살아감으로 세상에 미치는 영향을 강화할 수 있게 하려 하셨다. 오늘날 현대인들이 생각하는 '거룩' 이라는 용어의 의미와는 상당히 다르지만 그 용어에는 '구별된' 이라는 중요한 의미가 포함되어 있다. 이스라엘이 주변 국가들과 다르지 않다면 주변 국가들로 하여금 여호와께 호감을 가질 수 있도록 영향을 미칠 수 없게 될 것이다. 이스라엘의 공적인 예배와 총회에 참여할 수 있는 사람들과 참여할 수 없는 사람들이 구분되어야 했다. 신낭이 상한 자와 신을 베인 자는 공적인 예배에 참여하지 못하도록 되어 있었다. 그들은 여호와의 총회에 참여할 수

없었다.

'여호와의 총회' 라는 용어를 신중하게 정의해야 할 필요가 있다. 이 용어는 '이스라엘 공동체' 라는 말뿐 아니라 '여호와를 예배할 수 있는 사람들' 이라는 말과도 같지 않다. '여호와의 총회' 란 절기나 국가적인 위기가 닥쳤을 때 이스라엘 백성들이 모이는 공식적인 회합을 의미한다. 그런 행사가 없을 때에는 여호와의 총회로 모이는 일이 없었다. 육체적인 장애가 있는 사람들은 일상적인 생활 속에서 이스라엘 백성의 한 구성원으로 늘 받아들여졌다. 그 유일한 예외는 제사장의 직분을 맡을 수 없다는 것뿐이었다.

23:2-3. 사생자도 여호와의 총회에 들어올 수 없었다. 또 이스라엘 백성이 이방인과 결혼한 경우와 근친상간으로 태어난 경우도 총회에 참석할 수 없었다. 십대까지라는 표현은 '무기한으로' 라는 뜻을 가진 관용어구였다(히브리 본문에는 문장 끝에 '영원히' 라는 단어를 추가함으로 그 의미를 분명히 했다).

암몬 사람과 모압 사람의 자손들도 총회에 들어오지 못하게 되어 있었다. 이 두 족속은 롯과 그의 두 딸 사이에서 근친상간으로 태어난 사람들의 뒤를 이은 자손들이었다(창 19:30-38).

23:4-6. 비록 암몬과 모압의 부당한 기원을 설사 큰 문제로 여기지 않는다 할지라도 하나님께서는 이스라엘 백성들이 거룩한 땅에 근접해가는 동안 그들이 떡과 물로 이스라엘을 영접하지 아니하였던 일에 대한 책임을 물으신다고 모세는 설명했다. 게다가 그들은 돈을 목적으로 예언하는 거짓 선지자 발람에게 뇌물을 주고 이스라엘을 저주하게 하려 했다. 하나님께서 발람의 저주를 변하여 복이 되게 하셨다고 해서 그들이 범한 죄가 면제되는 것은 아니었다. 약속의 땅이라는 경계 안에서 살면서도 그들은 이스라엘의 총회에 참석하지 못하게 되어 있었다. 그리고 이스라엘은 평생 그들의 평안과 형통을 영영히 구하지 말아야 했다.

23:7-8. 에돔 사람과 애굽 사람들에게 그리 엄격한 제한을 가하지 않은 것은 역사적인 이유 때문이었다. 에돔 사람은 야곱의 쌍둥이 형 에서의 자손들이었고, 그 인척 관계가 무시되어서는 안 되었다. 이스라엘 백성들이 애굽 땅에서 객이 되었었기 때문에 애굽 사람에 대해서는 특별한 배려를 하도록 되어 있었다. 이 두 족속의 삼대 후 자손은 여호와의 총회에 들어올 수 있었다.

B. 일상생활의 구별(23:9-14)

Supporting Idea	거룩한 사람들은 윤리적으로나 비유적으로나 부정한 것을 피해야 했다.

23:9. 모세는 이스라엘 백성들은 부정한 모든 것을 피해야 한다는 일반적인 진술로 이 부분을 시작해서 마무리하고 있다. 이스라엘 백성들은 그들의 특수성을 유지하지 않는 한 진중에서도 그들의 적을 이기고 승리할 수 있을 것이라는 기대를 가질 수 없었다.

23:10-11. 그 사실을 보여주는 두 개의 구체적인 예들 가운데 하나가 이 구절에 언급되어 있다. 몽설은 도덕적으로 잘못된 것은 아니었다. 그러나 의식상 부정한 것이 될 수 있었다. 몽설한 것이 진중에 알려질 가능성은 적었다. 그러나 진중에 알려지고 알려지지 않고는 중요한 것이 아니었다. 이스라엘 군인은 자신의 부정함을 씻어내기 위한 조처를 취해야 했다. 그는 진 밖으로 나가 해질 때에 목욕하고 해진 후에 진에 들어와야 했다. 여기서 묘사하고 있는 부정함은 의식상의 규정이었으며 도덕적이나 영적인 잘못을 의미하는 것은 아니었다.

23:12-13. 모세가 두 번째 예로 든 위생상의 구별은 배설물을 처리하는 것이었다. 배설물의 처리는 진중에서 거듭 일어나는 일이었기 때문에 이스라엘 군인들은 적절하게 계획을 세워야 했다. 그들은 먼저 배설물을 처리하기 위해 진 밖에 변소를 정해두어야 했다. 그 정해진 변소를 사용하지 않는 것은 진중을 부정하게 만드는 것이었고, 따라서 비록 이곳에서는 명백하게 언급하고 있지 않지만 아마도 청결 의식이 요구되었을 것이다.

삽은 군인의 전투 장비 가운데 하나였고 배설물을 덮기 위해 땅을 팔 때 사용되었다.

23:14. 모세는 예방 조치를 위한 이론적 근거를 제시하면서 위생에 관련된 부분을 마무리하고 있다. 여호와께서는 이스라엘 백성을 구원하시고 적군을 그들에게 붙이시기 위해 언제나 이스라엘 진중에서 행하시며, 하나님의 백성들이 평범한 일들에 주의를 기울임으로 그들 가운데 함께하시는 하나님을 인정하고 있음을 드러내기를 기대하셨다. 그렇게 하지 않을 때 그것은 하나님께 불쾌한 것이 되고, 곧 전투에 임해야 할 군인들은 진중에 있는 부정함 때문에 여호와께서 그 백성을 떠나게 될 수도 있는 가능성을 피하고 싶어할 것이다.

성경을 연구하는 사람들 가운데 이곳에서 설명하고 있는, 정기적인 씻음과 변을 보는 적절한 장소를 정해두는 것을 통해 얻을 수 있는 유익을 성급하게 언급하는 사람들이 있었다. 물론 유념하기는 해야 한다. 그러나 그런 생각이 그런 일들을 해야 하는 근원적인 이유가 될 필요는 없다. 하나님의 율법에 나타난 다양한 구별들은 단지 여호와께서 그렇게 정하셨기 때문일 뿐이다. 이스라엘 백성들은 그런 규정들을 지킬 때 주변 국가들과 구별될 수 있었다.

C. 가치관의 구별(23:15-25)

Supporting Idea	이스라엘 백성들은 한 나라로서 지닌 가치관을 통해 이방 나라들 가운데서 그들의 거룩함을 유지해야 했다. 특히 언약 공동체 안팎에 있는 사람들을 대할 때 더욱 그래야 했다.

23:15-16. 이스라엘의 거룩함은 몽설이나 배설물에 대한 규정을 지키고 적절하게 씻어내는 의식을 지키는 것 그 이상이었다. 실제로 그들은 억압받는 사람들을 대하는 일을 통해 그들의 독특성을 드러내야 했다. 그들은 애굽에서 종살이를 했고, 여호와께서 그들에게 자유를 주셨다. 그러므로 그들은 주인을 피해 그들에게 도망해온 종을 다루는 방식을 통해 하나님의 미덕을 보여주어야 했다. 도망온 종에게 거할 곳을 선택할 수 있게 해주고 그를 그 주인에게로 돌리지 말아야 했다. 그 종이 이해심과 동정심을 가지고 대하는 이스라엘 백성들 가운데서 살 수 있도록 허락해주어야 했다. 그를 압제해서는 안 되었다. 대신 이스라엘 성읍 중에서 기뻐하는 곳을 택해 살 수 있는 자유를 갖게 해주어야 했다.

23:17-18. 이스라엘 백성들은 성생활 속에서도 거룩함을 유지해야 했다. 그들은 신전에서 매춘을 행하는 가나안 족속들로부터 자신들을 구별해야 했다. 매춘이 일반적으로 혐오스러운 것으로 여겨지긴 했지만 예배를 근거로 매춘을 행하고 정당화하는 것은 혐오해야 할 것 이상의 타락이었다.

신전에서 행하는 매춘(창기)에 해당하는 콰데샤(qadesha)라는 히브리 단어는 '거룩한 것' 이라는 뜻을 가지고 있다. 현대 사회에서 '거룩한' 이라는 단어가 매춘과 관계 있는 형용사로 쓰이지는 않는다 할지라도 매춘이라는 말에는 본래 '구별' 이라는 개념이 내포되어 있다.

이스라엘은 여호와와 관련해 그런 부정한 생각을 해서는 안 되었다. 그들은 남자든 여자든 창기가 되어서는 안 되었고, 하나님께서 몹시 싫어하시는 방법을 통해 벌어들인 돈으로 그들이 해야 할 의무를 수행하려 해서도 안 되었다.

23:19-20. 이스라엘 백성들이 지켜야 할 중요한 가치관 가운데 하나는 형제의 복리에 마음을 쓰는 것이었다. 그들은 동족에게 빌려준 돈에 대해서는 이식을 취하지 말아야 했다. 빌려준 것이 돈이든 식물이든 무릇 어떤 것이든 간에 그것을 통해 이식을 취하려 해서는 안 되었다. 타국인에게는 이식을 취해도 괜찮았지만 동족인 야곱의 자손들에게서는 이식을 취하지 못하도록 되어 있었다.

23:21-23. 서원은 하나님께서 바라는 은혜를 허락해주실 것이라는 전제하에 하나님께 약속을 하는 것이다. 예배를 드리는 자는 성막(나중에는 성전)으로 가서 "하나님께서 (바라는 은혜를) 허락해주실 것이므로 가난한 사람들을 위해(또는 다른 목적을 위해) 얼마만큼의 돈을 기부할 것입니다"라는 공개적인 선언을 했다. 모든 서원은 자발적인 것이었으며 예배자의 자유로운 판단에 따른 것이었다. 그러나 여기서 모세는 이스라엘 백성들이 여호와께 서원했다면 그 서원한 것 갚기를 더디 하지 말라고 강조하고 있다. 여호와께서는 서원한 것을 언제나 철저하게 거두시고 여호와께 약속한 것을 반드시 요구하실 것이다. 서원하는 사람이 죄를 초래하는 것은 아니다. 그러나 예배 드리는 자는 여호와께 서원하여 입으로 언약한 대로 반드시 행해야 했다. 이스라엘 백성들은 여호와께 한 약속이든 형제에게 한 약속이든 간에 자신이 한 말에 대해서는 언제나 책임을 져야 했다.

23:24-25. 이스라엘에서는 긴급한 필요가 있을 경우 남의 것을 훔치지 말라는 하나님의 명령을 일반적으로 범할 수 있는 특정한 자유를 누릴 수 있었다. 어떤 사람이 이웃의 포도원에 들어가 배가 고프게 된 경우 그에게는 포도원 안에서 배불리 먹을 수 있는 하나님께서 주신 권리가 있었다. 그러나 그 포도원이 마치 자신의 소유인 것처럼 포도를 따서 그릇에 담아 가져가는 것은 금지되었다. 그와 비슷하게 그는 이웃의 옥수수를 따서 먹을 수 있었다. 그러나 그것이 마치 자신의 옥수수인 것처럼 거두어가지는 못하도록 되어 있었다.

Main Idea 복 습	하나님의 백성들은 공적인 예배로부터 위생에 이르기까지 모든 면에서 거룩해야 하지만, 특히 중요한 가치관에 있어서는 더욱 그래야 한다.

결론

엄격함은 아니다

거룩함을 음침한 엄격함과 같은 것으로 보는 사람들이 많이 있다. 그런 근거 없는 통념을 타파하기 위해 하나님께서는 이스라엘 백성들이 바벨론 포로 생활에서 귀환하게 된 사건을 사용하셨다(느 8:1-12). 에스라는 백성들을 모으고 하나님의 율법을 낭독했다. 그가 율법을 읽는 동안 율법의 말씀을 듣고 마음의 고통을 느낀 백성들은 눈물을 흘리기 시작했다. 그리고 그 다음에 일어난 일은 더욱 더 놀랍다.

> "총독 느헤미야와 제사장 겸 학사 에스라와 백성을 가르치는 레위 사람들이 모든 백성에게 이르기를 오늘은 너희 하나님 여호와의 성일이니 슬퍼하지 말며 울지 말라 하고 느헤미야가 또 이르기를 너희는 가서 살진 것을 먹고 단 것을 마시되 예비치 못한 자에게는 너희가 나누어 주라 이 날은 우리 주의 성일이니 근심하지 말라 여호와를 기뻐하는 것이 너희의 힘이니라 하고 레위 사람들도 모든 백성을 정숙케 하여 이르기를 오늘은 성일이니 마땅히 종용하고 근심하지 말라 하매"(느 8:9-11).

하나님 편에서 볼 때 거룩함은 슬픔이 아니라 기쁨과 짝을 이룬다. 우리가 하나님께 가까이 다가가면 갈수록 하나님의 성품인 기쁨을 점점 더 일관되게 드러낼 수 있게 된다. 주의 우편에는 영원한 즐거움이 있다(시 16:11).

▣ 진리 알기

- 신자들은 때때로 자신들의 잘못이 아닌 한계 때문에 그들의 유효성에 제한을 받는다.
- 하나님께서는 악한 사람들의 적대적인 의도를 하나님의 백성들을 위해 유익한 것으로 바꾸실 수 있다.
- 하나님께서는 언제나 하나님의 백성들과 가까이 계신다. 그러나 그들의 악한 행동은 함께 하시는 하나님을 근심하시게 만들 수 있다.
- 그리스도인들은 그리스도와의 화목한 관계를 방해하는 부정한 일을 용납해서는 결코 안 된다.

▣ 적용하기

- 하나님께 온전히 헌신되지 못한 부분들이 없는지 살펴보고 그런 부분들이 있다면 그런 부분들을 해결하기로 결단하라.
- 죄를 매일 하나님께 자백하고 그 죄를 버릴 수 있도록 도와주시기를 기도하라.
- 잘못된 행동이라는 것을 알면서도 그 행동을 합리화하려는 잘못을 범하지 말라.
- 항상 자신이 한 말에 대해 책임을 지는 사람이 되라.

삶의 적용

숨겨진 위험들

폴란드 소녀 마리 스클로도프스카(Marie Sklodowska)는 그녀가 좋아하는 선생님이 "여러분들 가운데는 손가락 끝에 별들이 있는 사람이 있어요"라고 말하는 것을 들은 적이 있었다. 그것은 기분을 상하게 할 수도 있는 말이긴 했지만 마리에게는 깊은 인상을 남긴 격려가 되었다. 마리는 그 별들을 따기로 결심하고 파리 소르본느(Sorbonne) 대학의 과학 이수 과정에 등록을 했다. 그 곳에서 그녀는 뛰어난 학생이 되었고, 피에르 퀴리(Pierre Curie)라는 젊은 교수를 사랑하게 되었다. 두 사람은 곧 결혼을 했고 별들을 향해 함께 나아갔다.

두 사람의 연구는 힘든 일이었고 그들의 학설은 때때로 냉소의 대상이 되었다. 그러나 두 사람은 포기하지 않고 계속 앞으로 나아갔다. 어느 날 밤 몹시 낙심한 두 사람은 실험실로 들어갔다. 그리고 그 순간 어둠 속에서 빛을 발하고 있는 증발접시들을 보게 되었다. 결국 두 사람은 라듐(radium)을 발견했고, 두 사람의 이름은 전 세계에 알려지게 되었다.

그러나 퀴리 부인은 라듐과 같이 강한 방사능을 가진 물질을 다루는 데는 달갑지 않은 부작용이 따른다는 사실을 알게 되었다. 그녀는 곧 화상에 시달렸다. 얼마 후 그녀는 자신이 발견한 원소를 오랫동안 접하면서 생긴 암에 걸리게 되었다.

그리스도인들은 그들의 꿈에 원치 않았던 부작용이 생겨나지 않도록 조심해야 한다. 우리가 바라는 열망 깊은 곳에 감추어진 눈에 보이지 않는 위험들이 영적인 파멸을 불러올 수 있다(약 1:15). 영적인 지혜는 좋은 것처럼 보이는 것들 속에 숨어 있는 함정들을 식별할 수 있는 통찰력을 요구한다.

기도

하나님 아버지, 육체적으로나 영적으로나 부정한 모든 것들을 깨끗이 씻어내고 우리를 정결한 도구로 하나님께 드릴 수 있게 도와주십시오. 오염되지 않은 우리를 하나님께 드릴 수 있기를 간절히 소원합니다. 아멘.

심층 연구

A. 사생자(23:2)

모세는 '금지된 결혼을 통해 출생한' 사람은 그 사람뿐 아니라 그의 자손들까지도 여호와의 총회에 들어올 수 없다고 강조했다. 히브리 단어 맴제르(mamzer)를 사생아라고 번역한 경우도 있다. 맴제르는 히브리 성경 가운데 이곳과 스가랴 9장 6절에서만 나오는 보기 드문 단어다. 따라서 이 단어에 대해 명확한 주장을 하기는 어렵지만 '금지된 결혼을 통해 출생한 사람' 이라고 번역하는 것이 적절한 것으로 보이는데, 그 이유는 근친상간을 통해 출생한 사람들과 신전 매춘을 통해 출생한 사람들도 총회에 참여할 수 없었기 때문이다.

B. 모압과 암몬의 평안과 형통을 구하지 말라(23:6)

모세는 이스라엘 백성들에게 모압과 암몬과 정상적인 외교 관계를 맺지 말 것을 경고했다. 6절은 용서하라는 가르침과는 상반되는 것처럼 보이는데 그 이유는 6절이 "너의 평생에 그들의 평안과 형통을 영영히 구하지 말지니라" 고 말하고 있기 때문이다. 원수를 사랑하라고 하신 예수님의 가르침(마 5:44)과 이 구절이 어떻게 조화를 이룰 수 있겠는가?

우선 두 명령은 똑같은 영역에 적용되는 것이 아니다. 이스라엘 백성들에게 한 모세의 명령은 국가적 차원의 외교 정책에 적용되는 것이고 나라의 지도자들에게 지시한 것이었다.

이스라엘 백성들이 신명기 23장 6절을 따르기 위해 모압 사람들을 대하면서 상스럽게 또는 악의적으로 행동해야 했던 것은 아니다. 그들은 그들이 알게 된 암몬 사람들을 친절하게 대할 수 있었다.

그러나 이스라엘의 지도자들은 모압이나 암몬의 지도자들과 공식 조약을 체결하지 못하도록 되어 있었다. 우상을 숭배하는 그 두 나라는 과거에 이스라엘을 위험에 빠뜨렸고 미래에 또다시 그렇게 할 수 있었다. 후에 일어난 일들은 이 경고가 매우 지혜로운 것이었음을 보여주고 있다(삿 10:7-11:3, 삼하 10:1-9, 왕하 1:1, 3:4-27 비교).

교안

A. 들어가는 글

1. '거룩한 분께서 생각하시는 거룩' 이야기로 시작하라.

2. 배경 설명: 이스라엘 주변 국가들은 하나님의 백성들에게 그들이 숭배하는 우상을 섬기게 하는 영향을 미칠 수 없어야 했다. 이스라엘의 독특성은 국가적 생존뿐 아니라 하나님의 은혜에 달려 있었다.

3. 적용: 하나님의 백성들은 주변 국가들과 구별되어야 했다. 그들은 공적인 예배와 사생활과 가치관에 있어서 주변 국가들과 구별되는 거룩한 나라가 되어야 했다.

B. 본문 이해

1. 공적인 예배의 구별(23:1-8)
2. 일상생활의 구별(23:9-14)
3. 가치관의 구별(23:15-25)

C. 결론: '숨겨진 위험들' 을 읽어주라.

토의 질문

1. 자신의 불리한 조건들 때문에 하나님을 심하게 원망하고 있는 사람에게 어떤 조언을 해줄 수 있겠는가?

2. 하나님께서 다른 사람들의 악의적인 의도를 당신을 위해 유익한 것으로 바꾸셨던 경우를 생각해볼 수 있겠는가?

3. 하나님께서 다른 사람들에게 유익을 주기 위해 당신의 고통을 어떻게 사용하시는가?

4. 잘못된 방법으로 얻은 재물을 하나님을 섬기는 일에 바치는 것을 정당한 일이라고 할 수 있겠는가?

신명기 24장

서로 돌보는 사회의 모습

"자신이나 다른 사람을 막론하고 사람을 대할 때는 언제나 그 사람이 단순한 수단이 아니라 최종 목적인 것처럼 대하라."

- 임마누엘 칸트(Immanuel Kant)

모세는 신명기 24장에서 돌보는 사회, 즉 사람들이 서로의 재산과 권리를 존중하고 자신의 편안함이 아니라 다른 사람들의 감정에 마음을 쓰는 사회의 모습을 묘사하고 있다.

Deuteronomy

들어가는 글

사랑이라는 접착제

세 살짜리 제임스가 처음으로 주일학교에 가게 되었다. 그를 맡은 교사는 성 금요일 사건을 이야기해주었고 제임스는 깊은 인상을 받았다. 그날 저녁 식사 시간에 제임스는 느닷없이 "예수님은 십자가에서 돌아가셨어요"라고 말했다.

그리스도인인 제임스의 부모는 그 말을 듣고 기뻐했다. 그리고 제임스가 얼마나 이해하고 있는지를 알아보기 위해 그 기회를 활용했다. 그의 어머니는 "제임스, 예수님께서 왜 십자가에서 돌아가셨지?"라고 물었다.

제임스는 잠시 생각하다 "십자가에서 내려올 수가 없어서요"라고 대답했다. 어린 제임스는 십자가에 못 박힌 그리스도의 고난이 무엇을 뜻하는지 전혀 모르고 있었다.

그러나 어린 아들이 한 대답을 생각하던 그의 부모에게는 그리스도의 고난이 뜻하는 바가 점점 더 분명해졌다. 예수님께서는 손에 박힌 못 때문에 십자가에 달려 있었던 것이 아니었다. 인간을 향한 예수님의 사랑이 그 어떤 물리적 속박보다 더 단단하게 예수님을 십자가에 묶어두었다. 예수님께 사형선고를 내린 것은 미움이었지만 예수님을 십자가에 묶어둔 것은 예수님의 사랑이었다. 예수님께서는 인류의 유익과 영원한 행복을 위해 스스로 고난을 당하셨다.

그와 마찬가지로 사회의 법은 사람들에게 세금을 납부하고 폭력을 자제하게 만들 수 있겠지만, 친절한 사회를 이루는 가장 좋은 방법은 사람들이 서로를 사랑하게 만드는 것이다.

본문 이해

서로 돌보는 사회의 모습

Main Idea	순수하게 서로 돌보는 사회를 만들기 위해 시민들은 이웃의 본질적인 존엄성과 재산을 존중해야 한다.

A. 다른 사람의 재산을 존중함(24:1-7)

Supporting Idea	하나님의 백성들은 다른 사람에게 속한 것은 그것이 배우자든 재산이든 생명이든 간에 함부로 범해서는 안 되며, 자기 기분에 따라 마음대로 해서는 안 되는 것으로 여기고 존중해주어야 한다.

24:1-4. NIV 성경은 이 구절의 1-3절을 길고 복잡한 조건절로 보고 그 조건절의 귀결절은 4절에 가서야 나타나는 것으로 보는 최근의 문장 구조 분석을 정확하게 따르고 있다. 이 구절은 법적으로 이혼할 수 있는 근거를 진술한 것이 아니라 아내와 이혼하기로 이미 마음을 정한 남자의 행동을 규제한 것이다. 모세는 이혼하고 싶게 만드는 아내의 수치 되는 일을 남편이 발견할 수 있다는 사실을 인정하고 있다. 여기서 말하는 수치 되는 일을 많은 사람들이 생각하듯이 간음과 동의어로 해석해서는 안 될 것으로 보이는데 그 이유는 간음에 대한 형벌은 사형이었기 때문이다.

여기서 강조하는 것은 이혼이 아니라 이혼 후에 일어날 일들 때문에 자유롭게 생각할 수 있는 여지를 남기는 표현이 사용되었다. 이혼을 하기로 할 경우 남편은 공식적으로 아내에게 이혼증서를 써줌으로 결혼 관계를 취소했다. 그런 다음 여자가 다른 사람과 결혼하면 그녀의 첫 번째 남편은 그녀가 미망인이 된다 해도 그녀와는 다시 결혼할 수 없었는데 그것은 그 일이 여호와 앞에 가증한 것이었기 때문이다.

이 규정은 아내의 행동을 규제하기 위한 것이 아니라 아내를 마음대로 버릴 수 있는 소유물처럼 여기는 남편의 권리를 제한하는 데 그 강조점이 있다. 그는 아내와의 결혼 관계를 끝내고 싶은지를 먼저 확인해야 했다. 왜냐하면 일단 아내를 자기 집에서 내어 보내면 아내를 영원히 잃게 되는 것이기 때문이었다. 이혼한 아내에 대한 관심을 계속 유지하면서 실례를 범하는 것은 여호와께서 이스라엘에게 기업으로 주시는 땅으로 범죄케 하는 것이었다.

이혼이 적절한 것인지에 대한 질문을 받았을 때 예수님께서는 이 구절을 인용하셨다. 그러나 하나님께서는 원래 결혼을 영원한 것으로 계획했다고 말씀하셨다. 모세가 명한 것은 이스라엘 백성들의 무정한 마음을 인정한 것이었다(마 19:1-12).

24:5. 서로를 돌보는 사회에서 사람들은 정상적인 규정들과 책임들을 때로는 젖혀 놓을 필요가 있다는 사실을 잘 알고 있다. 새로 아내를 취한 사람의 경우를 그 한 예로 들 수 있었다. 갓 결혼한 사람은 일 년 동안 군대에 보내지 않았고, 또 다른 직무도 맡기지 않았다. 갓 결혼한 사람은 집에 한가히 거하여 그 취한 아내를 즐겁게 해야 했기 때문에 다른 사람들이 추가적으로 더 많은 일을 해야 했다.

24:6. 이스라엘은 빚을 갚게 하기 위해 담보 물건을 취할 수 있었다. 그러나 특정한 품목들에 대해서는 그렇게 할 수 없었다. 맷돌의 일부나 전부를 전집할 수 없었는데 그 이유는 그렇게 하는 것은 그 생명을 전집하는 것과 같은 일이기 때문이었다. 맷돌은 쌍으로 되어 있었다. 커다란 받침돌은 고정되어 있었고 그 위에 작은 맷돌을 얹어 사용하였다. 위에 얹은 작은 맷돌이 없으면 가루를 만들 수가 없었다. 받침돌만으로는 아무 소용이 없었다. 하나님께서는 이렇게 실제적인 방법으로 이웃을 사랑할 것을 명하셨다. 이 구절에 사용된 '생명' 이라는 용어는 '생계' 라는 용어로 번역될 수도 있을 것이다. 여기서 말하는 맷돌은 각 가정의 필요를 채우기 위해 만들어진 작은 형태의 맷돌이었을 것이다.

24:7. 수입의 원천이 되는 물건이 아니라 사람 자체를 담보로 취하는 사람은 서로 돌보는 사회에 더 큰 위협이 되었다. 자기 형제 곧 이스라엘 자손 중 한 사람을 후려다가 그를 부리거나 판 사람은 죽이도록 되어 있었다. 잡힌 사람을 종으로 부리려 했든 팔려 했든 그것이 중요한 것은 아니었다. 다른 사람의 가치를 그렇게 무정하게 경시하는 것 자체가 용납될 수 없는 악이었다.

B. 다른 사람의 존엄성을 존중함(24:8-22)

Supporting Idea	서로를 돌보는 사회에서 사람들은 다른 사람의 존엄성을 존중하는 일을 재산을 얻는 일보다 더 중요하게 생각한다.

24:8-9. 동족 이스라엘 백성들의 존엄성은 문둥병에 대한 모세의 지시 속에 포함되어 있다. 8절과 애굽을 떠날 때 여호와께서 미리암에게 하신 일을 상기시켜주는 그 다음 구절을 연결시켜놓은 것이 그 실마리가 된다. 민수기 12장 1-15절은 미리암(주모자)과 아론이 모세의 권위에 어떻게 도전했는지를 설명하고 있다. 그 일로 미리암은 하나님께서 정하신 권위에 저항했기 때문에 문둥병에 걸리게 되었다. 문둥병이 발병한 것 자체를 조심스럽게 다루도록 지시한 명령이 중요하긴 하다. 그러나 그것은 그보다 더 중요한 권위의 문제를 다루기 위한 발판의 역할을 하고 있다. 하나님께서는 권위를 부여하신 사람에게 도전하는 사람들을 친절하게 대하지 않으실 것이다. 모세는 자신을 변호하는 일에 온유했지만(민 12:3) 하나님께서는 그렇지 않으셨고 앞으로도 그렇지 않으실 것이다.

그러므로 문둥병에 대한 레위 사람 제사장들의 진단에 이의를 제기해서는 안 되었다(레 13-14장). 하나님께서 그들에게 명한 대로 그들이 알아낸 것을 백성들에게 가르치면 백성들은 그들의 지시대로 주의하여 행해야 했다(히 13:17).

24:10-13. 이웃에게 빌려주는 사람은 빌리는 사람의 집에 들어가서 전집물을 취하는 일을 하지 않음으로 빌리는 사람의 존엄성을 존중해주어야 했다. 대신 그는 집 밖에서서 빌리는 사람이 전집물을 가지고 나아와 그에게 줄 수 있도록 해야 했다. 이 지시를 통해 모세는 금전적인 권리를 가진 사람의 특권보다 일반적으로 사람들이 느끼는 감정을 더 중요시하는 삶의 원리를 전달했다.

더 나아가 가난한 사람에게서 취한 전집물에 대해서도 제한을 가하고 있다. 가난한 사람의 옷과 같이 없어서는 안 될 물건을 전집물로 취했다면 해질 때에 그 전집물을 돌려주어 입고 잘 수 있도록 해주어야 했다. 그런 배려는 빌린 사람으로부터 감사 가운데 축복을 얻게 해줄 것이며, 하나님 여호와 앞에서 의로운 일이 될 것이다.

24:14-15. 곤궁하고 빈한한 품꾼의 가정까지도 고려해야 했다. 그 가난한 사람이 약속의 땅에 살고 있는 형제든지 아니면 그 땅 성문 안에 우거하는 객이든지를 막론하고 그

사람을 학대해서는 안 되었다. 그는 자신의 상황이 너무나 절박하기 때문에 그에게 품삯을 주는 사람을 의지할 수밖에 없다. 그런데 그 품삯을 받지 못하게 된다면 그는 여호와께 호소할 것이고, 그렇게 되면 품삯을 주지 않은 사람에게 죄가 돌아가게 될 것이다.

24:16. 이 구절의 명령은 사람의 가치를 특별히 강조하고 있다. 각 사람은 다른 사람의 행동이 아니라 자신이 한 행동에 대한 책임을 지도록 되어 있었다. 아비는 그 자식들을 인하여 죽임을 당치 않을 것이며 자식들은 그 아비를 인하여 죽임을 당치 않도록 되어 있었다. 각 사람은 자기 죄로 인해 죽임을 당하도록 되어 있었다('심층 연구' 참고).

24:17-18. 사회 구조 속에서 가장 낮은 계층에 속한 사람들은 객과 고아와 과부였다. 그리고 그들을 돌보시는 하나님의 배려가 이 장의 마지막 여섯 절의 대부분을 차지하고 있다. 그런 부류에 속한 사람이라 해서 억울한 대우를 받아서는 안 되었다. 또 착취를 당해서도 안 되었다. 보통 빚을 진 사람에게서는 그의 옷을 담보물로 취해갈 수 있었다(12-13절). 그러나 과부에게 돈을 빌려준 사람은 그렇게 하지 못하도록 되어 있었다. 이스라엘 백성들이 의지할 데 없는 사람들을 배려하는 마음을 갖게 하는 것이 여호와의 목적이었고, 모세는 18절에 그 목적을 분명히 밝혀두었다. 이스라엘 백성들은 한때 애굽에서 종이 되었던 일을 기억하라는 명령을 받고 있다. 하나님께서 그들을 그 고통에서 속량하셨다. 따라서 그들도 의지할 데 없는 사람들에게 관심을 가지고 배려해 주어야 했다.

24:19-22. 하나님께서는 17절에 언급한 세 부류에 속하는 사람들의 필요를 채워주시기 위해 이 단락에 한 항목을 구체적으로 포함시키셨다. 이스라엘 백성들은 밭에서 곡식을 벨 때 곡식을 모두 다 거두어들이려고 특별히 신경을 쓰지 말아야 했다. 대신 가난한 사람들을 위해 수확하지 않은 부분을 조금씩 남겨두어야 했다. 감람나무를 떨 때나 포도를 딸 때도 마찬가지였다.

다른 사람을 배려하는 이스라엘 사람은 추수할 곡식을 밭에 남겨두는 것을 통해 각 사람의 존엄성을 중요하게 생각하고 있음을 증명할 수 있었다. 가난한 사람은 구걸하는 대신 이웃의 밭에서 이삭을 주워모음으로 적어도 자신의 가치를 어느 정도 지킬 수 있었다.

Main Idea 복습	순수하게 서로 돌보는 사회를 만들기 위해 시민들은 이웃의 본질적인 존엄성과 재산을 존중해야 한다.

결론

자비의 특성

어린 샐리는 어머니가 앓아눕게 된 날 무거운 책임감을 느꼈다. 어머니가 빨리 병에서 회복될 수 있도록 어머니의 짐을 덜어주기 위해 최선을 다하고 싶었다. 그래서 병석에 누워 있는 어머니가 편안한지를 확인한 다음 부엌으로 갔다. 몇 가지 정리를 한 다음 샐리는 아버지가 아팠을 때 어머니가 했던 일을 기억하며 어머니를 위해 차를 한 잔 끓이기로 했다.

차를 다 끓인 샐리는 자신을 기특하게 생각하며 만족스러운 마음으로 차를 들고 어머니가 누워 있는 방으로 들어갔다. 어머니는 딸을 아낌없이 칭찬해주며 "우리 딸이 차까지 끓일 수 있을 거라고는 생각하지 못했어"라고 자랑스럽게 말했다.

샐리는 "예, 엄마. 제가 차를 끓였어요. 엄마가 늘 하던 것처럼 물과 차를 함께 넣고 끓였어요"라고 말했다. 어머니는 딸의 설명에 귀를 기울이며 차를 한 모금 마셨다. 그때 샐리가 "그런데 차를 거르는 채를 찾을 수가 없어서 파리채로 걸렀어요"라고 말했다.

기겁을 한 어머니는 "파리채로 차를 걸렀다고?"라고 물었다.

어머니의 놀라는 반응을 느낀 샐리는 침착하게 "엄마, 걱정하지 마세요. 새 파리채를 망칠까봐 헌 파리채를 썼어요"라고 말하며 어머니를 안심시키려 했다.

그럴 때 어머니는 딸에게 위생에 관해 가르치는 것보다 딸이 한 노력에 감사를 표하는 것이 더 중요하다는 사실을 깨닫기 위해 최선을 다해 자신을 자제해야 한다. 섬세한 사람들은 청결한 위생을 지키기 위해 인간 관계를 희생시키는 일을 하지 않는다.

■ 진리 알기

- 건강한 결혼 생활과 건전한 사회 생활은 서로 연결되어 있다. 하나가 가는 곳으로 다른 하나도 함께 따라간다.
- 지혜로운 그리스도인은 다른 사람들의 영적인 실수를 통해 교훈을 얻는다.
- 법에 따라 공평을 행하는 것은 시민 사회를 유지하기 위한 원칙일 뿐 아니라 영적인 원리이기도 하다.

■ 적용하기

- 다른 사람들의 육체적, 영적 필요뿐 아니라 감정적 필요까지도 배려하라.
- 다른 사람들을 비난하기 전에 자신의 과거를 돌아보고 그들과 같은 잘못을 범한 적이 있었다는 사실을 먼저 기억하라.
- 무언가를 얻기 위해 사람들을 사용하려는 대신 사람들을 사랑하기 위해 무언가를 사용하라.
- 동정심을 가지고 관대하게 행동하는 것은 중요하다. 그러나 그렇게 행동하기 전에 그런 행동이 어떻게 받아들여질 것인지를 먼저 생각해보는 것이 현명하다.

삶의 적용

실수가 없는 판정

야구 심판 빌 거스리(Bill Guthrie)는 메이저리그 야구 선수 한 사람에게 주의를 주었다. 원정 경기를 온 팀의 포수는 거의 첫 투구 때부터 심판의 판정에 불만을 표시하기 시작했다. 거스리는 3회까지 인내하며 참아주었다. 그러나 4회 말 장황하게 늘어놓는 똑같은 불만이 다시 시작되자 심판은 경기를 중단시켰다. 그리고 포수 앞으로 걸어가 "자네가 볼인지 스트라이크인지를 외치면서 내게 큰 도움을 주었고 고맙게 생각하네.

이제 자네 도움으로 나는 요령을 다 터득한 것 같으니 일어나서 탈의실로 가게. 그리고 거기 있는 선수들에게 샤워를 어떻게 해야 하는지 가르쳐주게나"라고 말했다.

하나님께서는 이웃에 대한 우리의 행동을 하나도 놓치지 않으신다. 우리의 행동을 기억하시고 다른 사람들에게 우리가 베푼 친절을 결코 잊지 않으신다. 우리가 해야 할 일은 우리 주위에 있는 사람들을 사랑하고 그 결과에 대한 책임은 하나님께 맡기는 것이다.

기도

하나님 아버지, 다른 사람들의 눈으로 삶을 바라볼 수 있는 은혜를 주십시오. 다른 사람들의 진의와 그들의 열망을 이해하고 모든 질문의 해답이 되시는 하나님을 그들에게 보여줄 수 있게 도와주십시오. 아멘.

티칭 가이드

심층 연구

A. 다른 사람의 아내(24:2)

이유가 없는 이혼을 한 다음 다른 사람과 결혼한 두 번째 결혼은 무효인데, 그 이유는 '하나님께서 보시기에' 그 사람은 여전히 원래 배우자와 결혼한 상태이기 때문이라고 주장하는 사람들이 있다. 그러나 '(이혼한 아내는) 그 집에서 나가서 다른 사람의 아내가 되려니와' 라고 말하고 있는 신명기 24장 2절은 그런 주장을 반박하고 있다. 두 번째 결혼이 잘못된 것이거나 통간에 의한 것이라 할지라도 그 결혼은 여전히 하나님 앞에서 결혼으로 여겨진다.

B. 아비와 자식들(24:16)

모세는 "아비는 그 자식들을 인하여 죽임을 당치 않을 것이요 자식들은 그 아비를 인하여 죽임을 당치 않을 것이라 각 사람은 자기 죄에 죽임을 당할 것이니라"(신 24:16)고 말하면서 공평에 대한 중요한 근거를 제시했다. 이 구절과 하나님께서 다윗에게 "네가 나를 업신여기고 헷 사람 우리아의 처를 빼앗아 네 처를 삼았은즉 칼이 네 집에 영영히 떠나지 아니하리라" 고 말씀하신 사무엘하 12장 10절이 서로 상반된다고 생각하는 사람들이 있다. 이 하나님의 진술에는 다윗의 죄가 그의 후대까지 미칠 것이라는 암시가 내포되어 있다(그리고 역사가 증명하고 있다).

그러나 신명기 24장 16절은 정상적인 이스라엘 법정에서 지켜져야 할 법률 체계를 뒷받침하는 원칙이다. 법정에서 판사들이 전지 전능하신 여호와의 통찰력을 가지고 판결할 수는 없었다. 그들에게는 직접적으로 책임이 있는 사람들에게 법률을 적용해야 하는 한계가 있었다.

다윗의 경우 그의 자녀들이 다윗의 죄 때문에 벌을 받은 것이 아니라 그들의 완고함

(그리고 결과적으로 당연하게 받아야 하는 아버지의 고뇌)을 통해 다윗이 그가 범한 죄에 대한 벌을 받은 것이었다. 이어지는 다윗의 가족에 관한 이야기 속에서 잘못을 크게 범한 그의 자녀들이 그런 잘못을 범하도록 억지로 강요받았다는 사실을 암시해주는 곳은 그 어디에서도 찾아볼 수 없다.

고안

A. 들어가는 글

1. '사랑이라는 접착제' 이야기로 시작하라.

2. 배경 설명: 모세는 이스라엘 백성들에게 이웃에 대한 사랑을 구체적으로 드러내보일 것을 촉구했다.

3. 적용: 점점 더 기계화되는 세상에서 하나님께서는 하나님의 백성들이 다른 사람들의 감정을 배려하는 민감성을 개발하고 이웃을 존중하고 이해하는 마음으로 행동할 것을 기대하신다.

B. 본문 이해

1. 다른 사람의 재산을 존중함(24:1-7)
2. 다른 사람의 존엄성을 존중함(24:8-22)

C. 결론: '실수가 없는 판정' 을 읽어주라.

토의 질문

1. 하나님께서 갓 결혼한 남자를 군대에 보내지 말라고 하신 이유는 무엇이라고 생각하는가?

2. 사회의 붕괴와 개인의 책임에 대한 각 사람의 감정 사이에는 어떤 관계가 있는가?

3. 좋은 기억력이 어떻게 영적인 자산이 될 수 있는가?

4. 하나님께서 심각한 영적 실수들에 관한 이야기들을 성경에 포함시키신 이유는 무엇이라고 생각하는가?

신명기 25장

재갈을 물리지 않은 소

"인생을 시작하는 단계에 있는 어린이들, 인생의 황혼기에 접어든 노인들, 인생의 어두운 그늘 속에 묻혀 있는 병든 사람들, 가난한 사람들 그리고 장애를 가진 사람들을 어떻게 대하는지를 보면 그 정부의 도덕성을 알 수 있다."

허버트 험프리(Hubert H. Humphrey)

하나님께서는 이스라엘 백성들이 의로운 나라를 건설할 뿐 아니라, 약하기 때문에 상처 입기 쉬운 사람들의 권리를 보호해주는 나라를 건설하도록 계획하셨다.

Deuteronomy

들어가는 글

죽음이라는 무기

조셉 천(Joseph Tson)은 공산 치하에 있던 루마니아에서 한 교회를 돌보았다. 그는 자신의 신앙 고백을 철회하지 않았기 때문에 1981년 나라에서 추방을 당했다. 그가 고국으로 돌아가 다시 복음을 전할 때가 되었다는 결정을 내렸을 때, 그는 그 결정에 상당한 위험이 따를 것이라는 사실을 잘 알고 있었다. 그리고 마태복음 10장 16절에서 "내가 너희를 보냄이 양을 이리 가운데 보냄과 같도다 그러므로 너희는 뱀같이 지혜롭고 비둘기같이 순결하라" 고 말씀하신 예수님의 경고를 기억했다.

양들이 이리떼 속에서 살아남을 가능성이 거의 없었기 때문에 천은 자신이 살아남을 수 없을 것이라는 확신을 가지고 사역을 다시 재개하는 방법을 선택하기로 했다. 나중에 그의 책 「Pastoral Renewal」에서 그는 이렇게 기록했다.

> 우리가 돌아온 후 나는 거리낌없이 복음을 전했다. 그리고 괴롭힘을 당했고 체포되었다. 어느 날 심문을 하면서 한 관리가 나를 죽이겠다고 협박했다. 그래서 나는 "당신이 쓸 수 있는 마지막 무기는 죽이는 것입니다. 그리고 내가 쓸 수 있는 마지막 무기는 죽는 것입니다. 내 설교를 녹음한 테이프가 지금 온 나라에 배포되어 있다는 사실을 알고 있을 것입니다. 당신이 날 죽인다면 나는 내 피를 그 테이프들에 뿌릴 것입니다. 그 후 그 소식을 들은 사람들은 모두 '이 테이프를 들어보는 게 좋겠어. 그 사람이 이 테이프를 자기 피로 인봉했거든' 이라고 말하게 될 것입니다. 그리고 그들은 그 전보다 열 배나 더 큰 소리로 말하게 될 것입니다. 자, 그러니 이제 나를 죽이십시오. 그럼 나는 다시없는 큰 승리를 거두게 될 것입니다"라고 말했다.

그를 체포한 사람은 그를 집으로 돌려보냈다. 그는 자신이 추방당하기 전 어떻게 살아왔는지를 생각해보았다. "오랫동안 나는 살아남고 싶었기 때문에 매우 조심스럽게 행동하는 그리스도인으로 살았다. 살고 싶었기 때문에 권세를 가진 사람들이 내게 가하는 모든 구속을 받아들였다. 이제 나는 죽고 싶다. 그들은 이제 내게 강요할 수 없다. 나는 이제 루마니아에서 하고 싶은 일을 할 수 있게 되었다. 오랫동안 나는 내 목숨을 구하고 싶었다. 그래서 나는 내 목숨을 잃었다. 그러나 지금은 내 목숨을 버리고 싶어하기 때문에 나는 내 목숨을 구하고 있다" (Tson, p. 44).

천의 경험은 그리스도를 섬기는 일이 종종 상당히 역설적이라는 사실을 보여준다. 안전은 조심하는 데 있는 것이 아니라 우리의 삶이 그리스도께서 원하시는 일에 사용되기 위한 것이며 그리스도께 속한 것이라는 사실을 깨닫는 데 있다. 우리는 연약한 우리 자신을 세상에서 가장 안전한 그리스도의 손에 기꺼이 맡기고 그리스도의 목적을 위해 드릴 수 있다. 그리고 우리 주변에 있는 약하고 의지할 데 없는 사람들을 이해하며 살아갈 수 있다.

본문 이해

재갈을 물리지 않은 소

Main Idea	사람들이 만든 정의 체계는 잘못을 범한 사람에게 벌을 가하는 것에 집중하는 반면, 하나님의 율법은 공평을 수립하면서 약한 사람들을 돕는 일에 초점을 맞추고 있다.

A. 약한 사람들을 보호하심(25:1-16)

Supporting Idea	약한 사람들은 강한 사람들의 보호를 받아야 한다. 죄를 범한 사람과 동물들까지도 보호받기 위해 여호와를 의지할 수 있다.

25:1-3. 히브리 율법에는 감금이 없었다. 도피성이 다소 불편하긴 했지만(민 35:6-

34) 피의자의 생활이 물리적으로 제지당하는 그런 곳은 아니었다. 벌금이나 손해 배상을 제외한 이스라엘의 다른 형벌에는 이 구절에 간단하게 요약된 태형이 있었다. 하나님의 언약 아래 있는 사람들은 다른 사람들에게 억지로 강요할 수 없었다. 시비가 생길 때는 재판을 청하고 재판장은 그들을 재판하여 의인은 의롭다 하고 악인은 정죄하도록 되어 있었다. 1절이 민법상의 문제를 다루고 있음을 암시하고 있기는 하지만, 2절에는 형사상의 범죄 역시 같은 방법으로 해결해야 한다는 뜻이 내포되어 있다. 악인에게 태형을 가하는 것이 합당하다고 생각하면 재판장은 그를 엎드리게 하고 자기 앞에서 때리게 해야 했다.

태형의 수는 죄의 경중에 따라 결정되었지만 사십 대를 넘기지는 못하게 되어 있었다. 히브리인들은 실제로 만약을 위해 39대 이상을 때리지 않았다(고후 11:24). 이 제한은 자비에 기인한 것이었다. 만일 그것(40)을 넘겨 과다히 때리면 네가 네 형제로 천히 여김을 받게 할까 하노라. 인간의 존엄성을 해치는 선을 결코 넘어서지 못하도록 되어 있었다. 특히 죄를 범한 사람이 형제일 경우는 더더욱 그랬다. 비록 범죄자라 할지라도 성난 사람들 앞에서 약자의 입장에 서 있어야 할 경우에는 하나님의 보호하심을 받았다.

25:4. 하나님의 이런 보호하심은 그 이상으로까지 확대되었다. 곡식을 떠는 소에게 그에게 필요한 음식을 먹지 못하게 해서는 안 되었다. 히브리 농부들은 소가 일하는 동안에는 소의 입에 망을 씌우지 못하게 되어 있었다.

바울 사도는 이 구절을 비슷한 상황에서 두 번이나 인용하면서 사역을 하는 사람들이 받는 보수를 정당한 것으로 설명했다. 고린도전서 9장 9-11절에서 바울 사도는 이 구절이 고대 히브리 농부의 생활 영역을 넘어서서 적용될 수 있는 것임을 보여주었다.

> "모세 율법에 곡식을 밟아 떠는 소에게 망을 씌우지 말라 기록하였으니 하나님께서 어찌 소들을 위하여 염려하심이냐 전혀 우리를 위하여 말씀하심이 아니냐 과연 우리를 위하여 기록된 것이니 밭 가는 자는 소망을 가지고 갈며 곡식 떠는 자는 함께 얻을 소망을 가지고 떠는 것이라 우리가 너희에게 신령한 것을 뿌렸은즉 너희 육신의 것을 거두기로 과하다 하겠느냐."

약하고 도움이 필요한 사람들을 보호해야 한다는 원리는 다른 영역에도 적용되었다.

25:5-6. 약한 자를 보호하라는 이 문맥 속에서 우리는 소위 '역연혼' (죽은 자의 형이나 아우가 그 미망인과 결혼하는 관습)이라 불리는 규정을 볼 수 있다. 이 규정은 기업을 물려받을 남자 상속인이 없는 가정을 보호하기 위한 것이며, (서로 인접한 땅을 가지고 있는) 형제가 동거하다가 그 가운데 한 사람이 아들 없이 죽게 되는 상황을 고려한 것이었다. 이 경우 미망인은 타인에게 시집감으로 첫 번째 남편의 가족에게 속해 있던 재산에 대한 권리를 새 남편에게 넘겨주지 못하게 되어 있었다. 대신 그녀는 남편 형제의 아내가 되어야(적어도 그녀가 가족의 재산을 물려받을 아들을 낳을 때까지는) 했다. 그 남편의 형제가 그녀를 취하여 아내 삼아 그의 남편의 형제 된 의무를 다 행해야 한다는 것은 성 관계를 가져야 한다는 것을 완곡하게 표현한 것이다. 그렇게 해서 태어난 아들은 법적으로 죽은 형제의 아들이 되게 함으로 그 이름이 이스라엘 중에서 끊어지지 않게 해야 했다.

25:7-10. 이 구절은 위에서 언급한 목적에 이어 형제의 아내를 취하려 하지 않는 것은 미망인과 사망한 형제를 경시하는 심각한 모욕이라는 사실을 밝히고 있다. 형제가 그의 의무를 거부할 경우 미망인은 성읍 장로들에게 나아가서 그 사실을 알리고, 그 형제는 법정에서 공개적으로 자신의 의무를 수행하지 않을 것을 선언하도록 되어 있었다 (8절).

이 규정의 중요한 효력은 수치심과 굴욕감을 느끼게 하는 것이었다. 그 형제의 아내는 장로들 앞에서 그에게 나아가서 그의 발에서 신을 벗기고 그 얼굴에 침을 뱉으며 모든 사람 앞에서 그를 책망해야 했다. 그리고 그의 후손들을 신 벗기운 자의 집이라 칭하도록 했기 때문에 그 치욕은 후대에까지 계속되었다. 룻기에 기록된 사건(룻 3:10-4:10)이 신명기 25장 7-9절에 설명된 상황과 정확하게 일치하는 것은 아니지만 이 규정이 룻 당시에도 약간은 변형되어 남아 있었던 것으로 보인다.

25:11-12. 이 구절은 7-10절의 내용과 관계가 없는 것처럼 보일 수도 있다. 그러나 두 단락은 모두 두 사람의 남자와 한 사람의 여자 사이의 관계를 분명히 보여주고 있으며, 이스라엘 가계의 문제를 다루고 있다. 11절은 두 남자가 심하게 싸우고 있을 때 그 가운데 한 사람의 아내가 다른 남자의 음낭을 잡으면서 자기 남편의 편을 들려고 하는 상황을 그려주고 있다. 남자의 음낭을 잡는 것은 해를 가하려는 의도를 가진 행위로 남

자로 자녀를 출산할 수 없게 만들려는 행동이었다. 7-10절에서 형제 된 의무를 이행하지 않으려고 한 사람처럼 그녀의 행동은 이스라엘의 후대에 위협을 가하는 것이었다. 그러므로 그런 행동을 한 여인에게는 그 손을 찍어버리는 벌을 가하고 그녀를 불쌍히 보지 말아야 했다.

25:13-16. 하나님의 율법은 같지 않은 두 개의 저울 추(물건을 살 때 쓰는 큰 추와 물건을 팔 때 쓰는 작은 추)와 같지 않은 두 개의 되(고체와 액체를 담을 때 쓰는 큰 것과 작은 것)를 사용하지 못하도록 금함으로 정직하지 못한 상거래가 이루어지는 것을 막고 있다. 주머니에 그런 것들을 가지고 다니거나 집에 그런 것들을 두는 것은 공정한 거래를 하지 못하게 만들 수 있었다.

이스라엘 백성들은 십계명의 열 번째 계명을 어기지 않도록 그리고 여호와께서 주신 땅에서 장구하기 위해 십분 공정한 저울추와 십분 공정한 되만을 가지고 있어야 했다. 공정하지 않은 행동은 여호와께 가증한 것이다. 그리고 여호와만이 장구하게 하실 수 있는 분이시다.

B. 압제자를 벌하심(25:17-19)

Supporting Idea	약하고 의지할 데 없는 사람들에 대한 하나님의 돌보심이 그들을 압제하는 사람들을 벌하시는 것과 짝을 이루고 있다. 역사적으로 이스라엘을 압제한 족속들 가운데 아말렉보다 더 두드러진 족속은 없었다.

25:17-18. 아말렉 족속은 애굽에서 나오는 이스라엘 백성들의 피곤함을 타서 의도적으로 그 뒤에 떨어진 약한 자들을 쳤다. 그들은 약하고 지친 사람들을 약탈하며 자신들이 하나님을 두려워하지 않는다는 사실을 드러내었다. 아말렉 족속은 비록 사해 바다의 동남쪽에서 멀리 떨어진 곳에 살고 있었으며 약속의 땅에 거주하던 사람들은 아니었지만 하나님께서는 그들의 잔인성 때문에 이스라엘 백성들에게 그들을 엄하게 대할 것을 기대하셨다.

25:19. 하나님께서는 이스라엘이 정복을 끝내고 그 사면에 있는 모든 대적에게서 벗어나게 되면 아말렉에게 선포하신 심판을 이스라엘 백성들이 수행해야 할 것을 강조하셨다. 아말렉은 가나안 점령에 방해가 되지 않았던 나라들 가운데서 심판을 받게 될 나

라로 지적된 유일한 나라였다. 아말렉에 대한 하나님의 진노는 아말렉의 이름을 천하에서 도말하라고 명하실 정도였다. 그렇게 한다는 것이 부담스러운 일이긴 했지만 이스라엘은 아말렉을 근절하라는 하나님의 명령을 수행하는 것이 자신들이 감당해야 할 책임이라는 사실을 잊지 말아야 했다.

Main Idea 복습	사람들이 만든 정의 체계는 잘못을 범한 사람에게 벌을 가하는 것에 집중하는 반면, 하나님의 율법은 공평을 수립하면서 약한 사람들을 돕는 일에 초점을 맞추고 있다.

결론

방해가 되는 산들

해던 로빈슨(Hddon Robinson)은 콜로라도에서 텍사스로 이사해서 새 집을 지은 사람에 대한 이야기를 즐겨하곤 한다. 그 사람은 집을 지으면서 텍사스 서부 산맥의 광대한 모습을 볼 수 있는 아주 커다란 전망 창을 달았다. 그리고 콜로라도에 살고 있는 친구들에게 편지하며 "문제는 새로 단 전망 창을 통해 아무것도 보이지 않는다는 거야"라고 썼다.

그 즈음 텍사스에서 살던 한 사람이 콜로라도로 이사를 갔는데, 그 역시 로키 산맥을 내려다볼 수 있는 커다란 전망 창이 달린 새 집을 지었다. 그 역시 고향에 있는 친척들에게 편지를 쓰면서 "문제는 산들이 앞을 막고 있어서 새로 단 전망 창을 통해 아무것도 볼 수가 없다는 거야"라고 불평했다.

사람들에게는 분명한 것을 보지 못하는 경향이 있다. 어떤 사람들은 한 도시를 방문해 그곳의 명승지를 찾아다니지만 그 도시에 살면서 고통받고 있는 사람들은 보지 못한다. 또 어떤 사람들은 비난하는 말을 들으면서 그 말 속에 들어 있는 사랑과 우정을 갈망하는 외침은 듣지 못한다. 영적인 통찰력은 우리의 시야를 가리고 있는 산들 그 너머에 있는 골짜기에서 아파하는 사람들의 고통을 볼 수 있도록 우리를 도와준다.

▣ 진리 알기

- 신자 한 사람 한 사람은 정부의 역할을 침해해서는 안 되고, 해를 가한 사람을 직접 판결하려 해서도 안 된다.
- 그리스도인들은 시민의 자유를 옹호하고 약한 사람들을 보호하는 일에 앞장서는 사람들이 되어야 한다.
- 광범위한 가족이나 공동체의 일원이라는 한 가지 이유 때문에 우리가 감당해야 할 의무들이 있다.
- 사람들이 공동 생활 속에서 부끄러움을 모른다면 그 사회는 야만적인 사회로 쉽게 전락하게 된다.

▣ 적용하기

- 다른 사람들을 배려하는 삶을 살아가며 정직하고 충실한 사람이라는 평판을 얻을 수 있게 하라.
- 자신에 대한 진실을 알게 되는 것이 비록 고통스럽다 할지라도 그 진실을 말해주는 사람들에게 화를 내서는 안 된다.
- 가난하고 약한 사람들을 돌보는 일을 통해 하나님을 경외하고 있음이 드러날 수 있게 하라.

삶의 적용

고통받는 사람들을 돌보는 일

말기 환자들을 돌보는 병원에 입원한 한 여성은 자신이 곧 세상을 떠나게 될 것이라는 사실을 알고 있었다. 그래서 그녀가 특별히 좋아하는 간호사에게 한 가지 특별한 부탁을 하기로 하고 "저를 좀 안아주시겠어요? 그럼 편안하게 갈 수 있을 것 같아요"라고 말했다.

간호사는 침대 위로 올라가 그녀가 숨을 거둘 때까지 그 가냘픈 몸을 안아주었다. 나중에 그 이야기를 전한 병원 목사는 "간호사는 어떻게 되었어요? 그 일이 간호사에게는 어떤 영향을 주었나요?"라는 질문을 받았다.

목사는 그 간호사가 등산을 하기 위해 나흘간의 휴가를 떠났다고 대답했다. 그녀는 다시 병원으로 돌아가야 하는지에 대해 진지하게 생각해본 다음 신중하게 결정하고 싶었다.

목사는 "그 간호사는 돌아올 거예요. 이런 곳에서 고통받는 사람들을 어떻게 돌봐야 하는지를 배울 때 그 일을 통해 원래의 자기 자신이 될 수 있거든요. 정말로 다른 사람들을 배려할 때 우리는 자기만의 특별한 것을 베풀어줄 수 있거든요"라고 말했다.

기도

하나님 아버지, 도움을 필요로 하는 사람들을 보고 그들이 있는 곳에서 그들을 돕기 위한 조치를 취하며, 의지할 데 없는 사람들을 변호하는 동정심을 갖게 해주십시오. 아멘.

심층 연구

A. 아말렉(25:17)

아말렉 족속은 에서의 아들 엘리바스의 자손들이다(창 36:12). 그들은 사해 남쪽과 동쪽의 불모지를 떠돌아다니던 호전적인 유목 민족이었다. 이스라엘 백성들은 아말렉의 비겁한 행동을 벌하지 않고 넘어가서는 안 된다는 명령을 받았다. 그러나 그들은 그 명령을 경시했다. 물론 약간의 진척을 보인 경우도 있긴 하지만, 다윗이 아말렉을 전멸시킬 때까지 거의 사백 년이 흘러야 했다(삼하 8:11-12).

B. 기억하라(25:17, 19)

아말렉이 한 일을 '기억하라' (17절) 그리고 '잊지 말라' (19절)고 이스라엘 백성들에게 말씀하신 하나님의 명령이 용서하라고 가르치고 있는 신약 성경의 명령(마 6:12, 15-16, 엡 4:32, 골 3:13)과 상반되는 것처럼 보일 수도 있을 것이다. 그러나 본문에는 이스라엘 백성들이 하나님의 명령을 수행하면서 미워하거나 악의적으로 분풀이하는 행동을 해야 한다는 암시 같은 것은 전혀 찾아볼 수 없다. 이스라엘 백성들이 사적인 감정을 품어야 한다는 의미에서 아말렉을 기억해야 했던 것은 아니었다. 여호와의 이름으로 행하고 여호와의 은혜를 입은 이스라엘 백성들에게는 여호와께 순종하기 위해 그분이 명하신 것을 기억해야 할 책임이 있었다.

교안

A. 들어가는 글

1. '죽음이라는 무기' 이야기로 시작하라.

2. 배경 설명: 하나님의 백성들이 약한 사람들을 돌봐야 하는 책임을 당연한 일로 받아들일 때 그들은 여호와의 마음을 세상 사람들에게 가장 잘 표현할 수 있게 된다.

3. 적용: 그리스도를 잘 아는 그리스도인들은 약한 사람들과 길을 잃은 사람들과 이 세상에서 소망이 없는 사람들을 위해 기꺼이 고난을 감수한다.

B. 본문 이해

1. 약한 사람들을 보호하심(25:1-16)
2. 압제자를 벌하심(25:17-19)

C. 결론: '고통받는 사람들을 돌보는 일' 을 읽어주라.

토의 질문

1. 죄를 범한 사람들을 감금하지 않는 것이 범죄를 다루는 지혜로운 방법이 될 수 있는 이유는 무엇인가?

2. 부끄러움을 아는 사회에서 살면서 얻을 수 있는 유익은 무엇인가?

3. 이스라엘 백성들 가운데 왜 어떤 사람들은 자기 형제의 이름으로 자식을 보려 하지 않았다고 생각하는가?

4. 하나님께서는 죄를 범한 세대가 죽고 나면 그들의 죄를 잊어버리시는가?

신명기 26장

늘 함께하시는 하나님

"땅이 하늘로 가득 찼다. 하나님의 불길로 평범한 모든 덤불들이 타올랐다. 그 광경을 바라보는 사람들은 신을 벗었다. 그러나 다른 사람들은 빈둥거리며 검은 딸기를 따고 있었다."

- 엘리자베스 배릿 브라우닝(Elizabeth Barrett Browning)

신명기 26장에 의하면, 과거에 자기 백성들에게 베풀어주신 하나님의 신실하심과 그들이 그분의 언약을 신실하게 지킬 때 미래에 그들을 높여주실 하나님의 칭찬은 조화를 이룰 것이다.

Deuteronomy

들어가는 글

그 말씀은 나를 결코 실망시키지 않았다

1856년 초 한 경험 많은 탐험가이자 선교사였던 데이비드 리빙스턴(David Livingstone)은 곧 비참하게 끝장나고 말 것처럼 보였다. 그때는 그가 아프리카 대륙의 동쪽 해안가에서 중부 내륙 지역에까지 이르는 길들을 찾아다니며 아프리카를 탐사한 지 17년째 되는 해였다. 여행하는 동안 내내 적대적인 부족들의 공격을 받을 수 있다는 이야기를 들었고, 짐꾼들은 긴장하며 불안해했다. 밀림 속에서 소리가 날 때마다 신경은 극도로 날카로워졌다.

어느 날 밤 리빙스턴은 마태복음을 읽은 후 그 탐사를 포기해야 할 타당성을 심사숙고하면서 일기를 쓰기 시작했다.

> 1856년 1월 14일 밤. 이 거대한 지역의 복리를 위해 세운 모든 계획과 야만적인 사람들에게 죽임을 당하게 될 수많은 사람들을 생각하니 마음이 복잡하다. 그러나 "하늘과 땅의 모든 권세를 내게 주셨으니 그러므로 너희는 가서 모든 족속으로 제자를 삼아 … 가르쳐 지키게 하라 볼지어다 내가 세상 끝날까지 너희와 항상 함께 있으리라" 고 기록된 예수님의 말씀을 읽었다. 그 말씀은 가장 완전하고 신성한 영광을 지닌 분의 말씀이다. 그러므로 그 말씀으로 충분하다! 오늘밤은 내가 의도했던 대로 그저 슬쩍 넘어가지 않을 것이다. 피해 달아나는 사람이 되어야 할 것인가? 아니다. 그럴 수 없다. 오늘밤이 비록 마지막 밤이 된다 할지라도 나는 위도와 경도를 확인할 것이다. 이제 마음이 가볍다. 하나님, 감사합니다!

리빙스턴은 여행을 마칠 수 있었다. 그리고 탐사 결과 자료와 지도를 완성했다. 나중에 글래스고 대학(University of Glasgow)에서 명예 박사 학위를 받기 위해 스코틀랜드로 돌아간 그는 그때의 일과 마태복음 28장 20절에 기록된 예수님의 말씀을 다시 생각해냈다.

> 내가 이해할 수 없는 말을 하며 언제나 변덕스럽고 적대적으로 나를 대하는 사람들 속에서 살아야 했던 긴 유랑 생활을 감당할 수 있도록 나를 붙들어주었던 것이 무엇인지 알고 싶습니까? 그것은 "볼지어다 내가 세상 끝날까지 너희와 항상 함께 있으리라"는 예수님의 말씀이었습니다. 나는 그 말씀에 모든 것을 걸었고 그 말씀은 저를 결코 실망시키지 않았습니다!

여호와께서 이스라엘 백성들과 함께하시며 돌보실 것을 약속하시고 그들을 격려해 주셨던 것처럼 그리스도의 약속은 모든 필요를 채워주시는 신실하심과 능력을 의지할 수 있도록 신자들을 격려해준다.

본문 이해

늘 함께하시는 하나님

Main Idea	이스라엘의 미래는 그들이 하나님의 언약을 얼마나 신실하게 지키는가에 달려 있었다. 여호와께서는 그 말씀에 대한 신실성을 이미 보여주셨다.

A. 과거에 보여주신 하나님의 신실하심을 고백함(26:1-11)

Supporting Idea	여호와를 예배하는 사람들은 그들을 향한 하나님의 신실하심을 고백해야 한다.

26:1-2. 신명기 26장은 언약의 하나님께서 이스라엘 백성들을 향해 기대하시는 의례적인 규정들을 마무리하고 있다. 그 규정들은 12장 1절부터 시작되었다. 모세는 이스라엘 백성들이 하나님께서 약속하신 땅에 들어가 정착하게 될 날들을 기대하면서 26장을

시작했다. 이스라엘 백성들은 예배드리기 위해 여호와께서 그 이름을 두시려고 택하시는 곳으로 갈 계획을 세워야 했다. 그리고 그 땅 토지 소산의 맏물을 예물로 가지고 가야 했다.

26:3-4. 예배자는 성막 또는 성전 입구에서 제사장에게 내가 여호와께서 우리에게 주리라고 우리 열조에게 맹세하신 땅에 이르렀나이다라고 말하도록 되어 있었다. 다른 곳에서도(출 23:19, 34:26) 토지 소산의 첫 열매를 정기적으로 여호와의 전에 드리도록 여호와께서 명하셨다. 그리고 이 구절은 그 예물이 이와 비슷한 것이었음을 분명히 하고 있다. 하나님의 백성들은 하나님께서 약속하신 땅에 정착하게 된 놀라운 사실을 인정하고 그 사실을 실제적으로 그리고 말로 고백해야 했다. 새로 수확한 농산물을 제사장에게 가져가야 했고, 그것을 받은 제사장은 그것을 하나님 여호와의 단 앞에 놓도록 되어 있었다.

26:5. 그런 다음 예배자는 내 조상은 유리하는 아람 사람이었다는 믿음의 진술로 여겨질 수 있는 말을 하도록 되어 있었다. 아람 사람이라는 말은 '수리아' 사람이라는 말로 번역될 수도 있었다. 왜냐하면 아람은 오늘날 시리아로 알려진 지역을 일컫는 히브리 단어이기 때문이다. 아람 사람이었던 조상은 '메소포타미아 북서쪽에 있는 두 강을 가진 아람' 이라는 뜻의 아람-나하라임에서 친족들과 함께 살았던 야곱을 가리키는 것이다. 예배자는 보잘것없는 유목민이었던 족장들과 애굽에서 나온 후 크고 강하고 번성한 민족이 된 후손들의 현저한 차이를 말로 표현하도록 되어 있었다.

26:6-7. 이스라엘이 강하고 번성한 민족이 된 것은 그들의 수가 많기 때문이 아니었다. 오히려 애굽 사람은 그들을 학대하고 괴롭게 하여 중역을 시켰다. 그들이 강할 수 있었던 것은 그들이 고통 속에서 부르짖을 수 있는 여호와께서 그들과 함께하셨기 때문이다. 이스라엘이 약속의 땅에 정착할 수 있었던 것은 그들의 수가 많았기 때문이 아니라 여호와께서 그들의 음성을 들으시고 압제당하는 그들의 신고를 하감하셨기 때문이다.

26:8-10상. 여호와께서 이스라엘의 부르짖음을 들으셨을 뿐 아니라 강한 손과 편 팔로 그들을 애굽에서 인도하여 내시며 그들의 부르짖음에 응답하셨다. 큰 위엄과 기적과 기사는 이스라엘을 억압하던 애굽 사람들에게 큰 두려움이 되었다. 여호와께서 맹세하신 대로 그 백성들에게 그들이 정착하게 될 그 땅, 곧 젖과 꿀이 흐르는 땅을 주셨다(출

3:8, 17).

전술한 말들은 여호와의 선하심에 대한 고백으로 제사장에게 하도록 되어 있었던 반면, 10절 상반부에서는 예배자가 직접 여호와를 향해 말하고 있음을 볼 수 있다. 그는 여호와여 이제 내가 주께서 내게 주신 토지 소산의 맏물을 가져왔나이다라고 말하도록 되어 있었다.

26:10하-11. 그 고백은 그가 가져온 맏물이 든 광주리를 여호와 앞에 두고 하나님 여호와께 경배하는 것으로 마무리되었다. 이 구절과 4절은 상반되는 내용이 아닌데 그 이유는 예배자가 여호와 단 앞에 직접 접근할 수 없었고 제사장이 중재자로 섬겨야 했기 때문이다.

고백과 경배를 마칠 때는 추수한 것의 다른 부분들을 예배자들과 레위인과 이스라엘 중에 우거하는 객과 함께 나누도록 되어 있었다. 그렇게 함으로 여호와께서 이스라엘에게 주신 모든 복을 인하여 모든 사람이 다 즐거워할 수 있었다. 그 즐거움은 예배를 더욱 더 풍성하게 해주었다.

B. 예배드리는 사람들의 신실함을 선포함(26:12-15)

Supporting Idea	복 주실 여호와를 기대하는 것은 그분의 명령을 따르는 자신의 신실함이라는 토양 속에서 자라날 수 있었다.

26:12. 이 문단은 약속의 땅에 대한 정복이 끝날 때까지 여전히 기다려야 할 또 다른 일에 대해 설명하고 있다. 제 삼년 곧 십일조를 드리는 해에 이스라엘 백성들은 모든 소산의 십일조를 레위인과 객과 고아와 과부에게 주도록 되어 있었다. 이 십일조는 성막(나중에는 성전, 14장 27-29절의 '본문 이해'를 참고하라)에서 섬기는 일을 지원하기 위해 해마다 내는 십일조 외에 추가적으로 더 드리게 되어 있었다. 해마다 드리는 십일조가 성전에서 섬기는 제사장을 후원하기 위한 것인 반면, 이 십일조는 각지 마을에 살고 있는 레위인들을 원조하기 위한 지역적인 차원의 십일조였다. 따라서 레위인과 객과 고아와 과부들도 다른 사람들처럼 여호와께서 공급해주시는 식량으로 배부르게 먹으며 삶을 누릴 수 있었다.

26:13-14. 신실한 이스라엘 사람들은 내가 성물을 내 집에서 내어 레위인과 객과 고

아와 과부에게 주었나이다라고 여호와께 말할 수 있었다. 그는 주께서 내게 명하신 명령대로 하였사오니라고 자신의 순종을 여호와께 직접 고할 수 있었다. 그것은 죄가 없다고 주장하는 것이 아니라 이웃을 사랑하는 중요한 일을 신실하게 행하였음을 주장하는 것이었다. 신실한 신자는 일반적으로 내가 주의 명령을 범치도 아니하였고 잊지도 아니하였나이다라고 말할 수 있었다.

이런 순종에는 성물을 따로 떼어놓는 일이 요구되었고, 그 과정에는 순종하려는 예배자를 시험하는 여러 가지 유혹이 따랐다. 애곡하는 날은 그의 결심을 흔들리게 하는 한 시험이 될 수 있었다. 부정한 몸으로라는 표현은 아마도 '부정한 일을 위하여' 라고 번역하는 것이 좀더 정확할 것이다. 성물은 정한 것이고, 따라서 그것은 가정에서 평소 먹는 식사나 동물에게 먹이는 사료로 사용될 수 없었다. 또한 하나님께 속한 것은 그 어떤 것도 죽은 자를 위하여 쓸 수 없었다. 그렇게 하는 것은 언약을 어기는 극악한 것이었다.

26:15. 신실하게 행한 예배자는 주의 거룩한 처소 하늘에서 하감하시고 주의 백성 이스라엘에게 복을 주시며 … 땅에 복을 내리소서라고 하나님께 간청할 수 있었다. 이스라엘 백성들이 복을 받게 되는 것은 그들의 순종이 복을 받을 만한 것이었기 때문이 아니라, 언약이 순종을 요구하고 있기 때문에 그리고 하나님께서 그들이 신실하게 행한다면 복을 주시겠다고 약속하셨기 때문이다.

C. 하나님의 신실하심을 기대함(26:16-19)

Supporting Idea	이스라엘 백성들이 여호와께 순종하기로 한 약속은 장래에 이스라엘을 높이기로 하신 하나님의 약속과 조화를 이룰 것이다.

26:16. 이 장의 마지막 문단은 신명기의 전체 규정(12-26장)을 요약하고 있다. 이 규례와 법도를 행하라고 말하면서 신명기 전체를 되돌아보고 있다. 그러나 규례와 법도의 자구를 지키는 것만으로는 충분하지 않았다. 하나님께서는 말씀하신 것을 하나님의 백성들이 마음을 다하고 성품을 다하여 지켜 행할 것을 요구하셨다.

26:17. 네가 … 확언하였고라는 말은 이스라엘 백성들이 "여호와의 모든 말씀을 우리가 준행하리이다"라고 선포한 출애굽기 24장 7절을 언급한 것으로 보인다. 또는 이

스라엘의 당시 세대가 보다 최근에 선포했던 그와 비슷한 선언을 언급한 것일 수도 있다. 그들은 공개적으로 여호와의 규례와 명령과 법도를 지킬 것이라고 약속했고, 이제 그 약속을 이행할 때가 되었다.

26:18-19. 이스라엘 백성들은 이제 언약을 지키기로 확언하였다. 그들은 여호와를 자신들의 하나님으로 인정하였다. 그리고 그 날을 여호와께서 그들을 자기의 보배로운 백성으로 인정하신 날로 확언하셨다. 따라서 이제 그들은 순종하면서 하나님께서 약속하신 대로 행하실 것과 그들을 모든 민족 위에 뛰어나게 하시고 여호와의 성민이 되게 하실 것을 기대할 수 있었다.

Main Idea 복 습	이스라엘의 미래는 그들이 하나님의 언약을 얼마나 신실하게 지키는가에 달려 있었다. 여호와께서는 그 말씀에 대한 신실성을 이미 보여 주셨다.

결론

물 가운데로 지날 때

로버트 모리슨(Robert Morrison)은 영국에서 중국으로 간 첫 번째 개신교 선교사였다. 그는 1807년 런던 선교 협회의 대표자로 광둥에 도착했고 신속하게 언어를 배우기 시작했다. 언어학자로 탁월한 성공을 거두었기 때문에 영국 동인도 회사가 그를 통역가로 고용했고, 25년 동안 그는 그 역할을 수행했다. 그가 받게 된 보수는 상당량의 문서를 번역할 수 있는 시간을 가질 수 있게 해주었다. 그는 성경을 비롯해 여러 권의 기도서와 찬송가와 소책자들을 중국어로 번역했다. 그는 자신의 수고를 통해 회심한 사람들을 그리 많이 볼 수는 없었지만 나중에 그의 뒤를 이어 사역하게 될 사람들을 위한 기반을 닦았다.

선교 사역을 위한 영적인 개발과 준비를 하면서 그는 "네가 물 가운데로 지날 때에 내가 함께할 것이라"고 말씀하신 이사야서 43장 2절의 약속을 붙들었다. 그는 아버지에게 보낸 편지에서 거친 항해를 하는 동안 함께하시는 하나님을 확신했기 때문에 용기를 가질 수 있었던 경험을 다음과 같이 설명했다. "우리를 안전하게 인도해주신 하나님께 감사하는 마음으로 우리가 겪었던 상황들을 말씀드린 거예요. 저는 '네가 물 가운데로 지날 때에 내가 함께할 것이라'고 말씀하신 하나님의 약속대로 그렇게 해주시기를 기도했어요. 그리고 하나님의 약속이 이루어지는 것을 볼 수 있는 축복을 누렸어요."

성경을 기초로 한 확신은 수년 동안 여러 차례 모리슨의 힘을 북돋워주었다. 하나님의 약속을 신뢰하는 것은 현재의 위험을 뚫고 나가게 해줄 뿐 아니라 영생까지 얻을 수 있게 해준다. 승리하는 신자는 요한 사도처럼 "그(그리스도)의 증거를 받는 이는 하나님을 참되시다 하여 인쳤느니라"(요 3:33)고 고백할 수 있다.

▣ 진리 알기

- 우리에게 보여주시는 하나님의 모든 신실하심은 하나님을 다른 사람들에게 증언할 수 있는 기회가 된다.
- 기뻐할 수 있는 자세는 하나님을 예배할 수 있는 역량을 더해준다.
- 하나님의 선하심을 우리와 함께 기뻐할 수 있는 사람들과 함께할 때 가장 좋은 찬양이 될 수 있다.
- 하나님의 복을 구하기 전에 우리의 불순종이 하나님께서 주시는 복을 막고 있는 것은 아닌지를 먼저 점검해보아야 한다.

▣ 적용하기

- 다른 사람에게 하나님의 신실하심을 알릴 수 있는 다음 기회를 포착하라.
- 쓰고 남은 것이 아니라 쓰기 전에 수입의 일부를 먼저 하나님께 드려라.
- 자신의 영적 상태가 어떤지를 친구와 부모와 친지들로 알 수 있게 하라.
- 하나님께서 주신 특별한 선물이라 생각되는 것들을 열 개 내지 열다섯 개 정도 적어보라.

삶의 적용

골프장에서도

톰 리먼(Tom Lehman)은 고등학교를 다니던 중 그리스도인이 되었다. 그 후 대학 골프 팀에서 활동하면서 프로 선수가 되어야겠다고 생각했다. 1991년 그는 벤호겐(Ben Hogen) 투어 토너먼트에서 세 번의 승리를 거두면서 PGA 투어 참가 자격을 얻게 되었고 올해의 선수로 선출되기도 했다.

그러나 톰은 막 명성을 떨치기 시작하면서 큰 어려움에 부딪히게 되었다. 그의 결장에서 악성 종양이 발견되었던 것이다. 그 힘든 시기에 톰과 그의 아내는 하나님께서 여호수아에게 하신 약속을 그들에게 주시는 약속으로 받아들였다. "마음을 강하게 하고 담대히 하라 두려워 말며 놀라지 말라 네가 어디로 가든지 네 하나님 여호와가 너와 함께하느니라 하시니라" (수 1:9). 수술 후 톰은 다시 투어에 참여할 수 있을 만큼 건강이 회복되었음을 알렸고, 그 다음 해 브리티시 오픈에서 우승을 거두었다. 하나님의 신실하심에 감사하며 그는 "모든 어려운 상황 속에서, 심지어는 골프장에서도 나는 여호수아 1장 9절을 기억한다" 고 말했다.

기도

하나님 아버지, 하나님을 신뢰하는 사람으로 살아가고 싶습니다. 사람들이 우리가 가진 소망에 대한 근거에 이의를 제기할 때 두려움 없이 하나님을 신뢰하고 확신할 수 있게 도와주십시오. 아멘.

심층 연구

A. 여호와 하나님 앞에(26:13)

'여호와께' 라는 말이 '여호와 앞에' 라는 말로 표현되었고 많은 번역가들이 그 표현 그대로 번역하였다. 그러나 히브리어의 전치사는 때에 따라 그저 '~에게' 라는 의미로 사용될 수 있었다. 그리고 이 구절에서는 여호와께 직접 고백하고 있기 때문에 '여호와 하나님께' 라고 번역하는 것이 정확한 번역이라 할 수 있을 것이다.

B. 거룩한 처소 하늘(26:15)

의로운 이스라엘 백성들은 "주의 거룩한 처소, 하늘에서 하감하옵소서"라고 기도할 수 있었다. 성경에서 쉼표 뒤에 이렇게 명사가 이어지는 경우는 이곳에서 처음 나타난다. 이 표현은 특별히 성막에 임하시는 하나님이나 어느 곳에나 계시는 하나님을 부인하기 위한 것이 아니라, 하나님께서 친히 말씀하신 하나님 거하시는 곳을 인정하면서 하나님의 거룩하심은 죄가 있는 인간과 구별되어야 한다는 사실을 인정하는 것이다.

고안

A. 들어가는 글

1. '그 말씀은 나를 결코 실망시키지 않았다' 이야기로 시작하라.

2. 배경 설명: 이스라엘 백성들은 하나님께서 약속을 지키지 않으셨던 때를 역사 속에서 한 번도 찾아낼 수 없었다. 하나님의 신실하심은 그들이 미래에 부딪힐 어려움을 극복할 수 있도록 돕기 위한 것이었다.

3. 적용: 그리스도인들은 하나님의 신실하심에 대한 수많은 기억 가운데 소망과 기쁨을 가지고 미래를 맞이하는 사람들이 되어야 한다.

B. 본문 이해

1. 과거에 보여주신 하나님의 신실하심을 고백함(26:1-11)
2. 예배드리는 사람들의 신실함을 선포함(26:12-15)
3. 하나님의 신실하심을 기대함(26:16-19)

C. 결론: '골프장에서도' 를 읽어주라.

토의 질문

1. 지금까지 들어본 예수 그리스도에 관한 증거 가운데 가장 인상적이었던 것은 어떤 것인가?

2. 고통은 한 사람의 증언 속에서 어떤 역할을 하는가?

3. 기쁨이 예배에서 중요한 역할을 하게 되는 이유는 무엇인가?

4. 살아오면서 하나님의 신실하심이 개인적으로 가장 큰 격려가 되었던 경험을 이야기해보라.

신명기 27장

반짝이는 돌들과 저주

"꽃과 잡초가 어떻게 다른지를 모른다면 정원을 제대로 잘 가꿀 수 없다. 우리 마음속에 진리를 심는 것만으로는 충분하지 않다. 생명의 말씀을 질식시키려는 악한 성향을 가진 어리석음과 사악함이라는 찔레와 가시를 가려내고 끊임없이 그것들을 뽑아내는 수고를 해야 한다."

- 클라이드 프랜시스 라이틀(Clydc Francis Lytle)

하나님께서는 이스라엘 백성들이 반역하기 전에 그 반역의 결과가 어떤 것인지를 그들이 미리 알고 있기를 바라셨다. 그것은 죄를 제어하고 진리를 배우며 그 진리를 실천하는 것을 그들이 배울 수 있도록 격려하는 역할을 할 것이다.

Deuteronomy

들어가는 글

스펄전의 회심

열다섯 살이었던 찰스 스펄전(Charles Haddon Spurgeon)이 펑펑 쏟아지는 눈을 피하기 위해 교회로 뛰어들었던 몹시 추웠던 1850년 1월 어느 주일날 아침, 중요한 일이 벌어질 것이라고 생각했던 사람은 아무도 없었다. 교회 안에는 사람들이 별로 없었고 목사도 아직 도착하지 않은 상태였다. 교육을 거의 받지 못한 평신도 한 사람이 즉석에서 임시 방편으로 이사야서 본문을 읽으며 각 구절에 대한 약간의 설명을 하고 있었다. 그는 "땅 끝의 모든 백성아 나를 앙망하라 그리하면 구원을 얻으리라 나는 하나님이라 다른 이가 없음이니라"고 기록된 이사야서 45장 22절을 읽었다. 그리고 바라보는 것은 어린아이라도 할 수 있는 일이기 때문에 이 구절에 순종하는 것은 그리 어려운 일이 아니라고 말했다.

그렇게 한 10분 정도 설교하던 그는 스펄전을 응시하며 "젊은이, 불행해보이는구먼. 이 구절에 순종하지 않는다면 자넨 살아서나 죽어서나 언제나 그렇게 불행할 거야. 아무것도 하지 않아도 돼. 그냥 바라보며 살기만 하면 돼!"라고 말했다.

그 말을 들은 스펄전은 하나님을 바라보았고 정말로 구원을 받았다. 하나님께서는 스펄전의 회심을 통해 수많은 영적 후예들을 배출하고, 또한 하나님 말씀의 능력을 확인시켜주시기 위해 하나님의 말씀으로만 무장하고 목사를 대신했던 그 소박한 사람을 사용하셨다.

본문 이해

반짝이는 돌들과 저주

Main Idea	모세는 비록 곧 무대에서 사라질 것이지만 하나님의 율법은 남을 것이다. 하나님의 계명은 그것을 위반할 수도 있다는 사실까지 포함해 다음 세대에게 반드시 가르쳐야 한다.

A. 언약의 교훈(27:1-13)

Supporting Idea	하나님의 백성들을 이끄는 지도자들은 하나님의 율법을 사람들에게 가르치기 위해 구술 방법과 시각적 방법 둘 다 사용해야 한다.

27:1-3. 지금까지 언약 의무의 내용을 상술(신 12-26장)했기 때문에 이제 그 내용을 강화하면서 그 내용을 범할 경우 따르게 될 벌들을 구체적으로 설명하고 있다. 그 목적을 이루기 위해 모세는 이스라엘 장로들을 불러모았고, 그들은 모든 백성에게 명하는 명령을 이스라엘 백성들에게 전달했다. 일단 요단 강을 건넌 후 이스라엘 백성들이 행해야 할 일들은 하나님께서 그들에게 기대하시는 것이 무엇인지를 알리기 위해 계획된 것들이었다.

그들은 자신들이 들은 율법들을 눈에 보이는 조형물로 만드는 것이었다. 그 조형물은 큰 돌들을 세우고 석회를 발라 만들도록 되어 있었다. 십계명은 여호와께서 친히 손으로 돌판에 새겨주신 반면, 이 조형물은 조각하는 대신 흰색 회반죽 칠이 된 표면에 율법의 말씀을 기록하도록 되어 있었다. 이 구절에서 모든(3절)이라는 단어를 사용한 것은 과장하기 위한 것처럼 보이는데, 그 이유는 십계명에 요약된 율법의 내용이 이스라엘 백성들에게 언약의 의무를 상기시켜주기에 충분한 것이었기 때문이다('심층 연구' 참고). 이스라엘 백성들은 하나님께서 말씀하신 대로 젖과 꿀이 흐르는 땅에 들어가게 되었으므로 하나님께서 하나님 편에서 지켜야 할 약속을 지켜오셨다는 사실을 상기하지 않을 수 없었다.

27:4-6. 에발 산에 돌로 단을 쌓으라는 모세의 지시는 율법을 보여주는 조형물을 또 다시 만들라고 지시한 것이 아니라 1-3절에서 언급한 내용을 좀더 상세하게 설명한 것으로 보아야 할 것이다. 단을 쌓음으로 엄숙한 언약의 갱신을 축하하기 위해 모인 사람들에게 율법의 내용이 보여질 수 있었을 것이다.

여호와를 위하여 쌓은 단이 이 축하 행사의 중심이 되어야 했다. 여호와께서 거하실 처소의 역할을 하게 될 성을 마침내 선택하실 것이기 때문에(신 12장) 이 단은 이스라엘 백성들이 드리는 예배를 위해 영구적으로 만들어진 것은 아니었다. 그러나 일시적으로 합법적인 예배 장소가 될 그 단은 하나님께서 지시하신 대로 만들어져야 했다. 이 단은 사람들이 다듬지 않은 돌로 만들어야 했다. 그리고 그 단을 쌓으면서 철기를 대어서도 안 되었다. 여호와께서는 이스라엘 백성들에게 하나님께서 제공해주신 선물로 만들어진 것을 통해서만 오로지 하나님께 정당하게 나아갈 수 있다는 사실을 알려주고자 하셨던 것이 분명하다. "너희가 그 은혜를 인하여 믿음으로 말미암아 구원을 얻었나니 이것이 너희에게서 난 것이 아니요 하나님의 선물이라 행위에서 난 것이 아니니 이는 누구든지 자랑치 못하게 함이니라" (엡 2:8-9).

단을 쌓을 돌들은 들에서 모아와야 했다. 단 위에서 이스라엘 백성들은 죄인을 대신하도록 하나님께서 요구하신 제물을 불에 태우는 번제를 드리도록 되어 있었다.

27:7-8. 수직적인 차원에서 필요한 것들이 일단 채워지고 나면 이스라엘 백성들은 화목제를 드릴 수 있었다. 화목제 제물의 일부는 불에 태워졌고, 또 일부는 제사장들에게 돌아갔으며, 나머지는 예배자들과 그의 가족들과 친구들이 함께 나누어 먹었다. 그들은 하나님 여호와 앞에서 즐거워하며 그 제물을 먹도록 되어 있었다. 또한 약속의 땅에 일단 들어간 후 율법의 모든 말씀을 돌들 위에 명백히 기록해야 하는 첫 번째 중요한 임무 때문에 이 축제가 방해를 받아서는 안 되었다.

27:9-10. 이스라엘 백성들은 언약을 신실하게 지키지 않을 때 그 결과가 따른다는 사실을 알고 있어야 했다. 그래서 모세는 엄숙하게 경고하기 위해 제사장들을 불러모았다. 이스라엘 백성들이 언약의 조건들을 이미 받아들이기로(신 26:16-17) 했기 때문에 그들은 하나님의 백성이라 불리게 되었다. 따라서 하나님의 말씀에 전반적으로 복종하고, 특별히 모세가 전하는 명령과 규례로 이루어진 언약의 제재들을 정식으로 승인하는 일에 순종할 것이 요구되었다.

27:11-13. 이스라엘 백성들은 크게 두 무리로 나뉘어야 했다. 시므온과 레위와 유다와 잇사갈과 요셉과 베냐민으로 이루어진 한 무리는 백성을 축복하기 위해 그리심 산에 서야 했다. 이 지파들의 이름을 열거한 것은 주목할 만한데 그것은 요셉이 에브라임과 므낫세 두 지파를 이루었기 때문에 여섯 지파의 이름 아래 실제로는 일곱 지파가 포함되어 있기 때문이다. 레위 지파가 포함되는 것이 중요하기 때문에 그렇게 하는 것이 필요했을 것이다. 제사장 지파는 예배의 중재자로서 역할을 했지만, 그들도 다른 사람들처럼 언약의 조건에 지배를 받고 있다는 사실을 모든 사람이 인식하는 것이 중요했다.

르우벤과 갓과 아셀과 스불론과 단과 납달리로 이루어진 또 한 무리는 언약의 저주를 표현하기 위해 에발 산에 서야 했다. 실제로 언약 의식은 순종(축복)과 불순종(저주)의 결과를 서로 번갈아가며 표현하는 방식이 되었다.

B. 언약의 위력(27:14-26)

Supporting Idea	이스라엘 백성들이 여호와의 율법에 순종하지 않는다면 그들은 하나님의 심판을 자초할 것이다.

27:14-15. 신명기 27장 14-26절은 일정한 형식을 갖추고 있는 신명기 28장과는 달리 각각의 언약을 어긴 불순종에 따르는 정확한 결과를 자세하게 상술하지 않고 있다. 대신 매우 구체적으로 선택해서 열거하고 있다. 즉 14-26절에 설명된 죄들은 대부분 은밀한 특성이 있다. 다시 말해서 이스라엘 각 개인은 공동체 대부분에게 알려질 수 있는 행동을 하지 않으면서도 규칙들을 어길 수 있었다. 그러나 하나님께서는 언약을 어긴 사람들을 보고 계시며, 그 사람이 공식적으로 사회의 비난을 받든 받지 않든 그 사람을 다루기 위한 조처를 취하실 수 있었다.

모든 사람에게 각 항목의 내용을 진술하게 하는 대신 그들은 레위 사람이 그들에게 말하는 것을 듣고 각 결론에 대해 '아멘'으로 응답하도록 되어 있었다. 그 첫 번째 동의는 우상을 조각하거나 부어만들면서 언약을 정면으로 어기는 행동을 한 사람에 대한 것이었다. 그런 행동의 어리석음은 책상이나 선반처럼 그 결과물에서 나타났다. 그것들은 장색의 손으로 만든 것들이었다. 그런 것들을 다른 사람 몰래 은밀히 세운다고 해서 여호와의 눈에도 띄지 않고 넘어갈 수 있는 것은 아니었다.

27:16. 그 부모를 경홀히 여기는 사람도 저주를 받게 될 것이다. 부모를 경홀히 여기는 특별한 행동들이 구체적으로 언급되어 있지는 않다. 이 구절에서 경홀히 여기다라는 말로 번역된 히브리어 동사는 '가볍게 여기다' 라는 뜻을 가진 말로 말투에서 드러나는 경멸을 언급하는 것이며, 나중에 예수님께서 다음과 같이 책망하셨던 바리새인들의 전통 속에서 볼 수 있었던 태도였던 것이 분명하다.

> "너희는 가로되 사람이 아비에게나 어미에게나 말하기를 내가 드려 유익하게 할 것이 고르반 곧 하나님께 드림이 되었다고 하기만 하면 그만이라 하고 제 아비나 어미에게 다시 아무 것이라도 하여 드리기를 허하지 아니하여 너희의 전한 유전으로 하나님의 말씀을 폐하며 또 이 같은 일을 많이 행하느니라 하시고" (막 7:11-13).

27:17-19. 언약을 어긴 다른 행동에는 자신의 탐심을 채우기 위해 이웃의 지계표를 옮김으로써 사회의 평화를 훼손하는 일이 포함되었다. 또 소경으로 길을 잃게 하는 사람은 분명히 십계명의 후반부를 어기는 것이었다. 소경이나 객이나 고아나 과부와 같은 사람들은 무시받아야 할 사람들이 아니라 공동체 전체가 도움을 주어야 할 사람들이었다. 그런 행동들은 다른 사람들에게 알려지지 않을 수도 있었다. 그러나 인간의 마음을 보시는 하나님께서는 언약의 조건을 강력하게 주장하실 수 있었다.

27:20-23. 이 구절에서는 잘못된 성행위를 통해 남몰래 범한 죄를 강조하고 있다. 첫 번째 금기 사항(20절)은 계모와 성관계를 가지는 사람에 대한 것이다. 여기서 계모란 단순히 '그의 어머니' 를 뜻하는 것일 수도 있다. 그러나 그보다는 계모, 또는 과부가 된 계모를 언급하고 있는 것일 가능성이 크다. 계모와 구합하는 것은 근친상간을 통해 여호와를 거역하는 행동일 뿐 아니라 자기 아비의 하체를 드러내는 일이기도 하기 때문에 금지하고 있다(창 49:4, 신 22:30, 대상 5:1 비교). 짐승과 교합하는 것(21절)과 아비의 딸이나 어미의 딸과 구합하는 것(22절)과 장모와 구합하는 것(23절) 모두 금지되었다.

27:24-25. 은밀함이라는 주제는 자기 이웃을 암살하는 사람에 대한 저주 속에서 계속 이어지고 있다. 언약 공동체 안에서 완전 범죄는 있을 수 없었다. 왜냐하면 여호와께서 모든 것을 보고 계시기 때문이었다. 하나님의 도덕적 규범을 어기는 일에 분노가 꼭

필요한 요소가 되는 것도 아니었다. 무죄자를 죽이려고 뇌물을 받는 사람은 언약의 다른 규정들을 어긴 사람들이 받는 것과 같은 저주를 받을 것이다.

27:26. 이 장의 마지막 구절은 율법의 모든 말씀을 실행치 않는 사람에 대한 저주를 선언하고 있다. 신명기의 이 저주 부분이 마술적인 힘에 대한 신념과 같은 것을 반영해 주는 것은 아니다. 그보다는 율법을 강화하실 수 있는 편재하시는 언약의 하나님의 능력을 보여주고 있는 것이다. 언약을 어긴 사람을 직접 대면하시든 하나님의 목적을 이루기 위해 마련하신 환경을 사용하시든 그것은 문제가 되지 않았다.

Main Idea 복습	모세는 비록 곧 무대에서 사라질 것이지만 하나님의 율법은 남을 것이다. 하나님의 계명은 그것을 위반할 수도 있다는 사실까지 포함해 다음 세대에게 반드시 가르쳐야 한다.

결론

가치 기준은 중요한 것이다

미국인들의 문화는 기독교 신앙을 사회적으로 무시하거나 아예 배제해버리려 하기 때문에 고통을 받고 있다. 예를 들면 1960년 이래 미국의 인구는 41퍼센트 증가했다. 반면에 폭력에 의한 범죄는 인구 증가의 13배 이상인 550퍼센트나 증가했다. 그 이후 상당수의 사람들이 다른 사람들을 희생시켜가면서까지 재물을 취하고 쾌락을 즐기는 자유를 누릴 수 있어야 한다고 생각하게 되었다.

또 1960년 이후 출생한 아기들의 숫자는 거의 일정하지만 같은 기간 동안의 혼외 출산율은 거의 500퍼센트 가량 증가했다. 우리는 자유로운 성관계가 일상적인 일처럼 여겨지는 현상을 보아왔다. 그러나 자유를 신봉하는 철학이 중요하다는 주장에 제동을 거는 일을 거의 하지 못했다.

1960년대 이후 볼 수 있는 또 하나의 추세가 있다. 그것은 청소년들의 자살 비율이 세 배 이상 급증했다는 사실이다. 이제 자살은 청소년들의 두 번째로 높은 주된 사망 원인이 되었다. 1960년대에 미국에서 자살하는 사람들은 일반적으로 의기소침해진 나이 든 남자들이었다. 그러나 이제는 더 이상 그렇지 않다. 한 당국자는 "자살률이 남성 청년층에서 가장 빠르게 증가하고 있다. … 그들은 일반적으로 의기소침한 사람들이 아니라 화를 잘 내고 쉽게 좌절하며 분개하는 사람들이고, 종종 마약을 복용하며 자신의 고뇌를 잘 표현할 줄 모르는 사람들이다"라고 말했다. 기독교가 현대 미국 사회 내에서 설 자리를 찾을 수 없다고 말하는 사람들도 있지만 우리 사회의 애석한 모습을 드러내 주고 있는 통계 자료들은 그렇지 않다는 사실을 입증해주고 있다. 사람들이 하나님을 사랑하지 않는다면 조만간 이웃도 사랑하지 않게 될 것이다. 그리고 자기 자신도 사랑하지 않게 될 것이다.

■ 진리 알기

- 하나님의 말씀을 배우면서 듣기만 하는 것은 읽기를 병행하면서 듣는 것만큼 효과적이지는 못하다.
- 영원한 생명의 문을 통과할 수 있는 권리를 스스로 획득해야 한다고 생각하는 사람은 과녁을 잘못 조준하고 있는 것이다.
- 하나님의 백성은 하나님께 신실하게 순종하는 특성을 지니고 있다.
- 우리가 공개적으로 하는 일들은 우리의 평판을 결정하지만 우리가 은밀하게 하는 일들은 우리의 성품을 결정한다.

■ 적용하기

- 건전하지 못한 영향을 미치는 것들을 피하면서 마음을 지키라.
- 악한 성향들이 생각 속에 머물러 있는 동안에 그것들을 판별하라. 왜냐하면 영적인 건강은 속사람으로부터 시작되기 때문이다.
- 감사가 순종의 원천이 된다는 사실을 기억하라.
- 외적으로 성공하는 삶과 하나님의 계명에 순종하는 삶 사이에 어떤 관계가 있는지를 깊이 숙고하라.

삶의 적용

심장에 해로운

얼마 전 미국 심장 협회는 그들이 발간하는 〈Circulation〉이라는 정기 간행물에 분노와 심장 질환 사이의 관계를 광범위하게 조사한 결과를 발표했다. 6년 동안 만 3천 명의 성인을 조사한 내용을 포함해 노스캐롤라이나 대학(University of North Carolina)에서 연구한 자료를 기초로 연구원들은 쉽게 화를 내는 사람은 그렇지 않은 사람보다 심장병에 걸릴 확률이 세 배나 높다는 결론을 내렸다. 그 결론은 과학자들이 고혈압, 고지혈증, 흡연, 비만 등과 같은 다른 위험 요인들을 고려한 이후 더욱 확실해졌다.

화를 잘 내는 성향을 보이는 사람들은 또 인간 관계라는 영역에서도 어느 정도의 불리함을 안고 있다. 화를 잘 내는 사람의 우정은 언제나 위태롭다. 에이미 탠(Amy Tan)은 그녀가 쓴 「The Kitchen God's Wife」라는 책의 첫줄에 "어머니는 나에게 이야기할 때마다 우리가 한참 싸우고 있는 것처럼 대화를 시작했다"라고 썼다. 죄가 되지 않는 분노 같은 것도 있긴 하지만(엡 4:26-27) 사람들의 분노는 대부분 그렇지 않다.

예수 그리스도의 좋은 사신이 되고 싶은 사람들은 자신을 위해 그리고 사랑하는 사람들과 구세주의 영광을 위해 화를 잘 내는 사람이 되지 않도록 조심해야 한다.

기도

하나님 아버지, 비싼 대가를 지불하면서 모든 것을 힘들게 배워야 하는 삶을 살지 않게 도와주십시오. 성경의 진리와 현명한 사람들의 조언과 어리석은 사람들의 실수를 통해 어떻게 살아야 하는지를 배우는 지혜와 분별력을 가질 수 있게 도와주십시오. 아멘.

심층 연구

A. 이 율법의 모든 말씀(27:3)

신명기 내용 전체(적어도 12-26장에 기록된 언약의 규정들)를 약속의 땅에 있는 돌들에 새겼을 수도 있지만, 그보다는 십계명의 형태로 율법을 요약해서 기록하는 것으로 3절의 명령을 수행했을 것이다. 신명기를 공부하는 사람들은 12-26장의 내용이 그 계명들을 상세하게 설명하는 역할을 하고 있다는 사실을 주목해왔다.

신명기 12-13장. 여호와께 대한 헌신과 거짓 신을 금지하는 것에 초점을 집중시키면서 십계명의 첫 세 계명을 보다 폭넓게 설명하고 있다.

신명기 14:28-16:17. 십계명의 네 번째 계명과 이스라엘 백성들의 삶의 리듬에 대해 상술하고 있다.

신명기 16:18-18:22. 십계명의 다섯 번째 계명처럼 부모에 대한 공경을 강조하고 있는 이 부분은 선지자와 제사장과 왕과 같이 권위를 가진 다른 사람들을 대하는 적절한 태도에 대해 설명하고 있다.

신명기 19:1-21:9. 이 부분은 살인을 금하고 있는 십계명의 다섯 번째 계명의 원리를 자세하게 설명하고 있는데, 특히 시작하는 부분과 끝 부분에서 더욱 그렇다. 또 이 부분에는 십계명의 여덟 번째와 아홉 번째와 열 번째 계명을 명료하게 설명해주는 원리들이 포함되어 있다.

신명기 22:13-30. 십계명의 일곱 번째 계명과 관련된 성범죄에 관한 내용을 자세하게 다루고 있다.

신명기 23-26장. 십계명의 여덟 번째와 열 번째 계명을 비롯한 여러 가지 규정들에 관한 내용을 폭넓게 다루고 있다.

구성 자체가 엄밀하게 짜여진 것은 아니다. 그리고 그것이 중요한 것도 아니다. 그러나 신명기의 이 부분을 공부해보면 모세가 언약의 핵심 내용인 십계명을 되풀이하면서 그 범위를 넓혀 설명하고 있다는 사실을 분명히 알 수 있다.

B. 에발 산과 그리심 산(27:12-13)

해발 914미터 가량 되는 이 두 산은 세겜 근처의 거룩한 땅 한가운데 작은 계곡을 만들어놓았다. 그곳은 야곱이 하몰에게서 약간의 땅을 샀던(창 33:19) 지역 근처다. 에발 산은 그 계곡 북쪽에 위치해 있고, 그리심 산은 남쪽에 위치해 있다. 요세푸스(Josephus)는 산발랏이 그리심 산에 신당을 짓고, 사마리아인들의 제사장이 되었던 것에 주목했다. 사마리아 여인은 예수님과 이야기하면서 그리심 산을 언급했다(요 4:20).

교안

A. 들어가는 글

1. '스펄전의 회심' 이야기로 시작하라.

2. 배경 설명: 모세는 하나님께서 명하신 율법의 내용과 그 율법을 어기는 데 따르는 결과들을 계속해서 가르칠 수 있는 토대를 마련했다.

3. 적용: 그리스도인들은 하나님의 말씀을 신실하게 따름으로 저주보다는 축복이 특징을 이루는 삶을 살아야 한다.

B. 본문 이해

1. 언약의 교훈(27:1-13)
2. 언약의 위력(27:14-26)

C. 결론: '심장에 해로운' 것을 읽어주라.

토의 질문

1. 하나님께서는 한 사람의 행동에 따르는 책임을 그의 삶 속에서 어떻게 엮어나가시는가?

2. 이웃의 지계표를 옮기는 것이 이스라엘 사회의 안정에 어떤 위협을 가하는 것이었는가?

3. 약속을 지키시는 하나님의 신실하심은 우리로 하여금 어떻게 순종하는 사람들이 될 수 있도록 격려해주는 역할을 하는가?

4. 하나님께서 축하 의식과 '언약을 상기시켜주기 위해' 이스라엘 백성들에게 쌓게 하신 돌들을 결합시키셨던 이유는 무엇이라고 생각하는가?

신명기 28장

삶과 죽음이 달린 결정들

"진정으로 회개한 사람은 형벌뿐 아니라 그 형벌을 불러온 죄를 미워한다. 그리고 하나님의 사랑을 발견하고 느낄 수 있었기 때문에 죄를 그 무엇보다 미워한다."

- 윌리엄 맥케르고 테일러(William Mackergo Taylor)

하나님께서는 하나님의 백성들에게 복을 주고 싶어하신다. 그리고 그들이 하나님의 언약을 신실하게 지킬 때 그렇게 하실 것이다. 그러나 반역한다면 그들에게 고통을 경험하게 하실 것이다.

Deuteronomy

들어가는 글

악마의 짓이다

유럽에서 온 한 초청 강사는 미국의 한 기독교 대학에서 그리스도인들이 다양한 사건에 어떻게 반응하는지를 관찰한 후 "아주 이상한 반응에 주목하게 되었어요. 여러분은 '좋은' 일이 생기면 하나님께 감사를 해요. 그리고 '나쁜' 일이 생기면 느닷없이 악마를 탓해요. 여러분은 하나님의 섭리에 대해 어떻게 생각하고 있는 거죠?"라고 물었다.

그 강사의 질문은 호기심을 불러일으키고 또 대답해야 할 가치가 충분히 있는 중요한 질문이었다. C. S. 루이스(C. S. Lewis)도 몇 년 전 불안에 대한 평론을 쓰면서 같은 문제를 제기했다. 셰익스피어(William Shakespeare)의 희곡 '햄릿' 에서는 강가에 서 있던 한 나무 가지가 부러지면서 오필리아가 익사를 한다. 오필리아가 목숨을 잃은 것은 나무 가지가 부러졌기 때문인가? 아니면 극중에서 그녀가 그 순간에 죽기를 셰익스피어가 원했기 때문인가? 이 질문에 대해 루이스는 "둘 다가 될 수도 있고, 둘 가운데 어느 것이든 하나가 될 수도 있다. 셰익스피어가 희곡 전체를 창작했다는 사실을 이해하면 그 질문은 실제로 전혀 문제가 되지 않는다"라고 말했다(루이스, p. 79).

미국의 그리스도인들에게서 흔히 볼 수 있는 실제적인 이원성이 그리스도인의 사고방식 속에 부정직함을 조장하는 경향을 나타낸다. 고통스러운 일들을 악마의 탓으로 돌릴 수도 있겠지만, 그렇게 함으로써 우리 스스로 자신을 속이는 거북한 느낌을 때때로 받게 된다.

이원성은 기독교와는 아무 상관도 없는 것이다. 하나님의 섭리와 능력 밖에서 일어나는 일은 아무것도 없다는 것이 성경의 관점이다. 끔찍한 일이 생긴다면 그것은 그 일을 막을 수 있는 능력이 하나님께 있지만 (일반적으로 우리에게 알려주지 않으시는 선한 이유 때문에) 그렇게 하지 않기로 선택하신 것이다. 이것을 성경은 시편 기자의 고백을 통해 표현하고 있다. "오직 우리 하나님은 하늘에 계셔서 원하시는 모든 것을 행하셨나이다"(시 115:3).

하나님께서는 우리의 삶을 행복하고 평화롭게 해주시고 또 그렇게 해주실 수 있지만,

다른 한편으로는 우리 삶을 고통스럽게 하실 수도 있다. 그러나 우리를 고통스럽게 하실 때에도 하나님께서는 일반적으로 우리의 완고함을 제어하시고 우리를 하나님께로 돌아오게 하시려는 의도를 가지고 그렇게 하신다. 우리가 지혜로운 길을 선택하고 하나님과 동행할 수 있도록 하나님께서는 고대 이스라엘 백성들에게 말씀하셨듯이 우리에게도 성경을 통해 하나님의 뜻을 말씀해주신다.

본문 이해

삶과 죽음이 달린 결정들

Main Idea	모세는 나라의 장래를 위해 두 개의 중요한 선택 안을 이스라엘 백성들 앞에 제시했다. 그 하나는 하나님의 복이 따르는 순종이고, 다른 하나는 고통이 따르는 불순종이었다.

A. 순종하는 사람들을 향한 하나님의 복(28:1-14)

Supporting Idea	이스라엘이 신실하게 언약을 지킨다면 여호와께서 그들에게 복을 주시고 그들을 높여주실 것이다.

28:1-2. 모세는 순종이라는 선택권을 이스라엘 백성들 앞에 제시했다. 그들이 여호와의 말씀을 삼가 듣고 그 모든 명령을 지켜 행하면 그들은 세계 모든 민족 위에 뛰어나게 될 것이다. 그러나 불순종을 선택할 경우에는 15절부터 시작되는 저주가 그들에게 임할 것이다.

28:3-6. 이 구절은 일련의 포괄적인 대조법으로 묘사된 여호와의 복을 설명하고 있다. 이스라엘은 어느 곳에서나 복을 받을 것이다. 성읍에서도 복을 받고 들에서도 복을 받을 것이다. 자녀와 토지 소산과 짐승과 우양의 새끼가 복을 받을 것이다. 심지어는 떡

반죽 그릇까지도 복을 받게 될 것이다.

28:7. 그들은 순종하기만 하면 대적도 두려워할 필요가 없다는 것을 알게 될 것이다. 침략자들이 한 길로 치러 들어왔다가 일곱 길로 도망할 것이다. 그리고 이스라엘 앞에서 패하게 될 것이다.

28:8-10. 이스라엘 백성들에게 하나님의 복은 보편적인 경험이 될 것이다. 그들이 하는 모든 일에서 성공할 뿐 아니라 물질적인 풍요(창고)도 누리게 될 것이다. 그 과정 속에서 이스라엘 백성들은 하나님께서 그들을 그 땅에 거하게 하신 목적을 깨닫기 시작할 것이다. 6세기 전에 아브라함에게 하신 언약(창 12:1-3)에는 그의 자손을 통해 세계 만민에게 복을 주실 것이라는 맹세가 포함되어 있었다. 이스라엘의 순종과 그들을 하나님의 성민으로 삼기로 하신 하나님의 확약을 통해 온 세상이 복을 받을 것이다. 믿음이 없는 사람들조차도 이스라엘을 두려워하고 하나님의 백성으로서의 그들의 독특한 입장을 존중하게 될 것이다(잠 16:7).

28:11-14. 이 장에서 복을 다루고 있는 부분은 일반적인 훈계와 이스라엘 백성들이 신실하게 언약을 지키면서 기대할 수 있는 유익들로 마무리되고 있다. 이스라엘이 순종을 통해 하나님의 복을 획득하는 것은 아니었다. 복은 여호와께서 주도적으로 아브라함과 그 열조를 택하신 것으로부터 시작되었다. 순종은 그 복이 계속되기 위해 필요한 조건일 뿐이었다. 이스라엘 백성들은 그 족장들과 맺고 있는 관계와 하나님의 은혜 때문에 풍요를 기대할 수 있었다.

그 풍요는 비가 땅에 내릴 수 있도록 여호와께서 여시는 하늘과 밀접한 관계가 있었다. 이스라엘은 많은 민족에게 꾸어줄지라도 꾸지 아니할 만큼 풍족하게 될 것이다. 이런 풍요를 막을 수 있는 유일한 요소는 하나님께서 그들에게 명하신 말씀을 떠나 좌로나 우로나 치우치면서 다른 신을 따라 섬기려는 고집스러운 성향이었다.

B. 불순종하는 사람들을 향한 하나님의 저주(28:15-68)

Supporting Idea	이스라엘 백성들이 불순종한다면 하나님께서 그들을 엄하게 징계하실 것이다.

28:15-19. 이 구절은 15절에 추가된 아니하고라는 단어와 '복' 이라는 단어 대신 저주

라는 단어로 대체되어 나오면서 1-6절과 거의 정확하게 반대되는 내용을 이루고 있다. 이스라엘 백성들이 언약을 어긴다면 부와는 전혀 상반되는 일들을 경험할 것이다.

28:20-24. 하나님의 불만은 자연을 통해 가장 분명하게 드러날 것이다. 이스라엘 백성들이 여호와께 등을 돌린다면 그들이 하는 모든 일이 망하고 파멸하게 될 것이다. 그들은 염병과 열병과 학질과 한재와 풍재를 경험할 것이다.

하늘은 농작물이 자랄 수 있도록 비를 내리는 대신 놋처럼 되고 땅은 철처럼 굳어질 것이다. 풍요와 풍족함을 누리는 대신 그들이 진멸할 때까지 재앙들을 경험할 것이다. 하나님께서 그들을 멸하지 않으실 것이라고 이미 맹세하셨기 때문에 여기서 진멸이라는 용어가 절대적인 의미로 사용된 것은 아니다. 그러나 이스라엘 백성들이 하나님께 등을 돌린다면 하나님의 은혜의 도구로서 그들의 역할은 무익하게 될 것이다.

28:25-26. 하나님께 순종하지 않는다면 이스라엘 군대는 계속해서 승리를 거두는 대신 그들의 대적 앞에서 패하게 될 것이다. 7절에 묘사된 적들의 패배가 이스라엘 백성들에게도 똑같이 벌어질 것이다. 이스라엘은 만민을 위한 복의 근원이 되는 대신 만국 중에 흩음을 당하게 될 것이다. 전쟁에 패배하면서 그들의 시체는 공중의 모든 새와 땅 짐승들의 밥이 될 것이다. 그리고 그것들을 쫓아줄 자가 없을 만큼 사람이 살지 않는 빈 땅이 될 것이다.

28:27-29. 이스라엘이 하나님을 저버린다면 하나님께서 그들의 어리석음을 못 본 체하지 않으실 것이다. 하나님께서는 그들의 마음을 되돌리기 위해 그들이 애굽에서 종살이하던 때 그 땅에 내리셨던 것과 같은 종기와 부스럼으로 그들을 치실 것이다. 계속해서 완고하게 고집을 피울 경우 그들은 육체적 정신적 고통을 경험하게 될 것이다. 백주에도 어두운 데서 더듬는 것과 같이 더듬고 형통치 못하면서 쉽게 압제와 노략을 당할 것이다.

28:30-32. 이스라엘의 고통은 육체적인 영역으로만 제한되지 않을 것이다. 아내를 대적에게 빼앗기고 집을 지어도 그 집에서 살 수 없는 끔찍한 허탈감을 경험할 것이다. 그들의 포도원에서 거두는 과실조차도 그들이 쓰지 못할 것이다. 소와 나귀를 목전에서 속수무책으로 빼앗기는 고통을 당하는 무기력을 경험할 것이다.

필경에는 자녀를 다른 민족에게 빼앗기는 고통까지 겪을 것이다. 자녀들이 이국 땅에서 종살이를 하게 될 것이다. 그러나 그 손에 능이 없는 부모들은 그들이 돌아오기만을 간절히 바랄 뿐 자녀들을 구하기 위해 아무것도 할 수 없게 될 것이다.

28:33-37. 이스라엘이 여호와께 등을 돌린다면 침략자들이 그들을 전복시키고 그들의 토지 소산과 수고로 얻은 것을 빼앗아갈 것이다. 압제와 학대를 받을 것이며 그들이 경험할 참사 때문에 미치게 될 것이다. 고치지 못할 심한 종기가 발바닥에서 정수리까지 나는 육체적 고통을 당할 것이다. 그들의 반역 때문에 하나님께서 그들을 그들의 임금과 함께 그들이 알지 못하던 나라로 끌려가게 하실 것이다. 이 경고는 이스라엘 역사 속에서 두 번이나 입증되었다. 한 번은 앗수르가 북왕조(이스라엘) 백성들을 포로로 잡아갔을 때였고, 또 한 번은 바벨론이 남왕조(유다) 백성들을 포로로 잡아갔을 때였다. 그러나 그곳에서조차도 이스라엘 백성들은 목석으로 만든 다른 신들을 섬기며 계속 완고하게 하나님을 거역할 것이다(소수의 사람들만이 바벨론에서 귀환하게 될 것이다). 이스라엘의 반역은 그들에게 승리와 풍요를 누리게 하는 대신 그들을 속담과 비방거리가 되게 할 것이다.

28:38-42. 반역하는 이스라엘은 낙심이라는 무서운 저주를 경험할 것이다. 많은 종자를 심을지라도 메뚜기가 먹어치울 것이기 때문에 거둘 것이 적을 것이다. 포도원에서 수고할지라도 벌레가 먹어서 포도를 따지 못하게 될 것이다. 감람나무 열매 역시 땅에 떨어져 못 쓰게 될 것이다. 그리고 자녀를 낳을지라도 그 자녀들이 포로로 잡혀가 함께 있지 못할 것이다.

하나님께서 완고한 사람들을 징계하시기 위해 모든 자연력을 다 동원하실 수 있다는 사실이 하나님을 거역할 때 나타날 수 있는 무서운 특징이다. 사실상 저주를 다루고 있는 부분에는 전체적으로 예방과 교정이라는 목적이 포함되어 있다. 이스라엘 백성들은 다른 신을 섬기기로 결정하기 전에 그 결과를 잘 따져보고 평가해보아야 했다. 이미 다른 신을 섬기고 있다면 그들이 경험하는 고통은 그들을 여호와께로 돌아오게 하시려는 사랑으로 해석해야 했다.

28:43-46. 그런 재앙으로 인한 고통이 일률적이지 않고 차별적이라는 사실을 보여주실 것이다. 우상을 숭배하는 이스라엘 백성들이 여호와를 버리고 변절한 것 때문에 고통을 당한다 할지라도 그들 가운데 우거하는 이방인들이 여호와께 대한 믿음을 지킨다면 그 때문에 그들은 점점 높아지게 될 것이다. 그 이방인들이 점점 높아지는 동안 이스라엘 백성들은 점점 낮아질 것이다. 이스라엘이 처한 곤궁의 의미를 이해하지 못하고

계속해서 불충을 행하는 사람들은 필경 멸망당할 것이다. 뚜렷하게 나타날 성공과 실패는 영원한 표적과 감계가 될 것이다.

28:47-48. 이스라엘이 한 선택에 따르는 결과는 분명하게 드러났다. 모든 것이 풍족할 때 여호와를 기쁨과 즐거운 마음으로 섬길 것을 여호와께서 이스라엘 백성들에게 요구하셨다. 그러나 그 요구를 거부한다면 이스라엘 백성들은 그들의 대적을 섬기지 않을 수 없을 것이다. 그들의 대적은 여호와와는 달리 하나님의 백성들이 풍족함을 누릴 수 있는 환경을 만들어주지 않을 것이다. 그들은 하나님을 즐겁게 섬기는 대신 주리고 목마르고 헐벗고 여호와께서 그들을 징계하시기 위해 보내는 철 멍에를 메게 될 것이다.

28:49-52. 하나님의 징계는 결국 이스라엘과는 다른 풍습을 가진 먼 나라 민족이 하나님의 백성들을 가혹하게 대하는 형태가 될 것이다. 그 민족이 이스라엘 백성들의 육축의 새끼와 토지의 소산을 먹을 것이다. 그들은 이스라엘이 멸절하도록 이스라엘의 곡식과 포도주와 기름을 남기지 않을 것이다. 이스라엘이 조공을 바치지 않으면 이스라엘의 모든 성읍을 에워싸고 견고한 성벽을 다 헐 것이다.

이 구절을 바벨론 침공(특히 B.C. 586년에 있었던 세 번째 침공)에 대한 묘사로 보는 것이 자연스럽기는 하지만 그 통렬한 심판에만 국한시킬 이유는 없다. 그에 앞서 B.C. 722년 북왕조를 공격한 앗수르의 침공 역시 이 구절에서 미리 내다볼 수 있을 것이다. 그리고 그 예보는 B.C. 701년 산헤립의 침공에 의해서도 부분적으로 이루어졌다.

28:53-57. 이스라엘의 영적 변절이 불러온 가장 심각한 결과는 적에 의한 유린이 아니라 이스라엘 백성들이 서로에게 끼친 손해가 될 것이다. 대적에게 에워싸이게 되면 어머니가 자기 자녀 곧 그 몸의 소생의 고기를 먹을 것이다. 그리고 그 끔찍한 상황에서 남자들은 그 자녀의 고기를 자기 가족들과도 나누지 않으려 할 만큼 이기적이 될 것이다. 유순하고 연약한 부녀마저도 심한 기근을 이기지 못하고 자기 몸에서 나온 태와 자기가 낳은 어린 자식을 가만히 먹게 될 것이다.

28:58-59. 하나님께서는 자기의 백성들이 그분의 영화롭고 두려운 이름을 경외할 것과 모세가 전해주는 율법의 모든 말씀을 지켜 행하는 것을 통해서만 자신을 경외할 수 있다는 사실을 강조하셨다. 그렇게 하지 않는다면 크고 오래 지속될 재앙과 중하고 오래 갈 질병을 불러올 것이다.

28:60-62. 이스라엘은 자신들이 애굽의 멸망을 목격했다고 생각했다. 그러나 그들의 반역은 그들이 종살이하던 땅에 내렸던 질병을 그들에게로 불러올 것이다. 실제로 모든 질병과 모든 재앙(모세가 준 율법 책에조차도 기록되지 않은)이 임할 것이다. 이스라엘은 그들의 불순종 때문에 급격한 인구 감소를 경험하게 될 정도로 상황이 매우 악화될 것이다.

28:63-64. 하나님께서는 이스라엘 백성들과 그들의 땅에 거하는 이방 민족들에게 서로 다른 두 개의 도덕적 규범을 적용하지 않으실 것이라고 경고하셨다. 가나안 족속들의 부도덕한 행실 때문에 그들을 쫓아내신 하나님께서는 하나님의 백성들에게도 똑같이 하실 것이다. 그들은 자신들의 완고함이 불러온 찬바람을 감수해야 할 것이다. 그럼에도 불구하고 그들은 그들이 알지 못하던 목석 우상을 섬기게 될 것이다.

63절에서 너희를 망하게 하시며 멸하시기를 기뻐하시리니라고 한 것은 하나님께서 그들이 고통스러워하고 멸망하게 된 것을 기뻐하신다는 뜻이 아니라 이스라엘을 징계하신다 할지라도 여전히 그들을 계속 기뻐하신다는 뜻이다. 63절을 "여호와께서 너희에게 선을 행하시고 너희로 번성케 하시면서 너희를 기뻐하셨던 것같이 너희를 망하게 하시고 멸하게 하시면서도 너희를 기뻐하셨다"라고 번역한 성경도 있다(NASB).

28:65-68. 반역한 이스라엘 백성들을 유배시키신 하나님의 징계는 이스라엘 백성들에게 매우 비참한 경험이 될 것이다. 압제하는 열국 가운데서 그들은 평안함을 얻지 못하고 대신 마음이 떨리고 눈이 쇠하고 정신이 산란케 될 것이다. 그리고 주야로 두려워하게 될 것이다. 애굽으로 끌려갈 때 최악의 상태가 될 것이며, 거기서 노비로 팔릴 것이다. 더구나 그들의 지치고 수척해진 모습에 그들을 노비로 살 사람조차 없을 것이다.

Main Idea 복 습	모세는 나라의 장래를 위해 두 개의 중요한 선택 안을 이스라엘 백성들 앞에 제시했다. 그 하나는 하나님의 복이 따르는 순종이고, 다른 하나는 고통이 따르는 불순종이었다.

결론

서툰 예언자들

복잡하고 기교적인 현대 전문가들은 종종 정확하지 못한 예언자들로 밝혀지곤 한다. 예를 들면 1949년 〈Popular Mechanics〉이라는 잡지에 실린 한 기사는 '미래의 컴퓨터는 아마도 1.5톤을 넘지 않을 것' 이라며 컴퓨터가 소형화될 것이라는 예언을 했다. 그 불확실한 예언을 바탕으로 디지털 장비 회사를 설립한 켄 올슨(Ken Olson)은 1977년에 "집에 컴퓨터를 가지고 있어야 할 이유가 없다"는 말을 했다.

예일대학의 한 경영학 교수는 한 학생이 제출한 소논문에 "흥미로운 내용을 잘 정리했지만 'C' 이상의 학점을 받으려면 아이디어에 현실성이 있어야 합니다"라는 평가를 했다. 그 논문은 신속한 택배 서비스에 관한 아이디어를 서술한 내용이었고, 그 논문을 쓴 젊은이는 나중에 페더럴 익스프레스사(Federal Express Corporation)를 설립한 프레드 스미스(Fred Smith)였다.

반면에 하나님께 등을 돌린 사람의 진로를 예측하는 데는 예언할 수 있는 능력이 전혀 필요하지 않다. 하나님께 등을 돌리기로 한 결정에 따르는 결과가 너무나 명백하기 때문이다. 그 결정에 따르는 마음의 고통과 어려움은 비록 악의적인 의도에서 나오는 것은 아니지만 한 사람의 영혼이 겪어야 하는 절망적인 몸부림이 얼마나 심각한 것인지를 반영해준다. 모세는 "보라 내가 오늘날 생명과 복과 사망과 화를 네 앞에 두었나니"(신 30:15)라고 말했다. 그리고 그 선택은 우리 각자에게 달려 있다.

▣ 진리 알기

- 하나님께서는 하나님의 백성들을 우승 트로피처럼 높이 들어올리고 싶어하신다.
- 마음의 혼란은 하나님의 징계로 나타나는 결과일 수도 있다.
- 인간의 그 어떤 의지도 하나님의 결연한 사랑을 능가할 수는 없다.
- 경건한 사람들에게도 재앙이 미칠 수 있다. 그러나 하나님을 거부하는 사람들에게 임할 재

앙을 예측하기는 매우 쉽다.

■ 적용하기

- 행복해지는 것보다 거룩해지는 것을 더 중요하게 생각하라.
- 하나님의 약속들과 거룩하신 하나님의 성품을 신뢰하고 안심하라.
- 하나님의 방법을 선택하라. 그러면 성공할 것이다.

삶의 적용

운명을 결정하라

음악가가 된 던 위르챈(Don Wyrtzen)은 복음 전도자 잭 위르챈(Jack Wyrtzen)의 아들로 「What My Parents Did Right」라는 책에서 정직에 대해 자신이 배운 교훈을 이야기했다. 던은 아버지가 전도 집회를 하는 동안 뉴욕 시에 머물게 되었다. 던과 그의 친구는 지하철을 공짜로 타고 다니며 하루를 보내기로 했다. 토큰을 사는 대신 두 사람은 몸을 숙이고 회전식 출입구 밑으로 들어가 지하철을 탔다. 나중에 던은 아버지에게 그 '성공담' 을 자랑스럽게 이야기했다.

그러나 아버지는 아들의 잘못을 지적해주었다. 그리고 그에게 뉴욕 시 항만 관리 위원회에 사과 편지를 쓰고 그 편지에 공짜로 탄 지하철 토큰 값을 동봉해서 보내야 한다는 사실을 강조했다. 그는 "아버지는 작은 일에 정직한 것을 매우 중요하게 여기셨다. 그리고 아버지는 내게 그 사실을 가르칠 수 있는 기회를 놓치지 않으셨다. 그 이후 나는 아버지가 가르쳐준 교훈들에 감사하게 되었다"라고 말했다. 잭은 다음 삼행시에 동의할 만큼 현명한 사람이었다.

행동은 습관을 낳고,
습관은 성품을 거두며,
성품은 운명을 결정한다.

기도

하나님 아버지, 우리가 매일 결정하는 선택을 통해 우리의 인격이 형성된다는 사실을 볼 수 있는 지혜를 허락해주십시오. 그리고 예수 그리스도의 모든 제자들의 특징이 되어야 할 순전함을 지킬 수 있게 도와주십시오. 아멘.

teaching guide

티칭 가이드

심층 연구

A. 들어와도 … 나가도(28:6-19)

'네가 들어와도 … 나가도'는 '모든 것' 또는 '언제나'라는 의미를 전달하기 위해 두 개의 극단을 사용하는 수사적 표현의 한 예다. 다른 예들로는 '가장 작은 자로부터 큰 자까지'(렘 6:13), '누웠을 때에든지 일어날 때에든지'(신 6:7, 11:19) 등을 들 수 있다. '네가 들어와도 … 나가도'란 '네가 하는 모든 일에'라는 뜻이며, 신명기 31장 2절에서는 지도력과 연관되어 있다(왕상 3:7).

B. 멸망시키다(28:51, 61)

신명기 28장에 사용된 '멸망시키다'라는 말은 '없애버리다'라는 뜻이 아니라 '목적을 가지고 망하게 하다'라는 뜻이다. 이스라엘 백성들의 반역에도 불구하고 그들은 살아남을 것이다. 그러나 그들은 하나님께서 만국을 위한 복의 근원이 되도록 그들을 구별한 목적을 이룰 수 있는 매체로서의 역량을 상실할 것이다(창 12:1-3).

고안

A. 들어가는 글

1. '악마의 짓이다' 이야기로 시작하라.

2. 배경 설명: 모세는 이스라엘 백성들 앞에 두 개의 중대한 선택안을 제시했다. 그들은 그들이 가야 할 길을 선택해야 할 것이다. 한 길은 생명으로 가는 길이고 다른 한 길은 멸망으로 가는 길이 될 것이다.

3. 적용: 그리스도인들도 같은 문제를 앞에 두고 있다. 회심 후 선택해야 할 삶의 길이 있다. 신실하게 순종하면서 그에 따르는 기쁨을 누리는 삶을 선택하거나, 아니면 반역하면서 그에 따르는 슬픔을 감수하는 삶을 선택해야 할 것이다.

B. 본문 이해

1. 순종하는 사람들을 향한 하나님의 복(28:1-14)
2. 불순종하는 사람들을 향한 하나님의 저주(28:15-68)

C. 결론: '운명을 결정하라' 를 읽어주라.

토의 질문

1. 모든 참사는 다 불순종의 결과라고 생각하는가?

2. 하나님께서는 우리의 실패를 어떻게 승리로 바꾸실 수 있는가?

3. 신명기 28장에 기록된 저주가 축복보다 네 배나 더 많은 지면을 차지하고 있는 이유는 무엇이라고 생각하는가?

신명기 29장

보는 눈

하나님을 믿지 않으면 사람들은 아무것도 믿지 않는다. 그리고 무엇이든 다 믿는다.

- G. K. 체스터톤(G. K. Chesterton)

하나님께서 과거에 보여주신 신실하심과 하나님의 언약을 실행하실 수 있는 능력은 그분의 진리를 따르는 진심에서 우러난 충성심을 요구한다. 그런데 애석하게도 이스라엘은 모세가 말했듯이 영적으로 매우 둔감했던 것으로 보인다.

Deuteronomy

들어가는 글

혀로 읽는 사람

복음전도자 로버트 섬너(Robert Sumner)는 그가 쓴 한 책에서 캔자스시티(Kansas City)에서 일어난 폭발 사고로 크게 다친 한 사람에 관한 이야기를 하고 있다. 그는 얼굴에 심한 화상을 입었고 실명하는 고통을 겪게 되었다. 그리스도인이 된 지 얼마 되지 않았던 그는 친구들에게 사고 후 겪은 가장 큰 슬픔은 성경을 다시 읽을 수 없다는 사실을 깨닫게 된 것이라고 말했다. 두 손을 잃은 상태라 점자조차 배울 수 없었기 때문에 그 슬픔은 더욱 컸다.

그러나 입술로 점자를 읽게 된, 앞을 보지 못하는 영국의 한 여성에 관한 이야기를 듣게 되었을 때 그는 희망을 얻을 수 있었다. 그런데 폭발 사고로 입술의 말초 신경도 마비가 되었다는 사실을 알게 되었고, 그는 다시 실망하지 않을 수 없었다. 하지만 그는 혀로 점자를 읽을 수 있다는 사실을 알게 되었다. 용기를 얻은 그는 혀로 점자 알파벳 기호의 차이점들을 익히는 긴 과정을 시작했다. 섬너가 책을 쓰고 있을 때 그는 혀로 성경 전체를 네 번이나 읽은 상태였다.

그는 사고로 시력을 잃었다. 그러나 영적인 시력까지 잃은 것은 아니었다. 그는 무엇이 가장 중요한 것인지를 알 만큼 현명했고, 그 결과 그는 하나님의 말씀을 다시 섭취할 수 있었다. 그는 쉽게 성경을 읽을 수 있으면서도 성경을 읽지 않는 수많은 사람들을 부끄럽게 하기에 충분하다.

본문 이해

보는 눈

Main Idea	모세는 여호와께서 보여주신 신실하심과 여호와를 거역할 때 따르는 결과들을 근거로 여호와께 전심으로 충성할 것을 이스라엘 백성들에게 촉구했다.

A. 언약의 역사: 회고(29:1-9)

Supporting Idea	여호와께서 보여주신 신실하심에도 불구하고 이스라엘 백성들은 여전히 영적인 통찰력이 부족했다. 그들은 여호와께서 그들을 어떻게 보호해주셨는지 그리고 하나님의 백성으로 살아갈 수 있도록 그들의 필요를 어떻게 채워주셨는지를 되돌아볼 필요가 있었다.

29:1. 이 구절에서 이러하니라고 한 말은 28장의 내용을 소급해서 언급한 것일 수도 있고, 아니면 29장의 내용을 앞서 언급한 것일 수도 있다. 그러나 모든 것을 고려해볼 때 앞의 내용을 소급해서 언급한 것으로 보인다(실제로 히브리 성경에서 이 구절은 28:69로 되어 있다). 그럼에도 불구하고 모압에서 그 당시 사람들에게 주신 언약의 말씀은 40년 전 여호와께서 이스라엘 백성들과 호렙 산에서 세우신 언약을 보다 구체적으로 상술한 내용이었다.

29:2-4. 모세는 현실적인 통찰력과 영적인 통찰력의 관계를 바탕으로 묘한 익살을 부리고 있다. 그는 먼저 이스라엘 백성들에게 여호와께서 애굽 땅에서 바로와 그 모든 신하와 그 온 땅에 행하신 모든 일을 그들이 보았음을 상기시켜주었다. 그들은 그 큰 이적과 기사를 직접 목도하였다.

이스라엘 백성들은 그런 광경을 목도했음에도 불구하고 하나님께서 행하신 이적과 기사의 의미를 보고 적용할 수 있는 눈과 귀가 여전히 부족했다. 그들에게는 깨닫는 마음을 주시는 여호와가 여전히 필요했다.

29:5-6. 4절에 기록된 책망에 대한 증거로 모세는 사십 년 동안 광야에서 살았던 이야기를 하고 있다. 이스라엘 백성들은 그들의 등과 발에 여호와의 신실하심을 보여주는 증거를 가지고 있었다. 광야 생활 동안 그들의 옷은 낡지 않았고 신은 해어지지 않았다. 또 하나님께서 기적적인 방법으로 먹을 것과 마실 것을 공급해주셨기 때문에 그들은 떡을 먹지 않고 포도주를 마시지 않고도 살아남을 수 있었다. 하나님께서 그렇게까지 하신 것은 이스라엘 백성들에게 여호와가 그들의 하나님이라는 사실을 알게 해주시기 위해서였다. 그러나 그들은 그렇게 중요한 사실을 깨닫지 못하고 있었던 것으로 보인다.

29:7-8. 이스라엘 백성들이 경험한 그 초자연적인 양식과 의복이 그들에게 충분한 증거가 되지 못했다면 그들이 요단 강 동편에 이른 후에 헤스본 왕 시혼과 바산 왕 옥을 물리치고 거둔 놀라운 승리를 기억하는 것만으로도 충분한 증거가 되었을 것이다. 하나님께서 이스라엘 백성들에게 그 두 왕의 땅을 약속하지는 않으셨지만 그 땅은 르우벤과 갓과 므낫세 반 지파의 기업이 되었다. 여호와께서 이스라엘 백성들에게 약속하셨던 것 이상을 그들에게 주셨다. 그들은 그런 하나님의 성품을 분명하게 볼 수 있어야 했다.

29:9. 애석하게도 많은 하나님의 백성들은 여호와의 선하심을 여전히 어렴풋하게 인식하고 있었을 뿐이다. 그러나 그들의 완고함에도 불구하고 그들은 하나님의 언약의 말씀을 지켜 행할 수 있었다. 그렇게 한다면 그들이 하는 모든 일이 형통할 것이다.

B. 언약 관계: 강화(29:10-15)

Supporting Idea	이스라엘 백성들은 이제 그들의 헌신이 후대에 미치게 된다는 사실뿐 아니라 그들과 함께하시는 여호와의 신실하심을 인식하면서 여호와와의 언약을 갱신해야 했다.

29:10-11. 약속의 땅에 들어갈 준비를 하면서 이스라엘 백성들은 사실상 하나님의 언약을 갱신하고 있었다. 언약은 두령들과 장로들과 유사들로부터 유아들과 아내와 진중에 있는 객에 이르기까지 모두에게 영향을 미쳤다.

29:12-13. 모세가 말한 대로 이스라엘 백성들은 여호와의 언약에 참예하기 위해 모

두 하나님 여호와 앞에 모여 섰다. 그들의 장래는 이 행사에서 그들이 한 일의 영향을 받게 될 것이다. 그러나 여호와께서 처음부터 그들과의 관계를 주도해오셨다. 그리고 이제 하나님께서 이스라엘 백성들을 향한 하나님의 헌신을 맹세하셨다. 그리고 그 일을 통해서도 하나님의 신실하심을 드러내 보여주셨다. 하나님께서는 이스라엘 백성들에게 전에 약속하셨던 것을 기초로 그리고 아브라함과 이삭과 야곱에서 맹세하신 대로 언약을 갱신하셨다.

29:14-15. 협약의 조건은 모세가 말하는 동안 요단 강 동편에 서 있는 사람들뿐 아니라 그들의 자녀들과 손자들과 아직 태어나지 않은 세대에까지 미칠 것이다. 그러므로 그 조건에 동의하는 사람들은 이해와 헌신을 바탕으로 동의하는 것이 중요했다.

C. 언약의 요구: 거부(29:16-21)

Supporting Idea	이스라엘 백성들이 이방 신을 쫓으려는 유혹에 부딪히게 될지라도 국가적인 차원에서나 개인적인 차원에서나 그 유혹에 굴복할 경우 무서운 심판이 임할 것이므로 그 유혹에 굴복해서는 안 되었다.

29:16-18. 언약이 가장 핵심적으로 요구하는 것은 이스라엘 백성들이 그들의 하나님 여호와만을 섬겨야 한다는 것이었다. 이 요구는 이스라엘 백성들에게 지나친 것이 아니었다. 왜냐하면 그들은 애굽에서 접했던 소름끼치는 우상들에 대한 기억을 되살릴 수 있었고, 또 가나안으로 오는 길에 거쳐온 나라들이 섬기던 가증한 것과 우상들을 기억할 수 있었기 때문이다. 그들은 목석과 은금의 신들을 섬기는 사람들의 타락상을 잘 알고 있었다.

그런 일들로부터 자신들과 후손들을 지키기 위해 이스라엘 백성들은 남자나 여자나 그런 우상을 섬기지 말아야 했다. 또 그들이 통과해온 민족의 신들을 좇는 가족이나 지파도 없어야 했다. 마음으로 우상을 좇는 사람이 한 사람만 있다 할지라도 그것은 이스라엘 전체를 멸하게 될 독초와 쑥의 뿌리가 될 수 있었다. 과거의 역사 때문에 모세는 이스라엘의 장래를 낙천적으로 내다보지 않았다. "내가 너희의 패역함과 목이 곧은 것을 아나니 오늘날 내가 생존하여 너희와 함께하여도 너희가 여호와를 거역하였거든 하물며 내가 죽은 후의 일이랴"(신 31:27).

29:19-21. 이스라엘 백성 가운데 여호와의 저주의 말을 듣고도 자신의 행동과는 상관없이 그저 평안할 것이라고 생각하는 사람이 있을 수도 있었다. 그런 사람이 계속해서 악한 길을 고집한다면 그는 나라 전체, 즉 순종하려는 사람들(젖은 것)과 순종하려 하지 않는 사람들(마른 것)에게 재앙을 불러올 것이다.

그런 오만한 거역은 여호와의 엄한 보복을 불러올 것이다. 여호와께서 그런 사람을 결코 사하지 않으실 것이다. 분노와 질투의 불을 그 위에 부으실 것이며, 언약 조건의 일부인 모든 저주를 그에게 더하실 것이다. 그리고 필경에는 그의 이름을 천하에서 도말하실 것이다. 여호와께서 그런 사람을 이스라엘 모든 지파 중에서 구별해내실 것이다. 그 사람은 보호받는 언약 공동체 속에 포함될 수 없을 것이다.

D. 언약의 이해 관계: 평판(29:22-29)

Supporting Idea	여호와께서 언약에 불충한 사람들에게 가하시는 벌은 이스라엘에 대한 책망이 될 것이며, 그런 두려운 일이 그들에게 임하게 된 이유들을 생각하도록 만들 것이다.

29:22-23. 반역의 결과는 이스라엘 자손의 평판에 영향을 미칠 것이다. 원방에서 오는 객이라도 언약을 따르지 않는다면 약속의 땅에 임할 재앙과 질병을 볼 것이다. 실제로 그 온 땅이 유황이 되고 소금이 되며 불에 타서 곡물이 자라지 못하는 땅이 될 것이다. 젖과 꿀이 흐르던 가나안 땅이 소돔과 고모라처럼 무너지는 것을 볼 것이다.

29:24-26. 열방 사람들조차도 여호와께서 어찌하여 이 땅에 이같이 행하셨느뇨라고 말할 정도로 그 땅의 상태가 끔찍하게 될 것이다. 그 질문에 대해 사람들은 이 무리가 그들과 더불어 세우신 여호와 하나님의 언약을 저버렸기 때문이라고 대답하며 그 책임을 이스라엘 백성들에게 돌릴 것이다. 그들의 죄는 그 조상을 애굽에서 인도하여 내신 여호와 하나님을 저버렸다는 사실을 고려해볼 때 더욱 음흉한 것이었다. 여호와께서 베푸신 친절에 사랑과 헌신으로 보답하는 대신 그들은 자기들이 알지도 못하고 여호와께서 그들에게 주시지도 아니한 다른 신들을 섬겨 그들에게 절한 벌을 받게 될 것이다.

29:27-28. 열방 사람들의 질문에 대한 대답은 여호와의 진노에 대한 언급으로 끝

이 난다. 열방들은 약속의 땅을 향한 여호와의 의로운 분개와 언약이 선언하고 있는 저주를 행하시는 여호와를 알게 될 것이다. 이방인들이 알게 될 하나님의 성품은 이스라엘 백성들을 약속의 땅에서 뽑아내사 다른 나라에 던져 보내시는 진노가 주를 이룰 것이다.

29:29. 이 구절은 하나님께서 드러내신 것과 감추신 것의 차이점 때문에 독립적인 구절이 될 수도 있다. 그러나 문맥상 이 구절은 이국 땅에서 포로 생활을 하면서 이스라엘 백성들이 경험하게 될 어리둥절한 혼란을 제기하고 있다. 하나님의 엄중한 징계가 족장들에게 하신 여호와의 맹세와 복된 장래에 대한 약속과 어떻게 조화를 이룰 수 있는가? 이 질문은 여호와께서 대답하기 위해 선택하신 질문이 아니었다. 그 문제는 오묘한 일로 남아 있게 될 것이다. 그 당시 이스라엘 백성들 모두가 알고 있어야 했던 것은 나타난 일, 즉 그들과 그들의 자손들에게 속한 언약의 조건이었다. 하나님께서 율법의 모든 말씀을 행하도록 그들에게 촉구하셨다.

Main Idea 복습	모세는 여호와께서 보여주신 신실하심과 여호와를 거역할 때 따르는 결과들을 근거로 여호와께 전심으로 충성할 것을 이스라엘 백성들에게 촉구했다.

결론

불안하게 다가오는 불행

탕자의 비유를 보면 '이에 스스로 돌이켜' (눅 15:17)라고 묘사한 부분이 나온다. 이 진술은 그가 어디에선가 길을 잃었다는 사실을 보여준다. 죄를 범할 때, 곧 하나님의 뜻과는 무관하게 행할 때 우리에게도 그런 일이 벌어진다. 삼손도 들릴라를 대하면서 그와 비슷한 경험을 했다. 들릴라가 삼손이 다른 사람들과 다를 수 있는 이유를 계속 찾아내고 있는 동안 삼손은 상당히 무분별하게 행동했던 것으로 보인다. 그녀의 유혹에 빠진 삼손은 블레셋 사람들로부터 자신을 방어하면서 자신의 머리에 직조틀이 붙어 있다는 것을 알게 되었다(삿 16:14). 그때 그는 자신이 사랑하는 여인의 본심을 의심할 수도 있었을 것이다. 그러나 애석하게도 그는 그녀를 전혀 의심하지 않았다. 블레셋 사람들이 나중에 그의 눈을 빼었을 때 그것은 영적으로 이미 그에게 일어난 일을 그들이 행동으로 보여준 것뿐이었다. 여호와께 헌신하는 대신 육체적인 쾌락을 따랐기 때문에 그는 엄청난 대가를 지불해야 했다. 영적인 무분별은 삶의 모든 영역에서 사람을 무지하게 만든다.

▣ 진리 알기

- 그리스도인들은 과거에 하나님께서 그들에게 보여주신 신실함을 바탕으로 하나님께 대한 확신을 쌓아가야 한다.
- 하나님께서 우리를 위해 행하시는 일들을 더 많이 보면 볼수록 하나님을 신실하게 섬기고 사랑해야 할 우리의 책임은 더욱 커진다.
- 인간의 마음은 둔감하기 때문에 영적인 통찰력을 얻기 위해서는 하나님의 은혜가 요구된다.
- 우리가 오늘 선택하는 결정은 우리뿐 아니라 후손들에게까지 영향을 미친다.

▣ 적용하기

- 하나님께서 행하신 일들을 감사하라.
- 하나님의 신실하심을 기도나 시나 용기가 필요한 사람에게 보내는 편지들로 표현해보라.
- 성경에 기록된 하나님의 약속들을 통해 하나님께서 영광을 받으실 것을 기대하라.
- 위기에 처했을 때 하나님의 신실하신 성품을 신뢰하라.

삶의 적용

새로운 지평과 가능성들

〈뉴욕 타임즈(New York Tims)〉의 전 드라마 비평가였던 알렉산더 월코트(Alexander Wollcott)는 이스트 강(East River)이 내려다보이는 자기 아파트 창가에 앉아 배들이 오가는 것을 내려다보곤 했다. 그의 아파트를 찾아온 한 손님이 "저렇게 느린 속도로 달리는 낡고 오래된 예인선들을 바라보면서 어떻게 그렇게 오래 앉아 있을 수 있으세요? 단조롭고 지루하지 않으세요?"라고 물었다.

월코트는 "언제나 예인선만 보이는 건 아니에요. 가끔씩 죽은 시체도 떠오르곤 해요"라고 대답했다.

그 말에 깜짝 놀란 손님은 "시체라고 하셨어요? 시체가 강에서 뭘 하는데요?"라고 물었다.

월코트는 어깨를 들썩하면서 "확실하게 말할 수는 없지만 예인선들이 움직이는 속도의 한 절반 정도로 움직이는 것 같아요"라고 대답했다.

삶 속에서 하나님을 배제하면 삶은 매우 지루하고 단조로워진다. 반면에 영적인 눈으로 바라볼 수 있는 사람들에게는 새로운 지평과 가능성들이 생겨나게 된다. 예수님께서는 제자들에게 "눈을 들어 밭을 보라 희어져 추수하게 되었도다"(요 4:35)라고 말씀하셨다. 한때 영적으로 어두웠던 눈이 밝아지면 세상은 하나님께서 그분의 목적을 이루어가시는 무대가 된다.

기도

하나님 아버지, 길을 잃게 만드는 세상의 유혹을 거부하고 하나님을 변함없이 사랑할 수 있도록 도와주십시오. 영적인 시력을 잃지 않도록 빛 가운데로 걸어갈 수 있게 도와주십시오. 아멘.

심층 연구

A. '독초와 쑥'의 뿌리(29:18)

이 표현은 글자 그대로 하면 '독과 쓴맛'이라는 뜻이다. 대구법을 쓴 것은 신실하지 못한 마음을 우상 숭배의 근원으로 강조하기 위한 것일 수 있다. 자기 마음대로 하려는 마음이 있는 한 언제든지 여호와를 저버릴 수 있는 위험이 따르기 때문이다. 또 대구법을 통해 하나님께 온전히 헌신하지 못한 사람은 이스라엘 민족에게 독초가 된다는 것을 설명하는 것일 수도 있다.

B. '이런 자를 사하지 않으실'(29:20)

이런 말은 때에 따라 "주의 약속은 어떤 이의 더디다고 생각하는 것같이 더딘 것이 아니라 오직 너희를 대하여 오래 참으사 아무도 멸망치 않고 다 회개하기에 이르기를 원하시느라"(벧후 3:9)고 말한 바울 사도의 간절한 호소와 상반된다. 이렇게 분명히 다른 원리들을 기초로 비평가들은 구약의 하나님을 신약의 용서하시는 하나님과는 전혀 다른 잔인한 괴물이라고 주장하고 싶어한다.

그러나 반역하는 사람을 기꺼이 용서하시는 하나님께서는 구약이나 신약 성경 그 어디에서나 찾아볼 수 없다. 19절이 묘사하고 있는 사람은 용서를 구하지 않는 사람이다. 또 용서를 받을 자격도 없는 사람이다. 베드로후서 3장에서 바울 사도는 바울의 편지를 왜곡한 사람들에 대해 다음과 같이 설명하고 있다. "모든 편지에도 이런 일에 관하여 말하였으되 그 중에 알기 어려운 것이 더러 있으니 무식한 자들과 굳세지 못한 자들이 다른 성경과 같이 그것도 억지로 풀다가 스스로 멸망에 이르느니라"(벧후 3:16). 신약 성경과 구약 성경은 둘 다 회개하고 애통해하는 사람들은 언제나 하나님의 자비를 얻게 될 것이라고 말하고 있다.

고안

A. 들어가는 글

1. '혀로 읽는 사람' 이야기로 시작하라.

2. 배경 설명: 약속의 땅으로 들어갈 준비를 하면서 이스라엘 백성들은 여호와와의 언약을 갱신하기 위해 잠시 멈추었다. 여호와의 도움 없이는 성공한다는 희망을 가질 수 없었기 때문에 모세는 앞으로 다가올 위험한 날들에 여호와께 신실한 것이 그들의 길을 평탄케 해줄 수 있다는 사실을 깊이 생각할 것을 이스라엘 백성들에게 촉구하고 있다.

3. 적용: 그리스도인들에게도 그들의 행동과 사건들이 벌어지는 상황 사이의 관계를 볼 수 있도록 하나님께서 주시는 통찰력이 필요하다.

B. 본문 이해

1. 언약의 역사: 회고(29:1-9)
2. 언약 관계: 강화(29:10-15)
3. 언약의 요구: 거부(29:16-21)
4. 언약의 이해 관계: 평판(29:22-29)

C. 결론: '새로운 지평과 가능성들' 을 읽어주라.

토의 질문

1. 하나님께서는 신실한 신자와 무관심한 신자를 어떻게 다르게 대하시는가?

2. 신실하지 못한 행동 때문에 신자의 삶 속에 어려움이 생긴다면 그 어려움은 하나님의 징계를 보여주는 신호인가?

3. 성공은 순종에서 비롯되는 것이므로 성공한 사람들은 모두 순종한 사람들이라고 말할 수 있는 것인가?

4. 하나님께서 이스라엘 백성들에게 신실하실 것이라고 맹세하신 이유는 무엇인가?

신명기 30장

생명의 길을 선택하라

"개조는 오래된 건물을 수리하는 것이 아니라 다 헐어낸 다음 새로운 구조물을 세우는 것이다. 진실한 그리스도인도 완전히 새롭게 된, 즉 기초부터 꼭대기까지 모두 새로운 구조물이다."

- 조세프 엘레인(Joseph Alleine)

이스라엘은 언약에 불순종한 것 때문에 고통을 당하게 될 것이다. 그러나 하나님의 목적은 이루어질 것이다. 신명기 30장에서 모세는 이스라엘 백성들에게 생명의 길을 선택하고 하나님을 모른 채 살아가는 불행에 빠지지 않도록 조심할 것을 촉구했다.

Deuteronomy

들어가는 글

효과적인 질문

오래전 세인트 루이스(St. Louis) 시에서 변호사 한 사람이 중요한 일을 의논하기 위해 자신의 의뢰인인 그리스도인 사업가를 찾아갔다. 두 사람의 이야기가 끝나기 전에 그 의뢰인은 다소 망설이면서 "알고 싶은 게 하나 있는데 질문하기가 좀 두려웠어요"라고 말했다.

"그게 뭔데요?"라고 변호사가 물었다.

그러자 그는 "변호사님은 왜 그리스도인이 아닌지 늘 궁금했어요"라고 말했다.

변호사는 고개를 숙이며 "술고래는 하나님의 나라에 들어갈 수 없다는 것 정도는 알 만큼 성경을 잘 알고 있어요. 그리고 제 약점이 무엇인지도 잘 알고 있어요"라고 말했다.

의뢰인은 "그렇군요. 그런데 제 질문에 대해서는 아직 대답하지 않으셨어요"라고 말했다.

"솔직히 전 그런 질문을 받아본 적이 없어요. 또 어떻게 그리스도인이 될 수 있는지를 설명해준 사람도 없어요."

그리스도인 사업가는 성경을 집어들고 모든 사람이 심판 아래 있다는 사실을 보여주는 성경 구절들을 읽어주었다. 그리고 그리스도께서 그들을 구원하시기 위해 그들의 죄를 대신 지고 십자가에 달려 돌아가셨다는 설명을 해주었다. 그는 "그리스도를 구세주로 영접하시면 용서를 받을 수 있어요. 예수 그리스도를 영접하시겠다면 저와 함께 기도하실 수 있어요"라고 말했다.

변호사는 하나님의 선물을 받고 싶어했다. 그리고 그가 기도할 차례가 되자 "주님, 전 술의 노예가 되어 있습니다. 당신의 종들 가운데 한 사람이 제게 어떻게 구원받을 수 있는지를 알려주었습니다. 하나님, 제 죄를 용서해주시고 이 무서운 습관에서 벗어날 수 있게 도와주십시오"라고 기도했다.

새로 회심한 그 변호사는 참고 문헌이 포함된 성경을 편집하게 된 C. I. 스코필드(Scofield)다. 하나님의 도우심으로 그는 술을 끊고 많은 사람들에게 성경을 가르치며 경건함이라는 본을 보여주는 귀한 유산을 남겼다. 한 의뢰인이 그날 그 간단한 질문을 하지 않았더라면 예수 그리스도의 교회는 한없이 빈약해졌을 것이다. 모세가 여리고 맞은편 평지에서 했던 것처럼 오늘날 그리스도인들도 친구들과 아는 친지들에게 하나님과의 관계를 가장 소중하게 여기는 선택을 하도록 촉구할 수 있다.

본문 이해

생명의 길을 선택하라

Main Idea	이스라엘은 언약에 순종하지 않은 것 때문에 고통을 받게 되었지만 그것으로 이야기가 끝난 것은 아니었다. 마음의 변화가 일어나면서 그들은 회개하게 될 것이다. 그리고 그 회개와 함께 그들은 회복되고 다시 풍성해질 것이다.

A. 희망적인 미래(30:1-10)

Supporting Idea	언약의 경고를 진지하게 받아들일 때 이스라엘 백성들은 여호와께로 돌아올 것이다.

30:1-3. 신명기 30장에서 모세는 자신이 상세하게 설명하고 있는 언약을 이스라엘 백성들이 지키지 못할 것이라는 사실을 예언해야 하는 역설적인 입장에 처한 자신을 보게 된다. 이스라엘 백성들은 그의 메시지를 따르는 대신 그가 진술한 모든 복과 저주가 임하게 되는 지경까지 갈 것이다. 그들은 자신들의 반역 때문에 잃어버릴 여호와와의 특별한 관계를 생각하도록 다른 나라로 흩어지게 될 것이다. 그렇게 흩어져 살면서 그들은 하나님을 거역한 어리석음을 후회하고 하나님 여호와께로 돌아오게 될 것이다. 그들은 요단 강 동쪽에서 모세가 그들에게 명한 모든 것을 받아들이며 열심을 다하게 될

것이다. 그렇게 되면 여호와께서 그들을 긍휼히 여기사 포로 생활에서 그들을 되돌리시고 기업으로 그들에게 주신 땅으로 다시 불러모으실 것이다.

30:4-5. 새로 회개한 백성들에게 베푸시는 하나님의 친절은 약속의 땅에 있는 사람들에게만 국한되지는 않을 것이다. 쫓겨간 사람들이 하늘가에 있을지라도 여호와께서 그들을 가나안으로 돌아오게 하실 것이다. 가나안 땅은 이스라엘의 열조가 얻은 땅으로 묘사되어 있다. 여기서 열조는 족장들(아무런 땅도 실제로 소유하지 못했던)이 아니라 모세가 연설하던 그 당시와 그 이후 세대를 대표하는 사람들로 포로 생활에서 귀환하게 될 사람들로 보여진다. 실제로 회복은 원래의 정복보다 더 위대한 일이 될 것이다. 왜냐하면 하나님께서 궁극적으로 이스라엘을 그들의 열조보다 더 번성케 하실 것이기 때문이었다.

30:6. 그런 회복은 이스라엘 백성들의 마음속에 극적인 변화가 있을 때에만 이루어질 것이다. 모세가 앞장에서 지적했듯이 그 당시 이스라엘 백성들에게는 하나님을 알려는 의향이 여전히 별로 없었다(29:4). 그러나 대부분의 사람들이 이국 땅에서 생활해야 하는 어려운 상황이 될 장래에 하나님께서 그들의 마음에 할례를 베푸시고 하나님 여호와를 사랑하게 하실 것이다. 그렇게 마음이 변화하는 일이 일어날 때 그리고 그때에만 이스라엘은 진정으로 생명을 얻게 될 것이다.

30:7-8. 열두 지파의 후손들이 대적에게 잔인하고 비인간적인 대우를 받게 된다 할지라도 하나님께서 그들을 미워하고 핍박하던 사람들에게 모든 저주를 임하게 하실 것이다. 그런 놀라운 역사의 반전은 그들에게 용기와 소망을 줄 것이며 다시 여호와의 말씀을 순종하고 그 모든 명령을 행하게 될 것이다.

30:9-10. 이 구절은 약속된 회복을 상술하고 있으며 그 회복은 이스라엘 백성들의 손으로 하는 모든 일과 그들 몸의 소생과 육축의 새끼와 토지 소산을 많게 하시는 것으로 확대되어 있다. 그런 은총은 율법 책에 기록된 명령과 규례를 지키는 이스라엘 백성들을 보시고 그들을 기뻐하시는 하나님께서 주시는 복에 기인하게 될 것이다.

B. 희망의 메시지(30:11-14)

Supporting Idea	회복된 이스라엘의 상태는 이해하기 어려울 만큼 거리가 먼 것도 아니었고 그 상태는 유지하기 힘들 만큼 너무 어려운 것도 아니었다.

30:11-13. 이스라엘을 회복시키시고 번성케 할 하나님의 명령은 이스라엘 백성들의 한계를 넘어서는 것이 아니었다. 하나님의 진리는 알려질 수 없도록 하늘에 있는 것도 아니었다. 그 진리는 드러나 있었다. 또 하나님의 말씀이 보거나 들을 수 없도록 바다 밖에 있는 것도 아니었다. 모세가 율법을 상세히 설명했기 때문에 하나님의 진리는 그 진리를 묵상하고 순종하려는 모든 사람에게 언제나 열려 있었다.

30:14. 실제로 하나님의 진리의 말씀은 모세가 말하는 동안 듣고 있는 모든 사람들에게 심히 가까이 있었다. 그의 청중들 모두 이해하고 그들의 입으로 반복할 수 있는 것이었다. 말씀을 마음에 두고 생각하며 순종하려는 사람들이 순종할 수 있는 것이었다(롬 10:6-8). 이 구절이 하나님의 율법을 완전하게 지키는 것은 불가능한 일이라고 주장하는 많은 진술들에 이의를 제기하는 것은 아니다. 이스라엘 백성들이 율법을 완전하게 지켜야 했던 것은 아니었다. 그러나 그들은 언약의 복들을 누릴 수 있었다. 성경은 율법을 완전하게 지키지 못했지만 언약의 복들을 누렸던 사람들의 예를 우리에게 보여주고 있다. "율법을 지키는 자는 지혜로운 아들이요 탐식자를 사귀는 자는 아비를 욕되게 하는 자니라"(잠 28:7, 눅 1:6).

C. 희망적인 선택(30:15-20)

Supporting Idea	하나님께서는 이스라엘 백성들에게 간단한 선택을 하게 하셨다. 여호와를 신실하게 따르는 생명의 길과 여호와를 거역하는 죽음의 길, 이 둘 가운데 하나를 선택하게 하셨다.

30:15. 모세는 이스라엘 백성들에게 두 개의 광범위한 가능성을 제시했다. 그들은 생명과 복을 선택할 수도, 사망과 화를 선택할 수도 있었다. 여기서 사망은 신실하지 못한 이스라엘 백성들이 언약의 조건들을 따르지 않은 것 때문에 육체적으로 죽게 된다는 것을 의미하는 것이 아니다. 물론 언젠가 육체적인 죽음을 맞이하게 되는 것은 분명하다. 그러나 여기서 말하는 사망은 바울 사도가 "일락을 좋아하는 이는 살았으나 죽었느니라"(딤전 5:6)고 말했던 것처럼 비생산적이고 불행하고 증오에 찬 삶을 뜻한다.

30:16. 진정한 삶은 하나님을 사랑하고 하나님께서 인도하시는 모든 길로 행하며 하나님의 성품을 닮아가는 것이다. 이 길을 선택하는 사람들은 생존하며 번성할 것이다.

그리고 그들이 가서 얻을 땅에서 그들에게 주실 하나님의 복을 알게 될 것이다.

30:17-18. 그러나 마음을 돌이켜 하나님 여호와를 듣지 않고 거역하는 사람들은 비참하고 불만에 찬 불행한 삶을 살며 고통을 받게 될 것이다. 만일 다른 신들에게 절하고 섬기면 그들은 파멸을 향해가고 있는 자신들을 보게 될 것이다. 그리고 요단을 건너가서 얻을 땅에서 그들의 날이 장구치 못할 것이다.

30:19-20. 하나님과 이스라엘 백성이 맺은 언약은 우주적인 광경이 되어야 했다. 이스라엘이 여호와에 대한 헌신을 저버린다면 천지가 그 사실을 증거할 것이다. 그리고 때가 되면 하나님께서 천지를 불러 증거하게 하실 것이다(사 1:2, 렘 2:12-13). 고대 근동 지역에서는 협정을 맺으면서 그 협정의 보증인과 담보인의 역할을 하도록 신들을 불러내는 것이 관례였다. 그러나 물론 만물 가운데 유일한 하나님이신 여호와께서 하나님의 언약의 준수를 담보하기 위해 다른 이방 신들을 불러내는 일은 결코 없을 것이다. 문맥상 여기서 말하는 천지는 아마도 '천사들과 하늘과 땅에 살고 있는 사람들'을 뜻할 것이다.

모세는 이스라엘 백성들에게 여호와가 그들의 생명 되심을 유념하고 그 생명을 택하라고 촉구했다. 이스라엘의 하나님과 무관하게 사는 사람들은 사는 것이 전혀 아니었다. 그들은 연장된 죽음을 그들 존재의 방식으로 삼고 괴로워하는 삶을 택한 것이다.

Main Idea 복습	이스라엘은 언약에 순종하지 않은 것 때문에 고통을 받게 되었지만 그것으로 이야기가 끝난 것은 아니었다. 마음의 변화가 일어나면서 그들은 회개하게 될 것이다. 그리고 그 회개와 함께 그들은 회복되고 다시 풍성해질 것이다.

결론

나는 세 사람의 삶을 살았다

허버트 필브릭(Herbert Philbrick)은 그가 쓴 책 「I Led Three Lives」에서 그가 소비에트 연방을 위한 첩자로, 또한 미 FBI의 이중간첩으로 그리고 광고 외판을 하면서 생계를 유지하는 한 시민으로서 어떻게 살았는지를 이야기하고 있다. 그의 삶을 바탕으로 한 책과 텔레비전 방송 시리즈는 그가 어떻게 비밀 정보를 미국 정부에 제공해주는 동시에 미국 공산당 당수가 될 수 있었는지를 보여주었다.

허버트는 언제나 냉담한 무신론자였다. 그러나 공산당원들은 그의 신분을 감추기 위해서는 그가 계속해서 교회에 나가야 한다고 주장했다. 어느 날 그가 교회에서 들은 메시지가 그의 마음을 꿰뚫었다.

> 그날 아침 나는 우리 어린 딸에게 이유식을 먹이고 있었다. 딸은 내게 큰 기쁨이었다. 딸아이와 함께 있는 매 순간 순간이 즐거웠다. 딸아이가 이유식을 오물거리는 동안 나는 부엌 창을 통해 들어오는 아침 햇살에 비치는 딸아이의 작은 귀를 보게 되었다. 귀의 모양이 너무나 예뻤다. 내 엄지손가락 끝보다 더 작았지만 소리를 모아들일 수 있도록 놀라우리 만치 복잡하고 완벽하게 만들어져 있었다.
>
> 그 작은 귀를 자세히 보고 있는 동안 내 마음속에서 "허버트, 진화론을 믿으려면 창조주 하나님을 믿는 것보다 더 큰 믿음이 필요해"라고 말하는 목소리가 들려왔다. '내 마음속에서 말하는 목소리'는 천사나 다른 어떤 존재의 목소리가 아니었다. 그것은 마치 그때까지 이성적인 생각에 억눌려 있던 나의 한 부분이 그 속박에서 벗어나 좀더 논리적으로 이치를 따져보려는 것과 같은 것이었다. 그 한 주 동안 나는 인간과 우주의 기원에 대해 내가 믿고 있었던 모든 것을 다시 생각하게 되었다.
>
> 햇살을 받으며 우리 딸아이에게 이유식을 먹이던 그날 아침을 돌아보면서 나는

> 하나님을 인격적으로 알 수 있게 해주신 하나님께 감사를 드린다. 나는 여전히 '창조주 하나님' 을 믿고 있다. 그러나 이제 하나님께서는 내게 그 이상이시다. 그것은 아주 훌륭한 책을 읽고 난 후 그 책을 쓴 저자가 우리 옆집에 살고 있다는 사실을 발견한 것과 같은 그런 것이었다. 여전히 그 책을 소중하게 여기지만 그 저자와의 우정이 자라면서 그 책의 소중함은 곧 무색해진다. 그와 함께 식사를 하고 축구 경기를 같이 시청하면서 그와의 우정이 쌓이게 된다. 그리고 두 사람의 관계는 독자와 저자의 관계 그 이상이 된다. 지금 하나님과 나와의 관계가 바로 그런 관계다(필브릭, p. 8).

모세가 말했듯이 여호와께서 우리의 생명이시다. 우리는 그저 단순하게 규정들을 따르도록 되어 있지 않다. 우리는 하나님을 사랑하게 되어 있다. 우리는 근본 방침들에 동의할 뿐 아니라 가장 위대하신 분을 사랑하고 그분께 복종하도록 되어 있다.

▣ 진리 알기

- 회심에는 감정뿐 아니라 마음까지 포함된다.
- 먼 거리는 하나님을 사랑하는 일에 아무런 장애도 되지 않는다.
- 그리스도를 통해 하나님께서 불러일으키시는 내적 변화 위에서 하나님과의 건강한 관계가 이루어진다.
- 하나님과 상관없이 살아가는 삶은 살아가는 것이라 말할 수 없다.

▣ 적용하기

- 힘든 경험이라는 인생의 훈련장 대신 하나님의 말씀을 통해 인생의 중요한 교훈들을 배우라.
- 하나님의 끈덕진 사랑에 감사하라.
- 친구들에게 그들의 영적인 상태를 드러내줄 수 있는 질문들을 제기하는 위험을 감수하라.
- 하나님께서 행하신 일들을 증거할 수 있도록 항상 준비하라.

삶의 적용

열정을 가지라

레이튼 포드(Leighton Ford)는 그의 책 「The Christian Persuader」에서 다른 사람들의 영혼을 생각하는 열정을 가질 필요가 있음을 역설했다. 그 책에서 그는 어린 딸 데비 진(Debbie Jean)을 잃어버렸을 때의 이야기를 하고 있다. 그의 아내는 레이튼에게 데비 진과 그녀의 네 살짜리 동생을 맡겨두고 가게로 갔다. 그런데 갑자기 데비 진이 사라져버렸다.

여러 사람에게 알아보다가 레이튼은 이웃의 한 아이가 몇 백 미터 정도 떨어져 있는 학교 쪽으로 가는 데비 진을 보았다고 말하는 것을 들었다. 그러나 학교에서도 데비 진의 모습은 보이지 않았다.

아내가 길 건너편 쇼핑센터를 확인해보는 동안 레이튼은 교장을 찾아갔다. 그리고 두 사람은 함께 교실들을 다 찾아보았지만 소용이 없었다. 그렇게 데비 진을 찾아다니는 동안 포드는 잃어버렸다가 다시는 찾지 못한 어린 소녀들에 대해 그가 들었던 끔찍한 이야기들을 떠올렸다. 그는 딸의 이름을 부르며 길거리를 오락가락하기 시작했다. 3분쯤 지난 후 속수무책이 되었을 때 그의 어린 딸이 웃으면서 학교 한 쪽 모퉁이를 돌아나왔다. 그리고 왜 아버지의 이마에 깊은 주름이 잡혀 있는지를 이상하게 여겼다. 데비 진은 학교를 조금 지난 곳에 있는 문방구에 들어갔다가 친구를 우연히 만났고, 그 친구가 초대해서 그 친구네서 놀다가 오는 길이었다.

나중에 딸과 진지한 대화를 오랫동안 나눈 후 레이튼 포드는 그 사건을 다시 생각해보게 되었다. 딸이 사라졌던 그 두 시간 동안이 그에게는 영원과도 같았고 다른 것은 아무것도 중요하지 않았다. 서재에서 그를 기다리는 중요한 일들도 모두 다 잊고 있었다. 잃어버린 어린 딸에 대한 생각 외에 다른 생각은 전혀 할 수 없었다. 한 가지 기도밖에 할 수 없었고 그 기도를 수천 번도 더했다. "오, 하나님! 데비 진을 찾을 수 있게 도와주세요."

예수 그리스도의 교회가 교회 담 밖에 있는 세상 밖으로 손을 내밀려는 열정을 갖게 되기 전까지는 하나님께서 계획하신 그런 교회가 결코 될 수 없을 것이다. 잃어버린 사람들을 찾기 위한 열정을 가질 때 우리는 필요한 영적 능력이 우리에게 있었다는 사실을 발견하게 될 것이다.

기도

하나님 아버지, 잃어버린 사람들을 찾으려는 열정을 갖게 하시고 하나님의 성령께서 일하시지 않은 한 우리의 노력만으로는 아무것도 이룰 수 없다는 사실을 깨달을 수 있게 도와주시기를 기도합니다. 아멘.

티칭 가이드

심층 연구

A. 마음에 할례를 베푸사(30:6)

이 표현은 고통스럽지만 꼭 필요한 내적 변화를 잘 묘사하고 있다. 이 표현은 "너희는 마음에 할례를 행하고 다시는 목을 곧게 하지 말라"고 한 신명기 10장 16절에서도 볼 수 있다. 그런 영적 수술을 할 수 있기 전에 먼저 적절한 동기가 부여되어야 하고 그것은 하나님께서 하시는 일이다. 이 구절에서 설명하고 있는 이스라엘 백성들의 내적이고 영적인 변화가 그들에게 아직 일어나지 않은 상태였다.

교안

A. 들어가는 글

1. '효과적인 질문' 이야기로 시작하라.

2. 배경 설명: 이스라엘은 하나님과의 인격적인 관계를 맺어야 할 필요가 있다는 사실을 깨닫게 되기 전에 밑바닥까지 떨어져 내려가야 할 수도 있을 것이다. 하나님께서 그들 마음에 변화를 일으키실 때 그들은 하나님께로 돌아오게 될 것이다.

3. 적용: 성경은 영광스럽고 소망에 찬 복음이라 불리는 좋은 소식의 메시지를 담고 있다. 하나님께서는 우리에게 자기 혁신을 요구하시는 것이 아니다. 그분이 우리에

게 요구하시는 것은 생명의 원천이신 그분의 아들을 믿고 신뢰하는 것이다.

B. 본문 이해

1. 희망적인 미래(30:1-10)
2. 희망의 메시지(30:11-14)
3. 희망적인 선택(30:15-20)

C. 결론: '열정을 가지라' 를 읽어주라.

토의 질문

1. 이스라엘 백성들처럼 힘든 경험을 통해 영적인 교훈들을 배워야 했던 경우들을 이야기해보라.

2. 그리스도께 대한 신뢰는 어떤 방법으로 신자의 삶 속에서 생명을 낳게 하는가?

3. 그리스도를 믿지 못하게 방해하는 가장 큰 장애물은 무엇인가?

4. 그리스도인의 믿음이 그저 몇 가지 규정들을 지키는 것으로 끝나지 않는 이유는 무엇인가?

신명기 31장

슬픈 노래의 전조

"하나님을 사랑하고 하나님만을 사랑하라. 그러면 결코 외롭지 않을 것이다."

- 오브리 토마스 드비어(Aubrey Thomas DeVere)

모세는 임박한 자신의 죽음을 감지하고 자신의 후계자로 여호수아를 이스라엘 백성들 앞에 세웠다. 그리고 이스라엘 백성들이 보이게 될 영적 완고함을 예언했다.

Deuteronomy

들어가는 글

휴전

1974년, 30년간의 싸움 끝에 히로 오노다(Hiro Onoda) 부관은 마침내 항복을 했다. 그는 1945년 일본이 항복한 후 교전을 중단한 마지막 일본 군인으로 알려져 있다. 그는 필리핀 루방(Lubang) 섬의 밀림 속에서 살았고, 자기 나라가 항복했다는 라디오 보도를 믿지 않으려 하면서 30년 동안 혼자서 전쟁을 계속했다. 전쟁을 끝내라는 필리핀 사람들의 호소가 있었고, 일본어로 된 신문을 읽었다. 그러나 그는 그것조차도 믿지 않았다. 그리고 일본 해군이 돌아와 황제를 위해 루방 섬을 탈환할 수 있도록 자신을 도와주기를 계속해서 희망했다.

오노다 부관은 밀림에서 나온 후에도 평화를 위해 노력하지 않았다. 그저 평화가 주는 유익을 누리기 시작했을 뿐이었다. 하나님 앞에서 회심하지 않은 죄인과 다를 바 없이 그는 다른 사람이 거둔 승리를 인정하지 못했고, 또 자신이 승리를 거둘 수 없는 전쟁을 계속했다.

신명기 31장에서 모세는 이스라엘 백성들과 여호와 하나님 사이에서 벌어지는 길고 지독한 씨름을 예견했다. 그들은 거짓 우상을 버리고 하나님께로 돌아와 그들을 위해 하나님께서 사랑으로 거두신 평화를 받아들이게 될 때까지 무서운 질병과 실패를 경험할 것이다.

본문 이해

슬픈 노래의 전조

Main Idea	이스라엘 백성들은 모세가 언약의 중재자로서의 사역을 마무리하는 동안 새로운 지도자와 슬픈 새 노래를 갖게 되었다.

A. 지도자를 예비함(31:1-8)

Supporting Idea	이스라엘 백성들의 지도자로 살아온 모세의 생애는 이제 그 마지막을 앞에 두고 있었다. 따라서 백성들을 격려하며 새로운 지도자를 세우고 권한을 위임할 때가 되었다.

31:1-2. 여호와와 이스라엘 백성들 사이에서 중재하는 역할을 해온 모세는 이스라엘 백성들에게 자신의 임종이 다가오고 있음을 알렸다. 그는 120세였다. 그의 일생은 대략적으로 (1) 애굽에서 보낸 40년, (2) 미디안에서 보낸 40년, (3) 약속의 땅 언저리까지 이스라엘 백성들을 인도한 40년, 이렇게 세 단계로 구분해볼 수 있다. 언약이 갱신되었고 여호와께서 그에게 요단을 건너지 못하리라고 말씀하셨기 때문에 그는 이 땅에서의 자신의 삶이 다했다는 사실을 알고 있었다.

31:3-6. 그러나 이스라엘 백성들의 운명은 모세나 그 밖의 다른 지도자들에게 달려 있는 것이 아니었다. 하나님 여호와께서 그들을 약속의 땅으로 인도하시고 그곳에 살고 있는 민족들을 멸하실 것이다. 가나안 땅을 정복하는 동안 여호와께서 이미 말씀하신 것과 같이 여호수아가 그들을 인도할 것이다.

여호와는 신실하신 분이기 때문에 가나안에 거주하는 족속들에게도 아모리 왕 시혼과 옥에게 행하신 것과 같이 행하실 것이다. 그러나 가나안 족속들을 다 물리친 후 이스라엘 백성들은 모세가 명한 모든 명령대로 행해야 했다. 모세가 신명기 7장 1-2절에서 지시한 대로 남아 있는 사람들을 제거해야 하는 달갑지 않은 일을 하지 않기 위해 뒤로 물러서서는 안 되었다.

그 일을 수행하는 데 있어서나 또 맞서려는 적들을 공격하는 일에 있어서나 이스라엘 백성들은 마음을 강하게 하고 담대히 해야 했다. 호전적인 가나안 족속들 때문에 두려워하거나 떠는 대신 그 모든 일 속에서 그들과 함께 행하실 하나님을 바라보아야 했다. 하나님께서 그들과 함께하신다는 사실이 모든 것을 다르게 만들 것이다. 여호와께서 그들을 떠나지 아니하시며 버리지 아니하실 것이므로 두려워할 필요가 없었다(히 13:5).

31:7-8. 모세는 여호수아를 불러 온 이스라엘 목전에서 그에게 위임장을 주었다. 다른 사람들처럼 여호수아 역시 마음을 강하게 하고 담대히 해야 했다. 왜냐하면 그는 군대 장관으로서 그리고 최고 통치자로서 백성을 거느리고 그들로 땅을 얻게 해야 했기 때문이다. 여호수아는 하나님 여호와께서 그와 함께하실 것이라는 사실을 기억함으로 힘을 얻게 될 것이다. 두려움과 낙심은 영적인 목적을 이루는 데 가장 큰 장애가 된다. 믿음으로 알 수 있는 함께하시는 하나님이야말로 그 두 가지 장애를 해결하는 힘이 된다.

B. 노래의 보존(31:9-13)

Supporting Idea	모세와 여호수아는 때가 되면 떠날 것이다. 이스라엘의 영적인 목적을 유지시키기 위해서 레위 사람들은 7년에 한 번씩 백성들에게 율법을 낭독해주어야 했다.

31:9. 모세와 여호수아가 무대에서 사라지고 이스라엘 백성들이 가나안 땅에 정착하고 난 후에는 레위 자손 제사장들과 이스라엘 모든 장로들이 언약에 대한 헌신을 갱신하는 책임을 질 것이다. 그들은 정기적으로 율법을 백성들에게 다시 이해시켜야 할 것이다. 율법은 종종 모세 오경을 말하지만 이 구절에서 말하는 이 율법은 아마도 신명기 5-26장의 언약 조항들을 의미할 것이다(4:44-45, 29:21, 29, 30:10, 32:46).

31:10-13. 제사장들은 매 칠 년 끝 해 곧 정기 면제년에 이스라엘 백성들에게 하나님의 언약 조항들을 낭독해주도록 되어 있었다(15:1-2). 모든 사람이 여호와를 예배하고 추수 때에 하나님의 신실하심을 축하하기 위해 모이는 초막절에 율법을 낭독하도록 되어 있었다. 그리고 여호와께서 그 이름을 두시려고 택하는 곳에서(12절) 율법을 낭독하

게 될 것이다. 그들 자손의 각 세대는 하나님의 율법을 듣고 여호와를 경외하는 것을 배워야 했다.

C. 지도자를 공개적으로 임명함(31:14-23)

Supporting Idea	하나님께서 여호수아를 세우신 것이 공개적으로 인정되어야 했다. 특히 앞으로 드러나게 될 백성들의 결점에 비추어볼 때 더욱 그래야 했다.

31:14-15. 오랫동안 계속되어온 하나님의 백성들의 지도자로서의 모세의 역할은 곧 끝날 것이다. 따라서 하나님께서 여호수아를 모세의 후계자로 세우셨다는 사실을 공개적으로 인정하는 것이 매우 중요했다. 그 임명에 대한 하나님의 승인을 분명히 하기 위해 두 사람은 함께 나아가서 회막에 섰다. 그 곳에 여호와께서 나타나셨다. 광야에서처럼 여호와께서는 구름 기둥 가운데서 장막에 나타나셨고 여호수아를 이스라엘의 지도자로 임명하셨다.

31:16-18. 모세의 죽음은 그리 복된 죽음이 될 수 없었다. 하나님께서는 하나님의 종에게 이스라엘 백성들에 대한 확신을 말씀하시는 대신 이스라엘 백성들이 곧 이방 신들을 음란하게 좇게 될 것이라고 말씀하시지 않을 수 없었다. 그들은 언약을 기록한 잉크가 채 마르기도 전에 언약을 어기기 시작할 것이다.

이스라엘 백성들이 하나님 여호와를 버릴 것이기 때문에 여호와께서도 그들을 버리실 것이다('심층 연구' 참고). 그들의 변절은 그들에게 재앙과 환난을 불러올 것이다. 그 재앙과 환난은 백성들을 깨우치고 그들의 고난이 하나님을 진노케 한 것과 관계가 있는 것은 아닌지를 생각하게 만드는 도구가 될 것이다. 그들의 고통과 그들이 한 행동 사이의 관계를 인식하는 것이 회개의 길로 들어서는 첫 걸음이 될 것이다. 하나님께서 주시는 시련들은 징벌하기 위한 것이라기보다는 교정하고 치유하기 위한 것이다.

31:19-20. 불행으로 가는 길을 분명히 예측할 수 있었기 때문에 모세는 그것을 상기하기 위한 노래(32:1-4)를 짓도록 임명되었다. 그 노래는 여호와의 신실하심과 이스라엘의 불충을 드러내는 증거가 될 것이다. 밑으로 떨어지는 이스라엘의 나선 강하가 젖과 꿀이 흐르는 땅에서 일어날 것이기 때문에 더욱 쓰라린 일이 될 것이다. 이스라엘 백

성들은 그 땅에서 먹어 배부르고 살찌면 곧 돌이켜 다른 신들을 섬길 것이다.

31:21-22. 모세가 지은 노래를 예배에서 사용한 것은 이스라엘 백성들로 그 노래를 외울 수 있게 해주었을 것이다. 앞으로 이스라엘이 재앙과 환난을 당할 때 그들은 자신들을 향한 하나님의 증거를 피할 수 없을 것이다. 왜냐하면 그 땅에 들어간 세대의 후손들이 그 노래 부르기를 잊지 않을 것이기 때문이다. 하나님의 신실하심과 이스라엘의 반역을 신랄하게 상기시켜주는 그 노래는 그들의 죄를 적나라하게 드러내줄 것이다. 그들이 상상하는 바를 그들이 행하기 전에 하나님께서 이미 알고 계셨다는 사실은 그들을 향한 하나님의 깊은 사랑과 하나님을 향한 그들의 미약한 충성심을 증거해주는 것이다.

31:23. 앞으로 일어날 그들의 변절은 덕성을 인정받은 여호수아에게 고통스러운 일이 될 것이다. 하나님께서는 변덕스러운 이스라엘 백성들 앞에서 마음을 강하게 하고 담대히 할 것을 촉구하셨다. 여호수아는 이스라엘의 후손들이 쇠약해지는 것을 보게 될 때까지 살지는 못한다 할지라도 하나님께서 약속하신 땅으로 이스라엘 백성들을 인도하여 들이게 될 것이다. 여호와께서 늘 함께하신다는 사실을 모세가 알고 있었던 것처럼 여호수아도 알게 될 것이다.

D. 반역에 대한 예언(31:24-30)

Supporting Idea	모세는 자기 동족들의 완고한 마음을 알고 있었고 그들이 여호와를 버리고 반역하게 될 것을 예언했다.

31:24-26. 모세는 이스라엘의 완고함을 증거할 수 있도록 율법의 말씀을 다 책에 써서 마침으로 자신의 사역을 마무리했다. 그리고 그 언약 책을 언약궤 곁에 두도록 레위 사람에게 명하였다(그 책은 언약궤 '안에' 보관한 십계명이 새겨진 두 돌판과 구별되어야 했다).

31:27-30. 이스라엘의 장래는 백성들의 패역함과 목이 곧은 것 때문에 어둡게 될 것이다. 모세는 그런 그들의 성향에 제동을 거는 역할을 해왔다. 이제 그들의 그런 성향은 그가 세상을 떠난 후 분명하게 드러날 것이다. 그들은 잠시 충성을 보이다 변절한 후 오랫동안 신실하지 못한 모습을 보일 것이다. 그래서 모세는 각 지파의 모든 장로들을 모

이게 한 다음 그들이 변절할 때 그들을 책망할 말씀을 그들의 귀에 들려주었다.

모세는 이스라엘 백성들이 그들의 손으로 만든 우상들을 섬기며 악을 행하게 될 것을 알고 있었다. 하나님께서는 그들을 향한 놀라운 사랑으로 그들의 주의를 환기시키기 위해 그들에게 재앙이 임하는 것을 허락하실 것이다. 그렇게 될 위험이 다분하다는 사실을 확실하게 하기 위해 모세는 그들의 불안한 역사의 특성을 보여주는 노래를 지어 이스라엘 총회에 끝까지 읽어 들려주었다.

Main Idea 복습	이스라엘 백성들은 모세가 언약의 중재자로서의 사역을 마무리하는 동안 새로운 지도자와 슬픈 새 노래를 갖게 되었다.

! 결론

두상 바꾸기

몇 년 전 성지 순례를 하면서 나는 두상을 잃어버린 것 외에는 거의 그대로 남아 있는 로마의 조각상들을 보고 놀란 적이 있었다. 안내하는 사람에게 그런 현상에 대해 묻자 그는 내가 본 것들은 우연이 아니라는 설명을 했다. 하나의 상 전체를 조각하는 데는 많은 비용이 들었고, 로마 제국의 변두리에 살던 사람들은 새로운 황제가 권력을 갖게 될 때마다 새로운 상을 조각해야 한다는 사실에 분개했다. 그래서 그들은 돈을 아끼기 위해 조각상의 두상을 잘라낸 다음 새로운 황제의 두상과 비슷한 상을 만들어 대신 붙였다.

지도자들은 모두 다 비슷한 것처럼 보인다. 모세와 여호수아 같은 사람들조차도 그랬다. 그러나 하나님께서는 그분을 향한 우리의 충절에는 변함이 없어야 하고 절대적이어야 한다고 주장하신다. 모세는 죽었지만 이스라엘의 참 지도자이신 하나님께서는 여전히 살아 계셨다. 이스라엘 백성들에게 여호와의 공급하심과 보호하심이 필요할 때 여호와께서 그들과 함께하실 것이다. 그리스도인들은 교회의 머리가 누구인지 그리고 각 그리스도인의 삶의 주인이 누구인지에 대해 의혹을 품어서는 결코 안 된다.

■ 진리 알기

- 일상생활 속에서 일어나는 작은 변화들 속에서보다 생명을 위협하는 어려움 속에서 하나님을 신뢰하기가 때로 더 쉽다.
- 영적인 성숙이 우리의 의지를 시험하긴 하지만 그 씨름에서 승리하고 나면 우리는 주님께서 진정한 승리자시라는 사실을 깨닫게 된다.
- 덕성이 인정된 사람들만이 영적인 지도자가 되어야 한다.
- 일시적으로 아무리 많은 성공을 거둔다 할지라도 그 성공이 잃어버린 하나님의 인정을 보상할 수는 없다.

■ 적용하기

- 영적인 지도자가 되고 싶다면 좋은 제자가 되는 것으로부터 시작하라.
- 자신에게 주어진 영적인 상황 속에서 담대하라. 솔직하되 예수 그리스도께 속한 사람이라는 사실에 충실하라.
- 어려운 일이 닥치면 하나님께서 어려운 일들을 감당할 수 있도록 어떻게 도와주셨는지를 기억하라.
- 매일 하나님의 말씀을 공부하라.

삶의 적용

가서는 안 될 곳

하나님께서 완고한 하나님의 백성들을 바벨론으로 잡혀가게 하실 것이다. 그곳에서 그들은 자신들을 그곳으로 끌려가게 만든 우상 숭배가 지배하는 환경 속에서 살게 될 것이다.

교회에는 기독교 가정에서 태어나 자라면서 주일마다 예배를 드리는 사람들이 상당히 많다. 그들은 어릴 때 그리스도를 알게 되었고, 그들의 부모는 그들이 영적인 함정에 빠져들지 않도록 할 수 있는 모든 일들을 다했을 만큼 그들을 사랑했다. 그런 젊은이들은 굉장히 유리한 입장에 서 있다.

그러나 그들은 또 위험에 직면해 있기도 하다. 그들은 외국 땅에서 노예로 산다는 것이 어떤 것인지를 알지 못하기 때문에 그리고 영적인 자유를 누리며 자랐기 때문에 '바벨론' 도 그리 끔찍하지 않을 것이라 생각한다. 그들은 자신들의 부모님이나 조부모님들도 결국은 그런 생활에서 벗어났기 때문에 그런 생활이 그리 대수롭지 않을 것이라 생각한다.

그러나 바벨론은 끔찍한 곳이다. 할 수만 있다면 어떻게 해서라도 피해야 할 그런 곳이다. 하나님의 백성들이 바벨론을 경험하지 않았더라면 훨씬 더 좋았을 것이다. 이스라엘 백성들 가운데 수많은 사람들이 바벨론에서 살면서 우상 숭배자로 완전히 돌아서게 되었다. 바벨론으로 잡혀갔던 대부분의 이스라엘 백성들은 다시는 고향으로 돌아가지 못했다.

그렇다면 어릴 때 회심한 사람들은 어떻게 해야 하는가? 구원받지 못한 상태를 거의 기억조차 하지 못하는 그들이 구원의 기쁨과 감사를 유지하기 위해서는 어떻게 해야 하는 것인가? 대답은 간단하다. 다른 사람들의 실수와 실패를 통해 유익을 얻을 수 있을 만큼 현명해야 한다. 실패하고 실패를 통해 배운 사람들의 이야기가 수없이 기록된 성경을 읽어야 한다. 그리고 그들 주변에 있는 사람들이 일상 생활 속에서 기록한 '책' 도

읽어야 한다. 삶을 해석하고 예수 그리스도께서 그들의 삶을 어떻게 인도하시는지를 보아야 한다. 부귀와 명성을 얻으려다 불행하게 된 사람들과 부귀와 명성은 얻었지만 공허하고 무의미한 삶을 살고 있는 자신들을 발견한 사람들을 통해 교훈과 유익을 얻을 수 있어야 한다.

기도

하나님 아버지, 하나님의 진리에 모순 되는 방법으로 만족을 얻으려 하지 않게 우리를 지켜주십시오. 하나님만이 우리 내면의 깊은 열망들을 채워주실 수 있는 분이심을 감사드립니다. 하나님 안에서 만족과 평강을 찾을 수 있게 도와주십시오. 아멘.

심층 연구

A. 버리지 아니하시리라(31:6, 17)

6절에서 하나님께서는 전쟁중에 하나님의 백성들을 버리지 아니하실 것이라고 약속하셨다. 그러나 17절에서는 그들이 다른 신들을 좇는 악행을 행한다면 반드시 그들을 버리실 것이라고 경고하셨다. 이 두 구절을 통해 볼 때 첫 번째 진술에 구체적으로 언급하지는 않았지만 '내가 너희의 하나님인 한' 이라는 조건이 함축되어 있는 것으로 보인다. 하나님께서 언제나 함께하실 것이라는 약속이 포함된 언약의 복은 언약을 깨고 등을 돌린 사람들에게는 적용되지 않았다.

교안

A. 들어가는 글

1. '휴전' 이야기로 시작하라.

2. 배경 설명: 모세는 곧 임종을 맞이할 것이다. 세상을 떠나기 전 그는 이스라엘의 지도자들을 불러모으고 여호수아를 그들의 지도자로 인정하고 맞이할 것을 강력히 권했다. 여호수아에게는 그들의 지지가 필요할 것이다. 왜냐하면 여호와를 버리고 돌아서려는 성향이 이스라엘 백성들에게 있었기 때문이다.

3. 적용: 모세가 이스라엘 백성들의 완고한 성향을 상기시켜주기 위한 노래를 지었던 것처럼 우리도 우리의 약점들을 상기시켜주는 선명한 신호가 필요하다.

B. 본문 이해

1. 지도자를 예비함(31:1-8)
2. 노래의 보존(31:9-13)
3. 지도자를 공개적으로 임명함(31:14-23)
4. 반역에 대한 예언(31:24-30)

C. 결론: '가서는 안 될 곳' 을 읽어주라.

토의 질문

1. 과거에 경험한 영적 승리가 다음 도전을 맞이하는 데 어떤 도움이 되는가?

2. 하나님의 말씀을 생생하게 기억하고 활용할 수 있는 방법에는 어떤 것들이 있는가?

3. 자기 마음대로 하려는 완고한 성향이 자신에게 있다는 사실을 발견한 적이 있는가? 그런 성향을 어떻게 다루고 있는가?

4. 간음이라는 말이 신자가 다른 신을 좇는 변절을 묘사하기에 적절한 비유적 표현이 될 수 있는 이유는 무엇인가?

신명기 32장

당신의 노래는

"은혜는 의무감이나 책임감보다 구속력이 훨씬 더 강하다. 은혜는 값없이 주어지는 것이다. 그러나 일단 은혜를 받아들이면 은혜를 주시는 분에게 영원히 속하게 된다. 그리고 그 은혜를 주시는 분의 영에 붙들리게 된다. 은혜는 우리를 은혜로운 사람이 되게 하고, 은혜를 주시는 분께서 우리로 은혜를 베푸는 사람이 되게 하신다."

- E. 스탠리 존스(E. Stanley Jones)

모세는 이스라엘 백성들이 변절할 때 여호와 하나님께서는 은혜롭고 신실하신 분이시며 그 누구보다 바람직한 분이라는 사실을 기억시켜줄 노래를 그들에게 가르쳤다.

Deuteronomy

들어가는 글

굉장한 것들

1922년 고고학자 하워드 카터(Howard Carter)는 잘 알려진 이집트 왕의 계곡에서 거의 15년 동안 계속해온 발굴 작업을 거의 마무리하고 있었다. 그는 파라오 투탕카멘(Pharao Tutankhamen)의 왕실 무덤을 찾게 되길 바라고 있었다. 그러나 수개월에 걸친 발굴 작업에도 불구하고 아무것도 찾지 못하고 작업을 마쳐야만 하는 상황이 되었다. 탐사에 필요한 재정이 다 떨어져가고 있었기 때문이다.

바로 그때 발굴자들이 지하로 이어지는 열여섯 개의 계단을 발견했다. 그것은 돌과 모래를 가득 담은 수천 개의 바구니들이 옮겨졌다는 중요한 사실을 입증해주는 것이었다. 맨 아래 계단에서는 문이 발견되었는데, 그 문은 긴 통로로 이어지고 있었다. 카터는 문에 작은 구멍을 뚫은 다음 그 구멍으로 촛불을 비추어 안쪽을 들여다보았다. 그의 눈이 빛에 익숙해지면서 자세한 모습들이 그의 시야 속으로 들어왔고, 그는 이상하게 생긴 동물들과 조각상들과 흔들리는 촛불에 반사되어 반짝이는 금덩어리들을 보았다. 그는 "그 순간 나는 너무 놀라서 아무 말도 할 수 없었다"라고 썼다.

그의 동료는 "뭐 보이는 게 있어요?"라고 물었다.

카터는 "예, 굉장한 것들이에요"라고 대답했다.

하나님에 관한 진리를 찾기 위해 성경을 자세히 탐구하는 사람들도 카터와 동일한 반응을 해야 한다. 성경에서 하나님께서는 모든 신자들을 위해 하나님에 관한 중요한 진리들을 계시하셨다. 성경에서 우리는 인간의 완고함과 예수 그리스도의 동정심과 십자가에서 이루신 대속과 죄인들을 향한 하나님의 사랑 등에 관한 중요한 진리들을 발견할 수 있다. 그리고 구원의 길과 황폐한 삶을 회복하기 위한 열쇠를 찾을 수 있다. 그러나 성경에 그런 보화들이 들어 있다고 확신하는 사람들만이 성경을 탐구할 것이다.

본문 이해

당신의 노래는

Main Idea	이스라엘 백성들은 하나님의 위대하심과 이스라엘을 향한 여호와 하나님의 신실하심에 비추어 그들의 완고함 때문에 처할 암울함 속에서도 그들에게 증거가 될 노래를 배웠다.

A. 모세의 노래(32:1-43)

Supporting Idea	모세는 이스라엘 백성들에게 여호와 하나님의 신실하심과 그들의 불충함에 대한 노래를 가르쳤다.

32:1-4. 모세가 지은 노래의 가사(말)는 이스라엘 백성들이 앞으로 범할 반역을 증거하기 위한 것이긴 하지만, 그 노래의 진정한 주제는 우리 하나님의 위엄이다. 이스라엘 백성들은 자신들의 죄를 일단 깨달은 후, 그들이 좇던 우상들의 실패 때문이 아니라 진실 무망하시며 공의로우시고 정직하시며 이스라엘의 반석이신 하나님의 아름다움 때문에 하나님께로 돌아올 것이다.

32:5-6. 모세의 노래는 이스라엘 백성들이 금송아지를 만들었던(출 32장) 과거의 불충을 배경으로 그들이 이방 신들을 좇게 될 미래를 이야기하고 있다. 변함이 없으셨던 여호와 하나님과는 달리 이스라엘은 여호와를 향하여 악을 행하며 흠이 있는 사곡한 종류의 속성을 드러내었다.

32:7-9. 회개의 첫 걸음은 그들의 과거를 기억하는 것으로부터 시작될 것이다. 이스라엘 백성들이 기업을 소유하게 된 것은 여호와께서 그들을 위해 경계를 정하셨기 때문이다. 여호와께서 그들에게 그런 관심을 가지셨던 것은 그들을 자신의 택하신 기업으로 삼으셨기 때문이다.

32:10-14. 이스라엘은 하나님의 은혜를 통해서만 하나님의 기업이 되었다. 그들 스스로의 공로를 통해 하나님의 기업이 될 수 있었던 것이 아니다. 하나님께서 이스라엘

을 황무지에서, 짐승들이 부르짖는 광야에서 만나셨다. 그 만남은 홍해가 갈라지는 기적이 있은 후 그들이 시내 광야에 있었던 때를 묘사하는 것으로 보인다. 그들은 노예생활에서 벗어나긴 했지만 하나님께서 그들을 특별한 민족으로 빚기 시작하시기 전까지 그들은 무력하고 지리멸렬한 무리에 불과했다. 독수리가 그 새끼를 돌보듯이 여호와께서 초기 이스라엘을 인도하셨다. 그때까지 그들은 다른 신들의 유혹을 경험하지 못했다.

시내 광야의 황무지에서 하나님께서는 이스라엘을 보호하시고 요단 강까지 인도하시며 그들로 땅의 높은 곳을 타고 다니게 하셨다. 초자연적인 방법으로 그들을 먹이셨고 반석에서 나는 물을 마시게 하셨으며 바산 왕을 패배시키고 그가 이룬 융성함을 누리게 하셨다. 이스라엘은 소와 양의 젖과 기름을 먹게 하셨고, 그들이 농사 짓지 않은 포도원에서 나는 포도주를 마시게 하셨다. 그들은 여호와께서 매일 그들에게 베푸신 은혜와 호의를 잘 알고 있었다.

32:15-18. 그런 여호와의 친절에 이스라엘은 어떻게 반응했는가? 모세는 그들의 반응을 여수룬('고결한 사람' 이라는 뜻으로 이스라엘 백성들에 대한 반어적인 칭호)이 살찌매 발로 찼도다라고 설명했다. 하나님을 사랑하고 감사하는 대신 그들은 자기를 지으신 하나님을 버리고 자기를 구원하신 반석을 경홀히 여겼다. 다른 신을 좇으며 그들은 마귀에게 제사하면서 그들 열조의 하나님을 잊고 그들을 낳은 반석을 상관치 아니하였다. 이스라엘 백성들이 모압에서 다른 신을 좇은 적이 있긴 했지만(민 25장) 모세의 노래는 그보다 훨씬 더 심각한 상태를 예상하고 있다.

32:19-21상. 이스라엘의 변절 때문에 격노하신 여호와 하나님께서는 그 자녀를 미워하시고 그 얼굴을 그들에게서 숨기셨다. 그들이 패역한 종류(무신한 자녀)라는 사실이 드러나면서 하나님께서는 그들에게서 떠나 그들의 종말이 어떤지를 보고자 하셨다. 언약을 어긴 이스라엘 백성들은 허무한 것을 좇으며 여호와의 질투를 불러일으켰다. 여호와께서 질투하신 것은 이방 신들의 미루어 짐작한 덕성 때문이 아니라 이스라엘 백성들의 행동이 하나님을 모욕하는 것이라는 사실과 그들이 압제받는 삶을 살 것이 확실하다는 사실을 알고 계셨기 때문이다.

32:21하-25. 이스라엘 백성들이 미래에 범할 변절은 질투라는 기교를 사용함으로 교정될 것이다. 그리스도께서 오신 후 백성이 되지 아니한 자(이방인)를 통해 여호와께

서 그들을 시기나게 하실 것이다. 그러나 그 일이 일어나기 전까지 그들은 여호와의 심판, 즉 여호와의 분노의 불과 재앙과 화살과 굶주림과 독한 파멸과 들짐승과 독을 경험하게 될 것이다. 더 나아가 이방 군대의 칼이 그들의 청년 남자와 처녀와 젖 먹는 아이와 백발 노인까지 치게 될 것이며, 그들은 놀라 멸망할 것이다.

32:26-30. 하나님께서는 여전히 이스라엘을 완전히 멸망시키고 싶어하지 않으셨다. 그들을 흩어서 인간에서 그 기억이 끊어지게 하려 하셨지만 그들의 대적이 오해하고 격동할까 염려하셔서 그렇게 하지 않기로 하셨다. 하나님께서는 심판이 이스라엘을 모략이 없는 국민이며 그 가운데 지식이 없다는 사실을 입증하는 것이라고 이방 족속들이 말하게 될 것까지 고려하셨다. 이스라엘 백성들은 그들의 불충함 때문에 그들의 반석이 그들을 팔기 전까지는 모든 면에서 언제나 유리한 입장에 있었다.

32:31-35. 그러나 이스라엘을 아주 버리지는 않으실 것이다. 여호와 하나님께서는 이스라엘의 대적들도 스스로 판단할 수 있을 만큼 이방 나라의 신들과 매우 달랐다. 이방 우상들의 포도나무와 밭의 소산은 영적인 타락과 무기력이라는 토양에 뿌리를 내렸고, 그 결과 예상대로 독이 든 열매를 맺었다. 소돔과 고모라가 한순간에 멸망되었듯이 이방의 우상들은 이스라엘을 멸망으로 몰아넣을 것이다. 그러나 이스라엘의 하나님께서 보수하실 것이다. 때가 되면 우상들이 실족하게 되고 환난의 날이 그들에게 임하게 될 것이다.

32:36-39. 한편 하나님께서는 하나님의 백성들을 위한 다른 목적을 가지고 계셨다. 그들을 판단하시되 그들을 인하여 후회하실 것이다. 그러나 그 자비는 그들의 무력함과 우상에 대한 그들의 희망이 사라질 때까지는 나타나지 않을 것이다. 그때 그리고 그때가 되어서만 이스라엘의 전제의 술을 마시던 우상들의 무력함을 지적하심으로 그들을 조롱하실 것이다. 이교도에 대한 이스라엘 백성들의 확신이 무너질 때 여호와께서 그들에게 여호와 외에 다른 신이 없음을 확신시켜주실 것이다.

32:40-43. 모세의 노래는 이스라엘을 향한 헌신을 맹세하시는 하나님으로 끝이 났다. 여호와께서 하늘을 향하여 손을 들고 그 대적에게 보수할 것을 말씀하셨다. 여기서 대적은 이스라엘을 노예로 삼은 나라를 말하는 것이다. 대적의 장관의 머리가 떨어져 구르게 되고 여호와만이 승리를 거두실 것이다. 그 승리로 열방이 주의 백성과 함께 즐거워하도록 소집될 것이다. 여호와께서 자기 땅과 백성을 회복시키시는 조치를 취하실

것이다.

B. 모세의 설교(32:44-47)

Supporting Idea	이스라엘 백성들이 모세의 말을 자기 것으로 내면화하는 것보다 더 중요하고 활기를 띠게 하는 것은 아무것도 없다.

32:44-45. 눈의 아들 여호수아의 도움으로 모세는 노래의 모든 말씀을 백성에게 말하여 들려주었다. 물론 그 내용을 낭송하는 것만으로는 충분하지 않았다. 모세는 이어서 그 교훈을 이스라엘 백성들에게 적용시키기 시작했다.

32:46-47. 입법자는 백성들에게 그가 선포한 모든 말씀을 마음에 둘 것을 강조했다. 그들의 운명뿐 아니라 그들 자녀의 운명까지도 그들이 그 일을 얼마나 잘하느냐에 달려 있었다. 그들은 율법의 모든 말씀을 지켜 행하도록 되어 있었다(여기서 말하는 율법은 아마도 신 5-26장에 기록된 언약의 규정들을 의미할 것이다). 율법을 잘 지켜 행함으로 이스라엘의 날이 여호와께서 그들에게 주시는 땅에서 장구하게 될 것이다.

C. 모세에게 내려진 판결(32:48-52)

Supporting Idea	하나님께서는 사람을 차별대우하지 않는 분이시기 때문에 모세 역시 그가 범한 불순종의 결과를 맞이하지 않을 수 없었다.

32:48-50. 모세는 하나님의 말씀을 업신여긴 것에 대한 대가를 이제 지불하게 되었다. 노래를 마치던 날 모세는 아바림 산에 올라 느보 산까지 가라는 지시를 받았다. 그곳에서 모세는 멀리 보이는 가나안 땅을 바라보게 될 것이다. 그리고 그 산에서 죽어 조상에게로 돌아갈 것이다.

32:51-52. 모세는 그의 형 아론과 함께 가데스의 므리바 물가에서 이스라엘 자손 중에 여호와께 범죄하였기 때문에(민 20장) 가나안 땅에 들어가지 못하게 되었다. 그들의 범죄가 크고 중한 것은 아니었다. 그러나 그들은 성급하게 조바심을 내었다. 또한 영적 시노사들에게는 더 큰 심판이 가해지기 때문에(약 3:1) 모세는 여호와께서 이스라엘 자손에게 주시는 땅에 들어가지 못하고 멀리서 바라보기만 하게 될 것이다.

Main Idea 복 습	이스라엘 백성들은 하나님의 위대하심과 이스라엘을 향한 여호와 하나님의 신실하심에 비추어 그들의 완고함 때문에 처할 암울함 속에서도 그들에게 증거가 될 노래를 배웠다.

결론

어떤 노래가 될 것인가?

우리는 하나님께서 완전무결하신 분이라는 것을 알고 있다. 하나님의 깊이는 헤아릴 수 없다. "깊도다 하나님의 지혜와 지식의 부요함이여, 그의 판단은 측량치 못할 것이며 그의 길은 찾지 못할 것이로다"(롬 11:33). 그러나 하나님의 판단을 측량할 수 없다는 사실이 하나님의 판단 또는 하나님을 살펴보지 않아도 되는 이유가 되는 것은 아니다. 모세는 이스라엘 백성들에게 자신이 전한 말씀 속에서 생명을 발견하고 그 생명을 누릴 수 있다고 말했다.

기독교 신자가 되는 것은 매우 중요하다. 그러나 그것은 시작일 뿐이다. 회심은 우리에게 이 땅에서의 삶과 영원한 삶을 통해 이어질 탐구를 할 수 있는 영적인 능력을 갖게 해준다. 회심을 통해 우리는 하나님을 진지하게 찾을 수 있는 사람들이 된다.

우주 비행사들은 인터뷰를 하면서 "성공적인 우주 여행을 위한 가장 중요한 열쇠는 무엇이라고 생각하는가?"라는 질문을 받았다. 한 우주 비행사는 다음과 같이 대답했다. "우주 여행의 비결은 우리가 마시는 공기를 그대로 가지고 간다는 점입니다."

하나님을 찾는 일도 마찬가지다. 어디를 가든 우리는 우리가 마시는 공기(하나님의 말씀)를 가지고 간다. 그리고 하나님에 관해 더 알아야 할 부분이 있다는 사실을 깨닫고 하나님에 대해 우리가 알 수 있는 모든 것을 알아보기로 다짐한다.

모세는 하나님과 관계를 맺고 있는 이스라엘 백성들의 역사에 관한 슬픈 노래를 쓰지 않을 수 없었다. 누군가 하나님과 관계를 맺고 있는 당신의 삶에 관한 노래를 쓴다면 그 노래는 슬픈 노래가 될 것인가, 아니면 즐겁고 행복한 노래가 될 것인가?

▣ 진리 알기

- 끊임없이 변화하는 사회 속에서 하나님만이 우리의 삶의 기초를 놓을 수 있는 반석이 되신다.
- 세상 사람들은 새로운 것을 높이 평가한다. 그러나 과거를 돌아다보면서 발견하게 되는 소중한 것들도 있다.
- 어려운 상황 속에서만 영적으로 성장할 수 있다는 사실을 잘 알고 있는 사람들이 많이 있다. 풍요는 자기 만족을 부추기는 속성을 가지고 있다.
- 이 세상에 있는 대부분의 이교도 종교 체계의 배후에는 사탄이 자리를 잡고 있다.

▣ 적용하기

- 하나님께서 베푸신 은혜를 친구에게 이야기하는 기회를 만들 수 있게 해주시기를 기도하라.
- 완고함 때문에 하나님께서 하시는 일을 볼 수 있는 기회를 놓치는 일이 없게 하라.
- 하나님의 말씀을 배우는 일에 열중하라.

삶의 적용

느보 산에서 느껴야 했던 비애

많은 사람들이 어떻게 하면 상황이 달라질 수 있을지를 깊이 생각하면서 느보 산 꼭대기에서 모세가 느꼈을 비애를 함께 느끼지 않을 수 없었을 것이다. 모세는 한순간의 분노 때문에 약속의 땅에 들어갈 수 없게 되었다. 그가 방어 태세를 늦추자 죄가 그가 누릴 수도 있었던 경험을 빼앗아가 버렸다.

삶 전체가 다 신성하다는 사실을 인식하며 살아가는 것이 좋다. '지금' 이라는 매 순간이 우리의 삶을 결정하게 된다. 전설적인 그린 베이 패커즈(Green Bay Packers)의 코치였던 빈스 롬바르디(Vince Lombardi)는 한 경기를 앞두고 "중요하지 않은 경기는 하나도 없다. 한 번 놓친 태클이나 한 번 빼앗긴 공 때문에 얼마나 다른 결과가 나오게 될지 알 수 없다. 경기를 할 때마다 마치 그 경기가 모든 것을 다르게 만들 수 있는 것처럼 최선을 다해 노력해야 한다"라고 선수들에게 말하며 훈련에 몰두할 수 있도록 독려했다.

그리스도인으로서 우리는 어리석게 행동했던 순간이나 경솔하게 행동했던 오늘을 통해 잃어버린 것들을 내일 되찾을 수 없다. 매일 방심하지 않고 영적인 활력을 가지고 모든 선택에 임해야 한다. 왜냐하면 하나하나의 선택으로 우리의 삶이 결정될 수 있기 때문이다. 존 그린리프 화이티어(John Greenleaf Whittier)는 "세상에서 가장 슬픈 말은 '…했더라면 좋았을 텐데' 라는 말이다"라고 했다.

기도

하나님 아버지, 하나님의 말씀에 감사를 드립니다. 하나님의 말씀을 당신께서 제게 보내신 사랑의 편지처럼 소중하게 여길 수 있게 도와주십시오. 그 말씀의 가치를 깨닫고 그 말씀이 가르치고 있는 덕목들을 추구하며 그 말씀의 저자인 당신을 사랑할 수 있도록 도와주십시오. 아멘.

심층 연구

A. 나의 질투(32:21-22)

이 구절에 사용된 히브리 용어는 글자 그대로 하면 '나의 콧구멍' 이라는 뜻이다. 그것은 화가 났을 때 코가 빨갛게 되는 모습을 나타내는 것으로 보인다. 이 말은 히브리 성경에서 자주 볼 수 있으며 신명기에서도 열세 번이나 사용되었다.

B. 범죄하여(32:51)

이 히브리 동사는 남편에게 신실하지 못한 아내의 부정함을 묘사할 때 사용되었다. "어떤 사람의 아내가 실행하여 남편에게 범죄하여"(민 5:12). 또 지파 간에 생긴 오해를 기록한 곳에서도 사용되었다. "너희가 어찌하여 이스라엘 하나님께 범죄하여 오늘날 여호와를 좇는 데서 떠나서"(수 22:16).

고안

A. 들어가는 글

1. '굉장한 것들' 이야기로 시작하라.

2. 배경 설명: 모세는 이스라엘 백성들에게 그들의 안고한 성향을 묘사하게 된 노래를 가르쳐주고 있다. 그러나 그 노래에는 또 자신의 백성들을 향한 하나님의 애정

어린 목적들에 대한 증거가 포함되어 있다.

3. 적용: 하나님께서는 정처 없이 떠돌아다니는 자기의 백성들을 보고 슬퍼하시지만 그들을 향한 사랑은 결코 접지 않으셨다. 그들은 신실하게 순종하여 많은 슬픔을 피할 수도 있었을 것이다.

B. 본문 이해

1. 모세의 노래(32:1-43)
2. 모세의 설교(32:44-47)
3. 모세에게 내려진 판결(32:48-52)

C. 결론: '느보 산에서 느껴야 했던 비애' 를 읽어주라.

토의 질문

1. 어떤 면에서 하나님께서는 반석과 같은 분이신가?

2. 풍요함이 영적인 태만이나 반역을 불러오는 이유는 무엇인가?

3. 질투는 언제나 잘못된 충동인가? 그렇다면, 혹은 그렇지 않다면 그 이유는 무엇인가?

4. 하나님께서 맹세하신 이유는 무엇이었는가?(40절)

신명기 33장

풍성한 하나님의 은혜

"우리의 최선을 바라시는 하나님의 선하심과 우리의 최선을 계획하신 하나님의 지혜와 우리의 최선을 이루시는 하나님의 능력이 있는데 우리가 무엇이 부족하다고 하겠는가?"

- A. W. 토저(A. W. Tozer)

이스라엘 백성들의 성향이 의심스럽다 할지라도 그들은 자신들을 향한 하나님의 자비로운 목적들을 피할 수 없을 것이다.

Deuteronomy

들어가는 글

변함없는 하나님의 사랑

잘 알려진 영국의 설교자 찰스 해던 스펄전(Charles Haddon Spurgeon)이 친구와 함께 시골길을 걷고 있었다. 두 사람은 지붕에 풍향기가 달려 있는 한 헛간을 보게 되었다. 그런데 그 풍향기에 "하나님은 사랑이시라"는 문구가 새겨져 있었다. 스펄전은 그의 친구가 그런 숭고한 메시지를 새기기에 그 풍향기가 너무 초라하다고 생각하고 있다는 사실을 눈치채고 "풍향기는 변하기 쉽지만 하나님의 사랑은 변하지 않지"라고 말했다.

이스라엘은 약속의 땅에 들어가기 위해 채비하면서 하나님의 변함없는 사랑을 의지해야 했다. 그들의 의심과 소심함을 예상하는 것처럼 모세는 격려하듯이 책망하면서 하나님께서 이스라엘의 배신 때문에 그들을 저버린 것이 아니라 그들의 배신에도 불구하고 어떻게 그들에게 은혜를 베푸셨는지를 보여주고 있다.

본문 이해

풍성한 하나님의 은혜

Main Idea	이스라엘의 미래는 불안정하겠지만 이스라엘은 하나님께 속한 나라다. 하나님께서 그들에게 은혜를 베푸실 것이다.

A. 모세 축복의 서언(33:1-5)

Supporting Idea	모세는 시내 산에서 이스라엘 백성들을 하나님의 소유로 삼으신 여호와 하나님을 찬양하고 있다.

33:1. 모세는 이스라엘의 변덕스러움과 여호와를 쉽게 저버리는 성향을 강조하는 노래를 이스라엘 백성들에게 가르치기는 했지만 신명기에는 이스라엘 지파들에 대한 축복들이 긍정적으로 포함되어 있다. 모세는 선지자들에게 자주 사용되었던 칭호(삿 13:6, 8, 삼상 9:6, 왕상 12:22)인 하나님의 사람으로 묘사되었다. 이 본문 외에 모세를 하나님의 사람으로 묘사한 곳은 여호수아 14장 6절과 시편 90편의 제목 두 곳뿐이다. 신명기 33장에는 모세가 한 말들이 기록되어 있지만 삼인칭이 종종 사용되었고, 그 삼인칭은 아마도 여호수아거나 아니면 모세의 말을 받아 적은 필사자일 것이다.

33:2-5. 이 구절에서 모세는 이스라엘 백성들에게 극적으로 그리고 강력하게 임하셨던 하나님을 찬양하고 있다. 하나님께서 시내에서 일만 성도 가운데서 강림하셨다. 이런 표현은 일반적으로 천사들을 묘사하는 것이다. 출애굽기는 천사들이 시내 산에 나타났던 것처럼 묘사하지 않았지만 신약 성경은 천사들이 하나님의 율법을 전하는 일에 참여했음을 보여주고 있다(갈 3:19, 히 2:2). 그 천사들은 여호와의 발 아래에 앉아서 주의 말씀을 들었다. 이제 모세는 이스라엘 백성들이 하나님을 잘 알 수 있도록 율법을 그들에게 주었다. 이스라엘의 두령들과 모든 지파가 시내 산에 모였을 때 하나님께서는 왕을 대하듯 이스라엘을 대하셨다(여수룬, '본문 이해' 32:10 참고).

B. 이스라엘 지파들에 대한 축복의 선언(33:6-25)

Supporting Idea	모세는 마치 나이 든 야곱이 했던 것처럼 선지자로서 이야기하면서 이스라엘의 지파들을 위해 기도하고 그들을 축복하였다.

33:6. 지파들에 대한 축복의 순서는 다른 곳에 열거된 순서들과 같지 않다. 실제로 똑같은 순서로 열거된 경우는 단 한 번도 없다(시므온이 탈락된 이유에 대해서는 '심층 연구' 를 참고하라).

야곱이 축복했을 때는 장자인 르우벤을 가장 앞세웠다(창 49장). 모세는 르우벤이 살고 그 인수가 적지 않기를 원했다. 그러나 그 바람은 르우벤이 야곱의 처 빌하와 통간하면서 위기에 처하게 되었다(창 49:4).

33:7. 모세는 야곱이 마침내 통치하게 될 것이라고 예언했던(그리고 주 예수님으로 그 계보가 이어진) 유다 지파가 그 백성에게로 돌아오기를 기도했다. 이 기도에 대한 응

답으로 볼 수 있는 구체적인 역사적 정황을 말하기는 쉽지 않다. 유다는 종종 전쟁에 앞서 나아갔기 때문에(삿 1:1-2) 이 기도는 아마도 다수의 전쟁 상황을 아우르는 것으로 보이는데, 이 구절에 언급된 **대적**이라는 말이 그 사실을 뒷받침해주고 있다.

33:8-9. 레위와 시므온이 야곱의 축복에서는 합쳐져 있지만(창 49:5-7) 신명기에서는 레위가 독립적인 한 지파로 두드러지게 구분되어 있다. 그들은 여호와의 뜻을 결정하는 데 사용할 수 있도록 이스라엘 백성들에게 주어진 것으로 '완벽과 빛' 을 뜻하는(출 28:30) **둠밈**과 **우림**이 포함된 성물들을 다루는 사람들로 지정되어 있었다. 레위 지파의 특별한 지위는 그들이 충성심을 보이고(9절) 언약에 대한 그들의 신실함을 증거했던 므리바 물가에서 주어진 것이었다. 그리고 그들은 그 후 금송아지 사건이 벌어졌을 때에도 그 신실함을 지켰다(출 32:26-29).

33:10-11. 그러나 레위 지파를 향한 하나님의 호의를 가장 잘 보여주는 것은 주의 법도를 가르치게 하신 것이다. 그들은 주의 율법을 가르치고 주 앞에 **분향**하고 **번제**를 주의 단 위에 드릴 것이다. 모세는 레위인들이 주어진 임무를 잘 수행하고 **대적**들로부터 보호받을 수 있기를 기도했다.

33:12. 야곱의 아들들 가운데 막내였던 베냐민은 무기력하게 애굽으로 내려가야 했던 사건을 통해 안전하게 보호하시는 하나님을 알게 되었다(창 38-48). 모세는 베냐민의 후손들이 하나님의 보호를 받으며 사랑받는 아들이 아버지의 어깨 위에 또는 어깨 사이에 올라타 있을 때처럼 안전히 거하게 되기를 기도했다.

33:13-17. 이 구절에서도 에브라임과 **므낫세**(17절)는 그들의 아버지 **요셉**의 이름 아래 결합되어 있다. 모세는 이 두 지파가 땅의 **보물**을 받고 있다는 사실을 알 수 있도록 하늘의 **보물**인 이슬과 땅 아래 저장한 **물**을 그들에게 공급해주시기를 하나님께 청하면서 그들이 풍요를 누리게 되기를 기도했다. 그것을 통해 그들은 자신들이 **가시떨기 나무** 가운데 **거하시던 자**(출 3:1-3), 곧 여호와의 **은혜**를 입고 있음을 깨달을 것이다. 그렇게 됨으로 이 두 지파는 **그 형제 중 구별한 자**였던 **요셉**으로부터 물려받은 영광의 은혜를 입게 될 것이다. 모세는 그들을 축복하면서 야곱이 므낫세(**천천**)보다 에브라임(**만만**)을 선호했던 것을 재확인했다.

33:18-19. 레아의 두 아들 **스불론**과 잇사갈 역시 함께 다루어지고 있다. 그들은 여호와께서 주시는 가장 좋은 땅을 물려받을 것이다. 그 땅은 이스라엘의 곡창 지대인 이스

르엘 계곡을 포함하고 있었고, 나중에 갈릴리라 불리던 지역이었다. 모세는 그들이 바다의 풍부한 것으로 잔치할 것이라고 예언했다. 스불론 지파의 지경에는 이스라엘에서 유일하게 자연적으로 만들어진 항구(현대의 하이파 시)가 포함되어 있었다. 잔치를 하게 될 것이라는 말은 아마도 그 지역에서 생산되는 풍부한 농작물을 다른 나라들과 교환하는 무역 활동을 통해 얻은 보배들이 풍부하게 되리라는 것을 의미할 것이다.

33:20-21. 여기서 여호와는 갓을 광대케 하시는 자로 묘사되어 있다. 갓 지파는 요단강 동쪽에 살며 팔과 정수리를 찢는 암사자처럼 묘사되었다. 그들의 지경은 시혼과 옥에게 속하던 땅이었으며 가나안 정복 과정을 통해 얻게 되었다. 갓 지파는 법 세운 자, 곧 두령의 분깃으로 예비된 가장 좋은 땅을 기업으로 먼저 택하였다. 두 지파와 반 지파가 약속의 땅에 포함되지 않은 지역인 요단 강 동편 지역의 땅을 요구했을 때 나머지 다른 지파들도 모두 그들의 지경을 얻을 때까지 같이 싸워야 한다는 조건과 함께 이스라엘 백성들은 그들의 요구를 들어주었다(민 32:16-27). 그 점에서 갓 지파는 여호와의 공의와 이스라엘과 세우신 법도를 잘 행하였다.

33:22. 단 지파는 바산에서 뛰어나오는 사자의 새끼와 같았다. 그것은 그들의 무사다운 활력 때문이었을 것이다. 바산이 언급된 것은 단 지파가 그곳에 정착했기 때문이 아니라 바산에서는 사자의 새끼들을 흔하게 볼 수 있었기 때문이다. 단 지파가 정착한 지경은 블레셋에 인접한 약속의 땅 서남단 지역이었다(삼손은 단 지파의 한 사람이었다).

33:23. 갈릴리 바다(또는 긴네렛 바다)의 서쪽 지역에 정착한 납달리 지파에게는 풍족한 여호와의 은혜와 복이 약속되었다.

33:24-25. 복 받은 자라는 뜻의 이름을 가진 아셀 지파는 그 형제에게 기쁨이 될 것이다. 아셀 지파는 발이 아니라 주로 머리에 바르는 기름과 같은 값비싼 품목들이 넉넉한 풍요를 누릴 것이다. 아셀 지파는 놋과 철로 된 문빗장이 있는 안전한 곳에 거하고 있으며 자신들에게 능력이 있음을 사는 날 동안 알게 될 것이다.

C. 하나님과 이스라엘에 대한 찬양과 축복(33:26-29)

Supporting Idea	모세는 여호와의 능력과 그 관대하심을 찬양하며 여호와의 백성이 된 이스라엘 백성들을 행복한 사람들로 선포했다.

33:26-28. 여수룬의 하나님이신 여호와의 위엄은 비길 바 없는 유일무이한 것이다. 영원한 하나님이시며 하나님의 백성들의 처소이신 하나님의 영원하신 팔이 모든 대적으로부터 그들을 보호할 것이다. 이스라엘은 무장한 적들과의 싸움을 두려워할 필요가 없었다. 왜냐하면 하나님께서 그들을 곡식과 새 포도주의 땅에서 안전히 거하는 백성으로 삼으셨기 때문이다.

33:29. 하나님의 탁월하심에 대한 이런 묵상은 모세로 하여금 이스라엘의 돕는 방패로 이미 자신을 입증하신 여호와와 이스라엘 백성들이 연합된 것을 기뻐하게 만들었다. 이제 이스라엘은 대적과의 전투에서 그들을 이끌며 뽑아들게 될 여호와의 영광의 칼을 볼 것이다.

Main Idea 복습	이스라엘의 미래는 불안정하겠지만 이스라엘은 하나님께 속한 나라다. 하나님께서 그들에게 은혜를 베푸실 것이다.

결론

첨단 기술의 거미

유럽 물거미는 호수 밑바닥에서 살면서도 호흡을 한다. 그 놀라운 생물은 물 표면에서 공중제비를 하면서 공기를 들이마신 다음 그 공기를 몸 한가운데 있는 숨구멍에 넣고 호수 밑바닥으로 헤엄쳐 들어가 해초들 사이에서 거미줄을 친다.

하나님께서 창조하신 그 생물의 놀라운 기술을 보며 우리는 하나의 교훈을 이끌어낼 수 있겠지만 그보다 더 중요한 것이 있다는 사실을 놓쳐서는 안 된다. 하나님께서 유럽 물거미를 그렇게 세심하게 돌보신다면, 하나님의 자녀들은 그보다 더 세심하게 돌보실 것이라는 사실을 어떻게 의심할 수 있겠는가? 그러나 우리들 가운데 많은 사람들이 하나님께서 필요를 채워주실 것인지를 염려하며 불안하게 밤을 지새우고 있다.

■ 진리 알기

- 하나님의 사랑은 그분이 사랑하시는 사람들의 영적인 상태에 따라 달라지는 것이 아니다.
- 하나님의 말씀을 주신 것은 하나님의 사랑을 가장 잘 드러내주는 한 증거다.
- 어려움 속에서 자신을 입증한 사람들에게 영적인 지도력을 맡겨야 한다.
- 경건한 삶을 사는 사람들이 남기는 영적인 유산은 그들이 떠난 후에도 계속된다.

■ 적용하기

- 위협 앞에서 당황하거나 두려워하기 전에 하나님을 신뢰하는 데서 나오는 평온함을 주시도록 하나님께 먼저 기도하라.
- 하나님을 모르는 사람에게 하나님의 언약을 알려줄 수 있는 기회를 만들라.
- 필요를 채워주시는 하나님께 감사하며 만족하라.
- 염려하기보다 먼저 감사하는 자세를 개발하라.

삶의 적용

교리를 경시하는 비웃음에 대하여

빅토리아 여왕 당시 런던에서 유명한 설교자로 알려졌던 조셉 파커(Joseph Parker)는 사람들이 '구식' 이라며 거부하는 교리가 선교 단체와 주일학교를 탄생시켰다는 사실에 주목했다. 그들은 고아원과 병원을 지었고 노예 무역을 중단시켰다. 역사적 기독교에 관한 교리는 아이들에게 새로운 가치관을 심어주었고, 어머니들에게는 새로운 희망을 주었으며 아버지들에게는 새로운 책임감을 갖게 해주었다.

그는 이렇게 썼다. "교리를 비웃으면서 그 교리로 인해 행해진 수없이 많은 선행들을 주장할 수는 없다. 또 우리가 그것의 통찰력을 억누르고 있는 사회적인 기능들도 주장할 수 없다. 그 열매들을 생산할 수 있는 힘을 가지고 있으며 또 치유할 수 있는 나뭇잎들을 가진 나무들을 포기하지 않도록 매우 조심해야 한다."

기도

하나님 아버지, 하나님의 풍성하심에 경탄하지 않을 수 없습니다. 하나님의 변함없는 선하심이 우리를 놀라게 합니다. 이 놀라움이 예배가 되게 하시고 하나님의 선하심을 증거할 수 있게 도와주십시오. 아멘.

심층 연구

A. 포함되지 않은 지파(33:6-25)

모세가 이스라엘 백성들을 축복한 내용을 기록한 신명기 33장에서 시므온의 이름이 나타나지 않는 것을 볼 수 있다. 그것은 아마도 시므온 지파가 유다 지파의 지경 속으로 점차 흡수되었기 때문일 것이다. 그들은 유다의 몇몇 도시들에 속해 있었던 것을 제외하고 그들만의 지경을 유지했던 적이 없었다(수 19:1-9). 그러나 시므온 지파 가운데 적어도 약간의 사람들은 자신들의 정체성을 유지하고 있었다. "시므이는 아들 열여섯과 딸 여섯이 있으나 그 형제에게는 자녀가 몇이 못 되니 그 온 족속이 유다 자손처럼 번성하지 못하였더라"(대상 4:27).

B. 둠밈과 우림(33:8)

이 두 용어가 나타나는 곳 가운데서 거의 반 가량은 그 순서가 바뀌어져 있다. 우림과 둠밈('빛과 완전함')은 알려지지 않은 하나님의 뜻을 결정할 때 사용되었다. 우림과 둠밈은 대제사장이 입는 옷의 가슴 부분이었으며, 제사장이 어깨 위에 입었던 에봇의 한 부분을 이루고 있었다(둠밈과 우림에 대해 좀더 자세하게 알아보려면 출 28:6-30절을 참고하라).

교안

A. 들어가는 글

1. '변함없는 하나님의 사랑' 이야기로 시작하라.

2. 배경 설명: 모세는 완고한 하나님의 백성들을 전체적으로 그리고 각 지파별로 축복하면서 그들이 하나님을 따를 수 있도록 격려해주고 있다.

3. 적용: 인간은 약속을 어기고 또 어길 수 있지만, 하나님께서는 복 주시기로 한 하나님의 약속을 신실하게 변함없이 지키신다.

B. 본문 이해

1. 모세 축복의 서언(33:1-5)
2. 이스라엘 지파들에 대한 축복의 선언(33:6-25)
3. 하나님과 이스라엘에 대한 찬양과 축복(33:26-29)

C. 결론: '교리를 경시하는 비웃음에 대하여' 를 읽어주라.

토의 질문

1. 하나님의 율법이 어떻게 그 율법을 소유한 사람들에게 유익을 주며 또 그들을 특별하게 구분지어 주는가?

2. 전투가 벌어지지 않고 있을 때 하나님께서는 하나님의 백성들을 그들의 대적으로부터 어떻게 보호하시는가?

3. 어떤 면에서 하나님께서는 하나님을 아는 사람들의 피난처가 되시는가?

신명기 34장

위인의 비문

"믿음, 위대한 믿음은 약속을 본다.
그리고 그 약속만을 바라본다.
불가능한 것들에 아랑곳하지 않는다.
그리고 '약속은 이루어질 것' 이라고 외친다!"

- 찰스 웨슬리(Charles Wesley)

모세는 하나님을 깊이 알았던 사람이며, 하나님께서 놀랍게 사용하신 사람이라는 증거를 남기고 숨을 거두었다.

Deuteronomy

들어가는 글

존 하퍼의 증거

존 하퍼(John Harper)는 석 달 동안 시카고 소재 무디 교회(Moody Church)의 객원 설교자로 예정되었다. 1912년 4월, 그는 여섯 살 된 딸 나나(Nana)와 함께 그 교회로 가기 위한 여행의 첫걸음으로 타이타닉 호에 승선했다. 타이타닉(Titanic) 호가 빙산에 충돌하자 하퍼는 딸을 구명 보트에 태운 다음, 짧은 생애의 마지막 복음 활동으로 기억될 일을 하기 시작했다. 배가 차가운 대서양 물밑으로 빠져 들어가기 시작했을 때 수백 명에 달하는 승객들이 물 속으로 뛰어들었다. 하퍼는 헤엄을 치며 한 사람씩 찾아가서 그리스도를 믿을 것을 당부했다.

떠다니는 파편 조각 위에 떨며 겨우 앉아 있는 한 젊은이에게 다가간 하퍼는 "구원을 받으셨습니까?"라고 물었다.

그 젊은이는 "아니오"라고 대답했다.

그러자 하퍼는 "주 예수를 믿으라 그리하면 너와 네 집이 구원을 얻으리라"고 한 사도행전 16장 31절을 큰 소리로 외쳤다. 젊은이는 아무 대답도 하지 않았다. 잠시 후 하퍼는 소름끼치게 찬 물 속에서 이를 덜덜 떨면서 다른 사람을 향해 헤엄쳐 나아갔다.

나중에 하퍼와 파편 조각 위에 앉아 있던 젊은이가 파도에 쓸려 다시 만나게 되었다. 하퍼는 다시 "구원을 받으셨습니까?"라고 물었다.

또다시 그 젊은이는 아니라고 대답했다.

마지막 숨을 거두며 하퍼는 그에게 "주 예수를 믿으세요. 그러면 구원을 받을 것입니다"라고 말했다. 그 후 하퍼를 본 사람은 아무도 없었다. 하퍼는 알 수 없었지만 그 젊은이는 나중에 그의 간청을 받아들이기로 결정했고, 얼마 지나지 않아 새로 회심한 그는 구명 보트에 의해 구출되었다.

몇 년 후 타이타닉 호에서 살아남은 사람들이 캐나다에서 모임을 갖게 되었을 때 그 젊은이는 존 하퍼가 어떻게 자신을 예수 그리스도께로 인도해주었는지를 간증했다. 그는 "저는 존 하퍼를 통해 회심한 마지막 사람이었습니다"라고 말했다.

많은 그리스도인들이 파도에 그저 휩쓸리며 피할 수 없는 마지막 운명의 순간을 기다리고 있다. 하나님께서는 우리가 죽어가는 세상 사람들에게 하나님을 알리는 일을 통해 사람들에게 기억되는 사람이 되기를 원하신다.

본문 이해

위인의 비문

Main Idea	모세는 비록 약속의 땅에 들어갈 수는 없었지만 선지자와 하나님의 종으로 살았던 그의 독특성은 오랫동안 그 누구와도 비할 바 없는 탁월한 것이었다.

A. 모세가 내려다본 광경(34:1-4)

Supporting Idea	여호와께서 모세에게 약속의 땅을 바라볼 수 있게 해주셨다.

34:1-3. 하나님의 지시에 따라 모세는 이스라엘 백성들이 장막을 치고 있었던 모압 평지에서 느보 산에 올랐다. 그곳에서 그는 만족감과 안타까움을 동시에 불러일으켰을 온 땅을 내려다보았다. 한때 불가능해보였던 일이었지만 그는 약속의 땅 가장자리까지 이스라엘 백성들을 잘 이끌어왔다. 그러나 그의 불순종 때문에 그는 그 땅에 실제로 발을 들여놓는 기쁨을 백성들과 함께 누리지는 못할 것이다(민 20장).

땅에 대한 묘사는 북쪽(길르앗에서 단까지)으로부터 시작해서 서쪽의 납달리를 돈 다음 에브라임과 므낫세와 유다와 서해(지중해)를 지나 서서히 남방으로 향하면서 네게브와 아라바라고 불리기도 하는 여리고 골짜기에서 끝이 난다. 각 지파에게 땅이 분배된 것은 몇 년 후의 일이었기 때문에 각 지파를 지칭하는 것은 시대 착오적이라는 사실을 기억해야 한다. 이 장은 아마도 모세가 세상을 뜬 후 여러 해 지난 다음 기록되었을 것이다. 아마도 여호수아가 자신의 이름으로 된 책을 쓰면서 이 장을 연계했을 것이다.

34:4. 그러나 약속의 땅은 그저 지역적인 것만은 아니었다. 그것은 여호와께서 6세기 전에 아브라함과 이삭과 야곱에게 맹세로 약속하신 것이 이루어졌다는 사실을 뜻하는 것이기도 했다. 그 약속의 성취는 하나님의 신실하심을 입증하는 것이었으며, 여호와께 대한 헌신을 주장하는 사람들의 충성심이 얼마나 중요한 것인지를 보여주는 것이기도 했다. 모세는 약속의 땅을 눈으로 바라볼 수는 있었지만, 언약 공동체 앞에서 여호와의 신성함을 드러내야 하는 자신의 임무를 수행하지 못했던 것 때문에 그리로 건너가지는 못하게 되었다. 산 아래 계곡에 있는 많은 사람들이 모세보다 훨씬 더 불충했지만 모세는 지도자였고 지도자에게 요구하시는 하나님의 기준은 엄격하고 높은 것이었다.

B. 모세의 죽음(34:5-8)

Supporting Idea	모세의 죽음과 장례와 그의 죽음을 슬퍼하는 애도의 기간은 크게 존경받던 사람을 위한 적절한 것이었다.

34:5-6. 모세가 느보 산에서 숨을 거둔 것이 분명하긴 하지만 그곳에 묻힌 것은 아니었다. 대신 여호와께서 친히 그의 시신을 돌보시고(천사장 미가엘을 통해, 유 9절), 느보 산이 아니라 그 반대편에 있는 벧브올 계곡에 묻히게 하셨다. 그 장소는 신명기 34장이 기록될 당시 알려지지 않았고 지금도 알려지지 않은 상태로 남아 있다. 입법자의 시신이 묻힌 장소를 비밀로 남겨둔 것은 분명히 지혜로운 일이었다. 그래서 그곳을 신성시하는 신전도 없고 그곳을 찾아가는 순례자들도 없다. 자신을 높이기 위해 살지 않았고, 그가 섬기는 분의 영광을 구했던 모세도 그 결과를 기뻐할 것이다.

34:7. 모세의 죽음은 육신이 약해지거나 노쇠했기 때문에 나타난 결과가 아니었다. 그가 죽을 때 나이 일백이십 세였지만 그는 여전히 건강했다. 그 눈이 흐리지 아니하였고 기력이 쇠하지 아니하였더라고 성경은 말하고 있다. 그가 이스라엘 백성들의 가나안 입성과 그 입성으로부터 제외된 것이, 다시 말해서 그의 사명을 마친 것이 그가 임종하게 된 이유였다.

34:8. 이스라엘 백성들은 모세의 지위를 인정하면서 아론을 위해 애곡했던 것처럼(민 20:29) 모세를 위해서도 삼십 일을 애곡했다. 그런 애도 기간은 부활에 대한 소망이 없었기 때문이 아니라 살아 있는 사람들의 슬픔을 인정하는 것이었다. "경건한 사람들이 스데반을 장사하고 위하여 크게 울더라"(행 8:2).

C. 모세에 대한 증언(34:9-12)

Supporting Idea	모세의 일은 역량 있는 후계자에 의해 이어지긴 했지만 하나님의 종과 선지자로서 그와 견줄 만한 사람은 아무도 없었다.

34:9. 모세가 해야 했던 일을 마무리하는 것은 그 일이 계속 진행될 수 있는 기반을 마련하는 것이었다. 그 일은 모세가 안수함으로 지혜의 신이 충만하게 된 여호수아의 능력 있는 손으로 넘어가게 되었다. 여호수아는 새로운 의식을 행하거나 새로운 지위를 얻게 된 것은 아니었다. 대신 그는 이스라엘 백성들에게 여호와께서 모세에게 명하신 대로 행할 것을 촉구했다.

34:10-12. 모세가 약속의 땅에 들어갈 수 없게 된 것은 그의 독특했던 삶에 그저 약간의 그늘을 드리운 것뿐이었다. 신명기 34장을 쓴 저자가 밝히고 있는 것처럼 모세 이후 이스라엘에 모세와 같은 선지자가 일어나지 못하였고 모세는 여호와께서 대면하여 아시던 자였다(민 12:6-7). 모세는 애굽에서 그리고 광야를 지나는 동안 온 이스라엘 목전에서 그가 행한 모든 이적과 기사를 유산으로 남겼다.

Main Idea 복습	모세는 비록 약속의 땅에 들어갈 수는 없었지만 선지자와 하나님의 종으로 살았던 그의 독특성은 오랫동안 그 누구와도 비할 바 없는 탁월한 것이었다.

결론

당신의 비문은 무엇인가?

냉소적이었던 암브로즈 비어스(Ambrose Bierce)는 "죽음을 통해 얻게 된 덕목들을 보여주는 무덤의 비문은 역작용 효과가 있는 것"으로 정의한 적이 있다. 진저리 나게 하는 그의 이런 견해를 지지해주는 증거들이 있긴 하지만, 많은 묘비들에는 세상을 떠난 사람들이나 그들의 유족들에 대한 매력적인 정보들이 들어 있다. 그 한 예로 찬송가 '나 같은 죄인 살리신'의 가사를 작시한 존 뉴턴(John Newton)의 비문을 들 수 있다. 한때 노예 무역을 했던 그가 세상을 떠나기 몇 년 전에 쓴 그의 비문에는 그가 자신을 어떻게 생각하고 있었는지를 투명하게 보여주는 고백이 들어 있다. "존 뉴턴. 목사, 한때 이교도였으며 난봉꾼이었던 그는 우리 주 예수 그리스도의 풍성한 은혜로 용서를 받았고 회복되며 보존되어 그가 오랫동안 무너뜨리려 애썼던 믿음을 전파하기 위해 설교하도록 임명되었다."

모세의 비문은 비석에 새겨지지 않았다. 그러나 성경에 기록되었고, 세계 곳곳에 퍼져 있는 신자들의 기억 속에 아름답게 새겨져 있다. 세상을 떠날 때 우리 각자는 어떤 비문을 남길 것인가?

▣ **진리 알기**

- 하나님께서는 결코 약속을 잊지 않으신다.
- 우리의 생명은 하나님께서 우리를 위해 하실 일이 남아 있는 한 계속 유지될 것이다.
- 그리스도인들도 애도할 수 있다. 그러나 소망이 없는 사람들처럼 애도하는 것은 아니다(살전 4:13).
- 지도자들을 훈련하는 것은 제자 삼는 사역의 한 부분이다.

■ 적용하기

- 우리가 바라보고 나아가는 나라를 향한 시선을 잃지 않게 하라.
- 악한 감정 때문에 우리와 다른 사람들이 받아야 할 보상을 잃는 일이 일어나지 않게 하라.
- 지도자가 될 뜻을 품고 있다면 성경을 기록한 저자들의 영향력 아래 자신을 두고 그들로부터 지혜를 배우라.
- 다른 사람들에게 성경의 진리를 알려주라. 그러면 그들도 기꺼이 그 진리를 따를 것이다.

삶의 적용

겨우 열네 사람

중국 선교사 크리스틴 팅링(Christine Tinling)은 죽기 위한 장소를 요청하려고 집단 거주지인 푸저우(Foochow)를 찾아갔던 한 나이 많은 나병 환자에 관한 이야기를 들었다. 그에게는 가진 것이라곤 아무것도 없었다. 돈도 가족도 없었고, 옷도 거의 걸치지 않은 상태였다. 그는 삼베 주머니로 허리에 두르는 간단한 옷을 만들어 걸치고 있었다.

선교사들은 그를 먹여주고 그의 상처를 싸매주고 치료해주었다. 한 목사가 그를 찾아와 그리스도의 복음을 전해주었다. 그리고 예수 그리스도를 영접할 것인지를 묻자 그 나병 환자는 "예수님께서는 저를 위해 자신을 주셨지만 제게는 그분께 보답하기 위해 선물로 드릴 수 있는 게 아무것도 없어요"라고 설명하며 영접하기를 거부했다.

그래서 목사는 "예수님께서는 당신 외에는 아무 선물도 원하지 않으세요"라고 설명했다.

그러나 그는 "병들고 썩어 냄새나는 나 같은 늙은 나병 환자를 어떻게 원하실 수 있겠어요?"라고 반문하며 계속 영접하기를 거부했다.

그러나 마침내 빛이 찾아들었고 그는 그리스도인이 되었다. 새 신자가 된 그는 성경 공부를 시작했고, 병실마다 찾아다니며 자신처럼 병마에 시달리는 사람들에게 복음을 전하기 시작했다. 그는 발에 난 병이 심해져 더 이상 걸어다닐 수 없게 될 때까지 그 일을 계속했다.

임종을 앞에 두고 자리에 누워 있던 그는 선교사들에게 "열네 사람밖에 구하지 못했어요"라고 말하며 자신의 영적인 노력이 미미했음을 사과했다. 그는 열네 사람의 나병 환자들을 그리스도께로 인도했던 것이다.

그 가난했던 나병환자의 노력은 우리의 핑곗거리들을 무색하게 만든다. 우리에게는 그가 가졌던 것보다 훨씬 더 많은 기회가 있고, 그보다 훨씬 더 적은 장애를 가지고 있지만 우리가 남길 수 있는 영적인 유산은 종종 그보다 상당히 적다. 우리가 한 일을 점검하기 위해 예수 그리스도 앞에 설 때 우리는 그분께 어떤 선물을 드릴 것인가?

기도

하나님 아버지, 이 세상에서 주님의 증인이 될 수 있게 하신 것을 감사드립니다. 그 기회를 진지하게 받아들여 세상을 떠난 후에도 사람들에게 기억될 수 있도록 도와주십시오. 아멘.

티칭 가이드

심층 연구

A. 비스가(34:1)

비스가는 종종 고유 명사와 장소의 이름으로 번역되었다. 그러나 그것은 단지 하나의 선택 사안일 뿐이다. 히브리 명사 비스가는 '산등성이' 또는 '산맥'이라는 뜻이며, 이 구절에서는 요단 계곡을 따라 이어지는 모압 산등성이의 꼭대기를 일컫는 것으로 보인다.

B. 단(34:1)

단은 보통 사사기 후반기에 단 지파가 정복한 도시(라이스로 알려졌던, 삿 18:27) 또는 그 영역을 일컫는 것으로 이해되었다. 그러나 그것은 창세기 14장 14절에서 아브라함이 조카를 구하기 위해 가려고 했던 곳과는 거리가 멀 뿐 아니라 신명기에서 설명하고 있는 지역과도 잘 맞지 않는다. 이 구절에서 단은 길르앗 지역에 있는 알려지지 않은 한 성읍을 말하는 것으로 보인다.

고안

A. 들어가는 글

1. '존 하퍼의 증거' 이야기로 시작하라.

2. 배경 설명: 모세는 약속의 땅을 바라보고 세상을 떠났다. 비록 이스라엘 백성들 가운데서 그의 모습을 찾아볼 수 없게 되었지만, 그는 독특하고 영구적인 증거와 영향을 남기고 떠났다.

3. 적용: 모세는 한 사람의 삶을 통해 어떤 차이를 만들어낼 수 있는지를 보여주는 좋은 예가 되었다. 훌륭한 삶을 살아가는 그리스도인들은 다른 사람들에게 깊은 영향을 미칠 수 있다.

B. 본문 이해

1. 모세가 내려다본 광경(34:1-4)
2. 모세의 죽음(34:5-8)
3. 모세에 대한 증언(34:9-12)

C. 결론: '겨우 열네 사람' 을 읽어주라.

토의 질문

1. 하나님께서 모세의 시신을 찾을 수 없는 곳에 묻히게 하신 이유는 무엇이라고 생각하는가?

2. 그리스도인들은 일반적으로 사랑하는 사람들이 세상을 떠나게 된 것을 슬퍼하면서 건강한 자세를 취하고 있다고 생각하는가? 그렇게 생각하는 이유는 무엇인가?

3. 하나님께서 여호수아가 받은 지혜의 신에 주목하신 이유는 무엇인가? 능력이나 그 밖의 다른 재능들을 특별히 언급하지 않은 이유는 무엇인가?

4. 약속의 땅을 내려다보는 모세의 마음속에서는 어떤 생각들이 일어났을 것이라고 생각하는가?

■ 용어 해설

1. **아빕월**(Abib) - 히브리 월력의 첫 번째 달(3-4월). 니산월이라고 불리기도 함.
2. **조각목**(acacia) - 산사나무와 비슷한 나무. 마디가 많은 가지들과 가시가 특징. 나뭇결이 곱고 내구성이 강하며 하나님께서 성막과 언약궤를 만드는 데 사용하도록 지시하신 나무임.
3. **통간**(adultery) - 성경에서 성적인 범죄를 뜻하는 일반적인 용어로 사용된 간음에 포함됨. 통간은 부부 가운데 한 사람이 자신의 배우자가 아닌 다른 사람과 성행위를 한 경우를 말하며, 성경에서는 종종 하나님의 백성들이 하나님께 신실하지 못한 것을 비유적으로 묘사하기 위해 사용되기도 하였음.
4. **타국인**(alien also stranger foreigner) - 타국인 또는 외국인으로 번역된 히브리 단어 ger는 혈통적으로 유대인은 아니지만 유대인들과 함께 살면서 여호와를 예배하는 사람들을 말함.
5. **암몬 사람**(Ammonites) - 근친상간을 통해 태어난 롯의 자녀인 암몬의 후손들로 요단 강 동편 지역에 살며 우상을 숭배하였음.
6. **아모리**(Amorites) - 원래는 가나안의 아들들 가운데 하나의 후손들을 말하지만 주로 산간 지역에서 살았기 때문에 아모리 사람이라는 용어는 점차로 산간 지역에 사는 소수 족속들을 포함하는 넓은 의미로 사용되었음. 때때로 '가나안 사람' 이라는 용어와 거의 동의어로 사용되기도 하였음.
7. **의인법**(anthropomorphism) - 하나님을 묘사하기 위해 인간 신체의 속성을 빌어 표현하는 방식을 말함(예, '하나님의 영원하신 팔').
8. **아라바**(Arabah) - 사해와 요단 계곡을 포함하는 이스라엘의 중앙 지대를 지나는 산맥의 오른쪽 하단에 위치한 깊은 계곡.
9. **아세라 목상**(Asherah pole) - 종종 바알과 관련된 여신으로 여겨지기도 하는 페니키아의 여신을 숭배하는 데 사용되었던 목상.
10. **아스다롯**(Ashtoreth) - 일반적으로 바알의 배우자로 묘사된 가나안의 여신.
11. **속죄**(atonement) - 제물(일반적으로 제물의 피)로 죄 값을 대신 치르게 하는 것을 말함.
12. **보수자**(avenger of blood) - 죽임을 당한 희생자의 가장 가까운 남자 친족으로 가해자

를 처형하는 책임을 져야 했음.

13. **바알**(Baal) - '주'를 뜻하는 말로 시돈의 신을 섬기는 사람들이 사용하기 전까지는 히브리 성경에서 종종 여호와를 뜻하는 용어로 사용되기도 하였음.

14. **바산**(Bashan) - 긴네렛(갈릴리) 바다의 동쪽에 위치한 비옥한 고지. 오늘날 바산은 대부분 '골란 고지'로 알려진 지역에 포함되어 있음.

15. **모독**(blasphemy) - 독설을 늘어놓는 비난으로 특히 하나님을 향한 독설을 말함.

16. **초막**(booth) - 잠시 사용하기 위해 만든 오두막 또는 '장막'. 초막절 절기에 이스라엘 백성들이 광야에서의 생활을 기억하기 위해 일시적으로 세웠던 구조물.

17. **가나안**(Canaan) - 함의 아들들 가운데 한 사람의 이름으로 그 자손들이 점유하고 있던 땅(약속의 땅)에 붙여진 이름.

18. **죽은 짐승의 고기**(carrion) - 병이나 노쇠해져 죽은 동물들의 사체, 이스라엘 백성들은 죽은 짐승의 고기를 음식으로 사용하지 못하도록 되어 있었음.

19. **도피성**(cities of refuge) - 뜻하지 않게 다른 사람을 죽인 사람이 공정한 재판을 받기 위해 피할 수 있도록 요단 동편과 서편에 각각 세 군데씩 정해놓은 여섯 개의 성읍.

20. **정한 것**(clean) - 의식적으로 정결한 것.

21. **정복**(conquest) - 이스라엘 백성들이 약속의 땅에서 가나안 족속들을 몰아낸 기간으로 대체로 모세가 세상을 떠난 때(약 B.C. 1406년)로부터 여호수아가 세상을 떠날 때(약 B.C. 1390년)까지를 말함. 그 이후 정복은 실제로 3세기 동안 계속 이어지며 쉽게 끝나지 않았음.

22. **언약**(covenant) - 미래 관계에 대해 쌍방이 공식적으로 맺은 협약. 언약에는 충성을 맹세하는 것과 그 맹세를 어길 경우 받게 될 명확한 제재가 포함되었음.

23. **규빗**(cubit) - 팔꿈치에서 가운뎃손가락 끝까지의 거리와 대충 일치하는 길이. 오늘날 1규빗은 약 45센티미터임.

24. **점술**(divination) - 미래를 예측하기 위해 비법을 사용하는 과정. 일반적으로 희생 제물의 간에 있는 선들을 해석하는 방법으로 행해졌음.

25. **문서 가설**(Documentary Hypothesis) - 모세 오경을 모세가 쓴 것이 아니라 이스라엘 종교에 다양한 전통들을 혼합시킨 영리한 날조자가 만들어낸 것이라는 주장.

26. **에발**(Ebal) - 그리심 산 바로 남쪽의 가나안 중부에 자리 잡고 있는 산으로 하나님의 언

약을 어기는 사람들에 대한 저주가 선포되었던 곳.

27. **장로들**(elders) - 이스라엘 지파나 성읍의 지도자. 이스라엘 백성들이 광야를 지나는 동안 열두 지파의 지도자들이 장로로 이스라엘 백성 전체를 위해 일했음.

28. **완곡어법**(euphemism) - 불유쾌하거나 직선적인 표현 대신 사용하는 수사적인 표현(예, '조상에게로 돌아간' 은 '묻힌' 이라는 의미-신 32:50).

29. **에돔**(Edom) - 구약 성경 당시 에돔으로 알려지기도 했던 에서의 자손들이 살던 곳으로 사해의 동남쪽에 위치한 바위가 많은 지역.

30. **간음**(fornication) - 성경에서 성적인 범죄를 일컫는 데 가장 광범위하게 사용된 용어임.

31. **성문**(gates) - 고대 성읍 가운데 행정 본부와 시장과 법정 등이 있었던 곳.

32. **그리심**(Gerizim) - 에발 산 바로 북쪽의 가나안 중부에 자리 잡고 있는 산으로 하나님의 언약을 지키는 사람들에 대한 축복이 선포되었던 곳.

33. **길르앗**(Gilead) - 요단 강 동쪽과 암몬 북쪽에 위치한 지역으로 향신료와 향기로운 고무가 나는 산지로 유명했던 곳.

34. **산당**(high place) - 제단이 있었던 곳, 이스라엘 백성들이 가나안에 입성했을 때 산당들은 일반적으로 이방의 신들을 섬기는 곳이었음. 이스라엘 백성들이 예루살렘을 예배의 중심지로 정한 후에는 산당들을 훼파하는 것이 하나님의 뜻이었지만 세월이 흐르면서 여호와를 예배하는 곳으로 흡수하였음.

35. **과장법**(hyperbole) - 말하는 사람이나 글을 쓰는 사람이 효과를 높이기 위해 의도적인 과장을 사용하는 수사적 표현(예, '성벽은 하늘에 닿았으며' -신 9:1).

36. **중재**(intercession) - 다른 사람들을 위해 권세를 가진 사람(특히 하나님)에게 탄원하는 과정.

37. **기업**(inheritance) - 가나안 땅 또는 이스라엘 백성들에게 각기 분배된 가나안 땅. 신약 성경에서는 신자에게 주어지는 보상을 보여주는 역할을 함.

38. **사사**(judges) - 우상 숭배 후 하나님과 이스라엘의 교제를 회복하기 위해 하나님께서 세우신 구원자 또는 통치자들. 사사들은 재판을 맡았으며 또 행정관과 통치자의 역할을 하기도 하였음.

39. **긴네렛**(Kinncreth) - 갈릴리의 구약 성경 이름. '하프' 라는 뜻을 가진 긴네렛은 갈릴리 바다의 모양 때문에 붙여진 이름인 것으로 보임.

40. **누룩**(leaven) - 반죽을 부풀게 만드는 효소(효모균을 그 좋은 예로 들 수 있다).

41. **레위 사람**(Levites) - 이스라엘 백성들의 예배에 관한 일들에 대한 책임을 맡았던 지파. 레위 사람에는 제단과 성막(나중에는 성전)의 기구들을 관리하는 사람들뿐 아니라 제사장들(아론의 모든 후손들)이 포함되었음.

42. **중개자**(mediator) - '매개인'. 모세는 언약으로 맺어진 여호와와 이스라엘 백성들을 매개하는 중개자였음.

43. **속죄소**(mercy seat) - 언약궤 뚜껑의 평평한 표면. 대 속죄일에 제물의 피를 속죄소 위에 뿌렸음.

44. **은유법**(metaphor) - 한 개체의 어떤 특성을 강조하기 위해 두 개체를 동등시하는 수사적 표현(예, '여호와는 나의 목자').

45. **모압**(Moab) - 근친상간으로 태어난 암몬의 동생이며 롯의 아들. 모압의 후손들인 모압족속은 요단 강 동편에서 살았음.

46. **살인**(murder) - 복수나 자신의 편의를 위해 의도적이고 악의적인 방법으로 다른 사람을 죽이는 것. 율법에서는 살인을 우연히 또는 충동적으로 다른 사람을 죽인 과실 치사와 분명하게 다른 것으로 구분하고 있음.

47. **나라**(nation) - 성경에서는 종종 같은 혈족 관계나 언어 등을 통해 같은 문화를 공유하고 있는 사람들의 집단을 말함. 경우에 따라서는 수백 명의 사람들이 하나의 나라를 이루기도 했음.

48. **니산**(Nisan) - 히브리 월력의 첫 번째 달(3-4월). 아빕이라고 불리기도 하였음.

49. **네게브**(Negev) - 아카바 만까지 이어지는 가나안의 남쪽 부분으로 바위가 많고 건조한 지역.

50. **블레셋**(Palestine) - '약속의 땅'과 대략적으로 상응하는 지역으로 성경 학자들이 종종 사용하는 지리적 용어. 얄궂게도 이 단어는 이스라엘의 적이었던 블레셋으로부터 파생된 것임.

51. **족장**(patriarchs) - 이스라엘의 조상. 특히 아브라함과 이삭과 야곱을 말함.

52. **모세 오경**(Pentateuch) - 모세가 쓴 다섯 권의 책. 창세기, 출애굽기, 레위기, 민수기, 신명기.

53. **포스트모더니즘**(postmodernism) - 절대적인 진리는 있을 수 없으며 진리는 권세를 가

진 사람들의 권력의 도구로서만 존재할 수 있다고 보는 견해.

54. **제사장**(priests) - 하나님의 제단에 제물을 드리고 예배에 사용하는 성물들을 취급하는 책임을 맡은 레위 지파에 속한 사람들.

55. **구속**(redeem) - 제사를 위해 선정된 사람이나 동물을 사거나 되사는 것을 말함.

56. **안식일**(Sabbath) - 한 주의 일곱 번째 날. 이스라엘 백성들이 휴식하는 날.

57. **세겔**(shekel) - 이스라엘 백성들이 사용하던 주 화폐 단위. 일 세겔은 이십 게라 또는 이 베가였음.

58. **쉐키나**(Shekinah) - '임하는 것' 이라는 뜻의 히브리 단어. 이스라엘의 성막에 임하신 여호와의 영광이라는 표현으로 종종 사용되었음. 일반적으로 하나님의 영광은 낮에는 구름으로 밤에는 불기둥으로 나타났음.

59. **쉐마**(Shema) - '들으라' 는 뜻을 가진 명령형의 히브리 단어로 신명기의 골자이며, 이스라엘 신앙의 핵심 고백인 신명기 6장 4절에 사용되었음.

60. **세벨라**(Shephelah) - 이스라엘의 중앙 산맥 서쪽에서 해안 평지로 이어지는 구릉지대.

61. **직유법**(simile) - 한 사람 또는 사물을 다른 사람이나 사물과 연결시키는 수사적 표현 (예, '여호와께서 맹렬한 불과 같이' -신 9:3).

62. **종주**(Suzerain) - 종주국과 속국의 관계에서 우월한 위치에 있는 왕. 이스라엘과 맺은 언약에서는 여호와께서 관계의 조건을 규정하는 위대한 왕이심.

63. **성막**(tabernacle) - 천막. 특별히 여호와께서 이스라엘 백성들을 만나시는 곳으로 사용되었음. 이스라엘 백성들이 약속의 땅에 정착하고 예루살렘이 중심 도시가 되기 전까지 성막은 이동할 수 있는 성소의 역할을 했음.

64. **하나님의 강림**(theophany) - 이스라엘 백성들과 함께하시는 하나님에 대한 설명으로 종종 극적인 용어가 사용되었으며 과장법으로 표현되었음.

65. **율법**(torah) - 토라라는 히브리 단어는 일반적으로 '율법' 또는 '교훈' 을 말한다. 그러나 때때로 모세 오경과 동의어로 사용되기도 하는데, 그것은 모세 오경이 하나님께서 모세를 통해 주신 율법을 담고 있기 때문임.

66. **초월성**(transcendence) - 하나님께서 창조하신 피조물과 구분되는 하나님의 특성. 하나님의 위엄 또는 특이성.

67. **요단 동편**(Transjordan) - 가나안 동편에 자리 잡고 있는 지역으로 요단 강을 중심으로

약속의 땅 반대편에 있는 지역을 말함.

68. **속국**(vassal) - 종주국을 섬기는 나라. 하나님과의 언약 관계에서 이스라엘은 하나님의 속국이었음.

69. **여호와**(Yahweh) - 구약 성경에서 일반적으로 사용된 하나님의 이름. 히브리 성경에는 자음(YHWH)으로만 표기되어 있기 때문에 확실하게 번역하기는 쉽지 않다.

■ 참고 도서

Aharoni, Yohann, and Michael Avi-Yonah. *The Macmillan Bible Atlas*. Rev. ed. New York: Macmillan Publishing Company, 1968.

Allen, Ron, and Gordon Borror. *Worship: Rediscovering the Missing Jewel*. Sisters, Oreg: Multnomah Publishers, 1982.

Aristides. *The Apology of Aristides*. Translated from the Greek and from the syriac version in parallel columns by D. M. Kay. Online on March 31, 2002 at http//www.ocf.org/Orthodox Page/Reading/St. Pachomius/aristides.html.

Baly, Denis. *The Geography of the Bible*. New York: Harper & Row Publishers, 1957.

Beitzel, Barry J. *The Moody Atlas of Bible Lands*. Chicago: Moody Press, 1985.

Bright, John. *A History of Israel*. W. L. Jenkins, 1959. Third edition. Philadelphia: Westminster Press, 1981.

Bullinger, E. W. *Figures of Speech Used in the Bible*. Grand Rapids: Baker Book House, 1968 [reprint].

Campbell E. F. Jr., and D. N. Freedman. *The Biblical Archaeologist Reader 3*. Pittsburgh. 1955.

Childs, Brevard S. *Introduction to the Old Testament as Scripture*. Philadelphia: Fortress Press, 1979.

Cohen, A., ed. *The Soncino Chumash: The Five Books of Moses with Haphtaroth*. London: The Soncino Press, 1947.

Craige, Peter C. *The Book of Deuteronomy*. The New International Commentary on the Old Testament. Grand Rapids: William B. Eerdmans Publishing Company, 1976.

Driver, S. R. *A Critical and Exegetical Commentary on Deuteronomy*. International Critical Commentary. Edinburgh: T & T Clark, 1895.

Edersheim, Alfred. *Old Testament Biblical History*. Wilmington, Del.: Associated Publishers & Authors, n.d.

Ford, Leighton. *The Christian Persuader: The Urgency of Evangelism in Today' s World*. Minneapolis, Minn.: WorldWide Publications, 1966, 1988.

Harrison R. K. *Introduction to the Old Testament: With a Comprehensive Review of Old Testament Studies and a Special Supplement on the Apocrypha*. Grand Rapids: William B. Eerdmans Publishing Company, 1969.

Keil, C. F., and F. Delitzsch. "The Fifth Book of Moses(Deuteronomy)." *Vol. 1: The Pentateuch: Three Volumes in One*. Translated by James Martin. Commentary on the Old Testament. 10 vols. N. D.; Reprint ed., Grand Rapids: Wm. B. Eerdmans Publishing Co., 1973.

Kline, M. G. *Treaty of the Great King: The Covenant Structure of Deuteronomy: Studies and Commentary*. Grand Rapids: Wm. B. Eerdmans Publishing Co., 1963.

_____. *The Structure of Biblical Authority*. Grand Rapids: Wm. B. Eerdmans Publishing Co., 1972.

Lewis, C. S. "The Laws of Nature." In *God in the Dock*. Grand Rapids: William B. Eerdmans Publishing Company, 1970.

McIntosh, Douglas. *The Golden Rule: Love Full Circle*. Review and Study Guide by James S. Bell Jr. Chicago: Moody Press, 1999.

_____. *The War Within You*: Overcoming the Obstacles to Godly Character. Chicago: Moody Press, 2001.

Merrill, Eugene H. *Kingdom of Priests: A History of Old Testament Israel*. Grand Rapids: Baker Book House, 1987.

_____. *Deuteronomy*. Vol. 4. The New American Commentary. Nashville: Broadman & Holman, Publishers.

Miller, Patrick D. *Deuteronomy*. Interpretation: A Bible Commentary for Teaching and Preaching. Louisville: John Knox Press, 1990.

Morgan, Robert J. *From This Verse*. Nashville: Thomas Nelson Publishers, 1998.

_____. *Real Stories for the Soul*. Nashville: Thomas Nelson Publishers, 2000.

_____. *More Real Stories for the Soul*. Nashville: Thomas Nelson Publishers, 2000.

Pfeiffer, Charles F., and Howard F. Vos. *The Wycliffe Historical Geography of Bible Lands*. Chicago: Moody Press, 1967.

Philbrick, Herbert A. *I Led Three Lives*. Quoted in Illustration Digest(November 1990-January 1991).

Sterrett, T. Norton. *How to Understand Your Bible*. Downers Grove, Ill: InterVarsity Press. 1977.

Tan, Amy. *The Kitchen God' s Wife*. Quoted in Raymond McHenry, "Anger." *In Other Words* [disk illustration service] (October 2000). Available by Subscription from In Other Words, 6130 Barrington, Beaumont, TX 77706.

Tenney, Merrill C., ed. *The Zondervan Pictorial Encyclopedia of the Bible*. 5 vols. Grand Rapids: Zondervan Publishing House, 1975.

Thompson, J. A. *Deuteronomy: An Introduction and Commentary*. Vol. 5. The Tyndale Old Testament Commentaries. Downers Grove: InterVarsity Press, 1974.

Troeger, Thomas. *The Parable of Ten Preachers*. Nashville: Abingdon Press, 1992.

Tson, Joseph. *Pastoral Renewal*. Quoted in "Living Sacrifices." Leadership, 8, no. 4(fall 1987).

Wood, Leon. *A Survey of Israel' s History*. Grand Rapids: Zondervan Publishing House, 1970.

Wright, Christopher. *Deuteronomy*. New International Biblical Commentary. Peabody, Mass.: Hendrickson Publishers, 1996.

Main Idea로 푸는

신명기

1쇄 발행 | 2007년 2월 10일
2쇄 발행 | 2018년 1월 20일

책임 편집 | 맥스 앤더스(Max Anders)
지은이 | 덕 매킨토시(Doug McIntosh)
옮긴이 | 마영례
펴낸곳 | 주)도서출판 디모데〈파이디온선교회 출판 사역 기관〉

등록 | 2005년 6월 16일 제319-2005-24호
주소 | 서울특별시 서초구 서초대로 141-25(방배동, 세일빌딩 8층)
전화 | 마케팅실 070) 4018-4141
팩스 | 마케팅실 031) 902-7795
홈페이지 | www.timothybook.com

값 26,000원
ISBN 978-89-388-1298-8 03230